中国特色法学教材·法学方法与能力素养系列

法律文书学

（第二版）

主　编　马宏俊

副主编　程　滔

撰稿人　（以撰写章节先后为序）

马宏俊　闫博慧　吉雅杰　刘金华

董静姝　郭晓飞　姜登峰　程　滔

鲁　杨　赵志华　袁　钢

中国教育出版传媒集团

高等教育出版社·北京

内容简介

　　本教材全面贯彻党的二十大精神，在介绍公安机关法律文书、检察法律文书、人民法院法律文书、律师法律文书、仲裁法律文书、公证法律文书、行政法律文书、监察法律文书等的概念、特点、种类和功能的基础上，介绍各主要法律文书的制作方法与写作技巧，并指明了写作时应注意的问题。每章都设有"本章导读""本章知识结构图"，通过"延伸阅读"提供一些法律文书实例并予以评析，还在每章末尾设置了"思考题"，以满足不同学生的需求。

　　本教材适合法学专业本科生、研究生及法律实务工作者使用。

图书在版编目（CIP）数据

　法律文书学／马宏俊主编. -- 2版. -- 北京：高等教育出版社，2024.11. -- ISBN 978-7-04-062706-0

　Ⅰ. D926.13

　中国国家版本馆 CIP 数据核字 20243Z0N64 号

Falü Wenshuxue

策划编辑	程传省	责任编辑	程传省　徐　诺	封面设计	王　鹏	版式设计	杜微言
责任绘图	马天驰	责任校对	张　然	责任印制	高　峰		

出版发行	高等教育出版社	网　　址	http://www.hep.edu.cn
社　　址	北京市西城区德外大街 4 号		http://www.hep.com.cn
邮政编码	100120	网上订购	http://www.hepmall.com.cn
印　　刷	北京汇林印务有限公司		http://www.hepmall.com
开　　本	787mm×1092mm　1/16		http://www.hepmall.cn
印　　张	16.5	版　　次	2018 年 10 月第 1 版
字　　数	410 千字		2024 年 11 月第 2 版
购书热线	010-58581118	印　　次	2024 年 11 月第 1 次印刷
咨询电话	400-810-0598	定　　价	41.00 元

本书如有缺页、倒页、脱页等质量问题，请到所购图书销售部门联系调换

作者简介
（以撰写章节先后为序）

马宏俊 中国政法大学法学院教授，硕士生导师。现任中国法学会法律文书学研究会会长，中国法学会体育法学研究会理事，中国公证协会理事。主编《法律文书学》《法律文书写作与训练》等教材，在《政法论坛》《法学家》《法学评论》等期刊上发表学术论文一百余篇。

闫博慧 廊坊师范学院副教授，法学博士。独著《我国反悔权制度研究》，参与《经济法》《法理学》等教材的编写，在《法学杂志》《河北法学》《苏州大学学报》等期刊上发表论文数十篇。

吉雅杰 中国政法大学法学院副教授，法学硕士。编著《行政复议法起草问题及条文释解》，代表性论文有《论社会变迁与知识分子的角色——以现代精神传统为中心的考察》《浅论监督与人大监督》等。

刘金华 中国政法大学民商经济法学院教授，法学博士，硕士生导师。中国法学会法律文书学研究会常务理事。独著《合同书与协议书写作》《非诉讼与律师实务》《实用律师业务文书》等，并参与《司法文书教程》《司法文书学》等教材的编写。

董静姝 中国政法大学法学院副教授，法学博士。研究领域为法律职业伦理、法学理论。科研成果包括《凯尔森与法的现代性》《从计划生育的困境论家价值对我国法律体系的意义》等。

郭晓飞 中国政法大学法学院副教授，法学博士，硕士生导师。主要研究领域为法理学、法社会学、社会性别与法律。在《法学家》《法制与社会发展》《环球法律评论》等期刊上发表论文数篇。

姜登峰 中国政法大学法学院副教授，法学博士。代表性论文有《法律起源的人性分析——以人性冲突为视角》《法治与德治两种治国方略的理性思考》等。

程滔 中国政法大学法学院教授，法学博士，硕士生导师。中国法学会法律文书学研究会理事，中国政法大学中国法律援助研究院研究员。出版个人专著《辩护律师的诉讼权利研究》《刑事被害人的权利及其救济》，主持或参与国家社科基金项目，教育部、司法部课题，教育部重大攻关课题、教育部重大课题多项，参与《法律文书格式与写作技巧》（主编）、《法律文书学》（副主编）、《法律文书写作与训练》（副主编）等多部教材的编写，并在《政法论坛》等期刊上发表论文数十篇。

鲁杨 中国政法大学刑事司法学院副教授，硕士生导师。主要从事刑事诉讼法学和证据法学方面的教学科研工作，讲授刑事诉讼法学、证据法学、港澳台刑事诉讼法、公证法学等课程。参与多项相关课题的研究，撰写多本刑事诉讼法学、律师法学等专业教材，在核心期刊上发表论文多篇。

赵志华 中国政法大学法学院副教授，法学博士，硕士生导师，法律实践教学教研室主任。主要讲授法律诊所、行政法和行政诉讼法、行政法案例研讨等课程。

袁　钢 中国政法大学法学院教授，法学博士，博士生导师。中国法学会法律文书学研究会常务副秘书长、理事，最高人民法院首批法律研修学者，并荣获最高人民法院优秀研修成果奖。独著《欧盟监察专员制度研究》《权利回归：国家人权机构研究》《北京市法律援助体系实证研究》，独译《推进正义的法律诊所教育》。主持并完成国家社科基金项目1项、北京社科基金项目1项，北京社科基金基地项目1项，司法部重大课题1项，正主持教育部一般项目1项，在核心期刊上发表论文30余篇。

总　　序

　　基于民主的法治，是人类经过艰苦探索找到的治国理政的最佳方式。全面依法治国是一个系统工程，而法治人才培养是其重要组成部分。中国共产党十八届四中全会作出全面推进依法治国的重大部署，要求创新法治人才培养机制，加强法学基础理论研究，形成完善的中国特色社会主义法学理论体系、学科体系、课程体系。

　　法学理论体系、学科体系、课程体系三者相辅相成。有课程必有教材，法学教材体系是法学课程体系的主干和基础。习近平总书记在 2016 年 5 月 17 日哲学社会科学工作座谈会上指出："学科体系同教材体系密不可分。学科体系建设上不去，教材体系就上不去；反过来，教材体系上不去，学科体系就没有后劲。"教材既是课程教学内容的主要载体，又是课程教学的基本范式。因此，创新法学理论体系、完善法学学科体系，就必然需要构建具有中国特色和国际视野的法学教材体系。

　　法学教育是建立在通识教育和专业教育融合发展基础上的专门职业教育（professional education），是法治人才培养的第一阵地。这一法学教育的定性和定位，已逐渐成为法学界的共识。但是，法学教育长期存在重知识教学轻实践教学、重知识传授轻方法训练、重知识灌输轻能力培养、重知识建构轻品德养成的倾向，从而导致法律从业者必备职业素养的缺失。因此，在新一轮法学专业课程体系改革中，强化法律职业伦理、法学方法与能力素养培养方面的课程，就很有必要。正如习近平总书记 2017 年 5 月 3 日考察中国政法大学时强调的："希望法学专业广大学生德法兼修、明法笃行，打牢法学知识功底，加强道德养成，培养法治精神，而且一辈子都坚守，努力用一生来追求自己的理想。""青年时期是培养和训练科学思维方法和思维能力的关键时期，无论在学校还是在社会，都要把学习同思考、观察同思考、实践同思考紧密结合起来，保持对新事物的敏锐，学会用正确的立场观点方法分析问题，善于把握历史和时代的发展方向，善于把握社会生活的主流和支流、现象和本质。"

　　时代是最犀利的出题者，我们唯有认真审题、用心答卷。根据国家法治人才培养的实际需要，中国政法大学和高等教育出版社志同道合，追求卓越，携手建设并精心出版了这套"中国特色法学教材·法学方法与能力素养系列"，呈献给广大法学院校师生和其他使用者，请大家批评指正。

　　该系列教材以培养德才兼备的高素质法治人才为目标，从以下几个方面进行了精心的设计和安排：

　　首先，在课程选择上，旨在培养尊法、知法、守法、用法的高素质法治人才，使学生"像法律人一样思考，像法律人一样解决问题"。研习《法律职业伦理》，强调德法兼修，明确法律职业活动中应当遵循的伦理道德规范；研习《法学方法论》《法律语言学》《法律文书学》《法学论文写作》，掌握必备的法律方法与技能，从而更好地理解、掌握和运用法律；研习《法哲学》《法经济学》《法社会学》《法律逻辑》《法务会计》《法学统计应用教程》，掌握一定的社会常识与方法，从而更合时宜地运用法律。

其次，在作者安排上，注重挑选中国政法大学具有丰富教学经验、学术功底扎实的中青年教学骨干参加编写，既有利于探索建构符合内在逻辑的教学内容，在概念、特征、研究对象、理论体系、基本内容等方面凝聚共识，推进形成通说，也有利于面向学生，明确教学重点，把握教学主题和教学思路，完成由教材体系向教学体系的过渡和转化。

再次，在内容设计上，充分考虑法学专业学生的学习需求，突出体现中国特色、中国风格、中国气派。一是坚持以习近平新时代中国特色社会主义思想和中国特色社会主义法治理论为指导，坚持立德树人、德法兼修、明法笃行；二是以中国现行宪法法律制度为依据，努力反映中国特色社会主义法治实践和法治理论研究最新成果，注重对中国法治道路、中国法治理论、中国法治制度、中国法治文化的总结和提炼；三是力求结构合理、系统完整，试图确立和反映各课程的基本体系和框架结构；四是精选内容、突出重点，详述主干、概述一般，以讲解基本概念、基本原理和基本方法为原则和限度；五是论述简明扼要，不求面面俱到、一网打尽，避免教材过厚、内容过繁、理论过重，给教师教学留出自由发挥的空间。

最后，在体例编排上，充分体现时代要求，与时俱进，适应学生自主学习、多元学习、移动学习的需求。这主要表现在：（1）通过使用二维码移动阅读技术，在正文中设置"延伸阅读""即测即评"等栏目，实现与教材相关资源（例如裁判文书、案例详解、相关视频、图片、试题等）的关联；（2）通过"本章导读"，以文字或者案例的形式，概述本章要探讨的问题，引发学生的思考；（3）通过"本章知识结构图"，以思维导图的形式阐述知识结构，让学生了解本章的知识脉络，更好地理解和掌握重要知识点；（4）通过在章末设置"思考题"，测试学生对本章知识点的掌握情况。

"国以人兴，政以才治。"法律的伟力在于实施，法律的实施在于人才。法治中国建设，离不开一支高素质的法治工作队伍。高素质法治人才培养上不去，法治领域不能人才辈出，全面依法治国就不可能实现。经过长期努力，中国特色社会主义已进入新时代，这是我国发展新的历史方位。新时代对高素质法治人才培养提出了新要求。新时代不仅要有新气象，而且要有新作为。我们组编这套教材，坚持以学生为本，遵循教育规律，从课程、教材、教学抓起，着力对法学专业学生进行法律职业伦理、法学方法与能力素养的训练，就是我们的努力探索和责任担当。但这只是起步，可以这样说，对德才兼备的高素质法治人才的培养永远在路上，任重而道远，我们唯有不忘初心、久久为功，继往开来、勇往直前。

是为序。

中国政法大学校长　黄　进
2018 年 3 月 5 日

第二版前言

党的二十大报告明确提出，到 2025 年，基本建成法治国家、法治政府、法治社会。这一目标的实现，需要在科学立法、严格执法、公正司法、全民守法各领域一体推进，实现国家、政府、社会各方面工作法治化。法律文书不仅有助于实现个案的定分止争，更是进行法治宣传教育的窗口。小小的一纸具文，影响的不仅仅是与之相关的有限个体，更关乎人民群众对于法治的信心。因此，推进法律文书制作的标准化、合法化、合理化，是司法改革、推进全面依法治国不可忽视的重要组成部分。

本书第一版出版以来，党中央对坚持全面依法治国、推进法治中国建设提出了新的要求，《民法典》《民事诉讼法》《刑事诉讼法》等与法律文书相关的法律法规及司法解释纷纷出台或者修订，法律文书写作相关理论与实务也发生了很大变化。基于此，为满足教学需求，本书编写组对本书进行了全面修订，融入了最新法律法规，更新了相关案例，并根据最新规定修改了文书格式等。

本书继承第一版教材的写作风格，秉持文种全、内容新、强调实用的特点，从司法改革的实际要求出发，从读者的实际需求出发，解读相关法律文书的制作方法以及制作时需要注意的问题；提供典型案件材料供读者评析，培养读者的思维方式及思辨方法，帮助读者提高法律文书写作技能。

本次修订分工如下：

第一章　法律文书学概述　　　　　　　　马宏俊
第二章　公安机关法律文书　　　　　　　闫博慧
第三章　检察法律文书　　　　　　　　　吉雅杰
第四章　人民法院民事、行政裁判文书　　刘金华
第五章　人民法院刑事裁判文书　　　　　董静姝
第六章　律师诉讼文书　　　　　　　　　郭晓飞
第七章　律师非诉讼文书　　　　　　　　姜登峰
第八章　仲裁法律文书　　　　　　　　　程　滔
第九章　公证法律文书　　　　　　　　　鲁　杨
第十章　行政法律文书　　　　　　　　　赵志华
第十一章　监察法律文书　　　　　　　　袁　钢

尽管我们做了很大的努力，但本书的不足之处依然在所难免，希望读者在使用中不吝赐教，以利于我们今后的改进。

马宏俊
2024 年 5 月

前　　言

　　中华法系源远流长，法律文书的流传反映了法律文化的传承和法律观念的嬗变。通过对一个时代法律文书的研究，可以领略这个时代的法律文化和法治进程。特别在法治观念变革的当代，为了适应司法体制改革的需要，最高人民法院已专门出台《关于加强和规范裁判文书释法说理的指导意见》。该意见通过对裁判文书说理改革的精准施策，开启了解决裁判文书说理不平衡与不充分问题的大门，这也对法律文书的制作提出了更高的要求，从简单化、格式化向释法性、说理性、公开性和透明性发展。但从我国目前法律文书的制作水平来看，法律文书的质量普遍还不高，如对控辩双方有异议的事实、证据不进行具体分析、论证，不说理或说理不充分。在当代司法改革大背景下，这样的文书是难以适应时代发展需要的。

　　本书在介绍法律文书制作要领时，从司法改革的实际要求出发，从读者的实际需求出发，以学生容易接受的方式来解读法律文书学这门课程。书中既有对中国古代与国外法律文书情况的介绍，开阔学生视野；又有对中国实际国情的剖析，重点解读现实生活中的法律文书制作方法，如通过对证据的详尽阐述，对裁判理由的分析论证，展示法官的思考过程与价值取向，折射出执法的理念与法律的精神。同时，本书选用了一些大家都比较熟悉的典型案件材料进行评析，并在每一章后附有相关思考题，在实践中培养学生的思维方式及思辨方法。

　　本书具有以下特点：

　　1. 文种全。本书在介绍法律文书的概念、特点和制作基本要求的基础上，选择了公安机关、检察机关、人民法院、行政机关、仲裁委员会、律师、公证机构、监察委员会的常用法律文书进行重点介绍和详细讲解。

　　2. 内容新。2018 年 3 月，经第十三届全国人民代表大会第一次会议通过，中华人民共和国国家监察委员会成为国家最高监察机关，本书适时增加了第十一章"监察法律文书"的内容。同时，本书所选择的样本格式都是最高司法机关和权威部门最新发布的，各章按照公、检、法、司等机关现行的文书格式及其要求进行编写，反映了法律文书改革和法律文书研究取得的最新成果。

　　3. 强调实用。本书重点讲授了法律文书的内容和制作方法，以及制作时需注意的问题，便于学生理解，也便于司法实践一线人员使用。

　　法律文书学是一门为适应司法实践需要而开设的课程，本教材的编写，先由主编拟定大纲，经全体作者进行讨论和确定分工后，作者按照各自的分工撰写，基本反映了司法改革对法律文书的最新要求。本书的编写分工如下：

第一章　法律文书学概述　　　　　　　　　　马宏俊
第二章　公安机关法律文书　　　　　　　　　张陆庆
第三章　检察法律文书　　　　　　　　　　　吉雅杰
第四章　人民法院民事、行政裁判文书　　　　刘金华
第五章　人民法院刑事裁判文书　　　　　　　董静姝

尽管我们做了很大的努力，但本书的不足之处依然在所难免，希望读者在使用中不吝赐教，以利于我们今后的改进。

马宏俊

2018 年 5 月

目　　录

第一章　法律文书学概述

【本章导读】

　　法律文书学是一门新兴的交叉学科，具有深刻的理论价值和丰富的实践意义。随着我国全面依法治国建设的进一步深化和社会政治经济的进一步发展，法律在人们日常交往中日益发挥着举足轻重的作用。特别是在法治国家、法治政府、法治社会一体建设过程中，作为与日常行政执法与司法实践联系最为密切的法律文书，其不仅承担着定分止争、贯彻国家政策、实现法律目的等多种职能，更肩负着落实科学立法、推进政府职能转变和责任法定化、促进司法公正等重要任务。深入研究法律文书学，不仅应学习如何写好一份法律文书，更应全面了解这门学科的整体体系、理论内涵和发展方向。对这门学科的把握程度，直接决定了法律从业者在今后的执业过程中能否承担起法律人的责任，从而为实现公平正义的价值、提高司法效率、保障公民合法权益、维护社会安定秩序、捍卫法律尊严贡献力量。本章主要介绍与法律文书学有关的基本理论和一些常见的分类、写作方法。希望学生通过对本章内容的学习，对该门学科能够有一个整体上的把握。

【本章知识结构图】

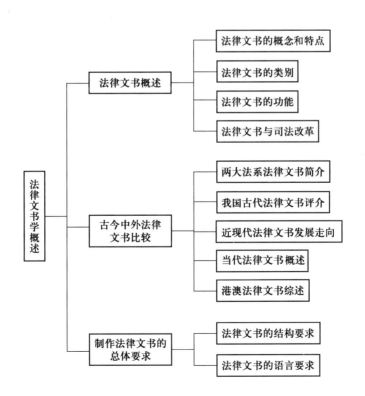

第一节　法律文书概述

一、法律文书的概念和特点

（一）法律文书的概念

法律文书是法律确定的公安机关、检察机关、人民法院、仲裁机构、公证处、律师等，在办理诉讼案件和某些非诉讼案件中依法制作的具有法律效力或法律意义的各种文书的总称。由该概念可以看出：

1. 公安机关、检察机关、人民法院是制作文书的主体，但制作文书的主体并不限于这三种机关，监狱、公证处和仲裁机构等其他相关机构也有权制作法律文书。

2. 法律文书主要在诉讼活动中发挥作用，如起诉书、判决书等。但有一些文书的制作并非为了进行诉讼活动，如公证文书等。

3. 法律文书一般具有一定的法律效力，体现着国家与国家权力的意志，因而法律文书具有确定力、拘束力和执行力。但并非所有的法律文书都具有上述效力，如公证文书、律师文书等，它们或者具备上述效力的一部分，或者完全不具备上述效力。

在实践中，人们常常将司法文书、诉讼文书与法律文书混为一谈。司法文书与法律文书概念的区别并不太大，它们都是指司法机关在诉讼活动中依法制作并发布的具有法律效力的各种公文。但它们也具有一定的差异：法律文书的范围更为广泛一些，它不仅包括公安机关、检察机关、审判机关在诉讼活动中制作的各种公文，还囊括了其他特定组织和个人制作的相关文书，如公证机关制作的公证书、律师制作的诉状等。可见法律文书包括前两者，但又不限于前两者。

在我国，根据《宪法》规定，司法机关包括审判机关和检察机关。与此同时，由于侦查与检察职能相分离，大部分刑侦工作都是由公安机关负责的，这导致我国法律文书的覆盖面具有广泛性和多样性。此外，监狱管理部门、公证机关和仲裁机构制定和发布的减刑意见书、公证书和仲裁书等也是具有法律效力的文书。这些文书虽然不是在诉讼活动中创造的，不像司法机关颁布的文书那样具有强烈的国家意志性和强制性，但也是国家意志或权力的间接体现，有必要把它们纳入法律文书的范围。律师文书是人们日常生活中常见的写作形式，虽然不具有国家意志，但也具有一定的法律意义，与人民的生活息息相关。因此，将其纳入法律文书的范围，既有利于实现全面依法治国，又能够更好地维护公民的合法权益。

尽管对于"法律文书"这一概念，学界与实务界有着不同的表达方法与习惯，但各种相似概念的并列存在，对于明确法律文书的内涵和外延并无益处。鉴于 2002 年司法部颁布的《国家司法考试大纲》曾明确使用了"法律文书"这一概念，笔者更倾向于统一使用这一表达，以正本清源、减少无谓的争议。法律文书学是一门综合交叉学科，也是一门新型学科，它以一种"看得见的正义"在现代法治中发挥着自己独特的作用。认真研究法律文书学，对于学习这门学科的科学体系和基础理论，厘清法律文书的历史渊源、逻辑思维、语言表达、社会价值具有重要意义。

（二）法律文书的特点

1. 形式的规范性。由于法律文书是具有法律意义的文件，体现了国家的意志，其制作程序和格式都受到法律的严格规范。同时，法律本身的安定性和文书的实用性要求其在语言和结构上需要具有固定的形式。通常来说，法律文书的结构一般分为首部、正文和尾部，这是在长期司法实践中形成的较为固定的表达。这种固定性，具体来说，体现在固定结构和固定词汇两个方面。前者如法律文书的首部要求标明制作单位名称、文书名称、编号等事项；正文主要包括案情事实、处理理由、决定等；尾部则囊括日期、用印、附注说明等内容。后者如判决书中的上诉用语："如不服本判决，可在接到判决书的第二日起×日内，向本院提出上诉状及副本×份，上诉于×××人民法院。"

2. 制作的合法性。法律文书制作的合法性具体表现在：首先，法律文书应依法制作。这是法律文书存在的先决条件，如果不能做到于法有据，法律文书则会失去存在的意义。其次，法律文书的制作主体必须有法律的授权，法律须对其作出法律文书的范围进行明确。再次，法律文书的适用应严格遵守实体法。大多数法律文书都是为解决实质性问题制作的，无论是案件事实、证据材料、处理理由还是结语，都应以事实为根据，以法律为准绳，即使如仲裁文书和公证文书，在涉及实体问题时，也应正确适用。只有这样，才能有效地解决问题，充分发挥法律文书指导实践的作用。最后，遵守法定程序。一定的法律文书体现了相对应的法律程序，不同性质的诉讼受制于不同的程序法规，适用不同的诉讼程序，因而要在不同的诉讼程序中使用不同的法律文书。

3. 制作的时效性。法律文书制作的时效性主要是由实践中诉讼的时效性决定的。对于当事人来说，"迟到的正义"并无意义，诉讼的时效性也是公正价值与效率价值的体现。在实践中，司法机关的办案时限往往有限，如何在有限的时间内使合法权益得到法律的保护，是法律文书的时效性所需要考虑的。这要求制作主体在制作相关文书时严格遵守法律的时限规定。对于法律并无明确时限规定的文书，主体机关也应及时制作，不能拖延，以节约诉讼成本。

4. 效力的约束性。法律文书的约束性特征主要体现在其法律效力和法律意义上。这是由于法律文书是由特定的机关通过特定的程序制作的，国家以强制力作为其强制效力的背书，以期法律文书能够得到最终执行，同时可保证任何不遵守这种强制力的个人和团体承担相应的不利后果。法律文书的约束性还体现在，对于已经颁布的法律文书，非经法定程序和非由法定主体，任何人不能修改，这同样是法律安定性的必然要求。

二、法律文书的类别

不同的法律文书，其功能也不相同。从不同的角度出发，采用不同的标准，可以对法律文书进行不同的分类，以便更好地学习和把握法律文书的运用规律和制作技巧。

（一）以制作主体为标准的分类

按照制作主体的不同，法律文书可以分为司法机关制作的公安机关法律文书、检察机关法律文书、人民法院法律文书，公证机关制作的公证文书，仲裁机构制作的仲裁文书，监狱管理机关制作的监狱机关法律文书，以及律师制作的律师实务法律文书。

（二）以法律文书的诉讼性质为标准的分类

我国的诉讼法律制度主要有民事诉讼法律制度、刑事诉讼法律制度、行政诉讼法律制度三种。与此相对应，法律文书也可分为民事诉讼法律文书、刑事诉讼法律文书和行政诉讼法律文书，具体如刑事诉讼程序中的公诉意见书、刑事判决书和民事诉讼程序中的民事裁定书等。

（三）以法律文书的用途为标准的分类

法律文书具有较强的实用性，其对应的用途也十分广泛。以法律文书的用途为标准，法律文书可分为申请类文书、处罚类文书、决断类文书、证据类文书、一般公文类文书等。还可以将证据类文书进一步细分为鉴定意见、勘验检查笔录、开庭笔录等。

（四）以法律文书的制式为标准的分类

不同的法律文书在整体特征和形式上有着不同的集中特征。按照其不同的制式，可以将法律文书分为表格类文书、填充类文书、笔录类文书、报告类文书、制作类文书、演说类文书等。

三、法律文书的功能

法律文书是国家行使司法权的重要保障，它的重要性在于能够在实践中对法律行为的效力进行确认，贯彻执行国家意志和法律意志。这是法律文书与其他主体制作的文书的重要区别。

（一）体现法律价值，规范权利义务关系

法律体现了一定的国家意志，法律文书作为国家机关对法律效力的一种确认形式，需要根据法律对实体法问题作出解答，是国家实施法律的重要工具。在国家层面，一个国家司法的公正、秩序价值都通过法律文书这一载体得到体现。在个体层面，人们基于对法律的信任，将纷争诉诸国家机关，法律文书是对这一期待的最终解答。认定事实清楚、于法有据、格式规范的法律文书，不仅切实影响着当事人之间的权利义务关系，定分止争，也体现了一部法律初创时立法者的构想，对于保护公民、法人和其他组织的合法权益，构建社会主义和谐社会具有重要的意义。

（二）增强法律公信力，树立法律权威

法律文书是根据法律的规定、结合实际情况制作的，很多法律文书与公民、法人或其他组织有着直接的联系，如公民受到侵害后委托律师代写的诉状、法院对普通公民提起的诉讼所作的判决书等。尽管一些法律文书与当事人没有直接关联，但公民的利益往往会通过其他方式受到影响。法律文书这一最直观和具体的文本，将影响当事人对整体法治建设水平的认知，最终汇聚成社会层面对于法律体系的评价。由此可见，当事人对于司法机关司法水平的评价，通常会受到法律文书制作水平的影响。

从某种程度上说，法律文书是普法宣传的有力武器。它不仅是定分止争、解决社会矛盾的载体，还能够搭建起普通公民对于国家法律信任的桥梁。从形式上看，规范统一的格式要求能够内在地强化人们对法律的安定感；从内容上看，充分明确的说理是合理划分责任、分配社会利益的前提。法律要想真正发挥其维护社会秩序的作用，不仅需要国家强制力进行一定程度的威慑，更要从法律文书这一最贴近普通公民的文本入手，让每一个公民都能够自觉地守法、敬法，进而以法律的文本约束自己，遵守秩序，积极配合国家的各项活动。

每一部法律规范文本都有其与众不同的设计目的，要让这些被印刷在纸张上的规则活起来，并在生活实践中指导每个人的行动，不仅需要立法者的精思，更需要踩实从立法、司法到执法的每一步，严格、认真地对待每一份法律文书。社会主义法治大厦的落成，与这些看似细枝末节却又无比重要的每一步脚印，都是密不可分的。

四、法律文书与司法改革

司法制度是政治制度的重要组成部分，司法公正是社会公正的重要保障。党的十八届三中全会提出，建设法治中国，必须深化司法体制改革，加快建设公正高效权威的社会主义司法制度，维护人民权益。法律文书和司法改革是相辅相成、不能分开的，后者的改革必然会带来前者的变化。当下，全球范围内政治经济形势日新月异，司法部门需要进行改革以适应经济和法律的发展，与此相应，改革法律文书也成了必然要求。

法律文书和司法正义紧密相连。在不同的诉讼文书中，法院文书的这种联系尤为明显，它是人民法院行使国家管辖权和实现司法公正的最终载体，关系到人民法院是否依法严肃处理案件、公正司法。但现在纷繁复杂的裁判文书，大多数大同小异，有些缺乏严谨的说理，有些难以清晰地看出作出判决的过程，无法形成强大的说服力，严重影响了司法机关形象。司法实践证明，如果一份裁判文书没有对检察机关或辩护方的举证、质证部分作出明确的认定，即使判决结果是正确的，也是不合格的。因为裁判文书的生命力并不仅仅在于一句结果，将纷争诉诸法院的普通公民更期待的是说理的过程，这也就解释了为什么事实和证据的质证在一份裁判文书中如此重要。无法服众的裁判文书，不仅无法将公平正义的理念注入每个公民的心里，反而会在人们的心里埋下怀疑、质疑的种子，甚至从怀疑裁判发展到怀疑法律。从这种意义上讲，法律文书的不严谨会让整个法治体系承担被怀疑的风险。由此可见，法律文书的改革应与司法改革同步开展，对实践中产生的问题逐一进行修正。

目前，法律文书的主要问题在于制作质量差、使用不当、制作程序不全等。例如，一些司法人员制作法律文书时不严格遵守法律规定，导致法律要求必须具备的某些内容被刻意忽略。一方面，这与制作文书的个人的法律素质有关；另一方面，这也反映了这些制作人员对法律文书的地位缺乏认识和尊重，没有以积极的态度去对待。例如，由于不了解法律文书的用途，闹出"该用传票的地方却用了通知书""需要签字、盖章的，为了图省事而不签字、盖章"的笑话。

经过不断改革，目前法律文书的状况已经得到了一定的改善，但仍存在着一些问题，如发展不平衡、协调性差等。究其原因，无非是不同的司法机关各自为政，导致改革缺乏沟通与交流，缺乏统一领导，改革成果互不相容。

在此，本书以与普通公民生活联系最为密切的裁判文书为例谈一下法律文书存在的问题。裁判文书目前存在的主要问题体现在：一是对于法院的行政化干扰仍然存在，部分地方法院的案件审结报告数量不降反升，难以贯彻审判独立原则。二是对于裁判文书格式的规定过于形式主义，其中部分硬性要求并无必要。三是有的法官随意发挥，将判决书、裁定书视作习作簿。如在判决书上附"法官后语"或"法官寄语"，虽然其初衷良好，但这种带着浓厚个人风格的做法无疑冲淡了法律文书的权威性。四是有些法官"矫枉过正"，因害怕被人诟病理论深度不够，就在判决书上洋洋洒洒、旁征博引，把判决书写成了"议论文"。这些形形色色的问题，无疑对继续深入推进法律文书改革提出了挑战。

第二节　古今中外法律文书比较

一、两大法系法律文书简介

在内容和形式上具有某些共同的历史特征，形成某一派系的各国法律，一般被称为法系。众所周知，世界上现主要有两大法系：一是以德国、法国等国家为代表的大陆法系，又称罗马法系；二是以英国、美国等国家为代表的英美法系，又称普通法系。大陆法系注重成文法的制定，惯用的法律方法是演绎法，而判例则非其正式法律渊源；英美法系重视判例的研究与应用，惯用的法律方法为归纳法，法官判案往往从既有判例中寻找共同点，受以往判例的影响较大。

法律文书是一个国家司法体制的反映，两大法系的突出特征，在对应的法律文书中也有体现。其中，又以法院裁判文书最为典型。以下便以法院裁判文书为例，对两大法系法律文书的特点作简要介绍。

需要注意的是，一个国家的裁判文书不仅受法系影响，该国的历史文化传统对其格式习惯、篇幅要求也具有很深的影响。例如，在德国、法国等大陆法系国家，其法院作出的判决书的格式一般都会受到严格规范，篇幅也较为短小；在美国等英美法系国家，尽管其法律文书也具有特定的格式，但对法律文书形式的要求较为粗略，并不严谨。同时，虽然美国裁判文书的格式和篇幅受到的约束较少，其却十分讲究逻辑推理，制作者需在说理部分花费大量功夫，而不必太纠结于条条框框。究其原因，我们不免联想到，在保守文化盛行的欧洲，更易诞生严谨、遵循传统的法律习惯；而外来多元文化融汇的美国，是个人主义与自由主义的滥觞，它所产生的法律习惯，往往擅于怀疑权威。

与此同时，在英、美等普通法系国家，由于其遵循判例法的传统，形成了每一位法官既是执行者又是创法者的局面。每一位法官都希望自己的判决能够流传下来被其他的法官引用，因而法官在对待判决文书时，更倾向于向其灌注自己毕生所学，最终导致一份判决书制作的时间被无限拉长。英国迪洛克勋爵就曾经说过，普通法系国家的法官们经由多条不同途径达到同一结论的可能性是"普通法的美妙之处"。而这种"美妙之处"在德、法的法院判决书中根本就不存在。

法律文书的差异性还体现在同一个法系内的不同国家，如同属大陆法系的德国与法国，由于文化与传统不尽相同，其判决书的格式与特征也不一而同。德国的法律文书冗长详细，虽然在某种程度上缺乏生活化的气息与幽默感，却具有高度的实用性。这些裁判文书不仅引用法条，还将眼光投诸学界，经常引用学者的观点，或者直接引用法理和法院的先前判例。而法国的判决书，则篇幅短小，遣词造句更为简洁。

尽管存在差异，但在大陆法系，越来越多的法官开始引用案例来作为判案的依据；在普通法系，也出现了很多以成文法典作为依据的例子。这些都是不同国家为了适应法律体制发展所做出的努力。可以预见的是，在不远的未来，通过不断地融合、学习、相互取长补短，二者的差异会越来越小。而法系的逐渐靠近，也必然会使法律文书逐渐趋同，从而以更加统一、适当的形式来适应法律的发展。

二、我国古代法律文书评介

在我国古代，法律文书作为官府的官吏处理讼案、适用法律的载体，对古代统治者实施政策具有重要意义。追溯法律文书的起源，殷商的甲骨文和西周的金鼎文就有关于奴隶被惩罚和贵族之间争讼裁决的记载。这是我国法律文书的雏形。根据记载，在西周中叶，我国已经具有了较为完整的诉讼程序和法律文书。例如，重要案件须由原告呈"剂"（诉状）；审讯要听"两辞"（双方供词），并将其记录在案，称为"供"（法庭笔录）；裁决要有"书"（裁判文书），并当庭宣布，称为"读鞫"（宣判）；执行称为"用法"；等等。

古代以简为书，自然十分繁重。史料记载，秦始皇嬴政每日要阅读128斤的公文简牍。所谓"昼断狱，夜理书"，这里的"书"并非一般书籍，而是具有特定用途的公务文书，其中主要是法律文书。如果对法律"文书"这一称谓进行考证，最早可以追溯到《汉书·刑法志》记载的"文书盈于几阁，典者不能遍睹"。这句话的意思是：文书充满了库房、案头，管理者看都看不过来。这里的"文书"主要指公文、案卷等法律文书。古代官府和官吏的工作主要包括收税与办案，其中办案即处理告状，必须制作法律文书。

睡虎地秦墓竹简，又称睡虎地秦简、云梦秦简，是指1975年12月在湖北省云梦县睡虎地秦墓中出土的大量竹简，其内容主要包括秦朝的法律制度、行政文书、医学著作以及关于吉凶时日的占书，其中就有许多关于法律文书的记载，如秦简中的"爰书"就是一种广泛应用的文书，其本意是口供笔录。《汉书·张汤传》云："爰，换也，以文书代换其口辞也。"这就是指法律文书中的口供笔录，但在秦简中，凡供词、记录、报告等均称"爰书"。

（一）我国古代法律文书的分类

我国古代的法律文书按照制作主体的不同，可以分为下述四类。

1. 上行的法律文书。上行的法律文书是下级官府呈报上级官府的法律公文，主要有以下几类：

（1）详文。详文即案情报告。其内容详尽，包括发案、立案、审理、刑讯、口供、证言、勘验和判处意见等。详文的用途在于呈报上级，请予批示，是一种很重要的法律文书。在我国古代，详文适用于地方各级审判的较大的案件。如县详于州府，州府详于省。对于地方官有权审理的案件，因无须呈报，便不用详文。

（2）奏章。奏章种类有奏折、奏钞、奏本、题本等。这里的奏章，专指法律奏章，意为臣僚呈给皇帝的案情报告。其内容与详文类似，详尽细密，但行文规格较为工整讲究。如清代的刑部奏本，一般篇幅很长，为便于皇帝审阅，就从题本中摘取数百字的提要，称作"贴黄"，附于本后。

（3）禀文。禀文类似于详文，但较详文更加简略。一般是在审理案件前或在审理进行中对程序问题或其他某一问题向上级请示的报告。官吏在办案过程中，一般先用禀文请示，等到案子审理完毕之后再用详文报告。

（4）看语、审语。这是详文、奏章中的判处意见部分，因该部分大多开头都采用"卑职看得"或"该臣审得"等表达，故称看语或审语。这是详文、奏章中最重要的部分，其作用大致与现代未生效的判决书相似。看语、审语要摘引有关法律条款，并据此提出定罪科刑的具体意见。

2. 下行的法律文书。下行的法律文书是上级官府向下级官府送发的司法公文，主要有：

（1）批语，是指上级官府在下级官府呈报的详文、禀文、解票等司法公文上所作的批复、批示等。

（2）谕旨，专门指司法方面的谕旨，具体内容是皇帝对案件的批示，类似于当今对重要的刑事案件的终审判决。在我国古代，皇帝掌握国家的最高权力，有权对案件作出最终裁决。对于死刑案件，在隋、唐以后，法律规定须向皇帝呈报，并须"覆奏"，甚至"三覆奏"，待正式执行前还须报经皇帝"勾决"。因此，司法谕旨是死刑案件真正的"判决书"。谕旨一般不长，秦汉时往往只有一个"可"字；明、清时也往往只有对某犯"斩监候"，或加上"着秋后处决"或"余依议"等词语。对于普通刑事案件的谕旨，多由阁僚代笔，而并非皇帝亲笔书写。

（3）牌文，又称宪牌，是上级官府下行的加盖了公章的正式司法公文。

3. 平行的法律文书。平行的法律文书是同级官府间互相发送的司法公文，主要有以下几类：

（1）咨文，明、清时，中央刑部、都察院与地方省级品秩相等，下达至省的司法公文用咨文。

（2）关文，是平行机关间使用的司法公文，如地方州县间协商案件的有关事宜时用关文。

（3）移文，与关文相同，也用于平行机关间，二者合称关移文书。

4. 其他重要的法律文书。除上述之外，古代的法律文书主要还有以下几种：

（1）解票、差票，是证票文书，是古代押解犯人或执行其他任务时发给差役的凭证。

（2）露布，即布告，地区发生重大的案件时，一般在判处后予以张贴，以起到威慑的作用。

（3）验单，又称"爰"，即勘查检验文书。

（4）供辞，即口供笔录，又称"爰书""供"等。古代司法非常注重言辞证据，这导致官吏为了获取供词，常常将犯人屈打成招，酿成冤案。

（5）诉状，俗称状子、状纸。诉状的质量关系诉讼胜负，故而十分讲究。一份诉状的质量可能与案件的审理结果直接相关，因此，古代"写状人"常常为了诉状的遣词造句而再三斟酌，十分在意语句的书写。

延伸阅读

唐瑞琳、张明福
互控案判词及
评析

（二）古代法律文书的特点

我国在漫长的法律文书适用的历史实践中，逐渐形成了自身的特点：

1. 请示报告文书多，对于较为重大的案件必须层层上报。

2. 重视诉状和供词，罪从供定。

3. 重视勘验文书。

4. 判决往往不仅依据法律，社会风俗、道德习惯也是判决依据之一。

5. 判决主要用批示。一般很少专门制作判词，通常是将判决写在案件报告或诉状上；口头宣判，当事人无法得到文书。

三、近现代法律文书发展走向

（一）清末的法律文书

我国自近代以后，面对列强的一步步瓜分，逐步沦为了半殖民地半封建社会。与此同时，西方先进的法律思想和法律制度开始传入中国，传统的中华法系开始解体，法律文书也发生了巨变，古代法律文书被废弃。

清末变法修律，宣统年间，沈家本编纂的《考试法官必要》一书，借鉴了日本、德国法律文书的制作经验，并结合中国法律文化实际，对民事、刑事判决书的格式作了以下统一规定：

1. 民事判决书须载明的事项：（1）诉讼人之姓名、籍贯、年龄、住所、职业；（2）呈诉事项；（3）证明理由之缘由；（4）判决理由。

2. 刑事判决书须载明的事项：（1）罪犯之姓名、籍贯、年龄、住所、职业；（2）犯罪之事实；（3）证明犯罪之理由；（4）援引之法律条文；（5）援引法律之理由。

此外，对诉状、笔录、送达文书等也作了与古代的法律文书迥异的规定。但遗憾的是，这些法律文书格式最终并未施行，后被民国政府加以修改并沿用。

（二）民国时期的法律文书

民国时期的法律文书称为司法机关公文，相当完备，大体可分为五大类：一是行政公牍，即一般的行政性公文；二是诉讼文书，即各种诉状，包括检察官起诉书等；三是侦查审理文书，包括侦查笔录、法院审理笔录等；四是裁判执行文书，包括判决书、裁定书、执行命令、执行书等；五是应用文书，包括提票、押票、法院和监狱的各种报表等表格式文书。民国时期的司法体制和新中国的司法体制不同，因此，法律文书的分类也不同。

民国时期的法律文书是在承袭清末制定的法律文书的基础上发展起来的，但又有不少变化。现介绍民国时期的民事判决书和刑事判决书的格式，以供比较。

1. 民事判决书须记载的事项。

（1）当事人为自然人者，记载其姓名、住所或居所；当事人为法人或其他团体者，记载其名称及事务所或营业所所在地。

（2）有法定代表人、诉讼代理人者，记载其姓名、住所或居所。

（3）主文。

（4）事实，应记载言词辩理时当事人之声明及其提出之攻击或防御方法。

（5）理由，应记载关于攻击或防御方法之意见及法律上之意见。

（6）法院。

2. 刑事判决书须记载的事项。

（1）被告人身份事项，包括姓名、性别、年龄、籍贯、职业、住址或居所、是否有前科或在押。被告人有辩护人者，应记明其辩护人。有检察官出庭者，亦应记明。

（2）案由。

（3）主文。

（4）事实，包括起诉要旨、抗辩要旨。有罪判决书应记载认定犯罪事实所凭之证据及认定之理由；对于被告有利之证据不采纳者，亦应记载其理由。

（5）理由。有罪判决应记载：① 科刑轻重之标准，如犯罪之动机与目的、所受刺激、犯罪手段、生活状况、品行、知识程度、与被害人平日之关系、犯罪后果、犯罪后态度；② 罚金数额所审酌之情形；③ 刑罚加重、减轻或免除的理由；④ 谕知保安处分的理由；⑤ 适用之法律。

（6）有关事项，如应告知之上诉事项等。

（7）法院。

在民国时期，革命根据地和解放区政权所使用的法律文书基本上采用民国政府的法律文书格式，虽有变动但不大。文书格式只是形式，其内容上的不同才是实质的不同。

四、当代法律文书概述

（一）当代法律文书的特点

法域是指法律所适用的地区，我国实行的"一国两制"是具有中国特色的政治制度。与此对应，当代中国司法文件最突出的特点是拥有四个法域、三大法系的法律文书：我国大陆（内地）实行社会主义制度，属于靠近大陆法系的社会主义法系；我国港澳台地区实行资本主义制度，其中，澳门特别行政区和台湾地区属于大陆法系，香港特别行政区则属于英美法系。这些不同法系、不同法域的法律文书，由于受历史传统、风土人情、法律习惯的影响，体现着各不相同的特征，又共同继承着中华民族的文化传统。四个法域在与时俱进中相互学习、彼此借鉴，随着法系的逐渐融合而相互靠拢。相信随着经济全球化和法律全球化进程的加快，法律文书在各法域的差异将会更加模糊。

（二）当代法律文书的格式和种类

中华人民共和国自成立之初便主张法治，对法律文书十分重视。中央人民政府司法部于1951年制定了《诉讼用纸格式》，统一了全国的法律文书；1956年又制定了《公证文书格式》。这两套文书格式，一为诉讼，一为非讼，均较齐全。彼时的法律文书格式，多沿用民国时期和革命根据地时期的法律文书格式，只作了少许改动而已。司法文书原为直排，在20世纪50年代中期改为横排。1959年司法部被撤销后，法律文书质量日益下降，特别是在"文化大革命"期间，随着"砸烂公、检、法"的狂潮，法律文书格式也被"砸烂"了。

党的十一届三中全会后，国家通过拨乱反正，加强法治建设，制定和颁布了《刑法》《刑事诉讼法》等重要法律，恢复了检察机关和司法行政机关，法律文书再度受到重视并得到了发展。司法部恢复后，即由普通法院管理司负责制定并于1980年颁布了《诉讼文书样式（试用）》（内计8类64种）；次年又由律师公证司颁布了《公证书试行格式》（内计24种），重新统一了法律文书格式。

1982年，国家机构改革，调整政府职能。司法部的普通法院管理司和专门法院管理司被撤销，法院系统的司法行政工作划给最高人民法院管理，从而形成了公安、检察、法院、司法行政四个系统各自制定和修订本系统的法律文书格式的局面。公安部在原颁发的25种文书格式的基础上，于1989年重新制定了《预审文书格式》（内计48种），最高人民检察院在原有文书格式的基础上，于1991年制定了《刑事检察文书格式（样式）》（内计46种），最高人民法院在原有文书格式的基础上于1992年6月制定了《法院诉讼文书样式（试行）》（内计14类314种，以下简称《92样式》），法律文书格式日益完备。

1996 年 3 月，全国人大对《刑事诉讼法》作了重大修订，明确规定未经人民法院依法判决，对任何人都不得确定有罪，即案犯在交付审判前，都被称为"犯罪嫌疑人"；取消了公安机关对犯罪嫌疑人的收容审查；取消了人民检察院的免予起诉决定权；等等。法律文书格式须伴随《刑事诉讼法》的修订而修订。公安部于 1996 年 11 月修订了《公安机关刑事法律文书格式》（内计 92 种），最高人民检察院于同年修订了《人民检察院刑事诉讼法律文书格式（样本）》（内计 235 种），司法部于同年 12 月 20 日制定了《刑事诉讼中律师使用文书格式（试行）》，最高人民法院于 1999 年 4 月修订了《法院刑事诉讼文书样式》（样本），删除了不再使用的刑事诉讼文书样式 8 种，新增加了刑事诉讼文书样式 53 种。

上述制定或修订法律文书格式的活动是及时的、必要的。但是，法院、检察院、公安机关等各自制定或修订本系统的文书格式，带有分散性，致使有些文书格式还不够协调，有的文书名称和内容还有值得商榷之处，需进一步研究改进。

五、港澳法律文书综述

如前文所述，一般认为我国目前存在四个法域，即大陆（内地）和港澳台地区。与此相对应，这四个法域的法律文书亦存在差异。其中，香港特别行政区的法律文书与其他三个法域相比差异稍大一些，而这些差异也正随着法系的逐渐融合而日益减少。

我国香港特别行政区原处于英国殖民统治之下，英国又属于英美法系，因此香港的法律体系或多或少沾染了英美法系的一些特点，如尊重判例等。其法律文书也具有英美法系法律文书的典型特征。例如，在 1997 年以前，香港特别行政区的裁判书以"判词"为主体和核心。判词的具体内容包括案件的原因、案件事实和双方争议焦点、法官判案依据等。除此以外，还需写明案件名称、审判机关、诉讼双方名称及聆讯日期等。1997 年以后，香港特别行政区的裁判文书发生了一些变化，其核心"判词"一项保持不变，但在其下分设项目，分别写明"案件的缘由""案件的事实""事实的裁定""受争议的事实"和"总结"等。"判词"的逐渐细化体现了香港特别行政区裁判文书的整体变化趋势。

第三节 制作法律文书的总体要求

我国司法工作的基本指导原则是"以事实为根据，以法律为准绳"，法律文书与司法工作的密不可分性决定了这句话同样也是制作法律文书的指导思想。一份法律文书质量的高低是国家法律能否得到充分执行、国家意志能否得到贯彻的重要标准之一。正确、严谨地制作法律文书，有助于明确当事人权利义务关系，切实保障国家、集体、公民的合法权益，对于树立宪法、法律权威，使"自觉守法"的思想深入人心有很大的帮助。制定法律文书的规范要求，关系国家和法律的尊严及部门实体法律的最终实效。任何对于法律文书的随意、糊弄态度都会使立法目的的实现大打折扣，甚至会造成冤假错案。因此，制作法律文书不仅应严格遵循法定的格式和规范要求，还应尊重客观事实，从事实出发、从证据出发，还原案件原貌，回归立法初心。法律文书的制作还应严格遵守实体法和程序法对于时限、主体、落款、签字盖章等的要求。作为制作者，应当端正态度，树立对法律文书的敬畏感，而不可随心所欲，违反法律。

一、法律文书的结构要求

结构是指组织材料、编排内容的具体形式。法律文书尽管类别多种多样，对应的格式也有所不同，但是结构相对固定。法律文书分为首部、正文和尾部三部分。

（一）首部

首部是所有法律文书的开篇，是对文书内容的大致概括，具有使人对文书的内容一目了然的作用。其一般包括文书标题、编号，当事人或利害关系人的基本情况，案件由来、来源，以及处理过程等。

要写好一份法律文书的首部，首先需要写清楚该法律文书的标题。标题需要根据法律文书的种类而定，如起诉、判决书、辩护词、法律意见书等。其次，应当注意法律文书的编号，包括单位的代字、审级和案件性质等，具体排列取决于制作机关主管部门的相关规定。

以上是大部分法律文书首部的制作要求，对于某些特殊的法律文书，如辩护词、代理词、公诉意见书等随机性很强的演说词，首部则需要交代清楚呼告语、开庭前准备工作、核心论点等，为以后的意见阐述做好铺垫。

法律文书的首部看似简单，实则属于结构中非常重要的部分。这是由于其具有丰富的法律职能和作用，同时由于篇幅所限又应尽量精练、主旨鲜明，对制作者的法律素养有着较高的要求。可以说，法律文书的首部是法律文书制作的基础所在。

（二）正文

在法律文书的结构中，篇幅最长的当属正文部分。这是法律文书的主体躯干部分，也是最需要制作者下功夫书写的一部分。法律文书的正文需要对案件的事实和所涉法律作出介绍，因而可以将正文部分分为事实陈述和法律适用两部分。

所谓事实陈述，是指正文部分需要将案件的事实要素尽量罗列清楚，并充分说明案件审理中所依赖的证据。在某些法律文书中，这一点显得尤其重要。如在起诉书、答辩书、上诉书、辩护词和代理词等文书中，事实陈述是以向法官清楚无误地表述主张为目的的，这就十分考验法律文书的制作人对于正文部分事实要素的选择与排列的能力。在证据的挑选上，要在诚实信用的基础上尽量选择那些对己方有利的证据，规避对己方不利的证据，并对其作出充分的说明，使观点能够逻辑自洽。同时，制作人需要特别关注证据排除规则对证据效力的影响，注意证据的收集方法和采集程序都应符合我国诉讼法相关的程序规定。

此外，由于我国诉讼法有对于举证责任分配的明确规定，作为控方，不仅应在证据的挑选上下功夫，更应注意证据与证据之间的内在逻辑关系，如在控方制作的起诉书、公诉意见书、代理词等法律文书中，要做到详略得当，做好事实要素之间的排列和组合，最终做到证据与证据之间相互印证、环环相扣。法院的裁判文书则应坚持以中立客观为基本原则，以维护司法公平正义为宗旨。对于双方当事人陈述的案件事实，要做到充分听取、严谨推敲；对于当事人提出的诉请，要在裁判文书中体现出不偏不倚的态度。这些要求同样应当在仲裁员的文书中得到体现。

（三）尾部

法律文书的尾部是整篇文书的结束部分。20 世纪 50 年代之前，裁判文书的主文部分一般放置在文书的前边，之后裁判主文被移到了尾部。这样做的目的主要是将审理程序的合法性在首部突出体现出来，再对各方当事人主张的理由进行叙述，并在此基础上阐述法官的评判意见，最后得出结论。采取这种顺序，在逻辑上更加顺畅。承担着讲述法官评判意见和最终结论的文书尾部，其意义不言而喻。写好一篇文书的尾部，对制作者来说是极其重要又富有挑战性的。

法律文书的尾部应包括一些重要事项，如依法享有的法定权利和行使这些权利的方法和程序、制作者的期待目标、必要的说明等。具体来说，尾部主要包括以下内容：

1. 交代有关事项。一篇法律文书尾部需要交代的事项因文书的类别不同而有所差异，如有些法律文书需要写明上诉权利以及行使权利的时间和方式，有些需要写明后续呈送的单位或制作人希望的结果。

2. 法律文书的签署。即制作该法律文书的机关或负责人的署名。

3. 日期。即该法律文书的签发日期。有些法律文书还需写明其确定日期。日期的格式一般为"××××年××月××日"。

4. 用印。印章是特定权力的体现，代表着法律文书是由特定国家机关或部门和人员制作的，是法律文书合法性的来源，因而用印必须规范，应遵守法律规定。

5. 附项。即需要随同移送的有关卷宗、材料，或需注明的其他有关事项。

二、法律文书的语言要求

（一）语体风格

语体风格又称语体、语体色彩，是指人们在各种社会活动领域使用语言进行交际时，根据不同的环境、不同的对象，所形成的一系列运用语言的不同特点和不同风格。

就语体形式而言，法律文书涉及书面语体和口头语体两种形式。这两种形式不同于其他的文书要求，具有其独特的要求。口头语体是指日常生活中人们互相交流的言辞表达，其较书面语体来说更为通俗、直白，几乎不含专门术语和文言词语的表达。而书面语体则主要以文字记录为载体，用书面的形式传播信息、表达内容。就法律文书而言，由于其往往代表一定国家机关的意志，其语体风格也应庄严、肃穆和简练，即通常所说的"法言法语"。这是法律文书语言所独具的专业印记。制作者在制作时应注意，语体风格要文辞精练、语气庄重、威而不苛，彰显法律的威严与不容侵犯。

（二）语言表达

就法律文书的本质而言，其仍是公文文书的一部分，在语言表述、行文习惯上应遵循后者的基本要求。公文语言的基本特点是用语准确、行文简约、表达朴实，并附加一定的修辞手法。法律文书也有此类语言要求和基本规则，具体应做到以下几点：

1. 准确。法律文书的语体风格要求准确无误，这是制作法律文书的基本要求。具体是指语言必须明确清晰，不可模糊不清，要让读者在理解上达到统一，不可一文多义。法律文书的严谨性是由其具有适用法律的内容决定的，适用法律时要准确无误，甚至一词一句、一个标点符号的偏差，都会使整个文书的含义发生变化。要做到这一点，具体应从以下几个角度着手：

（1）用词准确，褒贬分明。词语是构成句子的最小单位，在法律文书中，任何一个法律事实的叙述或认定都需要借助词语来表达和反映，因此，一个词的准确性关系到整个语句能否被接受与认可。

（2）准确使用法律术语。法律术语是指具有专门法学含义的语词，是一种对使用环境、用词规范要求都非常严苛的语言。法律术语具有强烈的专业特性，某些术语之间看似差异不大，却又有着本质上的区别。这种微妙的差异性要求制作者在引用法律术语时应足够小心，对区分术语与术语之间的关键性语词保持敏感，以充分保证每一个术语的高度科学性，力求准确，不能模棱两可。

（3）人称指代要清晰明确。法律文书的制作并非日常交流，在人称指代上不能随意使用，这是确保准确使用词汇、充分阐明事实和正确适用法律的前提条件。要做到这一点，使用代称时必须具体明确、前后一致，严格避免指代不明。与此同时，为了保证法律文书语言的庄重和简练，对于前文已经出现过的当事人、单位名称，后面可以用姓或简称简化代之，但不能"一词多代"，带来表达上的混乱。

（4）正确使用标点符号，杜绝错别字。这不仅是法律文书制作时的基本要求，更是所有文书类写作的一大共同标准。标点符号是语句之间停顿和歇息的标志，在法律文书的写作中，标点符号虽很少起到表达语气、着重强调的作用，但其正确性可以保证法律尊严、维护国家机关的威严，切不可糊弄了事。

2. 简约。简约又称精练、简练。所谓行文简约，是指在组织语言上应言简意赅，不可累赘烦琐，不知所云。在实践中，制作者为了充分阐述证据和事实，往往洋洋洒洒、恣意挥写，但行文冗长并不是说理充分的前提条件，只需将事实阐述清楚，将法律适用表达明确，使结论明白，能够执行即可。对重要的地方，可加以必要的分析，揭示相关特征。需注意的是，在追求简练的同时应尽量保持文书内容完备，不能为了简练而丢失了重要信息，即简练要适度。

3. 行文朴实。行文朴实是法律文书语言的第三个重要特征，是指语言要追求简单、客观、真实，在语言风格上不追求华丽的色彩，不故作高深，没有华而无实的虚词。一切文章的写作目的都是让人明白且读起来流利通顺。作为法律文书，语言的朴实性是由法律的严肃性、实用性和客观性决定的。法律文书最终遵循的基本原则仍然是法律上的"以事实为根据，以法律为准绳"。具体来说，在制作法律文书时，解释当事人身份的事项必须准确、真实、完整；介绍事实强调客观真实，一是一，二是二；一些散文、小说中采用的叙事手法，如倒叙、插叙，在法律文书中应尽量避免；得出的结论要简单、清晰、明确，易于执行，删去毫无意义的话。写作风格简单、语言精练，并不意味着语言枯燥乏味。在现实中，大多数案件都是复杂的，法律文书要做的是如实地反映案件事实，恰当地反映意见和理由，最终将复杂的案件事实、令人信服的理由和明确的结论表达出来，使人们能够从中快速地找到自己所需要的信息。

延伸阅读

赵某华涉枪案刑事判决书及评析

4. 擅用修辞。修辞是提高语言表达效果的技巧。俗话说："话有三说，巧说为妙。"采用不同的说法表达同一种意思，其效果可能是很不一样的。以法律文书向当事人传达法律的适用时，也要根据实际情况使用语言的表达技巧。特别是在民事案件中，如果用词不当，就有可能给当事人的名誉带来不利影响，所以在词语、句式的选择上要强调委婉、得体。对需要保密的内容采取适当的保密措施，但重要的内容也不能一概不说，以防被人钻了法律的空子。

【思考题】

1. 请以【延伸阅读】中的"唐瑞琳、张明福互控案判词"为例，试着思考古代裁判文书与现代法律文书在结构、语言以及侧重点方面的不同。

2. 试析两大法系法律文书的不同。

3. 简述我国法律文书语言表达的要求。

第二章 公安机关法律文书

【本章导读】

公安机关法律文书,按公安机关的职责可分为刑事侦查文书和治安管理处罚文书。本章所讲授的是公安机关在行使侦查职能过程中制作的法律文书。公安机关法律文书有表格式、笔录式以及文字叙述式等多种形式。无论哪种形式的法律文书,在刑事侦查中都具有重要作用,是公安机关执行法律的体现,也是办理刑事案件的重要凭证。

学习本章各种文书时,要重点掌握它们的制作格式、结构、内容及制作要点,并结合实际进行制作训练,进而掌握、巩固与提高文书写作能力。

【本章知识结构图】

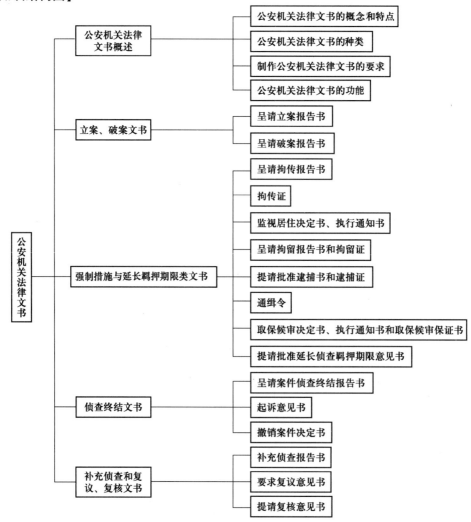

第一节 公安机关法律文书概述

一、公安机关法律文书的概念和特点

公安机关法律文书也称刑事侦查文书，是公安机关（含国家安全机关，下同）在刑事诉讼活动中依法制作或者认可的具有法律效力或法律意义的文书。

公安机关的主要职责有二：一是依法对各种刑事案件进行侦查、预审和对犯罪嫌疑人、被告人执行拘留、逮捕等强制措施，揭露和证实犯罪；二是依法管理社会治安和对违反治安管理规范的行为予以处罚。因此，公安机关在行使职权过程中制作的文书主要包括刑事侦查文书和治安管理处罚文书。本章所讲授的是公安机关在刑事诉讼中制作的刑事侦查文书。

公安机关的刑事侦查文书，不限于公安机关在刑事侦查时制作的各种文书，还包括公安机关认可的其他机关、团体和诉讼参与人在这一过程中依法制作的各种文书，如犯罪嫌疑人的亲笔供词、证人亲笔证词等。公安机关的刑事侦查文书是整个刑事诉讼文书的一个重要组成部分，它与人民检察院的刑事检察文书和人民法院的刑事裁判文书具有密切的联系，共同构成刑事诉讼文书体系，充分体现了公检法三机关分工负责、互相配合、互相制约的原则。

二、公安机关法律文书的种类

公安机关法律文书的分类方法较多，有的是从制作方式上划分，有的是从表现形式上划分，有的是从诉讼程序上划分。最后一种分类方式，大体上契合侦查办案活动的过程，使每种公安机关的刑事侦查文书的制作与办案程序融为一体，具有连贯性。故本书采用此种分类方法。按照此种分类方法，现行的公安机关法律文书可分为以下八类：

（一）立案、破案类

包括接受刑事案件登记表、呈请立案报告书、不予立案通知书、不立案理由说明书、移送案件通知书、立案决定书、呈请移送案件报告书、刑事犯罪现场勘查证、现场勘查笔录、指定管辖决定书、回避/驳回申请回避决定书、呈请破案报告书、通缉令、撤销通缉令的通知、协助通报等 15 种。

（二）律师介入类

包括安排律师会见非涉密案件在押犯罪嫌疑人通知书、涉密案件聘请律师申请表、涉密案件聘请律师决定书、会见涉密案件在押犯罪嫌疑人申请表、准予会见涉密案件在押犯罪嫌疑人决定书、通知书和不准予会见涉密案件在押犯罪嫌疑人决定书等 6 种。

（三）强制措施类

包括呈请拘传报告书、拘传证、呈请取保候审报告书、取保候审决定书及执行通知书、呈请解除取保候审报告书、不予取保候审通知书、对保证人罚款/没收保证金复核决定书、退还保证金决定书及通知书、对保证人罚款决定书、取保候审保证书、解除取保候审决定书、呈请监视居住报告书、监视居住决定书及执行通知书、责令具结悔过通知书、呈请解除监视居住报告书、解除监视居住决定书及通知书、拘留证、拘留通知书、呈请拘留报告书、呈请逮捕报告书、提请批准逮捕书、逮捕证、逮捕通知书和变更强制措施通知书等 30 种。

（四）讯问犯罪嫌疑人类

包括传唤通知书、提讯证、讯问笔录、犯罪嫌疑人诉讼权利义务告知书、未成年犯罪嫌疑人法定代理人到场通知书、亲笔供词等 6 种。

（五）调查取证类（含搜查、扣押类）

包括询问笔录、亲笔证词、呈请辨认报告书、辨认笔录、呈请侦查实验报告书、侦查实验笔录、呈请复验复查报告书、复验复查笔录、呈请鉴定报告书、鉴定聘请书、鉴定意见、呈请搜查报告书、搜查证、搜查笔录、呈请调查取证报告书、调取证据通知书以及有关扣押邮件、扣押电报、查询犯罪嫌疑人汇款、冻结犯罪嫌疑人汇款、查询犯罪嫌疑人存款等问题的报告书、通知书和扣押物品清单、调取证据清单等 39 种。

（六）延长羁押期限类

包括呈请延长拘留期限报告书、延长拘留期限通知书、提请批准延长羁押期限意见书、延长羁押期限通知书、呈请批准重新计算侦查羁押期限报告书、重新计算羁押期限通知书等 6 种。

（七）侦查终结类

包括呈请案件侦查终结报告书、起诉意见书、呈请撤销案件报告书、撤销案件通知书、释放通知书、处理物品文件清单、随案移交物品文件清单、销毁物品文件清单、发还物品文件清单、换押证等 10 种。

（八）补充侦查和复议复核类

包括补充侦查报告书、要求复议意见书、提请复核意见书、复议决定书等 4 种。

三、制作公安机关法律文书的要求

公安机关法律文书是侦查活动的产物，是对侦查活动的真实记载。侦查程序是否合法、有效，案件证据、事实是否确实、充分，法律手续是否完备，都会通过公安机关的法律文书反映出来。因此，制作公安机关法律文书对保证严格执法、提高办案质量、研究犯罪活动规律、总结侦查工作的经验教训都具有十分重要的意义。

（一）格式规范

公安机关法律文书必须规范，只有严格按照法律文书的格式制作，才能保证案件的质量。为了规范公安机关的执法活动、确保公安机关依法办案、提高办案质量，公安部于 2012 年颁布了《公安机关刑事法律文书式样》，对 2002 年颁布的《公安机关刑事法律文书格式》进行了重大修改和补充，使公安机关刑事诉讼的主要环节有了明确的法律文书。

（二）内容客观真实

内容客观是对制作公安机关法律文书最根本的要求。公安机关法律文书只有内容真实可靠，才能切实保证办案的顺利进行，反之，若法律文书内容虚假，必然会将办案活动引向歧途，影响刑事诉讼活动的顺利进行。公安机关法律文书的内容真实主要是指：涉及的有关人员基本情况要真实，如姓名、性别、年龄、住址、单位及职业、简历等都必须真实无误；所列举的事实必须真实；所列举犯罪嫌疑人的犯罪事实必须是经查证属实的；所列举的证据必须是经查证无误的。

（三）制作及时

制作公安机关法律文书应及时。公安机关法律文书都是在办案活动中遇到特定案情时依法制作的，具有较强的时限性。因此，制作公安机关法律文书必须及时，尤其是对那些时限性要求极强的法律文书，更应当在法定时间内及时制作。例如，在犯罪嫌疑人被拘捕之后的 24 小时之内必须对其进行第一次讯问，必须同时制作讯问笔录，超过 24 小时后再进行讯问和制作讯问笔录就是违法行为。

（四）严格依法

公安机关制作的法律文书是其对侦查工作的总结，也是其他司法机关从事司法活动的前提。因此，公安机关制作文书时要遵守法定程序，严守《刑事诉讼法》及其他相关法律法规之规定。严守法定程序的要求是多方面的，除了体现在侦查期限、方式等方面，还体现在证据的搜集与认定方面。大部分法律文书教材对传统的证据认定要求进行了详细的阐释，本教材则选取近几年提出的视听资料、电子数据证据，简单加以阐明。

《最高人民法院关于适用〈中华人民共和国刑事诉讼法〉的解释》（以下简称《刑诉法解释》）对电子证据进行了较大的修改，强调了对此类证据真实性与合法性的审查，进而保证公安机关对这种非传统证据采纳的严谨性，确保提高办案质量。《刑诉法解释》第 109 条规定，篡改、伪造或者无法确定真伪以及制作、取得的时间、地点、方式等有疑问且不能作出合理解释的视听资料，不得作为定案的根据。第 110 条规定了电子数据真实性的审查标准，并强调电子数据的"完整性"。同时，第 111 条明确了对电子数据的完整性进行审查与验证的方法，如比对电子数据完整性校验值以及审查冻结后的访问操作日志，这些都对公安机关的侦查工作和文书制作提出了更高的要求。公安机关在调取电子数据时应遵守《刑诉法解释》第 112 条之规定，例如，由二名以上调查人员、侦查人员进行，附有笔录、清单，并经调查人员、侦查人员、电子数据持有人、提供人、见证人签名或者盖章。上述程序性规定，在制作文书以及提交卷宗时要特别体现出来。假设公安机关没有遵守立法规定而取得、采用电子数据作为定案依据，应当适用《刑诉法解释》第 113 条的瑕疵补正规则进行修正与补充，从而规范其侦查工作与侦查文书。此外，公安机关收集、认定电子数据，制作相关文书时还要依照《公安机关办理刑事案件电子数据取证规则》，严格依法行使职权。

四、公安机关法律文书的功能

（一）记载与固定功能

公安机关法律文书的记载与固定功能，是指它记载着公安机关处理公务活动的目的、经过和结果，并以文字的形式予以固定，以便日后有据可查。公安行政公文记载并固定了公安机关开展的各项工作；公安机关法律文书则记载和固定了案件的由来、经过和结果。

（二）凭据和史料功能

公安机关法律文书的凭据和史料功能，是指公安机关在处理公务过程中，文书是决策、执行和认定、评价的凭据。随着依法行政和规范执法的推进，文书的凭据和史料功能越显重要。尤其是公安机关法律文书详实记载了案件受理、立案侦查和移送起诉的全过程，且前一阶段为后一阶段的诉讼活动提供了文字凭据。

公安机关法律文书也是进行法律监督、检验办案质量的可靠依据与真实史料，如果遇有申诉或歧义即可通过对案卷的复查作出判断，做到不枉不纵，维护法律尊严。

（三）宣传和教育功能

公安机关法律文书的宣传和教育功能，是指公安机关处理公务过程中，文书内容体现了公安机关的意图，展现了法律、法规在具体问题或案件上的运用，能够通过鲜活的案例进行中国特色社会主义法治宣传和教育，规范人们的行为，提高人们依法同违法犯罪行为作斗争的意识。

第二节　立案、破案文书

一、呈请立案报告书

（一）概念和功能

呈请立案报告书，是公安机关的侦查人员对接到的报案、控告、举报、自首材料进行审查后，认为符合立案条件，决定立案时制作的报请领导审批决定是否立案的文书。《刑事诉讼法》第 110 条第 3 款规定，公安机关、人民检察院或者人民法院对于报案、控告、举报，都应当接受。立案是全部侦查活动的起点，其他的侦查活动都是在立案后进行的。根据 2020 年修正的《公安机关办理刑事案件程序规定》（以下简称《办案程序规定》）第 178 条第 1 款的规定，公安机关接受案件后，经过审查，认为有犯罪事实需要追究刑事责任，且属于自己管辖的，由接受单位制作《刑事案件立案报告书》，经县级以上公安机关负责人批准，予以立案。呈请立案报告书是公安机关办理刑事案件必经的法律程序，它经县级以上公安机关负责人批准后，便成为公安机关开展侦查工作的依据。

（二）内容和写法

1. 首部。首部要写清文书的名称，即"呈请对××案立案报告书"，不必编写文号。

2. 正文。正文包括如下内容：

（1）报告导语。首先概括写明案件来源、接受案件后的处置行为、根据现场勘查所获得的证据得出的犯罪事实是否已经发生的结论，然后用"现将有关情况报告如下："引出下文。

（2）案件受理情况。

首先，写明案件来源，即案件是怎样发现的，是经人报案、控告、举报，还是犯罪嫌疑人自首或由其他机关转来的，或者是上级公安机关交办的。

其次，写明报案、控告、举报人、自首者的基本情况，包括其姓名、性别、年龄、民族、职业、住址以及与案件的关系。

延 伸 阅 读

呈请立案报告书
实例

最后，写明案件的基本情况。要根据报案、控告、举报人或犯罪嫌疑人提供的情况以及抓获或者发现的经过，写清犯罪嫌疑人的犯罪事实，包括犯罪的时间、地点、手段、后果和被害人的简要情况等，不明确的情况可暂不列入。

（3）立案根据。这部分是刑事案件立案报告书的重点，是案件成立的关键。它一般包括现场勘查情况、现场调查访问情况及鉴定意见。

首先，现场勘查情况。现场勘查的目的是发现和搜集犯罪的痕迹、物证，为研究分析案情、判断案件性质、确定侦查方向、明确侦查范围以及最终侦破案件提供线索和依据。因此，要按照现场勘查的基本步骤，写明现场方位、现场状态、现场的变动和各种痕迹、物证的情况以及提取的痕迹物证名称、数量等。具体内容要与现场勘查笔录的内容一致。

其次，现场调查访问情况。要把侦查人员通过深入细致的调查访问所了解和收集的案件情况和证人证言叙述清楚。重点要写明相关人员所提供的关于案件发生、发现和报案的经过以及提出的与案件有关的情况。

最后，鉴定意见。这部分内容并不要求每个刑事案件立案报告书都必须具备。鉴定意见，主要是指赃物估价、伤情鉴定、司法精神病鉴定意见等，这些鉴定意见直接关系到案件是否成立。

（4）立案理由。这一部分主要通过对报案、控告、举报或者犯罪嫌疑人自首情况，现场勘查、调查访问情况，以及鉴定意见的综合判断，说明立案的条件和依据。首先，说明在什么时间、什么地点发生了什么性质的刑事案件，以及收集到的证据证明案件事实已经发生；其次，写明行为人的行为已触犯刑律，以及行为人实施犯罪行为的动机、目的、手段等；最后，写明行为人的行为造成的后果、依法应当追究的刑事责任。在分析判断时，应引用《刑法》和《刑事诉讼法》的具体条款来认定案件性质和提出立案请求，并写明案件的严重程度，即写明案件是一般案件还是重大或者特大案件。

（5）侦查计划。即根据对案件情况的分析、判断，提出侦查方案和具体措施。这部分内容要明确侦查力量的组织与分工，侦查的步骤、方法和措施，以及侦查的范围和方法等。

3. 尾部。要写明呈请立案的单位，由两名或两名以上侦查员签名并注明文书的成文日期。

（三）制作时应注意的问题

1. 呈请立案报告书一般用于重大、特大案件。对于一般刑事案件，只需填写刑事案件立案报告表即可。

2. 侦查计划中如果要使用技侦手段，应另写报告。

二、呈请破案报告书[①]

（一）概念和功能

呈请破案报告书是公安机关办案部门对于查清了犯罪事实、查明了犯罪嫌疑人且收集了确凿的证据的刑事案件，报请领导批准破案的法律文书。1998 年修正的《办案程序规定》（现已失效）第 167 条规定，对于符合破案条件的案件，办案部门应当制作破案报告，报县级以上公安机关负责人批准。制作破案报告书并报请领导审核，对于确保办案质量、检查侦查破案工作具有重要作用。

（二）内容和写法

1. 首部。包括文书的名称和发文字号。例如，对于某抢劫案件，名称可写为"呈请×××抢劫案件破案报告书"，发文字号写在文书标题的右下方。

2. 正文。正文是破案报告书的主要部分。根据 1998 年修正的《办案程序规定》（现已失效）和侦查破案的实践，正文部分主要写清以下内容：

（1）案件侦查的结果。这部分内容要写明案件的来源，如报案、举报、控告、自首，和受理案件的情况；现场勘查情况以及对案情的分析，如获取了哪些痕迹物证；通过勘查、调

---

① 该文书在 2020 年修正的《办案程序规定》中已不存在，但有些公安机关在办案中仍在使用，故有必要予以介绍。

查访问对案件性质、作案时间、犯罪动机、犯罪目的、犯罪嫌疑人等情况的分析判断；采取侦查措施的情况，即根据对案情的分析判断，采取了哪些侦查措施，取得了什么样的结果。

（2）破案的理由和根据。这部分主要说明公安机关收集的证明犯罪嫌疑人实施犯罪的证据，犯罪嫌疑人的犯罪行为涉嫌什么罪名，应否追究犯罪嫌疑人的刑事责任，应否采取强制措施以及采取什么强制措施，等等。

（3）破案的组织分工和方法步骤。破案的组织分工和方法步骤要根据具体案件来写。破案的主要任务是抓获犯罪嫌疑人，因此要如实反映拘捕犯罪嫌疑人的法律手续，详细介绍犯罪嫌疑人的姓名、特征，具体的落脚点或藏匿处，为抓捕犯罪嫌疑人做准备。要组织破案力量，做好交通、通信工具以及其他必要的物质准备。对于重大、特大案件，应写明如何成立若干小组以保证破案，拟定的具体破案方法和步骤，采取拘传的方法还是拘留或者逮捕的方法，以及抓捕的时间、地点等。

（4）其他破案措施以及下一步的工作意见。这部分内容要写明破案过程中采用的其他破案措施，如公开抓捕或秘密捕获。犯罪嫌疑人已逃跑的，应写明如何组织力量追捕、发布通缉令以及采取的其他技术侦破手段等。同时要反映所拟定的破案后的工作意见，如怎样组织讯问、怎样开展调查、如何补充证据；如果是共同犯罪案件，还要拟出追捕同案犯罪嫌疑人的措施，等等。

3. 尾部。尾部包括结语和落款。结论要用请示性语言，如"妥否，请批示"。落款依次写明承办单位、两名侦查员的签名、制作文书日期，并加盖呈报单位印章。

（三）制作时应注意的问题

1. 要准确全面地反映案件情况，要把案件的发生、发现及侦查过程客观全面地叙述清楚，以便领导审查时作出正确决策。

2. 要突出重点，特别是在叙述案件侦查结果时，要把案件事实、证据作为重点来阐述。

3. 对案情比较简单的案件，可填写刑事案件破案报告表，写清破案的简要情况即可。

第三节　强制措施与延长羁押期限类文书

一、呈请拘传报告书

（一）概念和功能

呈请拘传报告书，是承办案件的单位在侦查过程中，认为需要犯罪嫌疑人到案接受讯问的，报请县级以上公安机关负责人审批的文书。《办案程序规定》第78条规定，需要拘传的，应当填写呈请拘传报告书并附有关材料，报县级以上公安机关负责人批准。制作呈请拘传报告书是审批程序的法定要求，以保证拘传活动的合法性。

（二）内容和写法

1. 首部。首部只需写明文书的名称，即"呈请拘传××报告书"。

2. 正文。这是呈请拘传报告书的主要部分，包括拘传的理由及法律依据。

（1）拘传的理由。首先，要写明犯罪嫌疑人犯罪的时间、地点、手段、经过、后果等基本案情，如果犯罪嫌疑人仅有犯罪嫌疑，则要写明嫌疑的根据。其次，要说明犯罪嫌疑人经过合法传唤而无正当理由不到案受讯的情况。如果未经传唤而直接拘传的，要说明直接拘传的理由。

（2）拘传的法律依据。拘传的法律依据是我国《刑事诉讼法》第66条，但这一条比较笼统，没有对拘传的条件以及有关程序作出明确具体的规定。拘传是一种刑事强制措施，其对象只能是犯罪嫌疑人。在制作这部分内容时，要针对犯罪嫌疑人的犯罪事实，说明其行为触犯我国《刑法》的哪一条哪一款，涉嫌什么罪，或者存在何种犯罪嫌疑，并且要说明通过拘传所要达到的目的（如需要通过讯问查明的事实情节），最后根据我国《刑事诉讼法》第66条之规定，说明拟对犯罪嫌疑人予以拘传，特呈请领导审查批示。

3. 尾部。尾部用"妥否，请批示"作结，然后写明承办单位的名称，由承办人签名，写明制作日期，最后应注明所附案件材料及页数。

（三）制作时应注意的问题

县级以上公安机关负责人批准呈请拘传报告书后，由承办单位凭呈请拘传报告书制作拘传证。

二、拘传证

（一）概念和功能

拘传证，是公安机关在侦查过程中，依法拘传犯罪嫌疑人到案接受讯问的凭证文书。这种凭证具有法律强制性，被拘传人必须服从，不得违抗。

（二）内容和写法

拘传证是一种填空类文书，有正本和存根两联。

1. 正本。正本是执行拘传的凭证。

（1）首部。包括制作文书的机关名称、文书名称以及文书编号。机关名称、文书名称为印刷的固定文字；文书编号要具体填写。

（2）正文。包括拘传的法律依据、执行拘传的侦查人员姓名、被拘传人的姓名及详细地址。固定的文字是："根据《中华人民共和国刑事诉讼法》第66条之规定，兹派本局侦查人员（填执行拘传的侦查人员姓名）对居住在（填被拘传人户口所在地）的（填被拘传人姓名）予以拘传。"

（3）尾部。包括公安局长章、公安局印以及制作的年、月、日。最后是被拘传人填写的向其宣布拘传的时间及签名。

2. 存根。这部分内容要依次填清文号，犯罪嫌疑人姓名、单位及职业、住址，拘传原因，拘传时间，以及批准人、执行人、填发时间、填发人。

（三）制作时应注意的问题

1. 拘传证正本将拘传对象称作被拘传人，拘传证存根将拘传对象称作犯罪嫌疑人，这两种称谓指的是同一人。被拘传人侧重描述其为拘传的对象；而犯罪嫌疑人侧重于体现被拘传人在整个案件中所处的地位。

2. 正本中的"居住地"与存根中的"住址"是同一的，均是指被拘传人的户口所在地。

3. 正本中向被拘传人宣布的时间与存根中"拘传时间"应当是相同的，但存根上的"拘传时间"只要求填写年、月、日即可，正本中向被拘传人宣布的时间精确到时，应以其为标准计算拘传时限。此外，应注意扣除途中的时间。正本中制作日期（即公安局印下面的年、月、日）与存根中的"填发时间"是一致的。

4. 存根中"拘传原因"分两种情况填写：一是犯罪嫌疑人经合法传唤无正当理由拒不到案的，可填写"经合法传唤而不到案"；二是对犯罪嫌疑人直接拘传的，则填写直接拘传的原因，即犯罪嫌疑人的行为性质，如盗窃、抢劫、杀人等，不可填写"案情需要""侦查需要"等含糊用语。

5. 对证人、被害人不能使用拘传证拘传他们到案作证。

三、监视居住决定书、执行通知书

（一）概念和功能

监视居住决定书及执行通知书，是公安机关决定对犯罪嫌疑人采取监视居住措施时所制作的文书。监视居住决定书应当向被采取监视居住措施的犯罪嫌疑人当场宣布，执行通知书应当及时交给执行机关。

《办案程序规定》第110条规定，对犯罪嫌疑人监视居住，应当制作呈请监视居住报告书，经县级以上公安机关负责人批准，制作监视居住决定书。这是对犯罪嫌疑人采取监视居住强制措施的法律依据。

（二）内容和写法

监视居住决定书、执行通知书有固定的格式，分为正本、副本、执行通知书、存根四联。

1. 正本。包括以下内容：

（1）首部。包括制作文书的机关、文书的名称和文书的编号。

（2）正文。包括对犯罪嫌疑人进行监视居住的法律依据、犯罪嫌疑人的姓名、执行监视的委托机关以及犯罪嫌疑人在监视居住期间应当遵守的具体规定。这部分需要填写的内容比较简单，即"我局正在侦查的犯罪嫌疑人（填犯罪嫌疑人的姓名），因（填写监视居住的原因，如患病、怀孕、哺乳自己的婴儿等），根据《中华人民共和国刑事诉讼法》第74条之规定，决定对其监视居住，并由（填写受委托单位名称）执行。在监视居住期间，犯罪嫌疑人应当遵守下列规定……"。这部分内容的制作要求与取保候审决定书相同，可参照制作。

（3）尾部。包括公安局印及制作文书的日期。

2. 副本。其内容与正本相同，只是在最后增加了被监视居住人签收《监视居住决定书》并注明签收日期的内容。

3. 执行通知书。它是受委托单位对犯罪嫌疑人执行监视居住的合法凭证，由首部、正文、尾部三部分组成。除首部增加了受委托单位的名称外，首部和尾部的内容与监视居住决定书大致相同，参照制作即可。

正文部分的内容除将犯罪嫌疑人的基本情况改为执行单位的名称外，其他内容与《监视居住决定书》基本相同，按照规定的格式填写即可。

4. 存根。由办案单位存档备查。按照固定格式依次填清文号，犯罪嫌疑人姓名、性别、年龄、住址、单位及职业，监视原因，决定监视时间，以及受委托单位、批准人、办案人、填发时间、填发人。需要说明的是，对于决定监视时间，各地的标准不一致：有的填写局长在呈请监视居住报告书上批准的时间；有的填写制作监视居住决定书的时间；有的填写填发时间；有的填写犯罪嫌疑人在监视居住决定书上签名的时间；等等。本书认为，决定监视时间应以监视居住决定书上的时间为准，即在年、月、日上面加盖公安局印的时间，它与"填发时间""执行监视居住的时间"是有区别的。

（三）制作时应注意的问题

1. 监视居住决定书制作完毕，办案部门即可凭决定书对犯罪嫌疑人采取监视居住的措施，并让犯罪嫌疑人在监视居住决定书下面填写对其宣布的日期和签名。

2. 犯罪嫌疑人监视居住的条件消失后，应及时制作解除监视居住决定书，解除对犯罪嫌疑人的监视居住。

四、呈请拘留报告书和拘留证

（一）呈请拘留报告书

1. 概念和功能。

呈请拘留报告书是承办案件的单位对现行犯或者重大嫌疑分子采取拘留措施时所制作的报请县级以上公安机关负责人审批的文书。

《办案程序规定》第125条第1款规定，拘留犯罪嫌疑人，应当填写呈报拘留报告书，经县级以上公安机关负责人批准，制作拘留证。刑事拘留涉及公民人身自由，是一种较严厉的刑事强制措施。因此，制作呈请拘留报告书并经县级以上公安机关负责人审查把关，可以防止或减少错拘无辜的情况发生，保障公民的人身自由不受侵犯，同时可以防止办案人员"以拘代惩""以拘代侦"的错误做法。根据法律规定，全国人民代表大会代表或者县级以上地方各级人民代表大会代表，如果被发现是现行犯而需要拘留，执行拘留的公安机关应向该级人民代表大会主席团或者常务委员会报告。对不享有外交特权和豁免权，依法应当刑事拘留的外国人、无国籍人，由省、自治区、直辖市公安厅、局审批；执行拘留后，应当及时向当地外事办公室和有关外国人主管部门通报情况，并报公安部备案，按有关规定及时通知有关国家驻华使、领馆。

2. 内容和写法。

（1）首部。首部写明呈请拘留报告书、文书编号、被拘留人的基本情况。被拘留人的基本情况包括姓名、年龄或出生年月日、民族、籍贯（如外国人应写明国籍）、户籍所在地、单位及职务、现住所。

（2）正文。正文是呈请拘留报告书的重点，其内容包括报告导语、犯罪嫌疑人的基本情况和违法犯罪经历、拘留的理由。

第一，报告导语。概括报告书的中心内容，如案件名称、立案时间、呈请拘留对象和具体请求，后接"现将有关情况报告如下"。

第二，犯罪嫌疑人的基本情况和违法犯罪经历。应依次写清其姓名、性别、年龄或出生年月日、身份证件编号、民族、籍贯、户籍所在地、单位及职业、住址，以及违法犯罪经历。犯罪嫌疑人不讲真实姓名、住址的，按其自报的姓名、住址及相关情况填写，其他项目若暂不清楚的不要填写。

第三，拘留的理由。首先，要把已经查清的被拘留人的犯罪事实或者重大嫌疑依据叙述清楚。如果被拘留人是依法应予以逮捕的现行犯，就要把已经查清的犯罪事实情节阐述清楚，包括犯罪的时间、地点、手段、经过、危害后果等；如果被拘留人有重大嫌疑（包括案情重大和嫌疑重大）的，要将认定其有重大嫌疑的事实根据叙述清楚。拘留一定要有根有据，不能是无根据的推断。这些事实是适用拘留的基本理由。其次，要写明被拘留人符合我国《刑事诉讼法》第82条规定的拘留条件的事实，即：正在预备犯罪、实行犯罪或者在犯罪后即时被发觉的；被害人或者在场亲眼看见的人指认他犯罪的；在身边或者住处发现有犯罪证据的；犯罪后企图自杀、逃跑或者在逃的；有毁灭、伪造证据或者串供可能的；不讲真实姓名、住址，身份不明的；有流窜作案、多次作案、结伙作案重大嫌疑的。此外，应说明情况紧急，如果不将现行犯或者重大嫌疑分子拘留起来，就会发生新的社会危害或者妨碍侦查工作的顺利进行。

拘留要根据上述拘留的理由，说明被拘留人的行为属于我国《刑事诉讼法》第82条第×项规定的情形，已符合拘留的条件，特呈请批准拘留。

（3）尾部。写"妥否，请批示"，并写明承办单位的名称，签署承办人姓名，注明制作文书的日期。最后还应注明所附案件材料的件数和页数。

3. 制作时应注意的问题。

（1）呈请拘留报告书制作完毕，由承办单位负责人审阅后连同案件相关材料、证据报县级以上公安机关负责人审批。领导审查后，应在呈请拘留报告书上方"领导指示"一栏中明确写上同意或不同意拘留，或者采取其他措施的意见，并签署姓名和日期。

（2）对不讲真实姓名的犯罪嫌疑人，在制作呈请拘留报告书时，可按犯罪嫌疑人自报的姓名制作。

（二）拘留证

1. 概念和功能。拘留证是公安机关依法对犯罪嫌疑人执行拘留时制作的具有法律效力的文书凭证。它是根据县级以上公安机关负责人批准的呈请拘留报告书制作的，是侦查人员对被拘留人执行拘留的合法凭证。

拘留证不仅能够证明执行拘留的侦查员的身份和执行拘留活动的合法性，还具有强制性。持有拘留证执行拘留的侦查人员代表国家司法机关行使拘留权，因此，在执行拘留的过程中，对抗拒拘留的人可以采取相应的强制措施，在必要的时候还可以使用械具（包括武器）。对阻挠执行拘留的其他人员也可以采用相应的防范措施。在紧急情况下，凭拘留证可对被拘留人的人身、住处及其他有关场所进行搜查。

2. 内容和写法。拘留证具有固定格式，分为正本、副本、存根三联。

（1）正本。它是侦查人员执行拘留的凭证，主要由首部、正文、尾部三部分组成。

首部包括制作文书的机关、文书的名称、文书的编号。

正文包括拘留的法律依据、侦查人员（两名）姓名、被拘留人的住址和姓名。《公安机关刑事法律文书式样》的固定格式如下："根据《中华人民共和国刑事诉讼法》第82条之规定，兹决定由本局侦查人员（填写执行拘留的侦查人员姓名）对居住在（填写被拘留人的住址）的（填写被拘留人姓名）执行拘留。"

关于拘留的法律依据问题，有的地方在拘留证上填写我国《刑事诉讼法》第110条第3款和第82条之规定。我国《刑事诉讼法》第110条第3款规定，公安机关对于报案、控告、举报，都应当接受，对于不属于自己管辖而又必须采取紧急措施的，应当先采取紧急措施。

我国《刑事诉讼法》第82条也规定了拘留的条件。但以二者作为拘留的法律依据，本书认为是不妥的：我国《刑事诉讼法》第110条第3款规定的紧急措施不应简单地理解为只是采取刑事强制措施，应包括并更侧重保护现场等措施。但被报案、控告、举报的人具有我国《刑事诉讼法》第82条规定的情形的，可依法拘留。虽然《刑事诉讼法》第82条规定"对于现行犯或者重大嫌疑分子"可以依法先行拘留，但先行拘留的对象必须具有我国《刑事诉讼法》第82条规定的7种情形之一。因此，我国《刑事诉讼法》的其他条款不能作为拘留犯罪嫌疑人的法律依据，只能以第82条规定为依据。

在正文之后还要填写两项内容：一是说明本证向被拘留人宣布的时间，并由被拘留人签名、捺手印；二是由看守所民警在"本证副页已收到，被拘留人已由我所收押"下面的"接收民警"处签名，注明收押日期，并加盖看守所印章。

尾部包括公安局长章、公安局印以及制作的年月日。

（2）副本。它是羁押场所收押被拘留人的凭证，由首部、正文、尾部三部分组成。其中，首部和尾部与正本的首部、尾部的内容相同。正文部分除了正本的正文内容以外，增加了被拘留人羁押的场所、被拘留的原因和时间等内容。

（3）存根。由办案单位存档备查。按照规定要求依次填清文书的文号，被拘留人姓名、住址、单位及职业，拘留原因，拘留时间，以及批准人、执行人、填发时间、填发人。

3. 制作时应注意的问题。

（1）正本和副本中"对居住在＿＿＿＿＿的"空格内，应当填写被拘留人的常住地，即户籍所在地，而不应填写"旅店""招待所"等。它是对居住在××（地点）的×××（被拘留人）的身份情况的说明，并不表示在该地点对×××（被拘留人）执行拘留，即并不表示执行拘留的地点。

（2）在填写存根上的"拘留时间"这一项时，各地的做法不尽一致。有的填批准拘留的时间，有的填拘留证填发的时间，有的填被拘留人在拘留证上签名的时间，有的填被拘留人被关进看守所的时间，等等。本书认为，存根上的"拘留时间"是指执行拘留的时间。一般情况下，存根上的"拘留时间"与正本上填写的时间（即制作日期）以及被拘留人在正本上签名的时间是一致的。因为拘留证一经签发，应立即对被拘留人执行拘留。如果当日未将拘留人抓获，副本中的"被拘留时间"应以被拘留人在拘留证上签字的时间为准，以便掌握法定羁押期限。存根上的"拘留时间"和正本中的制作时间，只要填年月日即可，不必具体到时和分。

（3）对被拘留人执行拘留时，侦查人员应当向被拘留人出示拘留证（被拘留人不识字的，应向其宣读），并令被拘留人在拘留证下面填清对其宣布拘留的时间及其姓名。被拘留人拒绝签名的，执行拘留的侦查人员应在拘留证上注明。

（4）对犯罪嫌疑人执行拘留后，除有碍侦查和无法通知的情形外，应当在24小时内将拘留的原因和羁押的处所通知被拘留人家属或者所在单位。

五、提请批准逮捕书和逮捕证

（一）提请批准逮捕书

1. 概念和功能。提请批准逮捕书，是公安机关根据我国《刑事诉讼法》第87条之规定，对有证据证明有犯罪事实且有逮捕必要的犯罪嫌疑人，提请同级人民检察院审查批准逮捕时制作的文书。

我国《刑事诉讼法》第87条规定，公安机关要求逮捕犯罪嫌疑人的时候，应当写出提请批准逮捕书，连同案卷材料、证据，一并移送同级人民检察院审查批准。因此，制作提请批准逮捕书是公安机关逮捕犯罪嫌疑人的必经法律程序，体现了公安机关与人民检察院分工负责、互相制约的原则。

制作提请批准逮捕书充分体现了我国《宪法》规定的中华人民共和国公民的人身自由不受侵犯的精神。任何公民非经人民检察院批准或人民法院决定，并由公安机关执行，不受逮捕。公安机关认为需要逮捕犯罪嫌疑人时，应将提请批准逮捕书和案件材料一并报人民检察院审批。人民检察院经过审查认为案件事实不清或证据不足的，不批准逮捕，并向公安机关说明理由，需要补充侦查的，应同时通知公安机关补充侦查。这样就可以防止或减少错捕无辜的现象发生，充分保障公民的人身权利不受侵犯。

根据《全国人民代表大会和地方各级人民代表大会代表法》第32条第1款的规定，县级以上的各级人民代表大会代表，非经本级人民代表大会主席团许可，在本级人民代表大会闭会期间，非经本级人民代表大会常务委员会许可，不受逮捕或者刑事审判。如果因为是现行犯被拘留，执行拘留的机关应当立即向该级人民代表大会主席团或者人民代表大会常务委员会报告。

2. 内容和写法。

（1）首部。包括制作文书的机关，文书的名称、文书的编号，犯罪嫌疑人的基本情况，以及违法犯罪经历等内容。其制作方法与制作时需注意的问题与呈请拘留报告书基本相同。但在填写犯罪嫌疑人违法犯罪经历时还应注意：如果犯罪嫌疑人是在拘留后被提请逮捕的，应当注明拘留的时间、期间和羁押地点，以便人民检察院在审查过程中依法提讯犯罪嫌疑人，实行法律监督。

延伸阅读

提请批准逮捕书实例

（2）正文。这是重点部分，包括犯罪事实和法律依据两方面内容。

首先，犯罪事实。根据我国《刑事诉讼法》第81条第1款之规定，逮捕犯罪嫌疑人必须具备三个条件，其中首要的一条就是要有证据证明有犯罪事实（包括犯罪事实和证明犯罪事实的证据），并写清犯罪的时间、地点、经过、手段、后果、动机、目的等。这里所讲的犯罪事实是从逮捕的角度出发，而不是从结案的角度出发的。犯罪事实是指犯罪嫌疑人具备我国《刑法》规定的犯罪构成要件的主要情节，即：犯罪嫌疑人的行为侵犯了我国《刑法》所保护的；犯罪嫌疑人达到了刑事责任年龄；犯罪嫌疑人具有刑事责任能力；等等。如果一人犯数罪或者一罪包括数个犯罪行为，如多次盗窃、多次抢劫和多次强奸等，经过侦查，只获取了犯罪嫌疑人抢劫的证据，而强奸、盗窃行为尚没有证据证明，那么，在提请批准逮捕书中，只要把犯罪嫌疑人的抢劫行为叙述清楚就可以了，其他两个犯罪行为则不必叙述。再如，如果犯罪嫌疑人实施了5次盗窃行为，只要其中1次有证据予以证明且可能判处徒刑以上刑罚，就足够以此为据提请批捕了。在叙述犯有多次同类罪行时，既可以按犯罪时间叙述，也可以综合叙述。在叙述证明犯罪事实的证据时，只需把所查获的能证明犯罪事实的证据列举出来就可以了，不要求达到充分的程度，但证据必须是确实的。在将犯罪嫌疑人的犯罪事实叙述清楚之后，就要说明可能判处徒刑以上刑罚和有逮捕必要的事实。在叙述时，结合已有证据证明的犯罪事实，主要说明犯罪嫌疑人行为的情节恶劣程度、后果的严重性，以及如果不对犯罪嫌疑人采取逮捕的措施，便不足以防止社会危害的发生等事实。

其次，法律依据。这也是提请批准逮捕书不可缺少的重要内容。这部分要根据犯罪嫌疑人的犯罪事实得出逮捕犯罪嫌疑人的结论。这个结论既要写明犯罪嫌疑人涉嫌犯罪的实体法依据，又要写明提请批准逮捕犯罪嫌疑人的程序法依据。具体地讲，先要阐明犯罪嫌疑人的行为触犯了我国《刑法》哪些条款、涉嫌何罪；然后说明犯罪嫌疑人的行为符合我国《刑事诉讼法》第 81 条第 1 款或第 3 款规定的逮捕条件，根据我国《刑事诉讼法》第 87 条之规定提请审查批准逮捕。在引用法律条文时要做到三点：

第一，引用法律条文要准确。在引用实体法时，根据犯罪嫌疑人具有的犯罪情节，引用我国《刑法》相应的条款。在办案实践中，有的把我国《刑法》分则中的类罪作为具体罪名，如把盗窃罪写为"侵犯财产罪"；有的把犯罪手段当作罪名，如"图财抢劫罪"；有的叙述的是盗窃犯罪事实，却引用我国《刑法》第 263 条；等等。这些都是引用法律条文不准确的表现。在引用程序法时，应当引用我国《刑事诉讼法》第 81 条第 1 款、第 3 款和第 87 条。第 81 条有 4 款，其中第 1 款和第 3 款规定的是逮捕条件，第 4 款规定的是取保候审、监视居住的条件，因此，在引用第 81 条时，必须引用第 1 款或第 3 款。第 87 条规定的是提请人民检察院审查批准的依据。

第二，引用法律条文要全面。在实际办案过程中，可能出现如下错漏：应当引用我国《刑法》总则中有关条款而没有引用，如在共同犯罪案件中，没有引用反映犯罪地位（主犯、从犯）的条款；引用了实体法而没有引用程序法；只引用程序法，不引用实体法；等等。

第三，要分清款和项。例如，"犯罪嫌疑人×××的行为触犯了我国《刑法》第 126 条第 3款之规定"，犯罪嫌疑人"涉嫌非法销售枪支"，这就属于把项误认为款的情形。

（3）尾部。写明以下内容：

首先，文书送达的机关名称。即在"此致"的次行写明送达的人民检察院的名称。

其次，文书签发人签名或盖章。签发人的签名或盖章应在公安局印的上方。

再次，文书签发年、月、日，并加盖公安局印。公安局印应盖在签发的年、月、日中间。

最后，注明附卷材料的件数以及犯罪嫌疑人被羁押在××看守所。

在共同犯罪案件中，一案需要提请批准逮捕数名犯罪嫌疑人的，可合写一份提请批准逮捕书。在首部填写犯罪嫌疑人的基本情况时，可按各个犯罪嫌疑人在犯罪过程中的地位和作用（主犯、从犯、胁从犯）的顺序填写。在叙述犯罪事实时，应先把他们的预谋、策划和组织过程等共同犯罪的主要事实叙述清楚，然后说明每个犯罪嫌疑人在犯罪过程中所处的地位和所起的作用，分清主次、明确罪责。如果有的犯罪嫌疑人还单独有其他罪行的，在叙述犯罪事实时应予以注明。如对有的犯罪嫌疑人提请批准逮捕，对有的则采取取保候审或监视居住的强制措施，则应在提请批准逮捕书中，注明其他犯罪嫌疑人应被采取的其他强制措施。

3. 制作时应注意的问题。

（1）提请批准逮捕书中涉及国家机密内容的，只要求写出泄露××机密，不要写出详细的内容，以防扩散。

（2）涉及被害人或者其他当事人的隐私的，不宜写出他们的具体名字，可写作刘××、王××等。

（二）逮捕证

1. 概念和功能。逮捕证，是公安机关执行逮捕时使用的法律凭证。它是根据人民检察院的批准逮捕决定书制作的。人民检察院或者人民法院直接受理的案件，需要逮捕犯罪嫌疑人或被告人的，由公安机关凭人民检察院决定逮捕通知书或人民法院逮捕犯罪嫌疑人或被告人决定书签发逮捕证，并执行逮捕。

逮捕证不仅能证明执行逮捕的侦查人员身份和执行逮捕活动的合法性，还具有法律强制性。持逮捕证执行逮捕的侦查人员对抗拒逮捕的犯罪嫌疑人可以采取相应的强制方法，必要时可以使用械具（包括武器）。对阻挠执行逮捕的其他人员也可采取相应的防范措施。在紧急情况下，可以凭逮捕证对犯罪嫌疑人的人身、住处及其他有关场所进行搜查。

2. 内容和写法。逮捕证分为正本、副本和存根三联。

（1）正本。正本是侦查人员执行逮捕的凭证，由首部、正文、尾部三部分组成。

首部包括制作文书的机关、文书的名称及文书的编号等内容。

正文包括批准或者决定逮捕的机关、执行逮捕的侦查人员（两名）、被逮捕人的姓名及住址等内容。具体制作的格式是："根据《中华人民共和国刑事诉讼法》第 80 条之规定，经（填写××市、县或区名称）人民（填写批准逮捕或决定逮捕的检察院或法院）批准/决定（如果是检察院批准的，划掉'决定'字样；如果是人民法院决定的，划掉'批准'字样），兹派我局侦查人员（填写侦查人员姓名）对居住在（填被逮捕人的常住地，即户籍所在地）的（填被逮捕人姓名）执行逮捕。送（填写看守所的名称）。"

尾部包括公安局长章、公安局印和制作的日期。

在尾部的下面还有两项内容：一是注明向本证的被逮捕人宣布的具体时间，并由被逮捕人签名或捺手印；二是注明本证副本已收到，被逮捕人已于什么时间由看守所收押（先行拘留的填写拘留的时间），并由看守所接收民警签名并加盖公章。

（2）副本。副本是看守所收押犯罪嫌疑人的凭证，由首部、正文、尾部三部分组成。其首部、尾部与正本的首部、尾部内容相同，按格式要求填写清楚即可。正文的固定格式为"根据《中华人民共和国刑事诉讼法》第 80 条之规定，经（填写××市、县或区名称）人民（填写检察院或法院）批准/决定（如果是检察院批准的，划掉'决定'字样；如果是人民法院决定的，划掉'批准'字样），兹派我局侦查人员（填写执行侦查人员的姓名）对涉嫌（填写具体罪名）罪的（填写被逮捕人的姓名并以括号形式接填其性别、年龄、住址）执行逮捕，现送（填写××市、县或区名称）看守所关押"，并注明被捕时间（填被执行逮捕的时间）。

（3）存根。存根由办案单位存案备查。按照格式规定依次填清文号，被逮捕人姓名、性别、年龄、民族、籍贯、单位及职业、住址、逮捕时间，批准或决定机关名称，批准或决定时间以及执行人、填发时间、填发人。

需要说明的是，正本中的执行逮捕的"侦查人员"与副本和存根中的"执行人"应当是相同的。但是，在实际制作的过程中，如果办案人员把副本中的"执行人"理解为押解犯罪嫌疑人到看守所关押的人员，就会导致出现正本、副本和存根中的执行人不一致的情况。一般情况下，执行逮捕的侦查人员同时承担押解犯罪嫌疑人到看守所关押的任务。即使这样，副本中的"执行人"也不能理解为押解人，而是执行逮捕的侦查人员。

3. 制作时应注意的问题。

（1）对犯罪嫌疑人进行逮捕时，侦查人员应向被逮捕人出示逮捕证（被逮捕人不识字的，应向其宣读），并责令被逮捕人在逮捕证下面填写对其宣布逮捕的时间及其姓名。

（2）办案部门派员到外地逮捕犯罪嫌疑人时，执行人员应携带原地人民检察院签发的批准逮捕决定书（正本）、批准逮捕决定书（副本）和逮捕证、介绍信及有关犯罪嫌疑人犯罪的主要材料等，到犯罪嫌疑人所在地的检察机关送达批准逮捕决定书（副本），之后，由犯罪嫌疑人所在地公安机关协助执行逮捕。

（3）对犯罪嫌疑人执行逮捕后，除有碍侦查和无法通知的情形外，应在 24 小时内将逮捕的原因和羁押的处所通知被捕人家属或者所在单位。

（4）执行逮捕后，应将执行情况及时通知批准逮捕的人民检察院或决定逮捕的人民法院。

六、通缉令

（一）概念和功能

通缉令，是公安机关为抓获罪该逮捕且在逃的或者拘留、逮捕后脱逃的犯罪嫌疑人及从监狱内逃跑的罪犯而制作的一种法律文书。通缉令只能由公安机关发布，其他任何单位都无权制作。

通缉令具有法律强制性，对于通缉对象，各地公安机关都可以抓捕，任何公民都可以扭送至司法机关。

（二）内容和写法

通缉令分正本和存根两部分。

1. 正本。这是通缉犯罪嫌疑人、被告人、罪犯的正式文书，分为首部、正文、尾部三部分。

（1）首部。包括标题、发文字号、发布范围三项内容。

（2）正文。这是通缉令的主要内容，包括简要案情，被通缉人的基本情况、体貌特征、携带物品，通缉令的工作要求、注意事项，以及附项等部分。

第一，简要案情。要写明被通缉人作案的时间、地点、简要情况及其潜逃的经过等。在制作时要注意两点。其一，在叙述被通缉人作案的简要情况时，主要写明其作案的具体性质，如杀人、盗窃、强奸等即可，不必写作案的细节。其二，对发案的时间、地点不要写得太细；涉及需要保密的单位，不写作案的时间、地点。

第二，被通缉人基本情况。要写明被通缉人姓名（别名、化名、绰号）、年龄（出生年、月、日，出生日期不详的，可写大约多少岁）、性别、职业、工作单位、籍贯（如为外国人，写国籍）、住址和犯罪历史。

第三，被通缉人体貌特征。要根据被通缉人的不同特点，尽量写详细一些。应分别写明以下内容：被通缉人身高（不知具体身高的，可写多少厘米左右）、体型（如胖、较胖、瘦、较瘦）；脸型、发型、五官、面部突出特征（如脸上有斑、痣、疤痕）、头发长短、有无白发、牙齿镶补情况、单眼皮还是双眼皮、视听觉有无缺陷，等等；特长和生活习惯、走路姿势、步法特征、口音（包括是否口吃）、是否左撇子、有无文身等；逃跑时的衣着，包括上衣、裤子、鞋、帽、内衣的式样、颜色、新旧程度等；是否会武术等。

第四，被通缉人携带物品。要写明被通缉人的身份证、护照号码、携带物品的数量及特征。要特别注意写明是否携带枪支、弹药、匕首等凶器以及是否曾行凶、自杀等情况。

第五，通缉令的工作要求和注意事项。主要是提出对被通缉人的查缉措施及抓获后如何处理等，要写明办案单位联系人、联系电话及通信地址。

第六，附项。尽可能在通缉令中附上被通缉人近照、十指指纹、重要社会关系人名单（包括其姓名、性别、单位、地址）。

（3）尾部。要在正文右下方署上发布时间并加盖发布机关公章。需要时，可在通缉令下方附上抄送单位名单。有照片的要在右上角印制照片。

2. 存根。这是制作通缉令正本后，由签发单位留存的部分。它的作用是作为签发通缉令的根据，存档备查。这部分要按照规定格式依次写明制作单位名称、文书名称和文书发文字号，然后依次写明被通缉人姓名、性别、年龄、住址、单位及职业、籍贯，通缉原因，通缉时间，以及批准人、承办人、填发时间、填发人等情况。

（三）制作时应注意的问题

1. 根据案情需要，确定通缉令发布的方式。通缉令的发布方式有三种：

（1）将通缉令发给有关单位，包括相关的公安机关、有关保卫部门、居民委员会和治保会等。

（2）通过新闻媒介如广播、电视、报刊等发布。

（3）将通缉令张贴在有关场所，向全社会公开通缉。

2. 确定通缉令发布的范围。通缉令的发布范围由签发通缉令的负责人根据案件性质决定。根据我国《刑事诉讼法》第 155 条第 2 款和公安机关办理刑事案件的有关规定，县级以上公安机关在自己管辖的地区内，可以直接发布通缉令；毗邻的和有固定协作任务的省、自治区、直辖市或市、县公安机关，按协作规定可以互相抄发通缉令，同时报上级公安机关备案；需要在全国或者跨区协作通缉重要逃犯的，由省、自治区、直辖市公安厅、局报公安部，由公安部发布通缉令。

公安部发布的通缉令分为 A 级和 B 级两种，内容和制作方法相同，只是奖励金额和来源不同：A 级由公安部奖励 5 万元；B 级由省（区、市）公安厅、局奖励 1 万元。

在实际工作中，通缉令没有存根，凭公安机关负责人批准的《呈请发布通缉令的报告》以传真的方式发布，该报告即为依据。有的通缉令一式多份，少则几百份，多则上万份，也是凭公安机关负责人批准的报告发布。

3. 被通缉的对象自杀、被抓获或被击毙的，要及时制作关于撤销通缉令的通知以撤销通缉。

七、取保候审决定书、执行通知书和取保候审保证书

（一）取保候审决定书、执行通知书

1. 概念和功能。取保候审决定书、执行通知书，是公安机关在侦查过程中依法对犯罪嫌

疑人采取取保候审措施的凭证文书。《办案程序规定》第 83 条规定，需要对犯罪嫌疑人取保候审的，应当制作呈请取保候审报告书。经县级以上公安机关负责人批准，制作取保候审决定书。因此，取保候审决定书是根据县级以上公安机关负责人批准的呈请取保候审报告书制作的，是对犯罪嫌疑人实行取保候审的法律依据。

犯罪嫌疑人只有具备下列情形之一的，才能制作取保候审决定书：（1）可能判处管制、拘役或者独立适用附加刑的；（2）可能判处有期徒刑以上刑罚，采取取保候审的方法不致发生社会危险的；（3）应当逮捕，但正在怀孕、哺乳自己未满周岁婴儿的妇女；（4）应当逮捕，但患有急性、恶性传染病或者其他严重疾病，采取取保候审的方法不致发生社会危险的；（5）拘留后提请批准逮捕，而人民检察院不批准逮捕，需要复议复核的；（6）拘留后证据不符合逮捕条件的；（7）犯罪嫌疑人被羁押的案件，不能在法定期限内办结，需要继续侦查的；（8）逮捕后，发现犯罪嫌疑人具有上述第（3）（4）项情形之一的。

2. 内容和写法。取保候审决定书、执行通知书是一种一纸多联填空类文书，分取保候审决定书正本、取保候审决定书副本、取保候审执行通知书和存根四联。

（1）取保候审决定书正本。取保候审决定书正本是对犯罪嫌疑人采取取保候审的合法凭证，由首部、正文、尾部三部分组成。

首部包括制作文书的机关、文书的名称、发布字号等。

正文包括犯罪嫌疑人姓名、取保候审的原因和法律依据、保证人姓名和犯罪嫌疑人在取保候审期间应当遵守的具体规定等内容。这部分在《公安机关刑事法律文书式样（2012版）》中的固定文字包括"我局正在侦查（填写案件名称）案，因犯罪嫌疑人（填写取保候审的原因），根据《中华人民共和国刑事诉讼法》第（填写67）条之规定，决定对其取保候审。""被取保候审人接受保证人（填写保证人姓名）的监督/交纳保证金（填写交纳保证金的数额）元""在取保候审期间应当遵守以下规定：（一）未经执行机关批准不得离开所居住的市、县；（二）住址、工作单位和联系方式发生变动的，在二十四小时以内向执行机关报告；（三）在传讯的时候及时到案；（四）不得以任何形式干扰证人作证；（五）不得毁灭、伪造证据或者串供"。司法机关还可以酌定责令犯罪嫌疑人不得进入特定的场所；不得与特定的人员会见或者通信；不得从事特定的活动；将护照等出入境证件、驾驶证件交执行机关保存等。犯罪嫌疑人取保候审期间违反上述规定，已交纳保证金的，没收保证金。

取保候审决定书既适用于对未被拘留、逮捕的犯罪嫌疑人直接采取取保候审，又适用于对已被拘留、逮捕的犯罪嫌疑人取保候审。因此，在填写取保候审的法律依据时，应根据犯罪嫌疑人的具体情况填写，如患有传染病、怀孕及哺乳自己婴儿等，不能填写"案情需要"或"侦查工作需要"等含糊用语。对不是因传染病或怀孕、哺乳自己未满周岁婴儿而直接采用取保候审的，可填写犯罪嫌疑人的行为性质，如盗窃、伤害等。

尾部包括公安局印和制作文书的日期。这部分内容根据实际情况填写即可。

（2）取保候审决定书副本，其内容与正本相同，只是增加了"本决定书已收到"，被取保候审人签名、指印，并注明签收日期等。

（3）取保候审执行通知书是执行机关对被取保候审的犯罪嫌疑人实施监管的凭证，由首部、正文、尾部三部分组成。其中，首部的内容与取保候审决定书相同。正文包括执行单位名称、犯罪嫌疑人取保候审的原因及基本情况、取保起算时间以及在取保期间应当遵守的规定。尾部与取保候审决定书相同。

（4）存根。由开具单位存档备查。这部分内容应按照格式要求，依次填写文号，犯罪嫌疑人姓名、性别、年龄、住址、单位及职业，取保原因，批准人姓名，批准时间，保证人姓名、性别、年龄、住址、单位，办案人姓名，以及填发时间和填发人姓名。

填写存根中的"批准时间"，应以局长在呈请取保候审报告书上批准同意的时间为准，不能填写制作取保候审决定书的时间，也不能填写犯罪嫌疑人在取保候审决定书上签字的时间。

3. 制作时应注意的问题。

（1）取保候审决定书制作完毕即发生法律效力，承办人可凭此决定书对犯罪嫌疑人实行取保候审，并让犯罪嫌疑人在取保候审决定书下面填写对其宣布的日期及签名。

（2）当犯罪嫌疑人取保候审的条件消失时，应当及时对犯罪嫌疑人解除取保候审。

（3）对犯罪嫌疑人取保的方式为人保或财保，二者不能并用。

（二）取保候审保证书

1. 概念和功能。取保候审保证书，是保证人向决定取保候审机关出具的保证犯罪嫌疑人在取保候审期间不逃避侦查、起诉和审判，随传随到的具有法律约束力的文书。它是保证人履行担保义务的合法凭证。如果保证人在犯罪嫌疑人取保候审期间，不能按保证书中规定的要求履行担保义务，或者与犯罪嫌疑人合谋逃避侦查、起诉和审判的，决定取保候审的机关可凭此保证书追究保证人的法律责任。

保证人出具保证书之后，就要对决定取保候审的机关承担两个法律义务：一是监督被保证人遵守我国《刑事诉讼法》第71条的规定；二是发现被保证人可能发生或者已经发生违反我国《刑事诉讼法》第71条规定的行为的，应当及时向执行机关报告。如果犯罪嫌疑人在取保候审期间发生妨碍侦查、起诉和审判活动的行为，保证人要承担一定的法律责任。因此，保证人必须是与本案无牵连、有能力履行保证义务、依法享有政治权利、人身自由未受到限制且有固定住所和收入的公民。

2. 内容和写法。保证书有固定格式，由保证人填写，其内容在《公安机关刑事法律文书式样（2012年版）》中作了明确具体的规定。它由首部、正文、尾部三部分组成。

（1）首部。包括文书的名称和保证人的简况。保证人的简况在《公安机关刑事法律文书式样（2012年版）》中规定的具体文字如下："我叫（填写保证人姓名），性别（填写保证人性别），出生日期（填写出生日期），现住（填写保证人的具体地址），身份证件名称（填写证件种类），号码（填写证件号码），单位及职业（填写保证人所从事的职业），联系方式（填写电话号码），与犯罪嫌疑人（填写犯罪嫌疑人姓名）是（填写保证人与犯罪嫌疑人的关系）关系。"在填写保证人所从事的职业时，保证人没有工作单位（如个体户）的，应填写保证人在什么地方从事什么职业；保证人是离退休人员的，填写保证人原工作单位并说明已离退休。

（2）正文。正文的内容是保证人在取保候审期间向决定取保候审机关所承担的义务。这部分内容是事先印制在保证书上的，保证人只需在上面填写决定取保候审的公安机关的名称和犯罪嫌疑人的姓名。

（3）尾部。包括保证书送达的单位［即××县（市）公安局］、保证人的签名以及制作日期。

保证书规定，保证人不履行保证义务的，应接受法律制裁：在取保候审期间，保证人发现被取保人已经违反我国《刑事诉讼法》第71条的规定，却未及时报告的，对保证人处以罚款；如保证人故意放走犯罪嫌疑人或者有其他妨碍侦查的行为，则视其情节轻重以包庇罪、窝藏罪或者伪证罪追究保证人的法律责任。

八、提请批准延长侦查羁押期限意见书

（一）概念和功能

提请批准延长侦查羁押期限意见书，是公安机关向上级人民检察院提请延长犯罪嫌疑人在侦查中羁押期限时制作的文书。

我国《刑事诉讼法》第156条规定："对犯罪嫌疑人逮捕后的侦查羁押期限不得超过二个月。案情复杂、期限届满不能终结的案件，可以经上一级人民检察院批准延长一个月。"第157条规定："因为特殊原因，在较长时间内不宜交付审判的特别重大复杂的案件，由最高人民检察院报请全国人民代表大会常务委员会批准延期审理。"第158条规定："下列案件在本法第一百五十六条规定的期限届满不能侦查终结的，经省、自治区、直辖市人民检察院批准或者决定，可以延长二个月：（一）交通十分不便的边远地区的重大复杂案件；（二）重大的犯罪集团案件；（三）流窜作案的重大复杂案件；（四）犯罪涉及面广，取证困难的重大复杂案件。"第159条规定："对犯罪嫌疑人可能判处十年有期徒刑以上刑罚，依照本法第一百五十八条规定延长期限届满，仍不能侦查终结的，经省、自治区、直辖市人民检察院批准或者决定，可以再延长二个月。"凡是符合上述情况之一的案件，都可以根据不同情况，向人民检察院提请批准延长侦查羁押期限。犯罪嫌疑人被逮捕后的侦查羁押期限，应从宣布逮捕之日起计算。被逮捕前被刑事拘留的羁押期限不应计算在被逮捕后的侦查羁押期限之内。

（二）内容和写法

提请批准延长侦查羁押期限意见书分正本、副本和存根三联。

1. 正本。这是送交人民检察院审查批准的部分，包括首部、正文和尾部三部分。

（1）首部。填明制作单位名称、标题和发文字号。

（2）正文。包括以下内容：

首先，案件的简要情况。要写明犯罪嫌疑人的身份事项、涉嫌犯罪的性质和被批准逮捕的时间，还要写明犯罪嫌疑人已被逮捕，注明具体的执行日期，以便人民检察院审查批准。这部分的内容虽然比较简单，却非常重要，是公安机关依法向人民检察院提请批准延长犯罪嫌疑人侦查羁押期限的基础。

其次，提请批准延长侦查羁押期限的理由。对于这一部分，制作时要根据案件的具体情况叙述。如提请延长1个月的，应说明案情复杂；如需延长两个月，应说明案件或者是发生在交通十分不便的边远地区的重大复杂案件，或者是重大的犯罪集团案件，或者是流窜作案的重大案件，又或者是犯罪涉及面广、取证困难的重大复杂案件，等等。

最后，提请批准延长侦查羁押期限的法律依据。要根据案件延长期限的具体情况，分别引用不同的条款。如果延长1个月，应引用我国《刑事诉讼法》第156条；如果延长两个月，应引用同法第158条；如需再延长两个月，应引用同法第159条；如需报请全国人大常委会批准，应引用同法第157条，并明确提出具体的延长时间要求。

（3）尾部。要按照格式规定写明受文机关名称和制作日期，并加盖制作机关公章。公安机关制作的提请批准延长侦查羁押期限意见书需要报送上一级检察机关批准的，一律经同级人民检察院转报，公安机关不得越级报送。

2. 副本。副本是公安机关提请延长犯罪嫌疑人侦查羁押期限的凭证，其制作方法与正本相同，只是尾部下面注明"本意见书已收到"，并由检察院收件人签名、填写收到意见书的具体时间。

3. 存根。这是由签发单位存档备查的部分，要按规定格式填明制作机关名称、文书名称和发文字号。然后依次填明犯罪嫌疑人姓名、性别、年龄、住址、单位及职业，执行逮捕时间，延长侦查羁押期限的原因，批准人姓名，办案人姓名，受文单位名称，以及填发时间和填发人姓名。这些内容要与"正本"相同项目一致。

（三）制作时应注意的问题

1. 对于需要批准延长一个月的，办案人员要在犯罪嫌疑人侦查羁押期限届满的 7 天前，将该文书连同案件材料一起送交同级人民检察院转报。对于需要延长两个月或者再延长两个月以及需提交全国人民代表大会常务委员会审查批准的，应当在期限届满的 15 天前，将本文书报请同级人民检察院转报。

2. 公安机关收到人民检察院批准延长侦查羁押期限决定书后，应向犯罪嫌疑人宣读，并制作延长侦查羁押期限通知书以通知看守所。

3. 公安机关收到人民检察院不批准延长侦查羁押期限决定书时，必须在规定期限届满前将犯罪嫌疑人先行释放，并发给释放证明书。也可将逮捕的强制措施变更为取保候审或者监视居住的强制措施，并抓紧处理案件，尽快结案。

第四节　侦查终结文书

一、呈请案件侦查终结报告书

（一）概念和功能

呈请案件侦查终结报告书，是指公安机关侦查人员认为所审理的案件具备结案条件，向县级以上公安机关有关负责人报告案件审理情况、请示结案处理时制作的文书。

公安机关侦查的案件，经过预审取得能够证实犯罪嫌疑人有罪或者无罪以及犯罪情节轻重的各种证据，没有遗漏罪行和应当追究刑事责任的人，法律手续完备的，应当及时结案。结案时，侦查人员要撰写结案报告，连同案件材料，送请领导审批。

呈请案件侦查终结报告书是公安机关有关领导决定是否可以侦查结案的重要依据，一经批准就成为制作起诉意见书或者撤销案件通知书等文书的依据和基础。

（二）内容和写法

1. 首部。这部分内容包括文书名称（即标题）和犯罪嫌疑人基本情况。

标题的文字是"呈请×××（犯罪嫌疑人姓名）××（涉嫌的罪名）案侦查终结报告书"。如果是集团案件，一般要写集团首犯或主犯的姓名，即"呈请×××（集团首犯或主犯姓名）××（涉嫌罪名）案侦查终结报告书"。如果是一名或数名犯罪嫌疑人涉嫌几种罪行的，一般要把犯罪性质严重或主要罪名放在前面，依次排列，如杀人、抢劫、抢夺、盗窃等。

犯罪嫌疑人的基本情况包括犯罪嫌疑人的姓名、性别、年龄、籍贯、民族、文化程度、职业、住所和简要经历。叙述犯罪嫌疑人的简要经历时，一般按时间先后写明该嫌疑人的学历和职业变更等情况。对受过刑事、治安处罚的，应在相应的年份写明处罚的日期、原因、决定处罚机关的名称和处罚的案由等主要违法犯罪经历。此外，应按顺序写明本案中对犯罪嫌疑人采取强制措施的情况。

有两名以上犯罪嫌疑人的案件，要根据他们在案件中的主、从地位顺序，逐个写清上述各项内容。

2. 正文。这部分要叙述案件来源、案件事实和审查情况等。特别要注意写清以下内容：

（1）案件来源情况。简要说明案件发生、侦查破案、查获犯罪嫌疑人（包括投案自首）和受理案件的情况。制作时，首先要写明案件发生的时间、地点及立案的情况；其次，要写明侦查破案的方法及经过，并写明对犯罪嫌疑人采取强制措施的情况；最后，要写明犯罪嫌疑人被羁押的地点。制作以上内容时，可以参考案卷中的破案报告，也可以根据证据材料证实的有关情况制作。

（2）对犯罪嫌疑人是否采取了强制措施及其理由。这部分应具体写明犯罪嫌疑人于何时何地、因涉嫌何种罪名被采取了何种强制措施。对犯罪嫌疑人采取逮捕措施的，则要写明"经××人民检察院批准，被××公安机关逮捕"。如果对犯罪嫌疑人先行拘留后转捕，还要注明被拘留的时间等。

（3）案件事实情况。写明经过讯问和调查，已经查证属实的案件事实。有关犯罪嫌疑人有罪还是无罪、罪轻还是罪重的事实，在侦查终结报告书中都应当实事求是地写清楚，客观全面地反映办案过程。构成犯罪的，应当写明犯罪嫌疑人于何时何地、在什么条件下、出于什么动机、想达到什么目的而实施了哪些犯罪前的准备活动、采取了哪些手段、实施了哪些行为，造成了什么程度的后果，以及犯罪嫌疑人对自己行为的态度等。如果犯罪嫌疑人的行为具有法定从轻、减轻或者免除处罚的情节，要交代清楚；如果犯罪嫌疑人的行为不构成犯罪，也要写明依据和理由，以便领导审批时作出正确决策。对于案情比较简单的案件，案件事实按上述要求叙述即可。而对于案情比较复杂的案件，一般可以考虑用以下三种叙述方式：

第一，按案件事实发生的时间先后，把各项事实自始至终地叙述清楚。采用这种方法，可以比较清楚地看出案件事实的演化过程。不足之处在于，这种方法有可能对主罪的叙述不够突出，导致某些比较严重的犯罪行为排在文内次要位置上。

第二，根据犯罪的罪名和情节、后果进行叙述，罪重的先叙，罪轻的后叙，经查证不构成犯罪的放在最后。这种方法能够突出主罪，层次清晰，条理性强。犯罪嫌疑人作案多起，构成犯罪的，多采用此种写法。

第三，把原办案单位侦破的案件和办案过程中"深挖"查破的案件分别进行叙述。制作时结合第一、二种写法，先写原办案单位侦破的犯罪事实，后写在办案过程中深挖出的犯罪嫌疑人的犯罪事实。在叙述"深挖"查破的罪行时，还要注意分清哪些是犯罪嫌疑人坦白交代的，哪些是侦查人员采用讯问和查证的技巧迫使犯罪嫌疑人交代的或由侦查员自行侦破的，哪些是其他犯罪嫌疑人揭发的。这种方法能够突出反映犯罪嫌疑人的认罪态度和侦查工作的成效。

共同犯罪的案件中，如果有的犯罪嫌疑人还单独涉嫌其他罪行的，可以先叙述共同犯罪部分，再叙述单独涉嫌罪行部分。

（4）不能认定的问题。在有些案件中，若原拘捕文书中所认定的犯罪事实，经过审理发生了变化，不宜认定或不构成犯罪的，或者有其他必须向主管负责人说明的问题的，都要在文书中阐述清楚。这部分可以作为"问题说明"部分，根据具体案件情况叙述清楚。主要内容一般应当包括：第一，对原报捕罪行中部分犯罪事实的否定意见及否定根据；第二，通过审理，对原报捕文书犯罪事实中个别情节的匡正；第三，对犯罪嫌疑人交代的某些犯罪事实和情节未能查清的理由；第四，对因故不能及时归案的犯罪嫌疑人的情况说明；第五，收集到了哪些涉案证据，以及哪些证据基于客观原因未能收集到；等等。

在叙述案件事实时，还要说明哪些事实是原办案单位查清后经审理认定的，哪些事实是在侦查中新发现的，在侦查中还挖出哪些线索等。案件被害人或其法定代理人在侦查期间提出附带民事诉讼的，也要将其诉讼请求摘要写明。

（5）法律依据和处理意见。即根据犯罪嫌疑人的犯罪事实、认罪态度及有关的法律规定，提出处理意见。对已构成犯罪、需要追究刑事责任的犯罪嫌疑人，提出起诉意见；犯罪嫌疑人如果已构成犯罪，本应被追究刑事责任，但具备我国《刑法》规定的免除处罚的条件的，提出不移送起诉意见；对于不构成犯罪的犯罪嫌疑人，提出撤销案件的意见。对于青少年犯罪嫌疑人，还可以根据案情送工读学校。根据我国《刑事诉讼法》的有关规定，还应对办案过程中扣押、调取的物品提出处理意见。

二、起诉意见书

（一）概念和功能

起诉意见书，是公安机关终结依法受理的刑事案件侦查后，认为应当追究犯罪嫌疑人刑事责任，向同级人民检察院移送审查起诉时制作的文书。

我国《刑事诉讼法》第162条规定："公安机关侦查终结的案件，应当做到犯罪事实清楚，证据确实、充分，并且写出起诉意见书，连同案卷材料、证据一并移送同级人民检察院审查决定……"根据这一规定，公安机关侦查终结后，对于犯罪事实清楚，证据确实、充分，依法应当追究犯罪嫌疑人刑事责任的，应当制作起诉意见书，经县级以上公安机关负责人批准，连同案卷材料、证据一并移送同级人民检察院审查起诉。

公安机关制作起诉意见书的目的是向人民检察院阐明案件事实，表明对犯罪嫌疑人的处理意见，提请人民检察院依法提起公诉，追究犯罪嫌疑人的刑事责任。它实际上是公安机关对犯罪嫌疑人的指控书，说明犯罪嫌疑人的行为已涉嫌犯罪并应受刑事处罚。

起诉意见书是对案件侦查活动的总结，集中反映了公安机关办理刑事案件的质量，同时也是检察、审判工作的基础材料，因此，必须认真制作。

（二）内容和写法

1. 首部。包括制作文书的机关名称、文书名称、发文字号、犯罪嫌疑人的身份情况（依次写明姓名、身份证号码、性别、年龄、民族、籍贯、文化程度、单位及职业、住址）和违法犯罪经历等五个方面的内容。这部分内容与提请批准逮捕书的首部内容基本相同，可参照制作，但应注意以下几个问题：

（1）犯罪嫌疑人的化名、别名、乳名、笔名、艺名、绰号等曾经使用过的名字，不必全部在犯罪嫌疑人栏内列出。但是，那些被用于犯罪的化名、别名等，应当在犯罪嫌疑人栏内列出。特别是流窜犯罪分子大都利用化名进行犯罪活动，在犯罪嫌疑人栏内列出化名、别名是非常必要的。如有的犯罪嫌疑人进行犯罪活动时，使用了多个化名的，可在犯罪嫌疑人栏内填写经常使用的化名，其他化名在叙述犯罪事实时注明即可。

延伸阅读

起诉意见书实例

犯罪嫌疑人姓名未查清的，按其供述的姓名填写。

（2）写犯罪嫌疑人违法犯罪经历时，对犯罪嫌疑人的前科情况以及受到治安处罚的情况应尽量表述清楚。对于服刑期间逃跑或者刑满释放后又犯罪的，从重处罚。

共同犯罪案件有数个犯罪嫌疑人应当追究刑事责任时，对犯罪嫌疑人的违法犯罪经历要分别叙述，并按照首犯、主犯、从犯、胁从犯的地位顺序排列。

（3）单位犯罪的，应当写明单位的名称、地址以及法定代表人的姓名、性别和职务，如"××省××市××公司；地址××市××路××号；法定代表人×××，男，经理"。

2. 正文。包括案件侦办情况、犯罪事实、主要证据、提出起诉意见的理由及法律依据四部分。

（1）案件侦办情况。首先写明案件名称和来源，如报案、举报、控告、自首、上级交办、有关单位移送或者侦查部门利用侦查手段获取的案件线索等；其次应简要叙述案件侦查过程中的各个法律程序的开始时间，如接受案件时间、立案时间和犯罪嫌疑人到案的时间、地点；最后写明"犯罪嫌疑人×××涉嫌××案，现已侦查终结"。

（2）犯罪事实。犯罪事实部分要突出犯罪构成要件。犯罪构成要件齐全是认定犯罪的基本要求，也是起诉意见书赖以存在的基础。因此，要通过对事实的叙述，反映犯罪嫌疑人构成犯罪的四个要件，即犯罪嫌疑人在实施犯罪时所侵害的客体、实施犯罪的具体行为、行为人是否达到刑事责任年龄和具有刑事责任能力、主观上是否具有故意或过失。在制作文书时，并不要求按照犯罪构成的四个要件进行全面具体的叙述，只要在叙述犯罪事实时，把构成犯罪要件的情节反映出来就可以了。具体地讲，要反映出犯罪嫌疑人出于什么动机和目的，实施了什么犯罪行为，作案的时间、地点、方式、方法、经过、危害后果等情节以及证明这些情节的主要证据。由于刑事案件错综复杂，对于犯罪事实，要根据案件的具体情况，因案而异、因人而异，采用不同的方法叙述，尽可能把犯罪嫌疑人的犯罪事实叙述得清楚明白、简明扼要。根据实际办案的经验，主要有以下四种叙述方法：

第一，按时间顺序叙述，即按照犯罪嫌疑人作案时间的先后顺序来叙述。这种写法适用于一人一次涉嫌犯罪、多人一次涉嫌犯罪和一人多次涉嫌同一性质罪行的案件。

第二，按犯罪性质来叙述，即按照犯罪嫌疑人犯罪性质的轻重程度来叙述，先写重罪，再写轻罪。这种写法主要适用于一人或者多人多次犯罪且涉嫌不同罪名的案件。如一人涉嫌杀人、抢劫、盗窃三种罪名的，可首先叙述杀人罪行，然后叙述抢劫罪行，最后叙述盗窃罪行。这种写法重点突出，主次清晰，数罪分明。

第三，按综合归纳法叙述。这种写法适用于两人或者多人多次涉嫌同一罪名，而且作案的方式、方法、经过、手段等情节又基本相同的案件。如对于多次盗窃、多次抢劫或者多次强奸等案件，可选择其中最严重、最具代表性的一次或两次犯罪事实加以详尽叙述，而对其他几次犯罪事实则可采用综合归纳的方法进行叙述。采用这种写法，既可避免造成重复啰唆、文字冗长，又可以比较全面、具体地把全部犯罪事实叙述清楚。

第四，多种写法并用。共同犯罪和集团犯罪案件，由于各个犯罪嫌疑人在犯罪过程中所处的地位不同，往往罪行交错、情节各异、罪责不一，不同的犯罪嫌疑人触犯的法律条款也不尽相同。对这类案件，大都采用综合归纳兼用其他方法叙述，即先用综合归纳法把共同犯罪的主要事实（可以性质为序，也可以时间为序）叙述清楚，然后按照主犯、从犯、胁从犯的顺序，把每一个犯罪嫌疑人在犯罪过程中的地位、作用和应负的责任叙述清楚。犯罪嫌疑人除了参与共同犯罪外，还单独犯有其他罪行的，在叙述其参与的共同犯罪事实后再写单独犯罪的事实。单独犯罪性质严重的，可另案处理，即单独制作起诉意见书。

在叙述犯罪事实时，应做到以下几点：

第一，要全面、准确地反映犯罪嫌疑人的犯罪事实。此处的全面，包含三部分：一是犯罪的全部行为，涉嫌几条罪行就写几条罪行；二是犯罪的所有法定从重、从轻、减轻处罚或者免除处罚的情节；三是犯罪嫌疑人在侦查过程中具有悔罪、立功表现的事实。此处的准确，是指对犯罪嫌疑人的犯罪事实不夸大、不缩小，不主观臆断，真实地反映案件的本来面目。

第二，分清罪与非罪的界限。对不构成犯罪的事实，不在正文中叙述。如犯罪嫌疑人因违反行政法规或其他规定而受党纪或政纪处罚的事实，不得在正文中列举，但可在犯罪嫌疑人违法犯罪经历中注明。概言之，对与认定犯罪无关的事实，不要列入起诉意见书。

第三，对共同犯罪案件，要分清每个犯罪嫌疑人在案件中的不同地位、作用和罪责。主犯的行为对整个犯罪活动起着主导作用，要作为重点叙述；对于首犯，要着重叙述其组织、策划犯罪活动的事实，并说明其在犯罪过程中处于主导地位；对于从犯、胁从犯，要叙述他们在共同犯罪活动中的直接责任，并说明他们处于从属地位。

第四，叙述犯罪事实时，要列举一定的证据予以证明，但并不是要把证明犯罪嫌疑人犯罪的全部证据一一列举出来。应根据不同性质案件的不同特点，有针对性地列出主要证据，而且叙述应简明扼要。

（3）主要证据。在固定格式"认定上述事实的证据如下"后，要列举认定案件事实的主要证据予以证明，但并不是要把证明犯罪嫌疑人犯罪的证据全部详细列举，而是根据不同性质和不同特征，列举证据的名称即可。

（4）提出起诉意见的理由及法律依据。提出起诉意见的理由，就是要说明犯罪嫌疑人的行为触犯的实体法、涉嫌的罪名、依法应当受到的刑罚处罚。移送起诉的法律依据是我国《刑事诉讼法》第 162 条之规定。在制作时应符合以下要求：

第一，要全面引用法律条款。应根据案件的实际需要与不同的犯罪性质，正确引用法律条款。有些案件不仅要引用确定犯罪性质（罪名）的条款，还要引用反映犯罪预备、未遂、中止、自首、累犯、教唆犯、共同犯罪以及犯罪地位（主犯、从犯、胁从犯）的法律条款；不仅要引用我国《刑法》《刑事诉讼法》的有关条款，还要引用全国人大常委会对《刑法》《刑事诉讼法》作出的补充规定。

第二，定性要准。即根据犯罪嫌疑人的犯罪事实来认定其行为性质（罪名）。有的起诉意见书叙述的是犯罪嫌疑人盗窃的事实，但在结论中却认定犯罪嫌疑人涉嫌抢夺罪，罪名与事

第二章 公安机关法律文书 **41**

实不符，出现了定性不准的问题。

第三，被害人在侦查期间提出附带民事诉讼的，一定要在结论中明确提出，否则便不符合法律规定。

3. 尾部。包括受文机关名称、制作日期、公安局长章和公安局印。

文末附注要写明四项内容：（1）侦查结案时，本案犯罪嫌疑人所在的地点；（2）附送本案卷宗××卷、××册；（3）附送本案赃、证物情况；（4）如被害人已提出附带民事诉讼的，要说明"被害人已提出附带民事诉讼，随案移送刑事附带民事诉讼证据××份、证明材料××页"。

（三）制作时应注意的问题

1. 如实客观地反映案件情况。如实客观地反映案件情况是制作起诉意见书最基本的要求，对此，应做到以下四点：

（1）以事实为根据。在制作起诉意见书时，要从案件的实际出发。不能脱离案件的事实情况、先入为主、随心所欲、任意扩大或缩小犯罪事实；不能将无罪写成有罪、将轻罪写成重罪；更不能将有罪写成无罪、将重罪写成轻罪。这些倾向都是错误的，将严重影响办案质量。

（2）未经审查核实的材料，不能在起诉意见书中使用。起诉意见书中认定的每一项犯罪事实，都要有根有据、确实可靠。使用的证据材料必须是查证属实的，对于那些未经查实或似是而非、模棱两可的材料，不得在制作起诉意见书时使用。

（3）引用犯罪嫌疑人的口供和证人证言时，不能断章取义、以偏概全，一定要注意不失原意。

（4）对于犯罪嫌疑人犯罪事实的叙述要明确、具体，不要过于抽象、笼统、概念化，如"犯罪嫌疑人一贯表现好""犯罪嫌疑人一贯表现不好""手段极其残忍""态度十分恶劣"等。但对一些涉及性犯罪的案件，注意不要把犯罪嫌疑人实施性犯罪行为的具体情节详细叙述。

2. 准确地认定犯罪事实。起诉意见书认定的犯罪事实是对犯罪嫌疑人提出起诉的事实根据，因此，起诉意见书中认定的犯罪嫌疑人的犯罪事实要准确无误。要正确地区分罪与非罪，不能把犯罪嫌疑人轻微的或民事的违法行为、一般的违纪行为或不道德行为当成犯罪行为写入起诉意见书。

三、撤销案件决定书

（一）概念和功能

撤销案件决定书，是公安机关在侦查案件过程中，发现不应当追究犯罪嫌疑人的刑事责任或者犯罪嫌疑人已死亡的，需要撤销案件而制作的文书。

我国《刑事诉讼法》第 163 条规定："在侦查过程中，发现不应对犯罪嫌疑人追究刑事责任的，应当撤销案件；犯罪嫌疑人已被逮捕的，应当立即释放，发给释放证明，并且通知原批准逮捕的人民检察院。"第 16 条规定："有下列情形之一的，不追究刑事责任，已经追究的，应当撤销案件，或者不起诉，或者终止审理，或者宣告无罪：（一）情节显著轻微、危害不大，不认为是犯罪的；（二）犯罪已过追诉时效期限的；（三）经特赦令免除刑罚的；（四）依照刑法告诉才处理的犯罪，没有告诉或者撤回告诉的；（五）犯罪嫌疑人、被告人死亡的；（六）其他法律规定免予追究刑事责任的。"

根据上述法律规定，制作撤销案件决定书必须同时具备三个条件：一是该刑事案件已立案；二是犯罪嫌疑人的行为不构成犯罪或者具备免除处罚的情节；三是经县级以上公安机关负责人批准。这三个条件缺一不可。如果发现犯罪嫌疑人不应当追究刑事责任，且其没有被逮捕，直接撤销案件即可，没有必要制作撤销案件决定书。

（二）内容和写法

撤销案件决定书属于一式多联填空式文书，分正本、副本及存根三联。

1. 正本。正本是公安机关撤销案件的凭据，由首部、正文、尾部组成。

（1）首部。包括文书名称、发文字号，按规定要求制作即可。

（2）正文。包括三项内容：① 犯罪嫌疑人的基本情况。其内容与上述各种文书相同，对于年龄为12—18岁者要写明年月日。② 案由。要写清人民检察院批准逮捕的日期、发文字号以及被逮捕人姓名等情况，以便人民检察院与原批准逮捕材料核对。③ 撤销案件的原因。根据案件的具体情况说明犯罪嫌疑人的行为不应追究刑事责任或应当免除刑罚，具体写明符合我国《刑事诉讼法》第16条中的哪一种情形。应明确说明具体的情节，如不认为是犯罪、犯罪已过追诉时限、已构成犯罪但经特赦令免除刑罚、犯罪嫌疑人死亡等，而不能笼统地写符合我国《刑事诉讼法》第16条规定的情形。犯罪嫌疑人已被释放的，应当注明。④ 法律依据。即根据我国《刑事诉讼法》第163条之规定，不应当追究刑事责任，公安机关决定撤销案件，通知检察院备查。

（3）尾部。填写制作文书的日期并加盖公安局印。

2. 副本。副本是公安机关发给犯罪嫌疑人表明不追究其刑事责任的凭证。副本的制作要求与正本一致。

3. 存根。依次填写发文字号、案件名称、案件编号、犯罪嫌疑人基本情况、撤销案件原因、批准人姓名、批准时间、办案人姓名、办案单位名称、填发时间和填发人。

（三）制作时应注意的问题

1. 在制作撤销案件决定书之前，应先制作撤销案件的内部请示报告，说明立案侦查的情况、经过讯问和调查查清的事实及撤销案件的理由和依据，经县级以上公安机关负责人批准同意后方能制作撤销案件决定书。

2. 撤销案件决定书只适用于全案撤销的案件。对共同犯罪案件中的部分被逮捕的犯罪嫌疑人不应当追究刑事责任的，不适用本文书，可以用释放通知的方式处理。

3. 案件已经被移送起诉，公安机关发现犯罪嫌疑人不应被追究刑事责任，需要撤销案件的，应制作撤回起诉意见书，将案件撤回；犯罪嫌疑人被逮捕的，在制作撤回起诉意见书的同时，还应制作撤销案件决定书，通知人民检察院审查决定、批准逮捕的部门撤销案件；如果犯罪嫌疑人未被逮捕，只需制作撤回起诉意见书即可，不必制作撤销案件决定书。

第五节　补充侦查和复议、复核文书

一、补充侦查报告书

（一）概念和功能

补充侦查报告书，是公安机关向决定退回补充侦查的人民检察院报告补充侦查结果时所制作的文书。

我国《刑事诉讼法》第 175 条规定，人民检察院审查案件，对于需要补充侦查的，可以退回公安机关补充侦查，也可自行侦查。对补充侦查的案件，应当在 1 个月内补充侦查完毕。补充侦查以 2 次为限。公安机关补充侦查后，应当重新制作提请批准逮捕书，且需要制作补充侦查报告书。

公安机关应认真制作补充侦查报告书，将补充侦查结果报告给人民检察院。这是公安机关侦查工作的一个组成部分，是其应尽的职责。这有利于查清案件事实，既能准确地打击刑事犯罪分子，又能有效地保障无辜公民免遭刑事追究，防止发生冤假错案，确保办案质量。

（二）内容和写法

1. 首部。包括制作文书的机关名称、文书名称、发文字号及受文机关的名称。

2. 正文。包括以下三部分：

（1）案由。写明人民检察院补充侦查决定书的发文字号、日期以及退回补充侦查案件的名称，并告知已经补充侦查完毕。这部分内容均有固定的格式要求，按照实际情况填写即可。

（2）补充侦查的结果。这是该文书的重点。首先，要针对人民检察院退回补充侦查决定书中所列的补充侦查提纲，逐条予以说明。其次，对补充侦查的结果，要结合案件的具体情况，尽量叙述得清楚、明白，要能反映出补充侦查的方式和所获物证、证人证言等证据情况，做到根据充分，结果有据。具体而言，对于已查清的问题，要把补充侦查的方法和结果如实叙述出来，以便检察院审核；对于案卷材料中已有材料证明而不需要补充侦查的问题，要注明在案卷的第×册、第×页上已经说明，没有补充侦查的必要；对于法律手续不完备而退查的案件，要说明按照法定程序补办法律手续的情况。

（3）附项。说明补充侦查报告书所附卷宗的册数、补充侦查的证据材料的页数以及随案移送的物证情况。

3. 尾部。写明文书的制作日期并加盖公章。

（三）制作时应注意的问题

1. 补充侦查报告书应当在法定期限内制作完毕，并在法定期限内送达决定退查的人民检察院。如果案情复杂，在法定期限内不能补充侦查完毕的，可提请批准延长羁押期限；如果在补充侦查期间发现犯罪嫌疑人另有新的重要罪行的，可呈请批准重新计算侦查羁押期限，并制作相应的文书。

2. 利用秘密侦查手段所获得的证据材料或者属于国家重要机密的材料，不宜在补充侦查报告书中反映。非写不可的，一定要在转化为合法的证据材料后，才能使用。

3. 经过补充侦查，发现不应移送起诉的，应撤回起诉意见书。发现新的同案嫌疑人或者新的罪行的，可根据情况重新制作起诉意见书，不再制作补充侦查报告书，但应说明情况。

4. 人民检察院认为公安机关提请批准逮捕并移送起诉的案件遗漏了同案嫌疑人，需要追加逮捕并移送起诉的，公安机关补充侦查后，应制作提请批准逮捕书，连同案卷、证据一并移送同级人民检察院审查决定。对于应当起诉的，公安机关应当制作起诉意见书，连同案卷材料、证据一并移送同级人民检察院审查决定。

二、要求复议意见书

（一）概念和功能

要求复议意见书，是指公安机关认为同级人民检察院不批准逮捕、不起诉的决定有错误，依法要求同级人民检察院对该决定重新进行审议时所制作的文书。

根据我国《刑事诉讼法》第 92 条、第 179 条的规定，公安机关要求复议的情况有以下两种：

1. 公安机关对人民检察院不批准逮捕的决定，认为有错误的。

2. 对于公安机关移送起诉的案件，人民检察院作出不起诉决定，而公安机关认为不起诉决定有错误的。

通过制作要求复议意见书，依法行使复议权，对同级人民检察院办理刑事案件的活动进行制约，可以促使人民检察院正确执行法律、严格依法办事，避免应当受到刑罚处罚的犯罪嫌疑人逃避打击，保证办案质量。

（二）内容和写法

1. 首部。包括制作单位名称、文书名称、发文字号和受文单位名称。

2. 正文。包括案由、要求复议的理由、法律依据及要求三部分内容。

（1）案由。应说明要求复议的案件的简要情况，写清同级人民检察院作出不批准逮捕或不起诉决定书的签发日期、发文字号和案件名称。填写的案件名称一定要与人民检察院决定书中的案件名称相符，以便人民检察院核对原案件材料。

（2）要求复议的理由。这是该文书的重点。制作时，要针对人民检察院作出决定的具体事项，结合案件的具体情况，阐明公安机关要求复议的理由。对人民检察院不批准逮捕决定提出复议时，如决定认为犯罪嫌疑人不构成犯罪，在说明复议理由时，要说明犯罪嫌疑人的行为触犯了刑法的哪一条或哪几条，涉嫌什么罪，依法应当追究刑事责任；如决定认为犯罪嫌疑人没有逮捕的必要，则要说明不对犯罪嫌疑人采取逮捕强制措施将不足以防止发生新的社会危险或不能保证侦查、起诉和审判活动的顺利进行。对人民检察院不起诉决定提出复议的，要针对不起诉决定的理由，结合案件的具体情节进行叙述。人民检察院认为犯罪嫌疑人的行为不构成犯罪，作出不起诉决定的，在阐述复议理由时，要紧紧围绕犯罪构成的四个要件，说明犯罪嫌疑人的行为已经涉嫌犯罪，触犯了刑法的哪一条或哪几条，涉嫌什么罪名，依法应当追究刑事责任；人民检察院认为犯罪嫌疑人的行为虽已构成犯罪，但因犯罪已过追诉时效、经特赦令免除刑罚或具有其他法律、法规规定免予追究刑事责任的情形而作出不起诉决定的，要说明犯罪嫌疑人不具备上述法定条件的事实，并要有充分的证据予以证明。在说明要求复议的理由后，要根据案件的具体情况，提出正确的处理意见。

（3）法律依据及要求。提出复议的法律依据应根据要求复议的内容来确定，例如，针对人民检察院不批准逮捕的决定提出复议的，应引用我国《刑事诉讼法》第 92 条；针对人民检察院不起诉决定提出复议的，应引用我国《刑事诉讼法》第 179 条。引用法律条款后，应提出明确要求，即要求检察院进行复议。

3. 尾部。其内容与补充侦查报告书的尾部内容基本相同。对人民检察院不批准逮捕的决定提出复议的，要附案件材料并注明附侦查案卷××册。

（三）制作时应注意的问题

1. 要求复议意见书是一种驳论性的文书，用语一定要注意分寸，做到有理有节。要注意分析说理，不能简单、武断地否定对方的意见，叙述事实情节要清楚具体，并用一定的证据予以证明。

2. 公安机关收到人民检察院的复议决定后，如果复议意见被人民检察院采纳并作出批准逮捕决定的，要及时办理逮捕手续，对犯罪嫌疑人进行逮捕；作出起诉决定的，应将复议决定书存档备查。如复议意见不被接受，认为有再议必要的，应制作提请复核意见书，提请上一级人民检察院复核。

3. 对人民检察院作出不批准逮捕、不起诉决定的案件，对在押的犯罪嫌疑人，应立即释放，不得以复议为由继续关押。对于需要复议的案件，可在释放的同时，对犯罪嫌疑人采取取保候审或监视居住的强制措施。

三、提请复核意见书

（一）概念和功能

提请复核意见书，是指公安机关要求复议的意见未被同级人民检察院接受，其依然认为同级人民检察院的复议决定有错误时，向上级人民检察院提出申请，请求对案件重新审核而制作的文书。

我国《刑事诉讼法》第 92 条、第 179 条规定，公安机关认为人民检察院不批准逮捕、不起诉的决定有错误时，可以要求复议，如果意见不被接受，可以向上一级人民检察院提请复核。提请复核时，必须制作提请复核意见书，报请上一级人民检察院审查决定。据此，需要制作提请复核意见书的案件应具备以下三个条件：

1. 必须是经过复议的案件。未经复议的案件，不得直接向上一级人民检察院提请复核。

2. 必须是公安机关要求复议的意见未被接受，公安机关认为有再议必要的案件。

3. 制作提请复核意见书的机关必须是原制作要求复议意见书的公安机关，其他机关没有要求复核的权力。

制作提请复核意见书、依法行使复核权，是法律赋予公安机关的权力，是公安机关对人民检察院进行制约的一种形式，是稳、准、狠地打击犯罪，保证办案质量的有效措施。

（二）内容和写法

1. 首部。其内容和写法同要求复议意见书的首部。

2. 正文。包括以下三部分：

（1）案由，即说明提请复核一事的缘由。首先，要写明公安机关要求同级人民检察院进行复议的简要情况，包括要求复议意见书的签发日期、发文字号和要求复议的具体内容；其次，要写明同级人民检察院复议的简要情况，包括人民检察院复议决定书的签发日期、发文字号和复议决定的具体内容；最后，要明确表明公安机关的态度，即认为同级人民检察院的复议决定有错误。

（2）提请复核的理由和意见。要针对人民检察院复议决定书中的决定事项和理由，逐条予以反驳，指出复议决定的事项不能成立。具体而言，若复议决定书仍然维持原不批准逮捕的决定，就应针对维持原决定的理由，说明犯罪嫌疑人的行为已经符合逮捕的三个条件，并有确实的证据予以证明，从而明确指出同级人民检察院的复议决定是错误的；若复议决定仍然坚持不起诉，则要阐明对于犯罪嫌疑人的行为涉嫌的犯罪应当予以处罚。在叙述提请复核的理由时，应把犯罪嫌疑人犯罪的时间、地点、经过、手段、动机、目的、后果等情节交代清楚，做到有理有据。人民检察院因适用法律不当而导致错误决定的，可以从法理上进行论证，要根据犯罪嫌疑人的犯罪事实，说明应当引用哪一条法律才符合本案的实际情况。对一些比较复杂的案件，应围绕重点问题进行论述，说明提请复核的理由，并在此基础上提出对案件的正确处理意见，即应逮捕或起诉。

（3）提请复核的法律依据和要求。提请复核的法律依据，要根据提请复核的具体内容，引用我国《刑事诉讼法》第 92 条或第 179 条，依法提出请求上一级人民检察院对此案复核。

3. 尾部。写明送达机关名称、日期并加盖公章，还要注明附本案案卷的册数。

（三）制作时应注意的问题

制作提请复核意见书应注意的问题与制作要求复议意见书应注意的问题相同。

【思考题】

1. 立案、破案文书主要有哪些？
2. 制作提请批准逮捕书中的犯罪事实部分有哪些具体要求？
3. 制作起诉意见书应注意哪些问题？
4. 简述要求复议意见书和提请复核意见书的写作内容和制作方法。
5. 根据下列案情拟写一份起诉意见书。

犯罪嫌疑人周×天于 202× 年 × 月 × 日在 ×× 市 ×× 区 ×× 早市摆摊售货时，因顾客王×明指出他出售的罐头已经过期而与其发生争执。王×明要拉他去市场监督管理人员处辩理，周×天大打出手，用砖头将王×明的头部打破，血流不止。后被众多顾客和市场监督管理人员扭送至派出所。王×明经医院诊断为颅骨破裂，头部软组织严重挫伤，经医院抢救脱险。公安机关随即将周×天拘留，一周后报区检察院批准逮捕。经预审，犯罪嫌疑人周×天不得不承认其伤害无辜的罪行。×× 区公安分局决定，以触犯《中华人民共和国刑法》第 234 条涉嫌故意伤害罪，报同级检察院审查起诉。

主要证据：（1）×× 人民医院关于王×明的伤情诊断证明；

（2）周×天所售过期罐头的实物；

（3）×× 区市场监督管理局干部贾×田的证言。

犯罪嫌疑人：周×天，男，33 岁，×× 市人，个体商贩，住 ×× 市 ×× 区 ×× 街 ×× 号。

第三章　检察法律文书

【本章导读】

　　人民检察院是《宪法》规定的国家法律监督机关，拥有批准或决定逮捕、侦查、提起公诉、依法对公安机关的侦查活动和人民法院的审判活动进行法律监督等职责。检察法律文书是人民检察院在履行法律监督职能过程中，依照法律规定制作的具有法律效力的司法文书。检察法律文书既是人民检察院依法履行职责、参与诉讼活动的依据，也是人民检察院行使检察权的重要载体。检察法律文书因其作用不同，格式与写法也有所不同，要注意加以区分和把握。

【本章知识结构图】

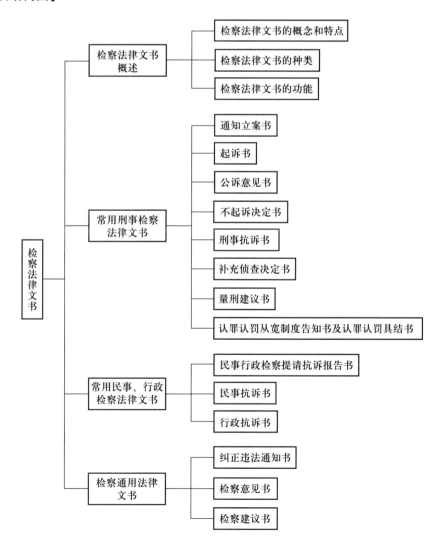

第一节　检察法律文书概述

一、检察法律文书的概念和特点

检察法律文书，是指人民检察院在履行法律监督职能过程中，依照法律规定制作的具有法律效力的司法文书。作为国家司法文书的重要组成部分，检察法律文书具有以下特点：

第一，检察法律文书拥有特定的制作主体。只有依法行使法律监督职能的各级人民检察院才有权制作检察法律文书，其他任何机关、团体、组织和个人都无权制作。

第二，检察法律文书有明确的制作规范要求。检察法律文书的内容与形式都有明确要求，其制作必须严格按照有关法律和司法解释的规定，在形式上做到结构固定、格式划一。

第三，检察法律文书具有由国家强制力保障实施的法律效力。检察法律文书是以宪法和法律为依据制作的，一经制发，即具有普遍的约束力，任何机关、单位和个人都必须认可其效力并予以执行，不得违抗或者随意改变。否则，要承担相应的法律责任。

第四，检察法律文书属于国家机关公文，对于伪造、变造、买卖或者盗窃、抢夺、毁灭检察法律文书的行为，应当依据《刑法》第 280 条的规定追究其刑事责任。

二、检察法律文书的种类

根据《人民检察院工作文书格式样本（2020 年版）》和《人民检察院刑事诉讼法律文书格式样本（2020 年版）》，检察法律文书可以分为以下十大类，共 723 种。

（一）刑事检察法律文书

刑事检察法律文书是检察工作中使用数量最多的、最为重要的法律文书，应用于刑事诉讼的各个阶段。刑事检察法律文书共 244 种。主要包括：

1. 侦查工作文书。包括案件公开审批表、受理案件登记表等 107 种。

2. 审查逮捕、审查起诉工作文书。包括×××案审查报告（适用捕诉一体案件）、调取证据材料通知书等 39 种。

3. 审判相关工作文书。包括举证、质证提纲，死刑复核案件提请监督意见书等 14 种。

4. 其他工作文书。包括羁押必要性审查报告、关于调取同步录音录像的函等 84 种。

（二）刑事执行检察工作文书

刑事执行检察工作文书是记载刑事执行检察工作内容的法律文书，体现了刑事执行检察人员履职的过程和效果，包括公开终结性法律文书审批表、重大案件讯问合法性核查意见书等 60 种。

（三）民事检察工作文书

民事检察工作文书是人民检察院在民事诉讼监督活动中制作的文书，包括决定书、通知书、提请抗诉报告书、民事抗诉书、再审检察建议书等。这些文书具有法律效力，可以对人民法院的民事诉讼活动进行监督，保障法律的正确实施，维护当事人的合法权益。民事检察工作文书可分为民事诉讼监督类文书和工作类文书两大类共计 68 种。其中，民事诉讼监督类文书包括民事抗诉书、听证笔录等 53 种；工作类文书包括请示案件审查意见书、执法办案风险评估预警表等 15 种。

（四）行政检察工作文书

行政检察工作文书是指人民检察院在履行行政检察职责过程中，依法制作并使用的各类法律文书的总称。行政检察工作文书分为决定类、意见类、通知类、函件类和内部审批表等五大类，包括行政抗诉书、行政诉讼监督年度报告等 64 种。

（五）公益诉讼检察工作文书

公益诉讼检察工作文书，是指人民检察院以公益诉讼起诉人身份提起公益诉讼，依照民事诉讼法、行政诉讼法享有相应的诉讼权利、履行相应的诉讼义务而制作的法律文书，包括报请移送案件线索意见书（民事公益诉讼受理线索用）、违纪违法线索移送函等 56 种。

（六）未成年人检察工作文书

未成年人检察工作文书，是指人民检察院为依法惩治未成年人犯罪、保护救助未成年被害人、教育感化挽救涉罪未成年人、预防未成年人犯罪、维护未成年人合法权益而制作的法律文书，包括非羁押措施可行性评估表、犯罪线索移送函等 52 种。

（七）控告申诉检察工作文书

控告申诉检察工作文书，是指人民检察院为处理来信来访，统一受理报案、控告、申诉和犯罪嫌疑人自首，办理有关控告案件，进行法律宣传和咨询活动而制作的法律文书，包括以下 12 种功能的 96 种文书：

1. 登记分流与程序性回复。包括群众来信回复函（符合本院受理条件回复函）、接收赔偿案件材料清单等 10 种。

2. 交办案件办理审查。包括关于×××一案的交办通知书、关于×××控告（申诉）案办理情况的审查报告等 6 种。

3. 阻权及违法办案案件。包括审查阻碍依法行使诉讼权利事项审批表等 4 种。

4. 受理民事监督案件。包括民事监督案件登记表、民事监督案件移送函等 6 种。

5. 受理行政监督案件。包括行政监督案件登记表、行政监督案件移送函等 4 种。

6. 刑事申诉案件受理审查。包括刑事申诉受理审查表、宣布笔录等 14 种。

7. 国家赔偿案件。包括受理赔偿申请登记表、撤销刑事赔偿复议决定书等 23 种。

8. 司法救助。包括受理国家司法救助申请登记表、国家司法救助金追回决定执行情况登记表等 7 种。

9. 公开审查。包括提请公开审查审批表、听证评议意见等 10 种。

10. 信访案件终结。包括关于申报×××信访案件终结的报告等 3 种。

11. 行政赔偿案件。包括行政赔偿抗诉指令出庭通知书等 5 种。

12. 通用文书。包括调查提纲等 4 种。

（八）检察委员会工作文书

检察委员会工作文书，是指人民检察院检察委员会为履行工作职能而制作的法律文书，包括提请检察委员会审议议题决定表、列席×××人民法院审判委员会会议审批表等 22 种。

（九）案件管理工作文书

案件管理工作文书，是指人民检察院为顺利办理各类案件、优化案件管理的工作流程、实现对案件的全过程监管而制作的法律文书，包括受理案件登记表、异议处理结果告知书等 37 种。

（十）检察技术工作文书

检察技术工作文书，是指人民检察院为在检察工作中应用检察技术而制作的法律文书，包括同步录音录像资料正本调用单、技术咨询记录单等 24 种。

后文将简要介绍 8 种常用刑事检察法律文书，3 种常用民事、行政检察法律文书，以及 3 种检察通用法律文书。其中，8 种常用刑事检察法律文书为通知立案书、起诉书、公诉意见书、不起诉决定书、刑事抗诉书、补充侦查决定书、量刑建议书、认罪认罚从宽制度告知书及认罪认罚具结书；3 种常用民事、行政检察法律文书为民事行政检察提请抗诉报告书、民事抗诉书、行政抗诉书；3 种检察通用法律文书为纠正违法通知书、检察意见书、检察建议书。

三、检察法律文书的功能

第一，检察法律文书是人民检察院保证法律正确实施的重要工具。一方面，检察法律文书通过记录犯罪事实、揭露犯罪、证实犯罪来保证法律的正确实施；另一方面，检察机关作为法律监督机关，依法行使检察权以保证法律的正确实施。

第二，检察法律文书是办理案件的客观记录。检察法律文书是人民检察院履行职责的书面凭证，既能够反映办案质量，又有助于办案机关复查案件、总结办案经验。

第三，检察法律文书是进行法治宣传的重要材料。检察法律文书依法公开，是对社会大众的一种普法教育，可以加强社会大众对检察机关的信任，有助于检察机关树立权威、提升司法公信力。

第二节　常用刑事检察法律文书

一、通知立案书

（一）概述

通知立案书是人民检察院认为侦查机关说明的不立案理由不能成立，或者侦查机关未说明不立案理由，但经审查符合立案条件的，通知侦查机关立案时使用的法律文书。

人民检察院是我国法律监督机关，其行使立案监督权的方式是通知立案书。通知立案书一经发出，公安机关应当在接到通知后 15 日内立案，并将立案决定书及时送达人民检察院。根据《刑事诉讼法》的规定，人民检察院发出的通知立案书同样适用于国家安全机关、军队保卫部门、监狱等侦查机关。

（二）内容和写法

通知立案书包括首部、正文和尾部三个部分。

1. 首部。包括制作文书的人民检察院名称、文书名称（即"通知立案书"）以及文书编号（即"×检×通立〔×〕×号"）。文书编号中的空余地方依次填写制作文书的人民检察院简称、具体办案部门简称、年度及顺序号。

2. 正文。包括以下内容：

（1）受文单位，即发往的侦查机关的具体名称，如"北京市公安局朝阳分局"。

（2）发出要求说明不立案理由通知书的时间与文书编号，以及侦查机关回复的不立案理由说明书的时间与文书编号。例如："本院于2015年8月9日以×检×不立通〔×〕×号《要求说明不立案理由通知书》要求你局说明对张×故意伤害一案不立案的理由，并于2015年8月14日收到你局说明不立案理由的×公刑字〔×〕×号《不立案理由说明书》。"

（3）应当立案的事实根据和法律根据。先写明人民检察院经审查认为侦查机关说明的不立案理由不能成立的原因；然后叙述人民检察院查明的案件事实，分析犯罪嫌疑人的犯罪行为特征、涉嫌的罪名和所触犯的刑法条文，并指出本案符合《刑事诉讼法》规定的立案条件，充分论述应当立案的事实和适用的法律。

（4）通知侦查机关立案的法律依据和要求事项。法律依据是《刑事诉讼法》第113条，可表述为："根据《中华人民共和国刑事诉讼法》第一百一十三条的规定，本院现通知你局立案。"要求事项主要指人民检察院要求公安机关立案的期限以及将立案决定反馈给检察机关的要求，可表述为："请你局在×年×月×日以前立案，并将立案决定书副本送达我院。"

3. 尾部。注明制作本文书的日期，并加盖制作文书的人民检察院院印。

（三）制作时应注意的问题

1. 在写明应当立案的事实根据与法律根据时，如有必要，还可以列举根据证据所认定的案件事实。

2. 要求公安机关立案的时间应当按照公安机关收到通知立案书15日内立案的期限确定，不能逾期。

3. 本文书一式三份，一份送达公安机关，一份报上一级人民检察院备案，一份附卷存档。

二、起诉书

（一）概述

起诉书，是指人民检察院对公诉案件进行审查后，认为犯罪嫌疑人的犯罪事实已经查清，证据确实、充分，依法应当追究刑事责任，代表国家对被追诉人提起公诉，交付人民法院审判时制作的法律文书。

起诉书是人民检察院行使公诉权的重要体现，集中反映了人民检察院对案件进行审查起诉后的结论性意见，在刑事诉讼中具有十分重要的意义。起诉书既是人民法院审判的依据，也是检察人员出席法庭支持公诉的重要基础。起诉书一经依法送达人民法院，就标志着刑事案件由起诉阶段进入了审判阶段。

（二）内容和写法

根据刑事案件类型、适用程序的不同，起诉书一般有普通案件起诉书、单位犯罪案件起诉书、简易程序案件起诉书、刑事附带民事诉讼起诉书四种类型。不同类型的起诉书格式一致，但在内容上则有所侧重。

起诉书由首部、被告人（被告单位）的基本情况、案由和案件的审查过程、案件事实、证据、起诉的要求和根据、尾部、附注事项八部分构成。

1. 首部。

（1）制作文书的检察院名称。一般应当与院印上的名称一致。地方人民检察院的名称前应当冠以所在的省（自治区、直辖市）的名称；对涉外案件提起公诉时，各级人民检察院名称前应当冠以"中华人民共和国"字样。

（2）文书名称，即"起诉书"。

（3）文书编号，由制作文书的检察院的简称、案件性质（即刑诉）、年度及文书序号组成。文号写在该行的最右端，上下各空一行。

2. 被告人（被告单位）的基本情况。包括被告人的姓名（别号、绰号）、性别、出生年月日（以公历为准）、出生地和户籍地、身份证号码、民族、文化程度、职业、工作单位及职务、住址，是否受过刑事处分及处分的种类和时间，以及被采取强制措施的情况等。被采取多种强制措施的，按照时间顺序叙写。如果有多个被告人，应当按照先主犯后从犯、胁从犯的顺序叙写。不分主从犯的，应当按照被告人在犯罪中的作用由大到小进行排列。

单位犯罪的，应当写明犯罪单位的名称和组织机构代码、所在地址、联系方式，法定代表人和诉讼代表人的姓名、职务、联系方式。还有应当负刑事责任的直接负责的主管人员或其他直接责任人员的，应当按上述被告人基本情况的内容叙写。

被告人是外国人的，应当在其中文译名后面用括号注明其外文姓名，并注明其国籍、护照号码、国外居所。

被告人的姓名应当使用身份证等法定身份文件中使用的正式姓名。若被告人的真实姓名、住址无法查清，应当按其绰号或者自报的姓名、住址制作起诉书，并在起诉书中注明。被告人自报的姓名可能造成损害他人名誉、败坏道德风俗等不良影响的，可以对被告人编号，按编号制作起诉书，并附具被告人的照片，记明足以确定被告人面貌、体格、指纹以及其他反映被告人特征的事项。

被告人的民族应当写全称。文化程度应当写经正规教育所达到的教育程度。不识字的，写为"文盲"；略识一些字的，写为"初识字"；小学文化程度以上的，写为"××文化程度"。被告人在制作文书时已被免职的，应当在工作单位和职务前注明"原任"；从事农业生产或个体经营的，写为"务农"或者"从事个体经营"；城镇无业者，写为"无业"。

被告人受过刑事处罚的，应当写明曾受到处罚的时间、缘由、种类、决定机关、释放时间等有关情况。被告人曾受过行政处罚，对定罪、量刑有影响的，也应当如实记录。先写受到行政处罚的情况，再写受到刑事处罚的情况。

被告人被采取多种强制措施的，按照时间先后写明。如果两名以上被告人的刑事拘留、批准逮捕、执行逮捕的时间、机关相同，可在被告人身份基本情况介绍完毕后合并叙述。

被告人尚未办理身份证的，应当注明。被告人是又聋又哑或者盲人的，须注明。

委托辩护人的，应注明辩护人的情况。

3. 案由和案件的审查过程。应当载明案件移送审查起诉、退回补充侦查、延长审查起诉期限、改变管辖等诉讼活动的时间和缘由。

写明是否已依法告知被告人、被害人诉讼权利以及是否依法讯问被告人和听取被害人及诉讼代理人、辩护人意见等程序性事项。无法告知或者听取其意见的，应当在起诉书中注明并写明原因。

4. 案件事实。案件事实部分应当围绕犯罪构成，写明犯罪的时间、地点、经过、手段、动机、目的、危害后果等与定罪量刑有关的事实要素。起诉书叙述的犯罪事实的必备要素应当明晰、准确。

对于不同性质的案件，必须写明各罪的犯罪特征，区分此罪与彼罪的构成要素。对于犯罪事实的关键情节要叙述清楚，不能过于笼统。被告人被控有多项犯罪事实的，应当逐一列举，对于犯罪手段相同的同一种犯罪可以概括叙写。被告人的归案时间、归案情况与影响量刑轻重的情节均要写明。另案处理的同案人也应当注明。

多人犯一罪的，可写明共同犯罪的事实及各被告人在共同犯罪中的地位与作用。对于连续犯，可以在事实开头部分对作案的整体情况作概括性叙述，然后分述每次作案的具体情况。多人犯多罪的，可以从轻罪到重罪并结合时间顺序，叙述每次犯罪的事实和被告人责任。

5. 证据。

（1）按照证据的类型并结合将要列举证据的顺序分项写。要求写明主要证据的名称、种类，如"证人××的证言""某某书证"。

（2）结合具体案件，写明证据的来源。应当写明鉴定意见、勘验检查笔录、物证、书证等证据的制作、出具机关的名称。

（3）证据可写在犯罪事实叙述完毕之后，也可视情况采取"一罪一证"或者"一事一证"的写法。"一罪一证"是指在该种犯罪后概括写明主要证据的种类，而不单独指出认定每一起案件事实的证据。"一事一证"是指在每一起案件事实后，写明据以认定的主要证据。

6. 起诉的要求和根据。结合犯罪构成要件，对行为性质、危害程度、情节轻重等进行概括性描述，突出本罪特征，语言精练、准确。对于量刑情节，法定量刑情节应当在起诉书中作出认定，酌定量刑情节则从有利于出庭支持公诉的角度决定是否认定。有多名被告人的，一般是每名被告人各以一自然段分别写，多人同罪的情况可在一自然段内综合叙述。提起公诉的法律依据必须准确无误，并具体到条、款、项。

7. 尾部。写明送达法院全称、公诉人的法律职务及姓名、起诉书签发的日期，并加盖院印。

8. 附注事项。起诉书应当附有被告人现在处所，证人、鉴定人、需要出庭的有专门知识的人的名单，需要保护的被害人、证人、鉴定人的名单，涉案款物情况，附带民事诉讼情况，以及其他需要附注的情况。

证人、鉴定人、有专门知识的人的名单应当列明姓名、性别、年龄、职业、住址、联系方式，并注明证人、鉴定人是否出庭。

（三）制作时应注意的问题

1. 单位犯罪案件起诉书的特点。基于单位犯罪主体与行为表现的复杂性，单位犯罪案件起诉书主要在诉讼参与人的具体情况、对起诉理由的表述等方面不同于普通案件起诉书。在制作单位犯罪案件起诉书时，需要格外注意以下几点内容：

（1）被告单位的基本情况。写明被告单位的名称、住所地、法定代表人姓名和职务、诉讼代表人基本情况（包括姓名、性别、年龄、工作单位、职务等）。先叙述被告单位、法定代表人及作为被告人的责任人员的情况，再叙述一般的自然人被告人的情况。

（2）案件事实。写明单位犯罪的事实和有关责任人员构成犯罪的事实。

（3）起诉的要求及根据。按照先单位犯罪后自然人犯罪的顺序叙述。

2. 简易程序案件起诉书的特点。由于适用简易程序的案件应同时向法院移送全部案卷和证据材料，故在制作简易程序案件起诉书时，在起诉的要求和根据部分，应明确写明检察机关对于量刑情节的认定、对于法定及酌定情节的意见。

在附注部分，写明全案移送案卷的册数。

3. 刑事附带民事起诉书的基本内容。此处的刑事附带民事起诉书是指刑事被告人的犯罪行为使国家财产、集体财产遭受损失，人民检察院依法提起刑事附带民事诉讼时制作的法律文书。

刑事附带民事起诉书分为首部，当事人基本情况，诉讼请求，事实、证据和理由，尾部五个部分。

（1）首部。包括提起刑事附带民事诉讼的检察机关的名称、文书名（即"刑事附带民事起诉书"）与案号。

（2）当事人基本情况。写法与起诉书中的被告人的基本情况大致相同，包括姓名（别号、绰号）、性别、年龄、民族、职业、工作单位及职务、住址以及是否为刑事案件被告人。被害单位的基本情况，包括被害单位的名称、所有制性质、住所地、法定代表人姓名及职务等。

（3）诉讼请求。明确写明要求被告人赔偿损失的数额。

（4）事实、证据和理由。写明国家、集体利益因被告人的犯罪行为而遭受物质损失的事实，重点明确犯罪与损失之间的因果关系。证据应当能够证明损失的存在及数额。要说明被告人的犯罪行为触犯的民事法律条款与刑事案件已经提起公诉的情况。最后写明附带民事诉讼起诉的诉讼法依据，即《刑事诉讼法》第 101 条第 2 款。

（5）尾部。写明送达法院全称、起诉人姓名、起诉书签发的日期，并加盖院印。

三、公诉意见书

（一）概述

公诉意见书，是指受人民检察院指派出庭支持公诉的公诉人，在庭审调查结束后法庭辩论开始前，代表人民检察院就案件事实、证据和适用法律等问题所作的总结性发言，习惯上又被称为公诉词。

根据我国相关法律法规及司法解释等的规定，人民检察院指派的公诉人在第一审法庭上就案件情况和证据集中发表意见时，应当制作公诉意见书。公诉人通过发表公诉意见，充分揭露犯罪、证实犯罪。公诉意见书是法庭听取公诉人对已查明犯罪事实与定罪量刑等问题的综合性意见的重要方式，也是辩护人提出辩护意见的重要参考。同时，公诉意见书中对法理的阐述和论证将强调社会法治秩序，客观上起到了法治宣传教育的作用。

公诉人在第一审程序法庭调查结束后法庭辩论开始前，在起诉书的基础上，根据法庭调查情况，进一步论证犯罪事实及相关证据，对案件情况及定罪量刑、适用法律等问题发表总结性意见。

（二）内容和写法

公诉意见书包括首部、正文和尾部三个部分。

公诉意见书实例及评析

1. 首部。包括：（1）制作文书的检察院名称；（2）文书名称，即"公诉意见书"。

2. 正文。包括：

（1）案件有关情况及案由。先写被告人基本情况（包括被告人姓名，被告人为单位的写其名称），后写案由（即起诉书认定其涉嫌的罪名），最后写起诉书的文书编号。

（2）抬头，亦称呼告语。根据合议庭组成人员具体情况书写，或为"审判长、审判员"，或为"审判长、人民陪审员"，或为"审判长、审判员、人民陪审员"。

（3）出庭任务和法律依据。可表述为："根据《中华人民共和国刑事诉讼法》第一百八十九条、第一百九十八条、第二百零九条的规定，我（们）受×××人民检察院的指派，代表本院，以国家公诉人的身份，出席法庭支持公诉，并依法对刑事诉讼实行法律监督。现对本案证据和法律适用发表如下意见，提请法庭注意。"

（4）支持公诉的具体意见。这一部分是公诉意见书的核心内容。首先，结合法庭调查的情况，总结并评论法庭质证的情况、各证据的证明作用，并运用各证据之间的逻辑关系，证明被告人的犯罪事实清楚，证据确实充分。其次，根据被告人的犯罪事实，论证应适用的法律条款并提出定罪及具体的量刑意见。最后，根据庭审情况，分析被告人犯罪行为的社会危害性和犯罪原因，进行必要的法治宣传和教育工作。关于法治宣传和教育的内容是否需要，要视具体情况而定。

（5）总结性意见。即总结归纳公诉发言，重申指控的犯罪事实和罪名，提出提请法庭量刑的建议。可表述为："综上所述，起诉书认定本案被告人×××的犯罪事实清楚，证据确实充分，依法应当认定被告人有罪，并应（从重、从轻、减轻）处罚。"

3. 尾部。写明公诉人姓名（不再表明具体身份，且不着检察官助理及书记员的姓名）与发表公诉意见的时间。

（三）制作时应注意的问题

1. 公诉意见书的论述重点。公诉意见书的论点应当鲜明突出，重点在于本案证据与犯罪的成立。

公诉意见书以起诉书指控的犯罪事实为基础，根据案件的不同情况，结合法庭已经查明的案件事实，通过相互印证、相互组合，进行有针对性的论述，必然推断出犯罪事实，实现对起诉书中指控的犯罪的论证和逻辑推理，揭露犯罪事实。

2. 公诉意见书的论证方法。公诉意见书的分析论证应当透彻深入，有理有据。公诉意见书不是对起诉书的简单重复，这就要求公诉人有机结合案件事实、证据和法律，运用分析和逻辑推理方法，从而达到论证目的。首先，证明证据确实、充分。具体包括说明证据的证明内容、其与其他证据之间能否相互印证等，剖析其证明价值的有无及大小，回应举证阶段被告人、辩护人对证据的异议。其次，证明犯罪性质。根据法理深入分析和相关法律依据，区分罪与非罪、此罪与彼罪。最后，对具体法律适用和量刑情节进行论证。

在论证方法上，公诉意见书以立论为主，在此基础上可适当进行反驳。公诉人还可以在公诉意见书中对辩论中可能遇到的问题进行论证，为法庭辩论做准备。

有理有据的分析论证会使起诉书所指控的犯罪事实更易于被法庭采信，也可能促使被告人认罪服法。

3. 公诉意见书的用语。公诉意见书的用语应当在彰显法律严肃性的同时不失生动形象。一方面，公诉意见书作为法律文书的一种，在遣词造句上应当遵守法律文书的要求，使用法律术语。另一方面，公诉人在法庭上发表公诉意见书是法庭辩论的开始，生动形象的语言和饱满的感情色彩不可或缺。情理结合的公诉意见书有助于使被告人受到深刻教育，使其充分认识到犯罪的严重性，从而改过自新，还能起到对社会大众进行法治教育的作用。

4. 公诉意见书中应当提出量刑建议。根据《人民检察院刑事诉讼规则》，人民检察院向人民法院提出量刑建议的，公诉人应当在发表公诉意见时提出。公诉人发表公诉意见时，可以先对定性问题发表意见，后对量刑问题发表意见，也可以对定性与量刑问题一并发表意见。

四、不起诉决定书

（一）概述

不起诉决定书，是指人民检察院公诉部门对移送审查起诉或者不起诉的公诉案件进行审查，认为案件不符合《刑事诉讼法》规定的提起公诉的法定条件或者没有必要追究刑事责任的，作出不起诉决定时制作的法律文书。

根据《刑事诉讼法》第177条第1款、第2款，第175条第4款，第182条第1款，以及《人民检察院刑事诉讼规则》第365条第1款、第367条、第370条等的规定，人民检察院有权对不予追究刑事责任的，犯罪情节轻微、依照《刑法》规定不需要判处刑罚或免除刑罚的，证据不足、不符合起诉条件的犯罪嫌疑人，作出不起诉决定。不起诉决定书具有终止刑事诉讼的法律效力。

根据我国《刑事诉讼法》及相关规定，不起诉决定分为以下三种：

1. 根据《刑事诉讼法》第177条第1款的规定，犯罪嫌疑人有《刑事诉讼法》第16条规定的情形之一的，人民检察院应当作出不起诉决定。这种情形又被称为"绝对不起诉"。《刑事诉讼法》第16条规定："有下列情形之一的，不追究刑事责任，已经追究的，应当撤销案件，或者不起诉，或者终止审理，或者宣告无罪：（一）情节显著轻微、危害不大，不认为是犯罪的；（二）犯罪已过追诉时效期限的；（三）经特赦令免除刑罚的；（四）依照刑法告诉才处理的犯罪，没有告诉或者撤回告诉的；（五）犯罪嫌疑人、被告人死亡的；（六）其他法律规定免予追究刑事责任的。"

2. 根据《刑事诉讼法》第177条第2款的规定，对于犯罪情节轻微，依照《刑法》规定不需要判处刑罚或者免除刑罚的，人民检察院可以作出不起诉决定。这种情形又被称为"相对不起诉"。《人民检察院刑事诉讼规则》第370条规定："人民检察院对于犯罪情节轻微，依照刑法规定不需要判处刑罚或者免除刑罚的，经检察长批准，可以作出不起诉决定。"

3. 根据《刑事诉讼法》第175条第4款的规定，对于二次补充侦查的案件，人民检察院仍然认为证据不足，不符合起诉条件的，应当作出不起诉的决定。这种情形又被称为"证据不足不起诉"。《人民检察院刑事诉讼规则》第 367 条规定："人民检察院对于二次退回补充调查或者补充侦查的案件，仍然认为证据不足，不符合起诉条件的，经检察长批准，依法作出不起诉决定。人民检察院对于经过一次退回补充调查或者补充侦查的案件，认为证据不足，不符合起诉条件，且没有再次退回补充调查或者补充侦查必要的，经检察长批准，可以作出不起诉决定。"

（二）内容和写法

不同种类的不起诉决定的适用条件和法律依据有所不同，在不起诉决定书的格式和内容上也存在差别。不起诉决定书包括首部、正文和尾部三部分。

1. 首部。包括：

（1）制作文书的检察院名称。

（2）文书名称，即"不起诉决定书"。

（3）文书编号。

2. 正文。包括：

（1）被不起诉人的基本情况。如果被不起诉人是自然人，应当写明其姓名、性别、出生日期、出生地和户籍地、民族、文化程度、职业、工作单位及职务、住址、身份证号码、是否受过刑事处分、被采取强制措施的情况以及羁押处所等；如果被不起诉人是单位，应当写明其名称和组织机构代码、所在地址、联系方式，以及法定代表人和诉讼代表人的姓名、职务、联系方式。

（2）案由和案件来源。可表述为："本案由×××（侦查机关名称）侦查终结，以被不起诉人××涉嫌××罪，于××年××月××日向本院移送审查起诉。"案由应当写移送审查起诉时或者侦查终结时认定的行为性质。案件来源包括公安机关及其他具有侦查权的机关移送、本院侦查终结、其他人民检察院移送等情况。此外，需要写明移送审查起诉的时间和退回补充侦查的情况，并注明本院受理日期。

（3）案件事实，包括否定或者指控被不起诉人构成犯罪的事实以及作出不起诉决定根据的事实。

（4）不起诉的法律根据和理由，写明作出不起诉决定适用的法律条款。根据不起诉决定的种类和具体的案件情况，叙写时应有所侧重。

（5）查封、扣押、冻结的涉案款物的处理情况。

（6）有关告知事项。例如，对于有被害人的案件，不起诉决定书应当告知被害人其具有申诉权和上诉权；对于"酌定不起诉"情形中的被不起诉人，不起诉决定书应当告知其享有申诉权。

3. 尾部。一要注明作出不起诉决定的人民检察院的名称并加盖院印，二要注明制作文书的时间。

（三）制作时应注意的问题

1. 如果被不起诉的对象是单位，应当在不起诉决定书中以"被不起诉单位"替代"被不起诉人"，并写明被不起诉单位的名称、住所地等。

2. 不同种类的不起诉决定，其不起诉理由、法律依据也有所不同。被不起诉人具有的从轻、减轻或者免除处罚情节的，应当作为该部分的叙写重点。应当结合本案事实和证据，说明和论证本案中被不起诉人具有的从轻、减轻或者免除处罚的情节。具体表述为："本院认为，被不起诉人实施了《中华人民共和国刑法》第××条规定的行为，但犯罪情节轻微，具有×××情节，根据《中华人民共和国刑法》第××条的规定，不需要判处刑罚（或者免除刑罚）。根据《中华人民共和国刑事诉讼法》第××条的规定，决定对××不起诉。"

3. 不起诉决定书不写附注。

4. 不起诉决定书制作的份数与被不起诉决定人人数相同。

5. 不起诉决定书的正本一份附卷，副本分别送达被不起诉人、辩护人及其所在单位、被害人或者近亲属及其诉讼代理人、侦查机关（部门）。

五、刑事抗诉书

（一）概述

刑事抗诉书，是指人民检察院认为人民法院所作出的刑事判决或裁定确有错误，依法提出抗诉时制作的文书。

按照我国《刑事诉讼法》的规定，人民检察院对人民法院作出的生效判决或者裁定有两种抗诉方式：一是按照第二审程序提出抗诉；二是按照审判监督程序提出抗诉。由于这两种抗诉在程序、时限上均有不同，人民检察院在抗诉时所制作的法律文书也有很大不同。

二审程序抗诉书是人民检察院依据《刑事诉讼法》第228条和《人民检察院刑事诉讼规则》第595条，认为本级人民法院第一审判决、裁定确有错误，向上一级人民法院提出抗诉时制作的检察法律文书。地方各级人民检察院对同级人民法院第一审判决、裁定的抗诉，应当通过原审人民法院提出，并且将刑事抗诉书抄送上一级人民检察院。原审人民法院应当将刑事抗诉书连同案卷、证据移送上一级人民法院，并且将刑事抗诉书副本送交当事人。上级人民检察院如果认为抗诉不当，可以向同级人民法院撤回抗诉，并且通知下级人民检察院。

审判监督程序抗诉书是依据《刑事诉讼法》第254条第3款和《人民检察院刑事诉讼规则》第598条，最高人民检察院对各级人民法院已经发生法律效力的判决和裁定，上级人民检察院对下级人民法院已经发生法律效力的判决和裁定，发现确有错误的，按照审判监督程序向同级人民法院提出抗诉时制作的检察法律文书。人民检察院按照审判监督程序向人民法院提出抗诉的，应当将刑事抗诉书副本报送上一级人民检察院。

（二）内容和写法

1. 二审程序适用的刑事抗诉书。包括首部、正文、尾部和附注四部分。

延伸阅读

刑事抗诉书实例及评析

（1）首部。包括：① 制作文书的检察院名称。② 文书名称，即"刑事抗诉书"。③ 文书编号，如"×检刑抗×［×］号"，"×"部分分别填写制作文书的人民检察院的简称、年度与序号。提起抗诉的人民检察院名称应当写明其所在的省、自治区或直辖市，如果是涉外案件，则应当冠以"中华人民共和国"字样。

（2）正文。包括以下内容：

第一，原审判决、裁定情况。写明被告人姓名、案由，一审、二审人民法院名称，作出判决或裁定的时间，以及裁判文书的文号和裁判结果。可表述为："×××人民法院以××号刑事判决书（裁定书）对被告人××涉嫌××罪一案判决被告人××犯××

罪，判处（裁定）：……"对于案由，如果人民检察院与人民法院认定的罪名不一致，应当分别表述清楚。对于判决、裁定结果，简要写明刑罚与执行刑罚的方法即可，不必详述裁判理由。若侦查、起诉、审判阶段没有程序违法的情况，则不必写明公安机关、检察机关与审判机关的办案经过。

第二，审查意见。简要写明人民检察院对原判决、裁定的审查意见，观点鲜明地指出原判决、裁定存在问题的性质（包括认定事实错误、适用法律不当、量刑畸轻或畸重、审判程序严重违法等），明示二审法院抗诉的重点所在。可表述为："本院依法审查后认为，该判决（裁定）确有错误（包括认定事实错误、适用法律不当、量刑畸轻或畸重、审判程序严重违法等），理由如下。"需要注意的是，如果被害人或其法定代理人不服一审裁判而请求人民检察院提起抗诉的，应当先写明这一情况，再叙写检察机关的抗诉意见。

第三，抗诉理由与结论性意见。抗诉理由是刑事抗诉书的重点内容。其任务是针对原审判决、裁判的错误之处，阐明提起抗诉的理由和法律依据。应当依据原审判决、裁定存在的认定事实错误、适用法律不当、量刑畸轻或畸重、审判程序严重违法等不同情况阐述抗诉理由。一方面，提出抗诉理由要在充分论证原审判决、裁定错误的基础上展开，结合案件证据展开对案件事实的分析论证；另一方面，要注意说理，做到观点鲜明、言简意赅。

如果针对人民法院认定事实错误提起抗诉，则应当明确列明检察机关认定的犯罪事实。检察机关在抗诉书中，应将重点放在分析说明争议事实涉及的证据上，以辅助认定案件事实。如果抗诉案件中有多起犯罪事实，检察机关在写明其认为原审判决、裁定认定事实不当的内容后，对于认定事实没有错误的部分，可通过"对……事实的认定无异议"的方式表述，以明确争议重点。如果抗诉案件是共同犯罪，也可以采取这种方式，只重点叙述原审判决、裁定漏写或错写的被告人的犯罪事实，简写或不写其他被告人的犯罪事实。在论述事实时，应当有针对性地列举证据，说明证据的内容要点及其与犯罪事实的联系。刑事抗诉书中控诉的犯罪事实不应超过起诉书中指控的范围。如果有法定的量刑情节，如自首、立功等，应在抗诉书中加以叙述。

如果针对人民法院适用法律不当（包括犯罪定性与量刑情节认定两个方面）提起抗诉，应当针对犯罪行为的本质特点，结合相关法条与案件事实，阐述应该如何认定行为性质，区分罪与非罪、此罪与彼罪。对于量刑情节的认定，则应当阐明情节成立的条件，并论述对原审被告人量刑的错误之处（畸轻或畸重）。

如果针对人民法院的审判程序严重违法提起抗诉，则应当首先引用相关法条以论述原审法院违反法定程序的事实，指明原审法院的审判程序违法之处；其次写明影响公正判决的现实或可能性（如剥夺了被告人申请回避的权利、辩护权、质证权等）；最后指出应当如何正确地适用诉讼程序。

叙写结论性意见应当观点明确、言语精炼。可表述为："本院认为……显属认定事实错误（或者适用法律不当、量刑畸轻或畸重、审判程序严重违法等）。"

第四，提请事项与法律依据。人民检察院依据《刑事诉讼法》第 228 条的规定，按照第二审程序向人民法院提出抗诉的，可表述为："综上所述，××人民法院××号刑事判决书……（概括说明抗诉理由，即前述结论性意见）为维护司法公正，准确惩治犯罪，依照《中华人民共和国刑事诉讼法》第二百二十八条的规定，特提起抗诉，请依法判处。"

（3）尾部。写明二审人民法院名称、提起抗诉的人民检察院名称并加盖院印，注明制作文书的时间。

（4）附注。包括原审被告人被羁押的场所（未被羁押的，应当写明其居住处所）、其他有关材料、新的证人名单与证据目录。如果证人名单、证据目录与起诉书上的相同，则可不必另附。

2. 审判监督程序适用的刑事抗诉书。包括首部、正文、尾部和附注四部分。

（1）首部。包括：① 制作文书的检察院名称。② 文书名称，即"刑事抗诉书"。③ 文书编号，如"×检刑抗×［×］号"，其中"×"部分分别填写制作文书的人民检察院的简称、年度与序号。提起抗诉的人民检察院名称应当写明其所在的省、自治区或直辖市，如果是涉外案件，则应当冠以"中华人民共和国"字样。

（2）正文。包括：

第一，被告人基本情况。包括姓名、性别、出生年月日、出生地、民族、职业、政治面貌、工作单位及职务、住址、服刑情况、有无特殊身份（如人大代表、政协委员）等。有多名被告人的，应按照其在犯罪中的地位和作用从重到轻列明。被告人姓名、住址无法查实而采用其自报的姓名、住址的，应注明。外国人涉嫌犯罪的，应注明国籍。

如果是单位犯罪，应当写明犯罪单位的名称和组织机构代码、所在地址、联系方式，以及法定代表人和诉讼代表人的姓名、职务、联系方式。如果还有应当负刑事责任的直接负责的主管人员或其他直接责任人员的，应当按上述被告人基本情况的内容叙写。

第二，诉讼过程。应当将有关的诉讼经过全部叙写清楚。如果针对一审生效判决（裁定）提起抗诉，应当写明一审判决（裁定）的生效时间；如果针对二审判决（裁定）提出抗诉，则应当将一审、二审判决（裁定）的主要内容分别写明。另外，应明确提起审判监督程序抗诉的原因，即当事人或其法定代理人申诉要求抗诉抑或是下级人民检察院提请抗诉。

第三，审查认定的事实与审查意见。包含两部分：一是抗诉检察机关经审查所认定的犯罪事实。此部分应当详细介绍新发现的事实、证据或者原审判决（裁定）认定的事实，其中着重论述抗诉检察机关认定的犯罪事实。此部分可以概括列明证据情况，结合证据的具体论证过程则放在抗诉理由部分。二是抗诉检察机关的审查意见。此部分应当观点鲜明地指出原判决（裁定）存在的问题，以告知再审人民法院抗诉重点所在。

第四，抗诉理由与结论性意见。该部分与二审程序适用的刑事抗诉书写法基本相同。

第五，提请事项与法律依据。该部分与二审程序适用的刑事抗诉书写法基本相同。

（3）尾部。一要写明同级人民法院名称、提起抗诉的人民检察院名称并加盖院印，二要注明制作文书的时间。

（4）附注。包括原审被告人被羁押的场所（未被羁押的，应当写明其居住处所）、其他有关材料、新的证人名单与证据目录。如果证人名单、证据目录与起诉书上的相同，则可不必另附。

（三）制作时应注意的问题

1. 二审程序抗诉书不需要写明在起诉书中已经写明的被告人的基本情况与犯罪事实。如果公安机关在侦查过程中或者人民检察院在审查起诉过程中有违反程序的行为，需要在二审程序抗诉书中写明，如果没有，则不必写。然而，鉴于审判监督程序复杂、再审与生效裁判间隔时间可能较长，在审判监督程序适用的刑事抗诉书中，需要将被告人的基本情况、人民检察院在起诉书中认定的犯罪事实以及人民法院的裁判情况（包括一审与二审）一一重新列明。

2. 人民检察院刑事申诉检察部门对已经发生法律效力的刑事判决（裁定）的申诉复查后，认为需要提出抗诉的，报请检察长或者检察委员会讨论决定。地方各级人民检察院刑事申诉检察部门对不服同级人民法院已经发生法律效力的刑事判决（裁定）的申诉复查后，认为需要提出抗诉的，报请检察长或者检察委员会讨论决定。讨论后，认为需要提出抗诉的，应当提请上一级人民检察院抗诉。上级人民检察院刑事申诉检察部门对下一级人民检察院提请抗诉的申诉案件审查后，认为需要提出抗诉的，报请检察长或者检察委员会决定。

六、补充侦查决定书

（一）概述

补充侦查决定书，是指人民检察院审查案件，认为犯罪事实不清、证据不足，或者遗漏了罪行，或者还有其他应当追究刑事责任的同案犯没有被追究，需要退回公安机关补充侦查时制作的法律文书。

（二）内容和写法

补充侦查决定书包括首部、正文、尾部和附项四个部分。

1. 首部。首先，写明制作文书的人民检察院名称、文书名称（即××人民检察院补充侦查决定书）。其右下方注明"××检××补侦〔××〕×号"。其次，写明退回补充侦查的机关，即报请审查的原公安机关。最后，写明案由和案件来源。可采用下列格式："你局＿＿年＿月＿日＿字第＿号移送审查起诉的被告人的案卷材料收悉。经本院审查认为：……"

2. 正文。这是补充侦查决定书最重要的部分。这一部分着重阐述退回补充侦查的理由。包括以下内容：首先，必须存在对案件结果有决定性影响的案件侦查上的重大问题，比如主要犯罪事实情节不清、重要证据不足等，才予以退回。如果存在一般的、对定案影响较小的问题，或者是人民检察院自行侦查就可以解决的问题，不必退回公安机关补充侦查。其次，必须在补充侦查决定书中明确指出问题，以便公安机关有目的地进行补充侦查，提高办案效率。

3. 尾部。应写明作出退回补充侦查决定的检察机关的名称，注明文书制作的日期，并加盖检察院印章。

4. 附项。应写明"补充侦查的事项"。

（三）制作时应注意的问题

1. 实践中也有检察院先与公安机关沟通后再制作正式的补充侦查决定书的情况，这样避免了两者之间就案件侦查问题互相扯皮。

2. 补充侦查决定中的"附项"，一般只供侦查机关参考，不装入侦查案卷。

3. 本文书一式三联，第一联统一保存，第二联附卷，第三联送达侦查机关。

七、量刑建议书

（一）概述

量刑建议书，是人民检察院根据《刑事诉讼法》的规定，对提起公诉的案件向人民法院提出量刑建议时制作的法律文书。

（二）内容和写法

量刑建议书的主要内容应当包括被告人所犯罪行的法定刑、量刑情节，人民检察院建议人民法院对被告人处以刑罚的种类、刑罚幅度、可以适用的刑罚执行方式，以及提出量刑建议的依据和理由等。量刑建议书包括首部、法定刑、量刑情节、量刑的法律依据、建议内容和尾部。

1. 首部。首部的内容主要包括文书名称与编号、人民检察院的名称。人民检察院的名称前应写明所在的省、自治区或直辖市）名称；对涉外案件提起公诉时，人民检察院的名称前均应注明"中华人民共和国"字样。

2. 法定刑。法定刑为依法应适用的具体刑罚档次。

3. 量刑情节。量刑情节包括法定从重、从轻、减轻或者免除处罚情节和酌定从重、从轻处罚情节。有其他量刑理由的，可以列出。

4. 量刑的法律依据。这部分内容主要包括刑法等法律和司法解释等。

5. 建议的内容。建议的主刑属于必填项，如果主刑是拘役、管制、有期徒刑，还可以提出具体、确定的建议。执行方式和并处附加刑属于选填项。执行方式是指是否适用缓刑。关于附加刑可以只建议刑种。建议单处附加刑或免予刑法处罚的，则不再建议主刑、执行方式和并处附加刑。

6. 尾部。尾部包括：

（1）量刑建议书应当署上具体承办案件公诉人的职务和姓名。

（2）量刑建议书的年月日，为人民检察院审批通过量刑建议书的日期。

（三）制作时应注意的问题

1. 审查认定的罪名阐述方式要规范。不要将"涉嫌""经本院审查认为"等语词省去或简化。

2. 法定刑适用要具体。建议书应指明适用的具体刑罚档次，而非法定刑中规定的全部刑罚档次。有些罪名的法定刑包含几种不同的量刑档次，量刑建议书在确定量刑幅度时，应当指明被告人属于哪种档次。

3. 量刑情节的表述要全面、完整。应全面考虑案件中所有可能影响量刑的因素，包括从重、从轻、减轻或者免除处罚等法定情节和被告人的认罪态度等酌定情节。一案中存在多个法定、酌定量刑情节时，每个量刑情节均应得到实际评价。

4. 指明量刑建议的法律依据。量刑建议的法律依据包括刑法等法律和司法解释，适用时应写明具体依据的条款，不能简单表述为"故根据规定""综上"等。

5. 一案中有多名被告人的，可以分别制作量刑建议书。

6. 本文书一式两份，一份送达人民法院，一份存档。

八、认罪认罚从宽制度告知书、认罪认罚具结书

（一）概述

认罪认罚从宽制度是《刑事诉讼法》于 2018 年修改时确立的一项重要制度，是在立法和司法领域推进国家治理体系和治理能力现代化的重大举措，目的在于通过对认罪认罚的犯罪嫌疑人、被告人依法给予程度上从简或者实体上从宽的处理，实现有效惩治犯罪的同时，强化人权司法保障、提升诉讼效率、化解社会矛盾、减少社会对抗、促进社会和谐。

《刑事诉讼法》第 15 条规定，犯罪嫌疑人、被告人自愿如实供述自己的罪行，承认指控的犯罪事实，愿意接受处罚的，可以依法从宽处理。第 174 条规定，犯罪嫌疑人自愿认罪，同意量刑建议和程序适用的，应当在辩护人或者值班律师在场的情况下签署认罪认罚具结书。犯罪嫌疑人认罪认罚，有下列情形之一的，不需要签署认罪认罚具结书：（1）犯罪嫌疑人是盲、聋、哑人，或者是尚未完全丧失辨认或者控制自己行为能力的精神病人的；（2）未成年犯罪嫌疑人的法定代理人、辩护人对未成年人认罪认罚有异议的；（3）其他不需要签署认罪认罚具结书的情形。《人民检察院刑事诉讼规则》第 272 条第 1 款规定，犯罪嫌疑人自愿认罪认罚，同意量刑建议和程序适用的，应当在辩护人或者值班律师在场的情况下签署认罪认罚具结书。具结书应当包括犯罪嫌疑人如实供述罪行、同意量刑建议和程序适用等内容，由犯罪嫌疑人及其辩护人、值班律师签名。

（二）认罪认罚从宽制度告知书的内容和写法

1. 首部。首部应当注明"××人民检察院认罪认罚从宽制度告知书"。

2. 正文。正文应包括：

（1）认罪认罚从宽制度的法律依据。

（2）犯罪嫌疑人、被告人获得值班律师的法律帮助的权利。

（3）认罪认罚从宽制度中，"认罪认罚从宽制度告知书"及"认罪认罚具结书"可以签署和无须签署的情形。

（4）"认罪认罚具结书"应载明的内容。

（5）检察机关和犯罪嫌疑人、被告人及其辩护人、值班律师的权利。

（6）认罪认罚认定的法律后果。

（7）犯罪嫌疑人、被告人推翻已签署的"认罪认罚具结书"的法律后果。

（8）犯罪嫌疑人、被告人不签署"认罪认罚具结书"的不适用本制度。

3. 尾部。

（1）犯罪嫌疑人/被告人签名。

（2）签署日期。

（三）认罪认罚具结书的内容和写法

1. 正文。

（1）犯罪嫌疑人、被告人的个人信息。

（2）权利告知。

延伸阅读

认罪认罚具结书实例及评析

（3）认罪认罚内容。

（4）自愿签署声明。

2. 尾部。尾部主要为辩护人、值班律师签名以及具结书签署的日期。

第三节　常用民事、行政检察法律文书

一、民事行政检察提请抗诉报告书

（一）概述

民事行政检察提请抗诉报告书，是地方各级人民检察院认为同级人民法院已经发生法律效力的民事行政判决、裁定确有错误，决定提请上一级人民检察院向同级人民法院提出抗诉时制作的法律文书。

《民事诉讼法》第 219 条第 2 款规定："地方各级人民检察院对同级人民法院已经发生法律效力的判决、裁定，发现有本法第二百一十一条规定情形之一的，或者发现调解书损害国家利益、社会公共利益的，可以向同级人民法院提出检察建议，并报上级人民检察院备案；也可以提请上级人民检察院向同级人民法院提出抗诉。"《行政诉讼法》第 93 条第 2 款规定："地方各级人民检察院对同级人民法院已经发生法律效力的判决、裁定，发现有本法第九十一条规定情形之一，或者发现调解书损害国家利益、社会公共利益的，可以向同级人民法院提出检察建议，并报上级人民检察院备案；也可以提请上级人民检察院向同级人民法院提出抗诉。"人民检察院提请抗诉，应当制作提请抗诉报告书，并将审判卷宗、检察卷宗报上级人民检察院。

（二）内容和写法

民事行政检察提请抗诉报告书包括首部、正文和尾部三部分。

1. 首部。包括：

（1）制作文书的检察院名称。

（2）文书名称，即"民事行政检察提请抗诉报告书"。

（3）文书编号。可表述为"×检×民行提抗×［×］号"，"×"部分分别填写制作文书的人民检察院的简称、具体办案部门简称、年度与序号。

2. 正文。包括：

（1）抬头。应当写明提请抗诉的上级人民检察院名称。

（2）案件来源。根据案件来源的不同，有以下三种不同的表述方式：

如果由案件当事人向检察机关提出申诉，可表述为："×××（申请人）因与×××（其他当事人）××（案由）纠纷一案，不服××人民法院×号民事判决（裁定或调解书），向本院申请监督。"

如果是检察机关依职权发现的，可表述为："×××（一审原告）与×××（一审被告）××（案由）纠纷一案，××人民法院（此处指作出生效裁判、调解书的法院）作出了×号民事判决（裁定或调解书）。"

如果是案外人向检察机关提出申诉的，可表述为："我院受理×××（申请人）的申诉后，对××人民法院对×××（原审原告）与×××（原审被告）××（案由）纠纷一案的×号民事判决（裁定或调解书）进行了审查。"

审查情况应扼要写明："本院依法进行了审查……（简述审查过程，如调阅卷宗、进行调查等），本案现已审查终结。"

（3）当事人基本情况。当事人基本情况应当写明当事人的姓名、性别、居住地等详细情况；如果当事人是单位，应当写明单位名称及地址、法定代表人姓名及住址等详细情况。当事人申请监督的，应写明申请人和其他当事人在一审、二审、再审中的诉讼地位。经过两次以上再审的，再审诉讼地位按最后一次再审中的诉讼地位列明。对于检察机关依职权发现的案件，直接写明各方当事人在一审、二审、再审中的诉讼地位。

（4）诉讼过程。写明该案的全部诉讼过程和法院历次审理情况。按照时间顺序写明人民法院一审、二审裁判的作出时间、文号与理由、主文和判决结果。其中，主文指人民法院在裁判文书中认定和运用证据、认定事实和适用法律的内容，即"本院查明"与"本院认为"之后的内容。判决结果则指"判决如下"之后的内容。

（5）当事人申诉理由。简要写明申请监督理由以及其他当事人的意见。其他当事人未提出意见或提出反驳意见的，也应当简要写明。如果是检察机关依职权发现的，则不必写此部分。

（6）基本案情。此部分应当填写提请抗诉的人民检察院经审查认定的案件事实。与作出生效裁判、调解书的法院认定事实一致的，写明"本院审查认定的事实与××人民法院认定的事实一致"即可；与作出生效裁判、调解书的法院认定事实不一致的，则写明分歧和依据，将所做的调查核实工作也一并写明，如"对……问题进行了调查、委托鉴定、咨询等"。

（7）提请抗诉理由及法律依据。概括列明生效民事裁判、调解书存在哪些法定监督的情形。对于该部分内容，应结合案件具体情况，根据《民事诉讼法》第 211 条或第 219 条第 2 款规定的情形进行概括。人民法院生效判决、裁定可能存在的问题主要包括以下四种：一是原判决、裁定认定事实所依据的主要证据不足；二是原判决、裁定适用法律错误；三是原审人民法院违反法定程序，可能影响案件的正确判决、裁定；四是审判人员在审理该案时有贪污受贿、徇私舞弊或枉法裁判行为。结合检察机关审查认定的事实，依照法律、法规及司法解释相关规定，详细论述提请抗诉的理由和依据。说理要有针对性，引用法律、法规和司法解释时应当准确、全面、具体。

（8）需要说明的其他情况。对申请监督理由中不予支持的部分，应在此部分说明理由和依据。如还有其他需要说明的重要情况，应一并说明。

（9）处理意见。可表述为："综上所述，××人民法院×号民事判决（裁定或调解书）……［概括列明生效民事判决（裁定或调解书）存在哪些法定监督的情形。］根据《中华人民共和国民事诉讼法》第二百一十一条第×项、第二百一十九条第二款的规定，提请你院向××人民法院提出抗诉。"如经检察委员会讨论通过，应当写明并写清通过提请抗诉决定的检察委员会的届、次。

3. 尾部。写明决定提起抗诉的时间并加盖院印，注明随案移送的卷宗及有关材料。

（三）制作时应注意的问题

1. 该文书分为正本与副本。正本加盖"正本"印章，应按规定份数报送上级人民检察院并存入检察正卷；副本则加盖"副本"印章，存入检察副卷。

2. 民事行政检察提请抗诉报告书的写作重点在于人民检察院的审查处理意见及法律依据。人民检察院的审查处理意见，应当结合本院审查确认的事实，结合相关法律、法规、司法解释与其他规范性文件的规定，参考相关法学理论，全面分析论证人民法院的生效裁判中所存在的不正确、不合法之处，并详细阐述理由和根据。在撰写此部分时，应当注意陈述事实问题与陈述法律原理、法律条文的篇幅，不应使陈述事实问题的篇幅远超过法律说理部分，使得这一部分简单重复案件事实。在说理时，应当侧重适用法律原理与法律条文，充分阐述相关法律依据在本案中的适用与联系，综合使用社会常识、自然常识、生活常识等来辅助本案事实的判断或法律的推理。

二、民事抗诉书

（一）概述

民事抗诉书，是上级人民检察院依照我国《民事诉讼法》的规定，对下级人民法院确有错误的生效民事判决、裁定，按照审判监督程序提出抗诉，要求再审予以纠正时制作的法律文书。

民事抗诉书，既是要求人民法院对确有错误的生效民事判决、裁定进行再审的有效依据，也是人民检察院对民事审判活动进行法律监督的法定手段。《民事诉讼法》第 219 条第 1 款规定："最高人民检察院对各级人民法院已经发生法律效力的判决、裁定，上级人民检察院对下级人民法院已经发生法律效力的判决、裁定，发现有本法第二百一十一条规定情形之一的，或者发现调解书损害国家利益、社会公共利益的，应当提出抗诉。"《民事诉讼法》第 223 条规定："人民检察院决定对人民法院的判决、裁定、调解书提出抗诉的，应当制作抗诉书。"

延 伸 阅 读

民事抗诉书实例及评析

（二）内容和写法

民事抗诉书包括首部、正文和尾部三部分。

1. 首部。包括：

（1）制作文书的检察院名称。

（2）文书名称，即"民事抗诉书"。

（3）文书编号。可表述为"×检民抗×〔×〕号"，其中三个"×"部分分别填写制作文书的人民检察院的简称、年度与文书序号。

2. 正文。包括：

（1）案件来源。根据案件来源的不同，有以下不同的表述方式：

如果是当事人申请监督的，表述为："×××（申请人）因与×××（其他当事人）××（案由）纠纷一案，不服××人民法院×号民事判决（裁定或调解书），向本院申请监督。"如果当事人申请下级人民检察院提请抗诉的，表述为："×××（申请人）因与×××（其他当事人）××（案由）纠纷一案，不服××人民法院×号民事判决（裁定或调解书），向××人民检察院（下级人民检察院）申请监督，该院提请本院抗诉。"

如果是检察机关依职权发现的，表述为："×××（一审原告）与×××（一审被告）××（案由）纠纷一案，××人民法院（此处指作出生效裁判、调解书的法院）作出了×号民事判决（裁定或调解书）。本院依法进行了审查。"如果是下级人民检察院依职权发现后提请抗诉的，表述为："×××（一审原告）与×××（一审被告）××（案由）纠纷一案，××人民法院（此处指作出生效裁判、调解书的法院）作出了×号民事判决（裁定或调解书），××人民检察院（下级人民检察院）提请本院抗诉。"

如果是案外人向监察机关提出申诉的，则表述为："我院受理×××（申请人）的申诉后，对××人民法院对×××（原审原告）与×××（原审被告）××（案由）纠纷一案的×号民事判决（裁定或调解书）进行了审查。"

审查情况可表述为："本院依法进行了审查……（简述审查过程，如调阅卷宗、进行调查等），本案现已审查终结。"

（2）诉讼过程。先简要写明一审原告的诉讼请求，被告提出反诉的，简要写明反诉请求。再按照时间顺序写明人民法院一审、二审裁判的作出时间、文号，判决书的理由、主文、判决结果与诉讼费负担情况等。当事人提出上诉的，应当简要写明上诉请求。二审法院查明的事实与一审法院一致的，可简写，如"确认了一审法院认定的事实""与一审法院查明的事实一致"等。如果案件经过再审，需简要写明申请人的再审请求，并介绍再审情况。如再审查明的事实与前一审一致，也可简写。

（3）检察机关审查认定的事实。如与作出生效裁判、调解书的人民法院认定的事实一致，则写明"本院审查认定的事实与××人民法院认定的事实一致"；如与作出生效裁判、调解书的人民法院认定的事实不一致，则写明分歧和依据，并将所作的调查核实工作一并写明，如"对……问题进行了调查、委托鉴定、咨询等"，以"另查明……"的方式加以叙写。

（4）抗诉理由和依据。根据《民事诉讼法》第 211 条或第 219 条第 1 款规定的情形进行概括，列明生效民事裁判、调解书存在哪些法定监督的情形。结合检察机关审查认定的事实，依照法律、法规及司法解释的相关规定，详细论述抗诉的理由和依据。说理要有针对性，引用法律、法规和司法解释时应当准确、全面、具体。

（5）处理意见。首先概括列明生效民事裁判、调解书存在哪些法定监督的情形，然后写明："根据《中华人民共和国民事诉讼法》第二百一十一条第×项、第二百一十九条第一款的规定，特提出抗诉，请依法再审。"经检察委员会讨论的，应当注明并写清具体的检察委员会的届、次。

3. 尾部。写明文书送达的人民法院名称、决定抗诉的时间，并加盖院印。在附注部分注明随案移送的卷宗及有关材料。

（三）制作时应注意的问题

1. 根据《民事诉讼法》第 219 条第 2 款之规定，地方各级人民检察院对同级人民法院已经发生法律效力的判决、裁定，发现有该法第 211 条规定情形之一的，或者发现调解书损害国家利益、社会公共利益的，可以提请上级人民检察院向同级人民法院提出抗诉。在此过程中使用的文书为民事行政检察提请抗诉报告书。人民检察院向作出生效民事裁判的人民法院提起抗诉时，所使用的文书为民事抗诉书。

2. 该文书应当由检察长签发，加盖人民检察院印章。

3. 该文书分为正本与副本。正本加盖"正本"印章，送达人民法院；副本则加盖"副本"印章，一要按当事人人数送达，二要报送上一级人民检察院备案，并存入检察副卷。根据《最高人民检察院关于抗诉案件向同级人大常委会报告的通知》，各级人民检察院向人民法院提起抗诉的案件，一律将抗诉书副本报同级人大常委会。抗诉书正本末页年月日的左下方、附项的上方应加盖"本件与原本核对无异"的专用印章。对于抗诉书个别涂改之处，应加盖校对章。

三、行政抗诉书

（一）概述

行政抗诉书，是上级人民检察院依照我国《行政诉讼法》的规定，对下级人民法院确有错误的生效行政判决、裁定，按照审判监督程序对同级人民法院提出抗诉，要求再审予以纠正时所制作的文书。

根据《行政诉讼法》第93条第1款之规定，最高人民检察院对各级人民法院已经发生法律效力的判决、裁定，上级人民检察院对下级人民法院已经发生法律效力的判决、裁定，发现有该法第91条规定情形之一，或者发现调解书损害国家利益、社会公共利益的，应当提出抗诉。根据《人民检察院行政诉讼监督规则》第95条之规定，人民检察院提出抗诉，应当制作抗诉书。

（二）内容和写法

行政抗诉书包括首部、正文和尾部三部分。

1. 首部。包括：

（1）制作文书的检察院名称。

（2）文书名称，即"行政抗诉书"。

（3）文书编号。可表述为"×检行抗×〔×〕号"，其中三个"×"分别填写制作文书的人民检察院的简称、年度与文书序号。

延 伸 阅 读

行政抗诉书实例及评析

2. 正文。包括：

（1）案件来源。根据案件来源的不同，有以下不同表述方式：

如果是当事人申请监督，表述为："×××（申请人）因与×××（其他当事人）××（案由）纠纷一案，不服××人民法院×号民事判决（裁定或调解书），向本院申请监督。"如果是当事人通过下级人民检察院提请抗诉的，表述为："×××（申请人）因与×××（其他当事人）××（案由）纠纷一案，不服××人民法院×号民事判决（裁定或调解书），向××人民检察院申请监督，该院提请本院抗诉。"

如果是检察机关依职权发现，表述为："×××（一审原告）与×××（一审被告）××（案由）纠纷一案，××人民法院（作出生效裁判、调解书的法院）作出了×号民事判决（裁定或调解书）。本院依法进行了审查。"如果是下级人民检察院依职权发现后提请抗诉的，表述为："×××（一审原告）与×××（一审被告）××（案由）纠纷一案，××人民法院（作出生效裁判、调解书的法院）作出了×号民事判决（裁定或调解书），××人民检察院提请本院抗诉。"

如果是案外人向检察机关提出申诉，表述为："我院受理×××（申请人）的申诉后，对××人民法院对×××（原审原告）与×××（原审被告）××（案由）纠纷一案的×号民事判决（裁定或调解书）进行了审查。"

审查情况可表述为："本院依法进行了审查……（简述审查过程，如调阅卷宗、进行调查等），本案现已审查终结。"

（2）基本案情。此部分应当写明检察机关经审查认定的事实。如与作出生效裁判、调解书的人民法院认定事实一致，写明"本院审查认定的事实与××人民法院认定的事实一致"；如与作出生效裁判、调解书的法院认定事实不一致，应写明分歧和依据，并将所做的调查核实工作一并写明，如"对……问题进行了调查、委托鉴定、咨询等"，以"另查明……"的方式加以叙写。

（3）人民法院审理情况。先简要写明一审原告的诉讼请求，若被告提出反诉的，简要写明反诉请求。再按照时间顺序写明人民法院一审、二审裁判的作出时间、文号、理由、主文、判决结果与诉讼费负担情况等。当事人提出上诉的，应当简要写明上诉请求。如果二审法院查明的事实与一审法院一致，可简写，如"确认了一审法院认定的事实"或"与一审法院查明的事实一致"。如果案件经过再审，则简要写明申请人的再审请求与再审情况。如再审查明的事实与前一审一致，可简写。

（4）抗诉理由及法律依据。此部分的写作，可以参考民事抗诉书的抗诉理由，但是要考虑民事诉讼与行政诉讼的不同之处，结合行政诉讼的特点，阐述行政案件的抗诉理由。结合检察机关审查认定的事实，依照法律、法规及司法解释相关规定，详细论述抗诉的理由和依据。说理要有针对性，引用法律、法规和司法解释应当准确、全面、具体。

（5）处理意见。总结归纳人民法院原生效裁判存在的问题，提出应适用的具体法律法规，可表述为："依照《中华人民共和国行政诉讼法》第九十三条及最高人民检察院《人民检察院行政诉讼监督规则》第九十四条之规定，特向你院提出抗诉，请依法再审。"

3. 尾部。包括文书送达的人民法院名称、决定抗诉的时间，并加盖院印。在附注部分注明随案移送的卷宗及有关材料。

（三）制作时应注意的问题

1. 虽然行政抗诉书在格式上与民事抗诉书大体相同，但是行政诉讼与民事诉讼各有特点，行政案件的诉讼制度和诉讼规则与民事案件也不尽相同。行政抗诉书要紧紧围绕行政诉讼的特点，把握"行政行为"的存在、成立、性质与合法性，审查人民法院生效裁判是否存在错误。注意行政诉讼的举证规则、证明标准等与民事诉讼的区别。

2. 本文书应当由检察长签发，加盖人民检察院印章。

3. 本文书分为正本与副本。正本加盖"正本"印章，送达人民法院；副本则加盖"副本"印章，一要按当事人人数送达，二要报送上一级人民检察院备案，并存入检察副卷。根据《最高人民检察院关于抗诉案件向同级人大常委会报告的通知》，各级人民检察院向人民法院提起抗诉的案件，一律将抗诉书副本报同级人大常委会。抗诉书正本末页年月日的左下方、附项的上方应加盖"本件与原本核对无异"的专用印章。抗诉书个别涂改之处，应加盖校对章。

第四节　检察通用法律文书

一、纠正违法通知书

（一）概述

纠正违法通知书是指人民检察院在办理检察业务过程中，发现侦查机关的侦查活动、执行机关的执行活动或审判机关的民事行政审判活动有严重的违法情形，依法予以纠正时制作的法律文书。

本文书依据《刑事诉讼法》第 8 条、《民事诉讼法》第 14 条、《行政诉讼法》第 11 条等有关法律规定制作，为人民检察院依法纠正侦查机关、审判机关、执行机关的违法活动时所使用。

（二）内容和写法

纠正违法通知书包括首部、正文和尾部三部分。

纠正违法通知书实例及评析

1. 首部。包括：

（1）制作文书的检察院名称。

（2）文书名称，即"纠正违法通知书"。

（3）文书编号，可表述为"×检×纠违×〔×〕×号"。文号由提出纠正违法意见的具体业务部门分别按顺序编号。如监所检察部门提出纠正违法意见的，可填写"×检监纠违×〔×〕×号"。

2. 正文。包括：

（1）发往单位，即发生违法情况的单位，在行文上顶格书写。

（2）发现的违法情况。一般在"经检察，发现"后先写明发生违法情况的具体单位和人员，后写明违法事实。其中，违法人员要写明姓名、所在单位、职务等；叙写违法事实，则写明违法的时间、地点、经过、手段、目的和后果等。

（3）检察机关认定违法的理由及其法律依据。一般在"本院认为"后写明违法行为触犯的法律、法规的具体条款以及违法行为的性质等。

（4）纠正意见。可表述为"根据……的规定，特通知你单位予以纠正。请将纠正情况告知我院"。"根据"后写明纠正违法通知书的法律依据，应当具体到条、款、项。

3. 尾部。注明制作文书的时间并加盖院印。

（三）制作时应注意的问题

1. 纠正违法通知书应当报请检察长批准后方能发出。

2. 纠正违法通知书应当要求被纠正单位书面回复落实情况并限定期限，注明回复方式，包括回复的邮寄地址、联系人、联系电话等。

3. 本文书一式二份，一份送达发生违法行为的单位，一份附卷。

二、检察意见书

（一）概述

检察意见书是由检察机关依法向有关主管机关提出给予被不起诉人行政处罚、行政处分或没收违法所得的行政处理意见，并要求相应机关及时反馈时所制作的文书。

根据《刑事诉讼法》第 177 条第 3 款的规定，在人民检察院决定不起诉的案件中，认为对被不起诉人需要给予行政处罚、处分或者需要没收其违法所得的，人民检察院应当提出检察意见，移送有关主管机关处理。有关主管机关应当将处理结果及时通知人民检察院。

（二）内容和写法

检察意见书包括首部、正文和尾部三部分。

1. 首部。包括：

（1）制作文书的检察院名称。

（2）文书名称，即"检察意见书"。

（3）文书编号。可表述为"×检×意［×］号"，应由提出检察意见的具体业务部门分别填写。如审查起诉部门提出检察意见的，可填写"×检×诉意［×］号"。

延伸阅读

检察意见书实例及评析

2. 正文。包括：

（1）发往单位，即被不起诉人的主管机关。

（2）案件来源及查处（审查）情况。案件来源一般包括公安机关移送、检察机关内部侦查部门移送或者其他机关移送。查处（审查）情况写明案件办理的有关情况及人民检察院对案件进行审查处理的情况，包括调查以及审查工作。可表述为："×××（移送机关的名称）于××年××月××日向本院移送审查的×××涉嫌×××一案，本院（受理后经×次退回补充侦查，现）已审查终结。"

（3）认定的事实、相关证据、决定事项及法律依据。先写明检察机关经过审查，根据现有证据认定的案件事实，并注明相应的证据材料，再叙写检察机关根据相关法律规定作出的处理决定。

（4）根据法律规定，提出检察意见的具体内容和要求。写明检察机关向主管机关提出的给予被不起诉人行政处分、行政处罚或没收违法所得的意见。

3. 尾部。注明制作文书的时间并加盖院印。

（三）制作时应注意的问题

1. 本文书应与不起诉决定书一并送有关主管机关，或在向其他有关单位提出纠正意见及其他检察意见时使用。

2. 本文书一式二份，一份送达有关单位，一份附卷。

三、检察建议书

（一）概述

检察建议书是针对社会治安和综合管理问题，检察机关向有关单位提出建议时所制作和使用的检察工作文书。就其性质来说，它是检察机关参加社会治安综合治理的手段和形式之一，是检察机关在行使各项检察职能的过程中，与人民群众密切配合，预防和减少犯罪、维护社会治安的重要形式。根据《人民检察院检察建议工作规定》，检察建议主要包括再审检察建议、纠正违法检察建议、公益诉讼检察建议、社会治理检察建议、其他检察建议等类型，适用范围比较广泛。

（二）内容和写法

1. 首部。包括：

（1）制作文书的检察院名称。

（2）文书名称，即"××人民检察院检察建议书"。

（3）文书编号，可表述为"×检建〔×〕（×）号"。

2. 正文。包括：

延伸阅读

检察建议书实例
及评析

（1）发往单位，即被不起诉人的主管机关。

（2）已发现并确认的问题。

（3）给出检察建议的法律依据。

（4）具体的检察建议。

（5）对是否接受检察建议的询问和确认期限。

3. 尾部。注明制作文书的检察院名称、时间并加盖院印。

（三）制作时应注意的问题

本文书一式三份，一份附卷，一份发送同级人民法院，一份报送上一级人民检察院备案，并可根据抄送对象增加印制份数。

【思考题】

1. 下面是一份不起诉决定书，假设曾×肇事后逃逸，无自首情节。请根据案情起草一份起诉书。

××人民检察院
不起诉决定书

×检刑不诉〔×〕×号

被不起诉人曾×，男，××年××月××日出生，居民身份证号码××××，汉族，×省×市×县人，小学文化程度，××政府工作，家住××县××乡××村。因涉嫌交通肇事罪于 2023 年 2 月 14 日被×区公安局刑事拘留，于 2 月 28 日被×区公安局取保候审。

本案由×区公安局侦查终结，以被不起诉人曾×涉嫌交通肇事罪，于 2023 年 6 月 16 日向本院移送审查起诉。

经本院依法审查查明：

2023 年 2 月 13 日 18 时 50 分许，被不起诉人曾×驾驶车牌号为×××××的小型轿车行驶至×区×镇×汽车修理厂门口路段时，因对路面情况不够注意，碰撞到前方在道路上行走的行人刘×，致刘×头部受伤，刘×经抢救无效于当日死亡。事故发生后，曾×即刻到×区公安局交警大队事故中队接受调查。

经×区公安局交警大队认定：曾×承担事故的全部责任，刘×不承担事故的责任。

本院认为，被不起诉人曾×实施了《中华人民共和国刑法》第一百三十三条规定的行为，但犯罪情节轻微，且有自首情节；曾×是初犯；事后曾×主动赔偿被害人近亲属 202 000 元，保险公司赔付 797 000 多元，曾×与被害人的近亲属达成了赔偿协议，其交通肇事行为得到了被害人近亲属的谅解；被害人有过错行为。根据《中华人民共和国刑法》第六十七条第一款之规定，可以免除处罚。根据《中华人民共和国刑事诉讼法》第一百七十七条第二款的规定，决定对曾×不起诉。

被不起诉人如不服本决定，可以自收到本决定书后七日内向本院申诉。

被害人近亲属如不服本决定，可以自收到本决定书后七日内向××市人民检察院申诉，请求提起公诉；也可以不经申诉，直接向××市×区人民法院提起自诉。

×区人民检察院（院印）

×年×月×日

2. 下面是一份有瑕疵的提请抗诉报告书，请修改。

××××人民检察院
提请抗诉报告书

×检民提抗〔×〕×号

×××人民检察院：

××公司因与李×劳动合同纠纷一案，不服×市×中级人民法院×民终字第×号民事判决，向我院申诉。经立案审查，该案现已审查终结。

一、当事人基本情况

申诉人（一审原告、二审上诉人）：××公司，住所地：×市×区×小区××号。

被申诉人（一审被告、二审被上诉人）：李×，男，×年×月×日出生，住×市×区×小区。

二、基本案情

李×原系××公司员工，双方于2023年5月10日签订《劳动关系解除协议》，约定××公司奖励员工李×人民币700 000元，奖金支付时间为2023年6月1日。××公司分别于2023年5月28日、7月3日给付李×200 000元，总计支付400 000元，剩余300 000元至今未付。

2013年11月，李×诉至法院，请求依法判令被告给付原告剩余奖金300 000元。

三、法院裁判情况

2024年1月22日，×省×市×区人民法院作出（×）×民初字第×号民事调解书。调解书中，双方当事人自愿达成如下协议：××公司欠付李×劳务费300 000元，于2024年2月2日前给付李×劳务费100 000元，剩余劳务费200 000元于2024年6月1日前支付完毕。双方当事人一致同意本调解协议，本调解协议自双方当事人在协议上签字或捺印后即具有法律效力。（审判长孙×，代理审判员齐×林、胡×，书记员郭×）

四、申诉理由

2024年5月5日，李×向我院提出申诉，请求撤销×省×市×区人民法院作出的（×）×民初字第×号民事调解书，依法重审本案。理由为：本案属于劳动合同纠纷案件，应由劳动争议仲裁委员会仲裁，不属于人民法院受理案件，原审民事调解书的内容违反申诉人的真实意思表示，违反自愿原则，误把奖励工资改成劳务费。

五、提请抗诉意见

我院经审查认为，×省×市×区人民法院作出的（×）×民初字第×号民事调解书违反法律规定，损害了国家利益，理由如下：

（一）原审民事调解书确认双方存在劳务合同关系，系认定事实确有错误

××公司和李×对双方存在劳动关系及劳动关系已解除的事实均予认可。双方的纠纷应认定为劳动合同纠纷，而非原审调解书确认的劳务合同纠纷，且在调解书中将诉争的双方调解协

议确认的 700 000 元奖励表述为劳务费，认定事实错误。

（二）原审调解书损害了国家利益

我国《个人所得税法》第九条第一款规定，个人所得税以所得人为纳税人，以支付所得的单位或者个人为扣缴义务人。第十条规定："有下列情形之一的，纳税人应当依法办理纳税申报：（一）取得综合所得需要办理汇算清缴；（二）取得应税所得没有扣缴义务人；（三）取得应税所得，扣缴义务人未扣缴税款；（四）取得境外所得；（五）因移居境外注销中国户籍；（六）非居民个人在中国境内从两处以上取得工资、薪金所得；（七）国务院规定的其他情形。扣缴义务人应当按照国家规定办理全员全额扣缴申报，并向纳税人提供其个人所得和已扣缴税款等信息。"根据上述规定，本案涉及的 700 000 元性质为奖励，属于应纳税范畴，××公司是扣缴义务人。同时《中华人民共和国民事诉讼法》第九十六条规定："人民法院审理民事案件，根据当事人自愿的原则，在事实清楚的基础上，分清是非，进行调解。"该案在审理过程中没有查明涉案 700 000 元奖励的个人所得税缴纳问题的基本事实，作出的调解书违反上述法律规定，造成应纳税款至今未收缴。

综上所述，×省×市×区人民法院作出的（×）×民初字第×号民事调解书违反法律规定，损害了国家利益，依据《中华人民共和国民事诉讼法》第二百一十九条第二款及第一百一十一条第（二）（六）项之规定，特提请你院向×市中级人民法院提出抗诉。

此致
×市人民检察院

×× 年 ×× 月 ×× 日
（院印）

附：
1. 检察卷宗×册；
2. 原审卷宗复印件。

第四章　人民法院民事、行政裁判文书

【本章导读】

　　人民法院是国家的审判机关，其通过审判活动解决各类矛盾纠纷，维护社会秩序的和谐稳定。民事、行政裁判文书既是人民法院行使审判权，适用法律处理民事纠纷、行政争议，维护当事人合法权益的工具，也是司法公正的最终载体。随着《民事诉讼法》和《行政诉讼法》的修改，最高人民法院对民事、行政裁判文书的格式、写作要求也作了相应的修改完善，民事、行政裁判文书只有符合法定要求，才能具有法律效力和权威性。因此，通过对本章内容的学习，要了解各种不同裁判文书的概念和特点，掌握文书的具体写作要求，做到能写会用。

【本章知识结构图】

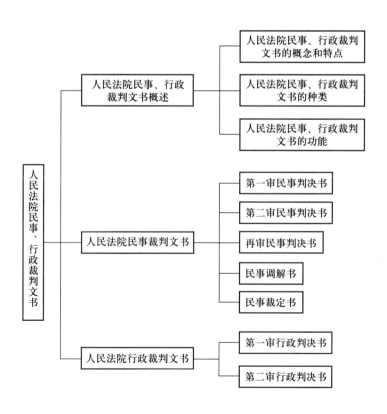

第一节　人民法院民事、行政裁判文书概述

人民法院是依法行使审判权的法定机关，民事、行政裁判文书是人民法院依法审判案件的真实文字记录，是司法公正的载体。自 1992 年《法院诉讼文书样式（试行）》公布以来，各项法律制度不断发展完善。最高人民法院为了保障法律的正确施行，不断修改、完善相应的文书格式样本。

关于法院民事法律文书部分，2016 年 6 月 22 日，最高人民法院发布了《民事诉讼文书样式》，共有 568 个文书样式，其中，人民法院制作诉讼文书样式 463 个，当事人参考民事诉讼文书样式 105 个。上述诉讼文书样式，以民事诉讼程序为标准可分为 22 类，包括管辖、回避、诉讼参与人、证据、期间和送达、调解、保全和先予执行、对妨碍民事诉讼的强制措施、诉讼费用、第一审普通程序、简易程序、小额诉讼案件、公益诉讼、第三人撤销之诉、执行异议之诉、第二审程序、非讼程序、审判监督程序、督促程序、公示催告程序、执行程序、涉外民事诉讼程序等适用的诉讼文书。

关于法院行政法律文书部分，2015 年 4 月 29 日，最高人民法院发出了《关于印发〈行政诉讼文书样式（试行）〉的通知》，要求全国各级人民法院全面贯彻《行政诉讼法》，进一步规范和完善行政诉讼文书制作，不断提高行政审判工作水平。行政诉讼文书样式严格按照《行政诉讼法》的规定，共 132 个。其中，指导当事人诉讼行为的起诉状、答辩状、上诉状、再审申请书等各类文书 21 个；规范人民法院司法行为的通知书、决定书和各类函件等 66 个；判决书和裁定书 42 个，调解书 3 个。行政诉讼文书样式中增加了一审行政协议类行政案件用判决书、复议机关作共同被告类一审行政案件用判决书、行政调解书、简易程序转普通程序行政裁定书以及对规范性文件提出处理建议用的处理建议书等。

上述文书格式样本的修改、完善，为人民法院依法审判民事、行政案件提供了保障。针对上述纷繁复杂的法律文书样式，本章主要介绍司法实践中人民法院常用的几类民事、行政裁判文书。

一、人民法院民事、行政裁判文书的概念和特点

人民法院民事、行政裁判文书，是指人民法院依照我国《民事诉讼法》和《行政诉讼法》的规定，依法行使审判权，就有关实体问题和程序问题作出的具有法律效力的书面处理决定。

人民法院民事、行政裁判文书具有以下特点：

第一，法定性。人民法院民事、行政裁判文书是人民法院对当事人的诉讼请求、诉讼争论作出的回应和判断，是法官对民事、行政案件依法审判的结论，是司法公正的载体。因此，文书需要依法制作，具有法定性的特点。为了保证文书制作的法定性，我国《民事诉讼法》《行政诉讼法》及其相关的司法解释，对人民法院民事、行政裁判文书的制作作出了明确的规定。制作者依法制作裁判文书，不仅要求裁判文书符合文书格式规范的要求，还要求文书内容符合实体法规范和程序法规范的要求。

第二，规范性。人民法院民事、行政裁判文书是法官公正审理案件，依法作出裁决，维

护当事人合法权益的重要载体，其制作必须符合规范性要求。为了保证文书制作的规范性，最高人民法院对人民法院民事、行政裁判文书的格式作出了明确具体的规定。这既对公正司法提出了较高的要求，也是司法活动、司法行为规范化、公开化的最好体现。因此，在制作文书时，法院应当严格按照人民法院民事、行政裁判文书样式的要求，遵循格式规范，依法制作出符合规范的法律文书。

第三，实效性。人民法院民事、行政裁判文书是为具体实施法律而制作的，具有法律效力。对于发生法律效力的人民法院民事、行政裁判文书，义务人不履行裁判文书中载明的义务的，权利人可以依法向人民法院申请强制执行。为了保障人民法院民事、行政裁判文书的执行，我国《刑法》还规定了拒不执行判决、裁定罪。因此，人民法院民事、行政裁判文书具有实施的实效性特点。

二、人民法院民事、行政裁判文书的种类

人民法院民事、行政裁判文书按照不同的标准，可以进行不同的分类。具体内容如下：

关于民事裁判文书的分类：（1）按照案件审结方式的不同，可以分为民事判决书、民事裁定书、民事调解书和民事决定书。（2）按照适用审判程序的不同，可以分为第一审民事判决书、第一审民事裁定书、第一审民事调解书，第二审民事判决书、第二审民事裁定书、第二审民事调解书，再审民事判决书、再审民事裁定书、再审民事调解书。此外，还包括适用督促程序、公示催告程序、非讼程序、涉外民事诉讼程序等审理案件时制作的民事裁判文书。

关于行政裁判文书的分类：（1）按照案件审结方式的不同，可以分为行政判决书、行政裁定书、行政调解书、行政赔偿判决书、行政赔偿调解书等。（2）按照适用审判程序的不同，可以分为第一审行政裁判文书、第二审行政裁判文书、再审行政裁判文书。（3）按照裁决结果内容的不同，可以分为撤销或部分撤销行政行为判决书、限期履行法定职责判决书、驳回诉讼请求判决书、变更行政处罚判决书、确认被诉行政行为违法或无效判决书等。

三、人民法院民事、行政裁判文书的功能

人民法院民事、行政裁判文书是人民法院行使国家审判权的体现，是司法公正的最终载体，其作用主要体现在以下两个方面：

第一，保证文书制作质量。作为司法公正的载体，人民法院民事、行政裁判文书不仅是宣告诉讼结果的法律凭证，还是连接、沟通法院和社会公众的桥梁和纽带。人民法院民事、行政裁判文书要想被当事人、社会接受、认可和信服，必须保证质量。要保证文书的制作质量，必须保证民事裁判的公正性，这就要求法官制作的法律文书，不仅要符合最高人民法院发布的文书制作规范的要求，还要准确体现案件审理过程，包括认定事实、适用法律、辨析事理等。说理充分的文书，在司法实践中更容易被当事人接受，也更容易被社会公众认可。

第二，实现司法公正。推进审判公开，依法及时公开生效的法律文书，加强法律文书的释法说理，建立生效法律文书统一上网和公开查询制度，是党的十八届四中全会审议通过的《中共中央关于全面推进依法治国若干重大问题的决定》对人民法院确保公正司法、提高司法公信力提出的明确要求。实行裁判文书上网和公开查询制度，主要是为了实现阳光下的司法，保证司法的公正性。要想达到这一目的，必须保证裁判文书的质量，强化人民法院民事、行

政裁判文书的说理。裁判文书的说理，是法官对证据采信、事实认定内心确信的阐述，是对法律适用根据的公开展示。近年来，裁判文书成了社会传播的热点，一些优秀的裁判文书很好地阐释了法治精神，守护了公序良俗，引领了社会风尚，为司法公正的实现提供了保障。

第二节　人民法院民事裁判文书

一、第一审民事判决书

（一）概述

第一审民事判决书是指第一审人民法院依照我国《民事诉讼法》规定的第一审程序，对审理终结的第一审民事案件，就实体问题作出处理决定时，制作和使用的具有法律效力的法律文书。

我国《民事诉讼法》第155条规定，判决书应当写明判决结果和作出该判决的理由。判决书内容包括：（1）案由、诉讼请求、争议的事实和理由；（2）判决认定的事实和理由、适用的法律和理由；（3）判决结果和诉讼费用的负担；（4）上诉期间和上诉的法院。判决书由审判人员、书记员署名，加盖人民法院印章。

根据我国《民事诉讼法》的规定，第一审程序包括第一审普通程序和第一审简易程序。第一审普通程序是指人民法院审理第一审民事案件通常适用的基础程序。第一审简易程序，是指基层人民法院及其派出法庭审理简单的民事案件，以及虽非简单民事案件但基于当事人的程序选择权所适用的简便易行的诉讼程序。我国《民事诉讼法》第160条规定，基层人民法院和它派出的法庭审理事实清楚、权利义务关系明确、争议不大的简单的民事案件时，适用简易程序。为了提高审判效率、减轻审判人员制作文书的压力、实现案件的繁简分流，我国《民事诉讼文书样式》对适用简易程序审理的案件的判决书的制作，在具体内容的写作要求上，作出了相对简略的规定。

第一审民事判决书的作用主要体现在以下几个方面：（1）是人民法院依法行使审判权，对当事人之间的实体争议作出的书面评判。（2）是确认当事人之间的民事权利义务关系，制裁民事违法行为，保护公民、法人和其他组织合法权益的工具。（3）是教育公民自觉遵守法律的生动教材。

（二）普通程序适用的第一审民事判决书

1. 内容和写法。普通程序适用的第一审民事判决书由首部、正文和尾部组成。

延伸阅读

第一审民事判决书实例及评析

（1）首部。包括标题、案号、当事人的基本情况、诉讼代理人的身份事项、案由、审判组织、审判方式和开庭审理经过。

第一，标题。应当分两行书写为"××××人民法院""民事判决书"。

第二，案号。由立案年度、法院简称、案件性质、审判程序和案件顺序号组成。应当写为"（××××）×民初×号"。

第三，当事人的基本情况。应当写明原告、被告、第三人的基本情况。当事人是自然人的，应当写明姓名、性别、出生年月日、民族、工作单位和职务或者职业、住所。

当事人是外国人的，应当写明国籍；是无国籍人的，应当写明"无国籍"。我国港澳台地区的居民，应当分别写明"香港特别行政区居民""澳门特别行政区居民""台湾地区居民"。

涉及共同诉讼代表人参加诉讼的，按照当事人是自然人的基本信息内容写明。

当事人是法人或者其他组织的，应当写明名称、住所。另起一行写明法定代表人或者主要负责人的姓名、职务。

第四，诉讼代理人的身份事项。当事人是无民事行为能力人或者限制民事行为能力人的，应当写明法定代理人或者指定代理人的姓名、住所，并在姓名后括注与当事人的关系。

当事人及其法定代理人委托诉讼代理人的，应当写明委托诉讼代理人的诉讼地位、姓名。委托诉讼代理人是当事人近亲属的，在姓名后括注其与当事人的关系，并写明住所；委托诉讼代理人是当事人本单位工作人员的，应当写明姓名、性别和身份；委托诉讼代理人是律师的，应当写明姓名、律师事务所的名称和律师执业身份；委托诉讼代理人是基层法律服务工作者的，应当写明姓名、法律服务所名称和基层法律服务工作者执业身份；委托诉讼代理人是当事人所在社区、单位或有关社会团体推荐的公民的，应当写明姓名、性别、住所和推荐的社区、单位或有关社会团体名称。

有关上述委托诉讼代理人的排列顺序，近亲属或者本单位工作人员在前，律师、法律工作者、被推荐公民在后。委托诉讼代理人为当事人共同委托的，可以合并写明。

第五，案由、审判组织、审判方式和开庭审理经过。根据法院诉讼文书样式的要求，这一部分应当表述为："原告×××与被告×××、第三人×××……（写明案由）一案，本院于××××年××月××日立案后，依法适用普通程序，公开/因涉及……（写明不公开开庭的理由）不公开开庭进行了审理。原告×××、被告×××、第三人×××（写明当事人和其他诉讼参加人的诉讼地位和姓名或者名称）到庭参加诉讼。本案现已审理终结。"

当事人及其诉讼代理人均到庭的，可以合并写明："原告×××及其委托诉讼代理人×××、被告×××、第三人×××到庭参加诉讼。"诉讼参加人均到庭参加诉讼的，可以合并写明："本案当事人和委托诉讼代理人均到庭参加诉讼。"当事人经合法传唤未到庭参加诉讼的，写明"×××经传票传唤无正当理由拒不到庭参加诉讼"或者"×××经公告送达开庭传票，未到庭参加诉讼"。

当事人未经法庭许可中途退庭的，写明："×××未经法庭许可中途退庭。"诉讼过程中，存在指定管辖、移送管辖、程序转化、审判人员变更、中止诉讼等情形的，应当同时写明。

（2）正文。正文是文书的核心内容，应当写明事实、理由、裁判依据和判决主文。

第一，事实。事实部分主要包括原告起诉的诉讼请求、事实和理由，被告答辩的事实和理由，人民法院认定的证据和事实。

首先，当事人的诉辩意见。包括原告诉称、被告辩称，如果有第三人，还包括第三人诉（述）称。

对于原告起诉的诉讼请求、事实和理由，应当先写明诉讼请求，然后写明事实和理由。诉讼请求为两项以上的，用阿拉伯数字加点号分项写明。诉讼过程中增加、变更、放弃诉讼请求的，应当连续写明。增加诉讼请求的，写明："诉讼过程中，×××增加诉讼请求：……"

变更诉讼请求的，写明："诉讼过程中，×××变更……诉讼请求为：……"放弃诉讼请求的，写明："诉讼过程中，×××放弃……的诉讼请求。"

对于被告答辩的事实和理由，被告承认原告主张的全部事实的，写明："×××承认×××主张的事实。"被告承认原告主张的部分事实的，先写明"×××承认×××主张的……事实"，后写明有争议的事实。被告承认全部诉讼请求的，写明："×××承认×××的全部诉讼请求。"被告承认部分诉讼请求的，写明被告承认原告的部分诉讼请求的具体内容。被告提出反诉的，先写明"×××向本院提出反诉请求：1.……；2.……"，后接反诉的事实和理由。再另段写明原告对反诉的答辩："×××对×××的反诉辩称，……"原告未作答辩的，写明："×××未作答辩。"

对于第三人的主张、事实和理由，是有独立请求权的第三人的，写明"×××向本院提出诉讼请求：……"，后接第三人请求的事实和理由。再另段写明原告、被告对第三人的诉讼请求的答辩意见："×××对×××的诉讼请求辩称，……"是无独立请求权第三人的，写明："×××述称，……"第三人未作陈述的，写明："×××未作陈述。"原告、被告或者第三人意见一致的，可以合并写明；意见不同的，应当分别写明。

其次，人民法院认定的证据和事实。当事人提交的证据和人民法院调查收集的证据数量较多的，原则上不一一列举，可以附证据目录清单。对当事人没有争议的证据，写明："对当事人无异议的证据，本院予以确认并在卷佐证。"对当事人有争议的证据，应当写明争议证据的名称及法院对争议证据的认定意见和理由。

对争议的事实，应当写明事实认定意见和理由。争议的事实较多的，可以对争议事实分别认定；针对同一事实有较多争议证据的，可以对争议的证据分别认定。对争议的证据和事实，可以一并叙明，也可以先单独对争议证据进行认定，再另段概括写明认定的案件基本事实，即"根据当事人陈述和经审查确认的证据，本院认定事实如下：……"

对于人民法院调取的证据、鉴定意见，经庭审质证后，按照是否有争议分别写明。召开庭前会议或者在庭审时归纳争议焦点的，应当写明争议焦点。争议焦点的位置，可以根据争议的内容确定。争议焦点中有证据和事实内容的，可以在当事人诉辩意见之后写明；争议焦点主要是法律适用问题的，可以在"本院认为"部分，先写明争议焦点，再进行说理。

第二，理由。理由应当围绕当事人的诉讼请求，根据认定的事实和相关法律，逐一评判并说明。有争议焦点的，先列争议焦点，再分别分析认定，最后综合分析认定；没有列争议焦点的，直接写明裁判理由。被告承认原告全部诉讼请求，且不违反法律规定的，只需写明："被告承认原告的诉讼请求，不违反法律规定。"就一部分事实先行判决的，写明："本院对已经清楚的部分事实，先行判决。"经审判委员会讨论决定的，在引用法律依据前写明："经本院审判委员会讨论决定，……"

第三，裁判依据。在说理之后、作出判决前，应当援引法律依据。分项说理后，可以另起一段，综述对当事人诉讼请求是否支持，后接法律依据，直接引出判决主文。说理部分已经完成，无需再对诉讼请求进行总结评价的，直接另段援引法律依据，写明判决主文。援引法律依据，应当依照《最高人民法院关于裁判文书引用法律、法规等规范性法律文件的规定》处理。法律文件引用顺序为：先基本法律，后其他法律；先法律，后行政法规和司法解释；先实体法，后程序法。实体法的司法解释可以放在被解释的实体法之后。

第四，判决主文。判决主文有两项以上的，各项前依次使用汉字数字分段写明。单项判决主文和末项判决主文句末用句号，其余判决主文句末用分号。如果一项判决主文句中有分号或者句号的，各项判决主文后均用句号。

判决主文中可以用括注对判项予以说明，括注应当紧跟被注释的判决主文，如（已给付……元，尚需给付……元）（已给付……元，应返还……元）（已履行）（按双方订立的《××借款合同》约定的标准执行）（内容须事先经本院审查）（清单详见附件）等。

判决主文中当事人姓名或者名称应当用全称，不得用简称。金额用阿拉伯数字表示。金额前不加"人民币"；涉及人民币以外的其他种类货币的，金额前加货币种类；有两种以上货币的，金额前要加货币种类。

（3）尾部。包括迟延履行责任告知、诉讼费用负担、上诉权利告知和落款。

第一，迟延履行责任告知。判决主文包括给付金钱义务的，在判决主文后另起一段写明："如果未按本判决指定的期间履行给付金钱义务，应当依照《中华人民共和国民事诉讼法》第二百六十四条之规定，加倍支付迟延履行期间的债务利息。"

第二，诉讼费用负担。根据《诉讼费用交纳办法》的规定，对于案件受理费，应写明"案件受理费……元"。减免费用的，写明"减交……元"或者"免予收取"。单方负担案件受理费的，写明"由×××负担"。分别负担案件受理费的，写明"由×××负担……元，×××负担……元"。

第三，上诉权利告知。当事人上诉期一般为判决书送达之日起 15 日内；在中华人民共和国领域内没有住所的当事人上诉期为裁判书送达之日起 30 日内。同一案件既有当事人的上诉期为 15 日，又有当事人的上诉期为 30 日的，写明："×××可以在判决书送达之日起十五日内，×××可以在判决书送达之日起三十日内，……"

第四，落款。落款包括合议庭署名、日期、书记员署名、院印。合议庭的审判长，不论审判职务如何，均署名为"审判长"；合议庭成员有审判员的，署名为"审判员"；有助理审判员的，署名为"代理审判员"；有陪审员的，署名为"人民陪审员"；书记员署名为"书记员"。合议庭按照审判长、审判员、代理审判员、人民陪审员的顺序分行署名。

落款日期为作出判决的日期，即判决书的签发日期。当庭宣判的，应当写宣判的日期。

有两名以上书记员的，分行署名。落款应当在同一页上，不得分页。落款所在页无其他正文内容的，应当调整行距，不写"本页无正文"。

院印加盖在审判人员和日期上，要求骑年盖月、朱在墨上。加盖"本件与原本核对无异"印戳。

2. 制作时应注意的问题。制作普通程序适用的第一审民事判决书，应当注意以下几个问题：

（1）理由部分内容的阐述，由"本院认为"引出，写明争议焦点，根据认定的事实和相关法律，对当事人的诉讼请求作出分析评判，并说明理由。

（2）裁判依据部分内容的叙写由"综上所述"引出，首先对当事人的诉讼请求是否支持进行总结评述。然后写明"依照《中华人民共和国……法》第×条……（写明法律文件名称及其条款项序号）规定，判决如下："。

（3）上诉权利的告知。应当写明："如不服本判决，可以在判决书送达之日起十五日内，向本院递交上诉状，并按照对方当事人或者代表人的人数提出副本，上诉于××××人民法院。"

（4）确有必要的，可以在判决书后另页添加附录。

（三）简易程序适用的第一审民事判决书

1. 内容和写法。适用简易程序审理案件制作的第一审民事判决书，由首部、正文和尾部组成。简易程序是普通程序的简化，是与普通程序并存的独立审判程序。设置简易程序的作用主要是：有助于实现审判程序的多元化；有利于当事人诉讼；有利于人民法院行使审判权。简易程序适用的第一审民事判决书与普通程序适用的第一审民事判决书的区别主要在于正文部分。

《最高人民法院关于适用〈中华人民共和国民事诉讼法〉的解释》（以下简称《民诉法解释》）第 270 条规定，适用简易程序审理的案件，有下列情形之一的，人民法院在制作判决书、裁定书、调解书时，对认定事实或者裁判理由部分可以适当简化：（1）当事人达成调解协议并需要制作民事调解书的；（2）一方当事人明确表示承认对方全部或者部分诉讼请求的；（3）涉及商业秘密、个人隐私的案件，当事人一方要求简化裁判文书中的相关内容，人民法院认为理由正当的；（4）当事人双方同意简化的。

根据《民事诉讼文书样式》的要求，适用简易程序审理的案件，当事人对案件事实没有争议的，判决书正文部分内容为：

"×××向本院提出诉讼请求：1. ……；2. ……（明确原告的诉讼请求）。事实和理由……（阐述原告主张的事实和理由）。

×××承认原告在本案中所主张的事实，但认为，……（概括被告对法律适用、责任承担的意见）。

本院认为，×××承认×××在本案中主张的事实，故对×××主张的事实予以确认。……（对当事人诉讼请求进行简要评判）。

依照《中华人民共和国××法》第×条……（写明法律文件名称及其条款项序号）规定，判决如下：

……（写明判决结果）。"

当事人对案件事实有争议的，判决书正文部分内容为：

"×××向本院提出诉讼请求：1. ……；2. ……（明确原告的诉讼请求）。事实和理由……（阐述原告主张的事实和理由）。

×××辩称，……（概括被告答辩意见）。

本院经审理认定事实如下：对于双方当事人没有争议的事实，本院予以确认。……（概括当事人有争议的事实的质证和认定情况）。

本院认为，被告承认原告的诉讼请求部分，不违反法律规定，本院予以支持。……（对当事人诉讼请求进行简要评判）。

综上所述，……（对当事人的诉讼请求是否支持进行评述）。依照《中华人民共和国××法》第×条……（写明法律文件名称及其条款项序号）规定，判决如下：

……（写明判决结果）。"

被告承认原告全部诉讼请求的，判决书正文部分内容为：

"×××向本院提出诉讼请求：1. ……；2. ……（明确原告的诉讼请求）。事实和理由：……（阐述原告主张的事实和理由）。

×××承认×××提出的全部诉讼请求。

本院认为，当事人有权在法律规定的范围内处分自己的民事权利和诉讼权利。被告承认原告的诉讼请求，不违反法律规定。

依照《中华人民共和国××法》第×条第×款规定，判决如下：

……（写明判决结果）。"

2. 制作时应注意的问题。制作简易程序适用的第一审民事判决书，应当注意以下几个问题：

（1）适用简易程序审理的案件，实行独任制，由审判员一人独任审判案件。应在文书首部写明。

（2）文书尾部审判人员署名，写明"审判员×××"即可。

（3）上诉权利的告知。应当写明："如不服本判决，可以在判决书送达之日起十五日内，向本院递交上诉状，并按照对方当事人的人数提出副本，上诉于××××人民法院。"

二、第二审民事判决书

（一）概述

第二审民事判决书，是指第二审人民法院依照我国《民事诉讼法》的规定，对当事人不服第一审人民法院民事判决提起上诉的民事案件进行审理后，制作和使用的具有法律效力的法律文书。

我国《民事诉讼法》第171条规定，当事人不服地方人民法院第一审判决的，有权在判决书送达之日起15日内向上一级人民法院提起上诉。当事人不服地方人民法院第一审裁定的，有权在裁定书送达之日起10日内向上一级人民法院提起上诉。

第二审民事判决书的作用主要体现在以下几个方面：（1）是第二审人民法院对二审案件进行审理并作出裁判的书面凭证。（2）是当事人对案件申请再审的依据。（3）是二审法院发现一审裁判错误，及时予以纠正的体现。

（二）内容和写法

第二审民事判决书由首部、正文和尾部组成。

1. 首部。包括标题、案号、当事人的基本情况、诉讼代理人的身份事项，以及案由、审判组织、审判方式和开庭审理经过。

（1）标题。应当分两行书写为："××××人民法院""民事判决书"。

（2）案号。由立案年度、法院简称、案件性质、审判程序和案件顺序号组成，写为"（××××）×民终×号"。

（3）当事人的基本情况。应当写明上诉人、被上诉人的基本情况及原审地位。当事人是自然人的，应当写明姓名、性别、出生日期、民族、工作单位和职务或者职业、住所。当事人是法人或者其他组织的，应当写明名称、住所。另起一行写明法定代表人或者主要负责人的姓名、职务。在上诉人和被上诉人之后，要注明其在原审中的地位，即"原审原告""原审被告""原审第三人"。

在二审中，上诉人是指不服一审法院判决提起上诉的当事人；被上诉人一般是上诉人在一审程序中的对方当事人。列举当事人时，需要注意以下问题：

第一，双方当事人和第三人都提出上诉的，均列为上诉人。

第二，在必要共同诉讼中，必要共同诉讼人中的一人或者部分人提出上诉的，按下列情况处理：

首先，该上诉是因对与对方当事人之间的权利义务分担有意见而提起，不涉及其他共同诉讼人利益的，对方当事人为被上诉人，未上诉的同一方当事人依原审诉讼地位列明。

其次，该上诉仅对共同诉讼人之间权利义务分担有意见，不涉及对方当事人利益的，未上诉的同一方当事人为被上诉人，对方当事人依原审诉讼地位列明。

最后，该上诉对双方当事人之间以及共同诉讼人之间权利义务分担都有意见的，未提出上诉的其他当事人均为被上诉人。

（4）诉讼代理人的身份事项。具体写作要求与第一审民事判决书相同。

（5）案由、审判组织、审判方式和开庭审理经过。我国《民事诉讼法》第 176 条第 1 款规定，第二审人民法院对上诉案件应当开庭审理。经过阅卷、调查和询问当事人，对没有提出新的事实、证据或者理由，人民法院认为不需要开庭审理的，可以不开庭审理。根据上述法律规定，第二审法院审理民事案件以开庭审理为原则，以不开庭审理为例外。对于开庭与不开庭审理，其案由、审判组织、审判方式和开庭审理经过的叙写存在区别。

开庭审理的，这部分内容应当表述为："上诉人×××因与被上诉人×××/上诉人×××及原审原告/被告/第三人×××……（写明案由）一案，不服××××人民法院……民初……号民事判决，向本院提起上诉。本院于××××年××月××日立案后，依法组成合议庭，开庭/因涉及……（写明不公开开庭的理由）不公开开庭进行了审理。上诉人×××、被上诉人×××、原审原告/被告/第三人×××（写明当事人和其他诉讼参加人的诉讼地位和姓名或者名称）到庭参加诉讼。本案现已审理终结。"需要注意的是，根据《民事诉讼法》第 41 条规定，中级人民法院对第一审适用简易程序审结或者不服裁定提起上诉的第二审民事案件，事实清楚、权利义务关系明确的，经双方当事人同意，可以由审判员一人独任审理。如果涉及上述情形，在文书写作时，应当根据案件的具体情况，叙写这部分内容。

不开庭审理的，在"向本院提起上诉"之后，写明："本院依法组成合议庭审理了本案。现已审理终结。"

2. 正文。正文部分是文书的核心内容，主要包括事实、理由和判决结果。

（1）事实。我国《民事诉讼法》第 175 条规定，第二审人民法院应当对上诉请求的有关事实和适用法律进行审查。根据上述法律规定，第二审民事判决书是针对第一审民事判决书认定的事实和适用法律作出的，因此，事实部分应主要写明以下内容：

第一，双方当事人争议的事实。包括上诉人提起上诉的诉讼请求、事实和理由，被上诉人的答辩意见，以及原审原告、被告和第三人的陈述意见。这部分内容的叙写应当简明扼要，力求反映当事人的真实意愿，主要是为了阐述清楚当事人不同的主张、意见和理由。

第二，一审起诉和判决情况。这部分不需要详细地叙述，只需要对一审判决的事实进行概括介绍，并写明原判的判决结果即可。如果原判的判决结果较多，只需要写清楚主要判决内容。叙写这部分内容的目的主要是：（1）客观反映一审判决的情况；（2）使一审、二审相互衔接，为后续二审判决叙写事实和阐述理由奠定基础。

第三，二审认定的事实和证据。二审认定的事实是法院作出裁决的基础。针对上诉人的上诉请求，二审法院应当围绕上诉请求对一审法院认定的事实进行审查。叙写这部分内容，应主要写明二审法院采信证据、认定事实的意见和理由，以及对一审查明事实的评判。

针对不同的情形叙写二审事实时，应当注意以下几点：一是原判决认定事实清楚，上诉人无异议的，二审判决只需概括地予以确认即可。二是原审认定的主要事实有错误，或者部分事实有错误的，二审判决对于改判认定的事实应当详细具体地叙述，并运用证据加以说明，指出原判认定事实的不当之处。对于原判认定事实正确的部分，只需简要写明即可。三是原判认定的事实有遗漏的，二审判决对遗漏部分的事实，应当加以补充。四是原判认定的事实没有错误，上诉人提出了异议的，二审判决应当将上诉人有异议部分的事实叙写清楚，并列举相关的证据予以证明，并对原判事实予以确定，论证上诉人的异议不能成立。

在二审过程中，当事人围绕上诉请求提交了新的证据的，二审判决应当写明法院组织当事人进行证据交换和质证的情况；当事人没有提交新的证据的，二审判决应当写明当事人没有提交新的证据。

（2）理由。事实和理由是法院依法作出裁决的基础。二审民事判决书的理由部分，主要应当根据二审认定的事实和法律规定，对当事人的上诉请求进行分析评判并说明理由。

第一，围绕原判决是否正确、上诉是否有理进行分析、论证，阐明理由。上诉人之所以提起上诉，是因为不服一审法院作出的裁决，认为一审法院在认定事实、适用法律等方面存在错误。二审法院围绕当事人的上诉请求，对一审判决认定事实和适用法律进行审查。如果一审判决是正确的，二审判决应当阐明正确的理由；如果一审判决部分或者全部错误，二审判决应当阐明错误之处以及产生错误的原因。上诉人提出的上诉请求正确的，法院应当予以支持并阐明理由；反之，法院应当予以反驳并阐明理由。涉及具体的判决结果，如果原判正确，应判决维持原判，并阐明维持原判的理由；如果原判错误、需要改判，应当阐明改判的理由，为判决结果的作出奠定基础。

第二，引用与判决结果相适应的法律条文。引用法律条文应当明确、具体，具有针对性。如果二审判决维持原判，只需援引《民事诉讼法》第 177 条第 1 款第 1 项；全部改判、部分改判的，除了援引《民事诉讼法》第 177 条第 1 款的有关条款外，还应当援引改判所依据的实体法的有关条款。具体表述要求如下：

首先，驳回上诉、维持原判的，应当分两种情形叙写：

第一种情形，一审判决认定事实清楚，适用法律正确，维持原判的，写明："综上所述，×××的上诉请求不能成立，应予驳回；一审判决认定事实清楚，适用法律正确，应予维持。依照《中华人民共和国民事诉讼法》第一百七十七条第一款第一项规定，判决如下：……"

第二种情形，一审判决认定事实或者适用法律虽有瑕疵，但裁判结果正确，维持原判的，写明："综上所述，一审判决认定事实……（对一审认定事实作出概括评价，如存在瑕疵应指出）、适用法律……（对一审适用法律作出概括评价，如存在瑕疵应指出），但裁判结果正确，故对×××的上诉请求不予支持。依照《中华人民共和国×××法》第×条（适用法律错误的，应当引用实体法）、《中华人民共和国民事诉讼法》第一百七十七条第一款第一项、《最高人民法院关于适用〈中华人民共和国民事诉讼法〉的解释》第三百三十二条之规定，判决如下：……"

其次，依法改判的，应当写为："综上所述，×××的上诉请求成立，予以支持。依照《中华人民共和国×××法》第×条（适用法律错误的，应当引用实体法）、《中华人民共和国民事诉讼法》第一百七十七条第一款第×项之规定，判决如下：……"

（3）判决结果。第二审民事判决书的判决结果是对当事人争议的实体问题作出的终审结论。判决结果不同，具体的写作要求也不同，具体内容如下：

第一，维持原判的，表述为："驳回上诉，维持原判。"

第二，全部改判的，表述为：

"一、撤销××××人民法院（××××）……民初……号民事判决；

二、……（写明改判内容）"

第三，部分改判的，表述为：

"一、维持××××人民法院（××××）……民初……号民事判决第×项（对维持一审判项逐一写明）；

二、撤销××××人民法院（××××）……民初……号民事判决第×项（将一审判决错误判项逐一撤销）；

三、变更××××人民法院（××××）……民初……号民事判决第×项为……；

四、……（写明新增判项）。"

3. 尾部。尾部包括诉讼费用的负担、判决的法律效力、合议庭组成人员署名、文书制作日期和书记员署名。

（1）诉讼费用的负担。在判决结果之后，应当另起一行写明诉讼费用的负担。具体写作方法分两种情形：

第一种为驳回上诉、维持原判。若一审诉讼费用不需调整，不必重复一审诉讼费用的负担，只需要写明二审诉讼费用的负担即可；如果一审诉讼费负担错误需要调整的，应当予以纠正。

第二种为依法改判。除应写明当事人对二审诉讼费用的负担外，还应将变更一审诉讼费用负担的决定一并写明。

（2）判决的法律效力。应当写明："本判决为终审判决。"

（3）合议庭组成人员署名、文书制作日期和书记员署名。写法同第一审普通程序适用的民事判决书。

（三）制作时应注意的问题

制作第二审民事判决书，需要注意以下几个问题：

1. 由于我国实行两审终审制，第二审民事判决书一经送达当事人即发生法律效力，当事人不得再以上诉的方式表示不服，只能在法定期间内依照审判监督程序的相关规定，向人民法院申请再审。

2. 第二审判决作出后，当事人不得就同一标的，以同一事实和理由再提起诉讼。

3. 具有给付内容的裁判，如果义务人不履行发生法律效力的裁判确定的义务，权利人可以向有管辖权的法院申请强制执行。

三、再审民事判决书

（一）概述

再审民事判决书，是指人民法院对已经发生法律效力的判决、裁定和调解书，发现符合法定再审事由，对案件再次审理后，针对当事人之间的权利义务争议作出裁决时制作和使用的具有法律效力的法律文书。

根据我国《民事诉讼法》第 209 条的规定，各级人民法院院长对本院已经发生法律效力的判决、裁定、调解书，发现确有错误，认为需要再审的，应当提交审判委员会讨论决定。最高人民法院对地方各级人民法院已经发生法律效力的判决、裁定、调解书，上级人民法院对下级人民法院已经发生法律效力的判决、裁定、调解书，发现确有错误的，有权提审或者指令下级人民法院再审。

当事人对已经发生法律效力的判决、裁定，认为有错误的，可以向上一级人民法院申请再审；当事人一方人数众多或者当事人双方为公民的案件，也可以向原审人民法院申请再审。当事人申请再审的，不停止判决、裁定的执行。当事人对已经发生法律效力的调解书，提出证据证明调解违反自愿原则或者调解协议的内容违反法律的，可以申请再审。经人民法院审查属实的，应当再审。

最高人民检察院对各级人民法院已经发生法律效力的判决、裁定，上级人民检察院对下级人民法院已经发生法律效力的判决、裁定，发现有《民事诉讼法》第 211 条规定情形之一的，或者发现调解书损害国家利益、社会公共利益的，应当提出抗诉。地方各级人民检察院对同级人民法院已经发生法律效力的判决、裁定，发现有《民事诉讼法》第 211 条规定情形之一的，或者发现调解书损害国家利益、社会公共利益的，可以向同级人民法院提出检察建议，并报上级人民检察院备案，也可以提请上级人民检察院向同级人民法院提出抗诉。各级人民检察院对审判监督程序以外的其他审判程序中审判人员的违法行为，有权向同级人民法院提出检察建议。

民事再审判决书的作用主要体现在以下两个方面：（1）是实现司法公正的载体。我国实行两审终审制，再审程序属于非正常的审判程序，是为了防止已经发生法律效力的判决、裁定、调解书存在错误，而对当事人权益予以的事后救济。其目的是实现司法公正，故再审民事判决书是司法公正的载体。（2）是维护当事人的合法权益的手段。已经发生法律效力的判决、裁定、调解书存在瑕疵，最终损害的是当事人的合法权益。对案件进行再审、依法作出裁决，有利于维护当事人的合法权益。因此，再审民事判决书是维护当事人合法权益的手段。

（二）内容和写法

再审民事判决书由首部、正文和尾部组成。

1. 首部。首部包括标题、案号、当事人的基本情况、诉讼代理人的身份事项，以及案由、审判组织、审判方式和开庭审理经过。

（1）标题和案号。再审民事判决书中，标题的写法与第一审、第二审民事判决书基本相同。但是，案号的写法与一审、二审民事判决书有所不同，主要是审级代字，应当写为"再初"或者"再终"。

（2）当事人的基本情况。应当写明再审申请人、被申请人的基本情况及原审地位。当事人是自然人的，应当写明姓名、性别、出生年月日、民族、工作单位和职务或者职业、住所。

当事人是法人或者其他组织的，应当写明名称、住所，另起一行写明法定代表人或者主要负责人的姓名、职务。叙写当事人的基本情况需要注意以下几个问题：

第一，在再审申请人和被申请人之后注明其在一审或者二审中的诉讼地位，其他当事人按原审诉讼地位表述。例如，一审终审的，列为"原审原告""原审被告""原审第三人"；二审终审的，列为"二审上诉人（一审原告）""二审被上诉人（一审被告）"等。

第二，原审遗漏了共同诉讼人，再审将其追加为当事人的，其诉讼地位直接写为"原告""被告"，不必表述为"再审原告""再审被告"或者"追加原告""追加被告"等。

第三，再审是由检察机关抗诉引起的，应当在当事人前，先写明"抗诉机关×××人民检察院"，然后写明申诉人和被申诉人的基本情况。

（3）诉讼代理人的身份事项。写法与第一审民事判决书基本相同。

（4）案由、审判组织、审判方式和开庭审理经过。我国《民事诉讼法》规定，已经发生法律效力的判决、裁定和调解书有错误的，引起再审的方式主要有三种：一是经原审法院决定，或者上级法院指令或提审引起再审；二是由当事人申请引起再审；三是由人民检察院抗诉引起再审。再审案件的来源不同，这部分的叙写方式也存在区别。具体内容如下：

第一，依当事人申请而提审，经审理后作出实体处理的，写作："再审申请人×××因与被申请人×××/再审申请人×××及×××……（写明案由）一案，不服××××人民法院（××××）……号民事判决/民事调解书，向本院申请再审。本院于××××年××月××日作出（××××）……号民事裁定，提审本案。本院依法组成合议庭，开庭审理了本案。再审申请人×××……（写明当事人和其他诉讼参加人的诉讼地位和姓名或者名称）到庭参加诉讼（未开庭的，写明'本院依法组成合议庭审理了本案'）。本案现已审理终结。"

第二，依当事人申请，受指令或者受指定再审，按照第一审程序审理后作出实体判决的，写作："再审申请人×××因与被申请人×××/再审申请人×××……（写明案由）一案，不服本院/××××人民法院（××××）……号民事判决/民事调解书，向××××人民法院申请再审。××××人民法院于××××年××月××日作出（××××）……号民事裁定，指令/指定本院再审本案。本院依法另行/依法组成合议庭（指定再审的不写'另行'），开庭审理了本案。再审申请人×××……（写明当事人和其他诉讼参加人的诉讼地位和姓名或者名称）到庭参加诉讼。本案现已审理终结。"

第三，依当事人申请，受指令或者受指定再审，按照第二审程序审理后作出实体判决的，写作："再审申请人×××因与被申请人×××/再审申请人×××……（写明案由）一案，不服本院/××××人民法院（××××）……号民事判决/民事调解书，向××××人民法院申请再审。××××人民法院于××××年××月××日作出（××××）……号民事裁定，指令/指定本院再审本案。本院依法另行/依法组成合议庭（指定再审的不写'另行'），开庭审理了本案。再审申请人×××……（写明当事人和其他诉讼参加人的诉讼地位和姓名或者名称）到庭参加诉讼（未开庭的，写明'本院依法组成合议庭审理了本案'）。本案现已审理终结。"

第四，原审法院依当事人申请裁定再审，按照第一审程序审理后作出实体判决的，写作：

"再审申请人×××因与被申请人×××/再审申请人×××……（写明案由）一案，不服本院/××××人民法院（××××）……号民事判决/民事调解书，向本院申请再审。本院于××××年××月××日作出（××××）……号民事裁定再审本案。本院依法另行组成合议庭，开庭审理了本案。再审申请人×××……（写明当事人和其他诉讼参加人的诉讼地位和姓名或者名称）到庭参加诉讼。本案现已审理终结。"

第五，原审法院依当事人申请裁定再审，按照第二审程序审理后作出实体判决的，按如下格式叙写："再审申请人×××因与被申请人×××/再审申请人×××……（写明案由）一案，不服本院（××××）……号民事判决/民事调解书，向本院申请再审。本院于××××年××月××日作出（××××）……号民事裁定再审本案。本院依法另行组成合议庭，开庭审理了本案。再审申请人×××……（写明当事人和其他诉讼参加人的诉讼地位和姓名或者名称）到庭参加诉讼。本案现已审理终结。"

第六，检察机关抗诉引起再审，按照第一审程序审理后作出实体判决的，写作："申诉人×××因与被申诉人×××及×××（写明原审其他当事人诉讼地位、姓名和名称）……（写明案由）一案，不服本院（××××）……号民事判决/民事裁定，向××××人民检察院提出申诉。××××人民检察院作出……号民事抗诉书，向××××人民法院提出抗诉。××××人民法院作出（××××）……号民事裁定，指令本院再审案件。本院依法另行组成合议庭，开庭审理了本案。××××人民检察院指派检察员×××出庭。申诉人×××、被申诉人×××（写明当事人和其他诉讼参加人的诉讼地位和姓名或者名称）到庭参加诉讼。本案现已审理终结。"

第七，检察机关抗诉引起再审，按照第二审程序审理后作出实体判决的，写作："申诉人×××因与被申诉人×××及×××（写明原审其他当事人诉讼地位、姓名和名称）……（写明案由）一案，不服本院（××××）……号民事判决/民事裁定，向××××人民检察院提出申诉。××××人民检察院作出……号民事抗诉书，向××××人民法院提出抗诉。××××人民法院作出（××××）……号民事裁定，指令本院再审案件。本院依法另行组成合议庭，开庭审理了本案。××××人民检察院指派检察员×××出庭。申诉人×××、被申诉人×××（写明当事人和其他诉讼参加人的诉讼地位和姓名或者名称）到庭参加诉讼（未开庭的，写明'本院依法组成合议庭审理了本案'）。本案现已审理终结。"

2. 正文。正文部分是文书的核心内容，主要包括事实、理由和判决结果。

（1）事实。包括双方当事人争议的事实，原审判决认定的事实、理由和判决结果，以及经人民法院再审认定的事实和证据。

第一，双方当事人争议的事实。首先写明申请人申请再审的请求、依据的事实和理由；其次概述被申请人的答辩意见；最后写明原审其他当事人的意见。如果是由检察机关抗诉引起再审的案件，在阐明当事人双方意见之前，应当阐明检察机关抗诉的意见。对于这部分内容，只需要简明扼要地叙写清楚即可。

第二，原审判决认定的事实、理由和判决结果。当事人认为已经发生法律效力的判决、裁定有错误，或者认为调解违反自愿原则、调解协议内容违法而申请再审时，再审主要是纠正原审法院判决、裁定、调解的错误，因此，在再审判决书中，应当将原审判决认定的事实、理由和判决结果，简单扼要地进行介绍，为再审判决奠定基础。

第三，经人民法院再审认定的事实和证据。这部分是再审裁决作出的基础。对一审、二审认定的事实进行评判是其重点内容，尤其是对双方当事人有争议的事实，应当予以重点分析、论证。需要注意的是，原审判决认定事实如果已十分清楚，则可以简单叙述，重点叙述改判所依据的事实；如果原审判决确实存在认定事实错误，则对于再审认定事实，应当详细、具体地叙写。同时，应当写明再审法院采信的证据。

（2）理由。包括依事论理和依法论理。

第一，依事论理。应当围绕当事人的再审理由是否成立、再审请求是否应予支持进行评判，对原审相关结论是否正确进行评价。如果原审认定事实错误，在阐述理由时，应当主要指出原审认定事实的错误导致适用法律和判决结果错误。如果原审认定事实正确，只是适用法律错误的，应当指出原审适用法律错误导致判决结果不正确。如果检察机关的抗诉和当事人申请再审的理由全部是正确的，应当予以采纳；如果部分正确、部分错误的，对正确的部分予以采纳，对错误的部分予以批驳。

第二，依法论理。依法论理就是引用法律依据说明理由。再审民事判决书阐述理由需要具有针对性。既针对原审判决，也针对检察机关的抗诉和当事人提出的再审申请主张。同时，还应当注意法律条文的引用。再审民事判决书引用法律条文要求具有针对性，应当全面。再审维持原判的，一般只引用程序法条文；再审改判的，不仅需要引用程序法，也需要引用实体法。

（3）判决结果。这部分内容可以参照第一审民事判决书、第二审民事判决书判决结果的写法。

3. 尾部。尾部包括诉讼费用的负担、判决的法律效力、合议庭组成人员署名、文书制作日期和书记员署名。

我国《民事诉讼法》第218条规定，人民法院按照审判监督程序再审的案件，若发生法律效力的判决、裁定是由第一审法院作出的，按照第一审程序审理，对于所作的判决、裁定，当事人可以上诉；若发生法律效力的判决、裁定是由第二审法院作出的，按照第二审程序审理，所作的判决、裁定是发生法律效力的判决、裁定；上级人民法院按照审判监督程序提审的，按照第二审程序审理，所作的判决、裁定是发生法律效力的判决、裁定。人民法院审理再审案件，应当另行组成合议庭。根据上述法律规定，再审民事判决书的尾部，可以参照第一审民事判决书和第二审民事判决书尾部的写法。

按照第一审程序再审的，在判决书的尾部写明上诉事项，写法同第一审民事判决书；按照第二审程序再审的，应当写明"本判决为终审判决"。

（三）制作时应注意的问题

制作再审民事判决书，需要注意以下几个问题：

1. 对于上级法院提审的案件，审判组织应写明"组成合议庭"，不写"另行组成合议庭"。

2. 判决主文应当对当事人的全部诉讼请求作出明确、具体的裁判，表达应当完整、准确，以便执行。

3. 再审维持原判且有再审诉讼费用的，只写明再审诉讼费用的负担。再审改判的，应当对一、二审以及本次再审诉讼费用的负担一并作出决定。

四、民事调解书

（一）概述

民事调解书，是指人民法院在审理民事案件过程中，根据自愿合法原则，依法对案件进行调解，基于当事人自愿达成的调解协议审结案件时，制作和使用的具有法律效力的文书。

我国《民事诉讼法》第 9 条规定，人民法院审理民事案件，应当根据自愿和合法的原则进行调解；调解不成的，应当及时判决。第 100 条规定，调解达成协议，人民法院应当制作调解书。调解书应当写明诉讼请求、案件的事实和调解结果。调解书由审判人员、书记员署名，加盖人民法院印章，送达双方当事人。调解书经双方当事人签收后，即具有法律效力。第 101 条规定，下列案件调解达成协议，人民法院可以不制作调解书：（1）调解和好的离婚案件；（2）调解维持收养关系的案件；（3）能够即时履行的案件；（4）其他不需要制作调解书的案件。对不需要制作调解书的协议，应当记入笔录，经双方当事人、审判人员、书记员签名或者盖章后，即具有法律效力。

调解书的适用范围非常广泛，不仅一审、二审可以适用，再审也可以适用。所以，民事调解书包括第一审民事调解书、第二审民事调解书和再审民事调解书。

民事调解书与民事判决书的区别主要体现在以下几个方面：（1）适用条件不同。调解和判决虽然都是人民法院行使审判权，处理民事案件的方式，但适用条件存在差别。调解书是双方当事人自愿达成调解协议时制作和使用的法律文书；判决书是人民法院依法对案件作出裁决时制作和使用的法律文书。（2）体现的意志不同。制作民事调解书的前提是当事人自愿合法地达成调解协议，注重当事人的意志；制作民事判决书更多地体现了国家意志，是人民法院依法行使审判权的表现。（3）文书格式和内容不同。调解书的格式和内容相对比较简单，判决书的格式和内容相对比较复杂。（4）文书效力不同。民事调解书经双方当事人签收后，即具有法律效力。除法定一审终审的案件外，第一审民事判决书送达当事人后并不立即生效，只有超过法定的上诉期限，当事人不上诉的，才发生法律效力。第二审民事判决书一经作出，即具有法律效力。

民事调解书的作用主要体现在以下两个方面：（1）通过调解达成协议，是人民法院审理民事案件的一种结案方式，民事调解书是审结案件的具体体现。（2）人民法院制作的民事调解书，经双方当事人签收，即具有法律效力。一方当事人不履行义务，权利人可以向人民法院申请强制执行，故民事调解书是当事人申请执行的根据。

（二）内容和写法

民事调解书由首部、正文和尾部组成。

1. 首部。首部包括标题、案号、当事人的基本情况、诉讼代理人的身份事项，以及案由、审判组织、审判方式和开庭审理经过。

（1）标题。应当分两行书写为"××××人民法院""民事调解书"。

（2）案号。由立案年度、法院简称、案件性质、审判程序和案件顺序号组成，应写为"（年度）×民×号"。

（3）当事人的基本情况。当事人是自然人的，应当写明姓名、性别、出生年月日、民族、工作单位和职务或者职业、住所。当事人是法人或者其他组织的，应当写明名称、住所，并另起一行写明法定代表人或者主要负责人的姓名、职务。

叙写当事人的基本情况需要注意以下几个问题：① 第一审民事调解书应当写明原告、被告和其他诉讼参加人的姓名或者名称等基本信息。② 第二审民事调解书应当写明上诉人、被上诉人和其他诉讼参加人的姓名或者名称等基本信息。同时，应当注明当事人的原审诉讼地位。③ 再审民事调解书应当写明再审申请人、被申请人和其他诉讼参加人的姓名或者名称等基本信息。同时，应当注明当事人的原审诉讼地位。

（4）诉讼代理人的身份事项。写法与第一审民事判决书相同。

（5）案由、审判组织、审判方式和开庭审理经过。

第一，在第一审民事调解书中写为："原告×××与被告×××、第三人×××……（写明案由）一案，本院于××××年××月××日立案后，依法适用普通程序/简易程序，公开/因涉及……（写明不公开开庭的理由）不公开开庭进行了审理（开庭前调解的，不写开庭情况）。"

第二，在第二审民事调解书中写为："上诉人×××因与被上诉人×××/上诉人×××、第三人×××……（写明案由）一案，不服××××人民法院（××××）……民初……号民事判决，向本院提起上诉。本院于××××年××月××日立案后，依法组成合议庭审理了本案（开庭前调解的，不写开庭情况）。"

第三，在再审民事调解书中写为："再审申请人×××因与被申请人×××/再审申请人×××及原审×××……（写明案由）一案，不服××××人民法院（××××）……号民事判决/民事裁定/民事调解书，申请再审。××××年××月××日，本院/××××人民法院作出（××××）……号民事裁定，本案由本院再审。本院依法组成合议庭审理了本案。"

2. 正文。正文是文书的核心内容，包括当事人的诉讼请求和案件事实、调解结果、法院对协议内容的确认和诉讼费用的负担。

（1）当事人的诉讼请求和案件事实。我国《民事诉讼法》第96条规定，人民法院审理民事案件，根据当事人自愿的原则，在事实清楚的基础上，分清是非，进行调解。根据上述法律规定，调解书中应当写清当事人的请求和案件事实。根据《民事诉讼文书样式》的规定，第一审民事调解书应当写明当事人的诉讼请求、所依据的事实和理由；第二审民事调解书应当写明上诉人的上诉请求、所依据的事实和理由；再审民事调解书应当写明当事人的再审请求、所依据的事实和理由，以及被申请人的答辩意见。同时，应当概括案件事实，写明原审裁判结果。

（2）调解结果。调解结果即调解协议的内容，是调解书的核心内容，是双方当事人针对民事权利义务争议，在自愿、合法的前提下，互谅互让，依法达成的解决纠纷的一致意见。通常由以下文字引出：

第一，在第一审民事调解书中写为：

"本案审理过程中，经本院主持调解，当事人自愿达成如下协议/当事人自愿和解达成如下协议，请求人民法院确认/经本院委托……（写明受委托单位）主持调解，当事人自愿达成如下协议：

一、……；

二、……。

（分项写明调解协议的内容）"

第二，在第二审民事调解书中写为：

"本案审理过程中，经本院主持调解，当事人自愿达成如下协议/当事人自愿和解达成如下协议，请求人民法院确认：

一、……；

二、……。

（分项写明调解协议的内容）"

第三，在再审民事调解书中写为：

"本案再审审理过程中，经本院主持调解，当事人自愿达成如下协议/当事人自愿和解达成如下协议，请求人民法院确认：

一、……；

二、……。

（分项写明调解协议的内容）"

（3）法院对协议内容的确认。根据我国法律规定，当事人达成调解协议，申请人民法院制作民事调解书时，人民法院应当依法对调解协议的内容进行审查。审查内容包括调解协议的内容是否违法、是否侵害国家利益或社会公共利益等。如果存在上述情形，人民法院对调解协议的内容将不予确认。只有符合法律规定的调解协议，人民法院才依法予以确认。只有经人民法院依法确认的调解协议，才具有法律效力。

人民法院依法确认的调解协议，在调解协议内容之后写明："上述协议，不违反法律规定，本院予以确认。"

（4）诉讼费用的负担。根据《诉讼费用交纳办法》的规定，经人民法院调解达成协议的案件，诉讼费用的负担由双方当事人协商解决；协商不成的，由人民法院决定。以调解方式结案或者当事人申请撤诉的，减半交纳案件受理费。对于诉讼费用的负担问题，如果是由双方当事人协商解决的，可以作为调解协议内容的最后一项书写；如果是由人民法院决定的，应当在写完法院对双方调解协议予以确认后，另起一行，写明当事人的姓名或者名称以及负担的金额。

3. 尾部。尾部包括调解书生效的条件和时间、合议庭组成人员署名、制作日期、加盖人民法院印章和书记员署名。

（1）调解书生效的条件和时间。根据我国《民事诉讼法》的规定，调解书经双方当事人签收后，即具有法律效力。因此，应当在民事调解书的尾部，将调解书生效的条件和时间告知双方当事人。

（2）合议庭组成人员署名、制作日期、加盖人民法院印章和书记员署名。写法同第一审民事判决书。

（三）制作时应注意的问题

制作民事调解书，需要注意以下几个问题：

1. 调解协议的内容应当明确具体，以便于当事人履行。

2. 适用特别程序、督促程序、公示催告程序的案件，婚姻等身份关系确认案件，以及其他根据案件性质不能进行调解的案件，不得调解。

3. 当事人自行和解或者调解达成协议后，请求人民法院按照和解协议或者调解协议的内容制作判决书的，人民法院不予准许。无民事行为能力人的离婚案件，由其法定代理人进行诉讼。法定代理人与对方达成协议要求发给判决书的，可根据协议内容制作判决书。

4. 调解书需经当事人签收后才发生法律效力的，应当以最后收到调解书的当事人签收的日期为调解书生效日期。

五、民事裁定书

（一）概述

民事裁定书，是指人民法院在诉讼过程中，对程序问题进行处理时，依法制作和使用的法律文书。

我国《民事诉讼法》第 157 条规定："裁定适用于下列范围：（一）不予受理；（二）对管辖权有异议的；（三）驳回起诉；（四）保全和先予执行；（五）准许或者不准许撤诉；（六）中止或者终结诉讼；（七）补正判决书中的笔误；（八）中止或者终结执行；（九）撤销或者不予执行仲裁裁决；（十）不予执行公证机关赋予强制执行效力的债权文书；（十一）其他需要裁定解决的事项。对前款第一项至第三项裁定，可以上诉。裁定书应当写明裁定结果和作出该裁定的理由。裁定书由审判人员、书记员署名，加盖人民法院印章。口头裁定的，记入笔录。"根据上述法律规定，需要注意以下两个问题：

1. 关于保全和先予执行裁定。保全和先予执行涉及对当事人实体权利的处分，但是这两种对实体权利的处分不是终局性的，仅具有暂时性和程序保障性。这两种裁定对实体权利的暂时处分仅是手段，其目的是使审判程序更具有实效性，使判决的执行更具有保障性。从本质上看，这两种裁定解决的仍然是程序问题。

2. 其他需要裁定解决的事项。这是一项弹性条款，是基于诉讼需要作出的规定。在诉讼中，适用民事裁定的情形还包括用简易程序审理的案件改为用普通程序审理、确认司法协议有效、依职权对本院案件再审后发回重审、督促程序驳回申请人申请、终结公示催告程序、二审发回重审、二审撤回上诉、裁定驳回再审申请等。

民事裁定书适用的范围非常广泛，包括第一审程序、第二审程序、再审程序、督促程序、公示催告程序、非讼程序、执行程序等。

民事裁定书的作用主要体现在以下方面：（1）民事裁定书是主要针对诉讼过程中的程序问题依法作出的裁决，目的是解决诉讼过程中出现的各种特殊问题，以保证诉讼的顺利进行。（2）有的民事裁定书可以成为法院的一种结案方式，如不予受理裁定、驳回起诉裁定、终结诉讼裁定等。（3）民事裁定书具有法律效力，一经依法生效，必须严格执行。

（二）内容和写法

民事裁定书由首部、正文和尾部组成。

1. 首部。首部包括标题、案号、当事人的基本情况、诉讼代理人的身份事项等。

（1）标题。应当分两行书写"××××人民法院""民事裁定书"。

（2）案号。由立案年度、法院简称、案件性质、审判程序和案件顺序号组成，写为"（年度）×民×号"。

（3）当事人的基本情况。当事人是自然人的，应当写明姓名、性别、出生年月日、民族、工作单位和职务或者职业、住所。当事人是法人或者其他组织的，应当写明名称、住所，并另起一行写明法定代表人或者主要负责人的姓名、职务。

叙写当事人的基本情况时需要注意：不予受理起诉的，当事人称为"起诉人""被起诉人"；诉前财产保全的，当事人称为"申请人""被申请人"。

（4）诉讼代理人的身份事项。写法与第一审民事判决书相同。

2. 正文。正文是文书的核心内容，主要包括案由和案件来源，当事人的诉讼请求、所依据的事实和理由，法院经审查认定的理由和适用的法律，裁决结果等。以下介绍几种常用民事裁定书的正文格式写作要求。

（1）第一审民事裁定书。

第一，对起诉不予受理的，写为："××××年××月××日，本院收到×××的起诉状。起诉人×××向本院提出诉讼请求：1.……；2.……（明确原告的诉讼请求）。事实和理由：……（概括原告主张的事实和理由）。

本院经审查认为，……（写明对起诉不予受理的理由）。

依照《中华人民共和国民事诉讼法》第一百二十二条、第一百二十六条规定，裁定如下：

对×××的起诉，不予受理。"

第二，驳回起诉的，写为：

"原告×××与被告×××……（写明案由），本院于××××年××月××日立案后，依法进行审理。

×××向本院提出诉讼请求：1.……；2.……（明确原告的诉讼请求）。事实和理由：……（概括原告主张的事实和理由）。

本院经审查认为，……（写明驳回起诉的理由）。

依照《中华人民共和国民事诉讼法》第一百二十二条/第一百二十七条第×项、第一百五十七条第一款第三项、《最高人民法院关于适用〈中华人民共和国民事诉讼法〉的解释》第二百零八条第三款规定，裁定如下：

驳回×××的起诉。"

第三，准许或者不准许撤诉的，写为：

"……（写明当事人及案由）一案，本院于××××年××月××日立案。原告×××于××××年××月××日向本院提出撤诉申请。

本院认为，……（写明准予/不准许撤诉的理由）。"

准许撤诉的，写明："依照《中华人民共和国民事诉讼法》第一百四十八条第一款规定，裁定如下：

准许×××撤诉。"

不准许撤诉的，写明："依照《中华人民共和国民事诉讼法》第一百四十八条第一款、《最高人民法院关于适用〈中华人民共和国民事诉讼法〉的解释》第二百三十八条第×款规定，裁定如下：

不准许×××撤诉。"

第四，中止、终结诉讼的，格式如下。

中止诉讼的，写为：

"……（写明当事人及案由）一案，本院于××××年××月××日立案。

本案在审理过程中，……（写明中止/终结诉讼的事实根据）。

本院经审查认为，……（写明中止/终结诉讼的理由）。

依照《中华人民共和国民事诉讼法》第一百五十三条第一款第×项、第一百五十七条第一款第六项规定，裁定如下：

本案中止诉讼。"

终结诉讼的，写明："依照《中华人民共和国民事诉讼法》第一百五十四条第×项、第一百五十七条第一款第六项规定，裁定如下：

本案终结诉讼。"

第五，对于管辖权异议，写为：

"原告×××与被告×××、第三人×××……（写明案由）一案，本院于××××年××月××日立案。

×××诉称，……（概括原告的诉讼请求、事实和理由）。

×××在提交答辩状期间，对管辖权提出异议，认为……（概括异议内容和理由）。

依照《中华人民共和国民事诉讼法》第×条、第一百三十条第一款规定，裁定如下："

异议成立的，写明："×××对本案提出的管辖权异议成立，本案移送××××人民法院处理。"

异议不成立的，写明："驳回×××对本案管辖权提出的异议。"

"案件受理费……元，由……负担（写明当事人姓名或者名称、负担金额）。"

第六，对于诉讼前财产保全，写为：

"申请人×××于××××年××月××日向本院申请诉前财产保全，请求对被申请人×××……（写明申请财产保全措施的具体内容）。申请人×××/担保人×××以……（写明担保财产的名称、数量或者数额、所在地点等）提供担保。

本院经审查认为，……（写明采取保全措施的理由）。依照《中华人民共和国民事诉讼法》第一百零四条、第一百零五条、第一百零六条第一款规定，裁定如下：

查封/扣押/冻结被申请人×××的……（写明保全财产的名称、数量或者数额、所在地点等），期限为……年/月/日。

案件受理费……元，由……负担（写明当事人姓名或者名称、负担金额）。

本裁定立即开始执行。"

第七，对于诉讼中的财产保全，写为：

"……（写明当事人及案由）一案，申请人×××于××××年××月××日向本院申请财产保全，请求对被申请人×××……（写明申请财产保全措施的具体内容）。申请人×××/担保人×××以……（写明担保财产的名称、数量或者数额、所在地点等）提供担保。

本院经审查认为，……（写明采取保全措施的理由）。依照《中华人民共和国民事诉讼法》第一百零三条、第一百零五条、第一百零六条第一款规定，裁定如下：

查封/扣押/冻结被申请人×××的……（写明保全财产的名称、数量或者数额、所在地点等），期限为……年/月/日。

案件受理费……元，由……负担（写明当事人姓名或者名称、负担金额）。

本裁定立即开始执行。"

第八，对于先予执行，写为：

"……（写明当事人及案由）一案，申请人×××于××××年××月××日向本院申请先予执行，请求……（写明先予执行的内容）。申请人×××/担保人×××向本院提供（写明担保财产的名称、数量或数额、所在地点等）作为担保（不提供担保的，不写）。

本院经审查认为，申请人×××的申请符合法律规定。依照《中华人民共和国民事诉讼法》第一百零九条、第一百一十条的规定，裁定如下：

……（写明先予执行的内容）。

案件申请费……元，由……负担（写明当事人姓名或者名称、负担金额）。"

第九，补正判决书笔误用，写为：

"本院于××××年××月××日对……（写明当事人及案由）一案作出的（××××）……民×……号……（写明被补正的法律文书名称）中，存在笔误，应予补正。

依照《中华人民共和国民事诉讼法》第一百五十七条第一款第七项、《最高人民法院关于适用〈中华人民共和国民事诉讼法〉的解释》第二百四十五条规定，裁定如下：

（××××）……民×……号……（写明被补正的法律文书名称）中……（写明法律文书误写、误算，诉讼费用漏写、误算和其他笔误）补正为……（写明补正后的内容）。"

（2）第二审民事裁定书。

第一，二审发回重审用，写为：

"上诉人×××因与被上诉人×××/上诉人×××及原审原告/被告/第三人×××……（写明案由）一案，不服××××人民法院（××××）……民初……号民事判决，向本院提起上诉。本院依法组成合议庭对本案进行了审理。

本院认为，……（写明原判认定基本事实不清或者严重违反法定程序的问题）。依照《中华人民共和国民事诉讼法》第一百七十七条第一款第×项的规定，裁定如下：

一、撤销××××人民法院（××××）……民初……号民事判决；

二、本案发回××××人民法院重新审理。

上诉人×××预交的二审案件受理费……元予以退回。"

第二，二审驳回起诉用（法院对二审案件进行审理时，发现该案件依法不应当由人民法院受理的，应驳回当事人的起诉），写为：

"上诉人×××因与被上诉人×××/上诉人×××及原审原告/被告/第三人×××……（写明案由）一案，不服××××人民法院（××××）……民初……号民事判决，向本院提起上诉。本院依法组成合议庭对本案进行了审理。本案现已审理终结。

×××上诉请求：……（写明上诉请求）。事实和理由：……（概述上诉人主张的事实和理由）。

×××辩称，……（概述被上诉人的答辩意见）。

×××述称，……（概述原审原告/被告/第三人陈述意见）。

×××向一审法院起诉请求：……（写明原告/反诉原告/有独立请求权的第三人的诉讼请求）。

一审法院认定事实：……（概述一审认定的事实）。一审法院认为，……（概述一审裁判理由）。判决：……（写明一审判决主文）。

本院审理查明，……（写明与驳回起诉有关的事实）。

本院认为，……（写明驳回起诉的理由）。依照《最高人民法院关于适用〈中华人民共和国民事诉讼法〉的解释》第三百二十八条，裁定如下：

一、撤销××××人民法院（××××）……民初……号民事判决；

二、驳回×××（写明一审原告的姓名和名称）的起诉。

一审案件受理费……元，退还（一审原告）×××；上诉人×××预交的二审案件受理费……元予以退还。

本裁定为终审裁定。"

3. 尾部。民事裁定书尾部的写法，可以参照第一审民事判决书和第二审民事判决书。但是，需要注意以下几个问题：

（1）根据我国《民事诉讼法》的规定，涉及不予受理、驳回起诉、管辖权异议的裁定，当事人不服的，可以依法提起上诉。因此，涉及不予受理、驳回起诉、管辖权异议的民事裁定书，在尾部应当告知上诉权，写为："如不服本裁定，可以在裁定书送达之日起十日内，向本院递交上诉状，上诉于××××人民法院。"

（2）涉及财产保全和先予执行的民事裁定，当事人不服的，可以依法申请复议。因此，财产保全和先予执行的民事裁定书应当在尾部告知申请复议权，写为："如不服本裁定，可以自收到裁定书之日起五日内向本院申请复议一次。复议期间不停止裁定的执行。"

（3）申请诉前财产保全的，在民事裁定书中交代申请复议权之后，还应当写明："申请人在人民法院采取保全措施后三十日内不依法提起诉讼或者申请仲裁的，本院将依法解除保全。"

（三）制作时应注意的问题

制作民事裁定书，需要注意以下几个问题：

1. 与民事判决书的写作相比较，民事裁定书的案由、事实部分的阐述，相对要简略一些。对于法院认定事实的理由和适用的法律依据，应当明确叙写。

2. 涉及保全的民事裁定，没有担保人的，在民事裁定书中，不需要依照格式规范中的要求写明这部分内容。

3. 在民事诉讼中，民事裁定书的适用范围非常广泛。对此，《民事诉讼文书样式》对各种不同类型的民事裁定书的制作格式作出了详细具体的规定，本书限于篇幅，不能一一介绍，文书制作者可以参照使用。

第三节 人民法院行政裁判文书

一、第一审行政判决书

（一）概述

第一审行政判决书，是指第一审人民法院在受理行政诉讼案件后，依照我国《行政诉讼法》的规定，对审理终结的第一审行政案件，依照法律、行政法规和地方性法规，参照有关行政规章，就案件的实体问题作出处理决定时，制作和使用的法律文书。

制作第一审行政判决书主要具有以下两个特点：（1）遵守法律规定。第一审行政判决书应当依法制作。根据我国《行政诉讼法》的规定，第一审行政判决书解决的是当事人之间争议的实体性问题，即被诉的行政行为是否合法。如果是解决案件审理中的某些程序问题，不能使用行政判决书，只能使用行政裁定书。（2）符合格式要求。最高人民法院行政文书样式，对第一审行政判决书的制作规定了详细、具体的文书格式，文书制作者应当严格按照文书格式要求制作文书。

第一审行政判决书的作用主要体现在以下几个方面：（1）是对国家行政机关的行政行为是否合法作出的公正评判。（2）是确定当事人之间的行政权利义务关系，纠正行政违法行为，调整行政法律关系的工具。（3）是监督行政机关依法行政，维护当事人合法权益的载体。

根据最高人民法院行政文书样式的规定，第一审行政判决书包括请求撤销、变更行政行为类，请求履行法定职责类，请求给付类，请求确认违法或无效类，复议机关作为共同被告类，行政裁决类，一并审理民事案件类，行政协议类，以及行政赔偿类几类文书。鉴于文书在写作方法和要求上大同小异，只是因为案件类型不同，在事实、理由、法律依据、判决结果的叙写上略有差异，因此，本章主要以请求撤销、变更行政行为类第一审行政判决书为例，提纲挈领地对第一审行政判决书予以介绍。

（二）内容和写法

第一审行政判决书由首部、正文和尾部组成。

1. 首部。首部包括标题、案号、当事人的基本情况、诉讼代理人的身份事项，以及案由、审判组织、审判方式和开庭审理经过。

（1）标题。应当分两行书写"××××人民法院""行政判决书"。

（2）案号。由立案年度、法院简称、案件性质、审判程序和案件顺序号组成，写为"（年度）×行初×号"。

（3）当事人的基本情况。应当写明原告、被告的基本情况。

延伸阅读

第一审行政判决书实例及评析

叙写原告基本情况时需要注意以下几点：一是当事人是自然人的，应当写明姓名、性别、出生年月日、民族、工作单位和职务或者职业、住所；二是当事人是法人或者其他组织的，应当写明名称、住所，并另起一行写明法定代表人或者主要负责人的姓名、职务；三是如果有第三人的，应当写明第三人的基本情况。

叙写被告基本情况时需要注意，在行政诉讼中，被诉的主体只能是行政机关或法律、法规授权的组织。因此，在被告基本情况中，应当写明被告行政机关或授权组织的名称、所在地址、法定代表人的姓名和职务。

（4）诉讼代理人的身份事项。当事人是无民事行为能力人或者限制民事行为能力人的，应当写明法定代理人或者指定代理人的姓名、住所，并在姓名后括注其与当事人的关系。当事人及其法定代理人委托诉讼代理人的，应当写明委托诉讼代理人的诉讼地位、姓名。

（5）案由、审判组织、审判方式和开庭审理经过。根据最高人民法院行政文书样式的要求，这一部分应当表述为：

"原告×××不服被告×××（行政主体名称）……（写明行政行为），于××××年××月××日向本院提起行政诉讼。本院于××××年××月××日立案后，于××××年××月××日向被告送达了起诉状副本及应诉通知书。本院依法组成合议庭，于××××年××月××日公开（或不公开）开庭审理了本案。……（写明到庭参加庭审活动的当事人、行政机关负责人、诉讼代理人、证人、鉴定人、勘验人和翻译人员等）到庭参加诉讼。……（写明发生的其他重要程序活动，如被批准延长本案审理期限等情况）。本案现已审理终结。"

叙写这部分内容，需要注意以下几点：

第一，有第三人参加诉讼的，可以写为"因×××与本案被诉行政行为（或与案件处理）有利害关系，本院依法通知其为第三人参加诉讼"。公民、法人或者其他组织申请作为第三人参加诉讼的，应写为"因×××与本案被诉行政行为有利害关系，经×××申请，本院依法准许其为第三人参加诉讼"。

第二，如果当事人经合法传唤无正当理由未到庭，应当写明"原/被告×××经本院合法传唤，无正当理由拒不到庭"。

第三，进行证据交换或召开庭前会议的，应写明"本院于××××年××月××日组织原、被告及第三人进行了证据交换（或召开庭前会议），并送达了证据清单副本"。

第四，如果有被批准延长审理期限的情况，应当写明批准延长审理期限批复的文号。

第五，涉及不公开开庭审理的，应当写明不公开的理由。

2. 正文。正文是文书的核心内容，应当写明事实、理由、裁判依据和判决主文。

（1）事实。事实部分主要由行政行为的叙述部分，当事人诉辩意见部分，当事人举证、质证和法庭认证部分，以及法庭"经审理查明"部分组成。这些不同的部分既可以互相独立、自成段落，也可以根据案情和证据、事实和当事人争议的具体内容，互相融合，无需使用固定的相互独立的样式。特别需要注意的是，要灵活区分当事人有争议的事实和无争议的事实。事实问题是当事人争议焦点的，可采取灵活方式处理，如留待"本院认为"部分再予认定。

叙写事实部分，应当注意以下几个问题：

第一，行政行为的叙述部分。行政行为的叙述部分应当注意详略得当。一般应当写明行政行为认定的主要事实、定性依据以及处理结果等核心内容，通过简洁的表述说明案件的诉讼标的；行政行为内容较为简单的，也可以全文引用。行政行为理由表述有歧义，被告在答辩中已经予以明确的，以被告明确后的理由为准。

第二，当事人诉辩意见部分。当事人诉辩意见部分的内容与当事人提供的证据相关联。当事人诉辩意见与当事人提供证据的撰写应当注意逻辑关系，因案而定。当事人的诉辩意见部分，既要尊重当事人原意，也要注意归纳总结；既要避免照抄起诉状、答辩状或者第三人的陈述，又不宜删减当事人的理由要点。对于原告、被告以及第三人诉讼请求的记载，应当准确、完整。证据部分内容的撰写应当注意以下几个方面的问题：

一是一般情况下，写明当事人的诉辩意见后，即可写明其提供的相关证据。如果当事人提供的证据有较强的关联性，合并叙述更有利于综合反映案件证据情况的，也可酌情将当事人的证据合并叙述。总之，对证据的列举方式应当结合案情选择，既可以逐一列举，写明证据的名称、内容以及证明目的；也可以综合分类列举，并归纳证明目的。当事人提供的证据浩繁的，也可以概括说明。

二是对于当事人超过法定举证期限提供的证据，人民法院予以采纳的，应当列明于判决书并说明理由。当事人在法定期限内未提交证据的，也应当予以说明。

三是对法院根据原告、第三人的申请调取的证据，可以作为原告、第三人提交的证据予以载明；对法院依职权调取的证据，则应当单独予以说明。对于当事人在诉讼中申请调取证据但法院决定不予调取的，应当在判决书中予以记载。

四是申请调取的证据较多、难以一一列举的，也可以概括说明。

五是根据原告（或者第三人、被告）的申请，委托鉴定部门进行鉴定的，需写明鉴定部门、鉴定事项、鉴定意见以及当事人的意见。

第三，当事人举证、质证和法庭认证部分。这部分内容的叙写，需要注意以下几点：

一是"经庭审质证"和"认证如下"部分，应当注意因案而异、繁简得当。既可以"一证一质一认"，也可以按不同分类综合举证、质证和认证。

二是对于当事人无争议的证据或者与案件明显无关联的证据，可以通过归纳概括等方式，简要写明当事人的质证意见；对于证据浩繁的案件，可以归纳概括当事人的主要质证意见。

三是法院对证据的认证意见应当明确，对于当事人有争议的证据，特别是对行政行为的合法性有影响的证据，应当写明采纳或者不予采纳的理由。

四是案件的争议主要集中在事实问题的，也可将对证据的具体质证、认证意见与案件的争议焦点结合起来，置于"本院认为"部分论述。

第四，法庭"经审理查明"部分。这部分内容在叙写时，需要注意以下几点：

一是生效裁判文书确认的事实一般具有法定的证明力，因此事实部分应当准确、清晰。认定的事实应当是法官基于全案的证据能够形成内心确信的事实；通过推定确认事实必须要有依据，符合证据法则。

二是对事实的叙述可以根据具体案情采用时间顺序，也可以灵活采用其他叙述方式，以能够逻辑清晰地反映案件情况为原则。

三是避免事无巨细地罗列或者简单地记流水账，应当结合案件的争议焦点等，做到繁简适当。与案件裁判结果无关的事实，可以不认定。

四是可以根据具体案情以及争议焦点，采取灵活多样的方式记载案件事实。例如，必要时可以摘抄证据内容；对于内容繁杂的，可以在事实部分采用指引证据目录或证据名称等方式予以说明。

五是要通过组织当事人庭前交换证据或召开庭前会议等方式，及时确定当事人无争议的案件事实，发现当事人有争议的事实和法律适用等。

《民诉法解释》第 225 条规定，根据案件具体情况，庭前会议可以包括下列内容：明确原告的诉讼请求和被告的答辩意见；审查处理当事人增加、变更诉讼请求的申请和提出的反诉，以及第三人提出的与本案有关的诉讼请求；根据当事人的申请决定调查收集证据，委托鉴定，要求当事人提供证据，进行勘验，进行证据保全；组织交换证据；归纳争议焦点；进行调解。

如果庭审前经过证据交换或庭前会议，或者在庭审辩论时，当事人对合议庭归纳的无争议事实均认可的，事实部分则可以分为两个层次叙写：第一个层次写"对以下事实，各方当事人均无异议，本院依法予以确认"；第二个层次写"本院另认定以下事实"，主要写当事人可能有异议但法院依法认定的案件事实。

第五，表述案件事实，应注意保守国家秘密，保护当事人的商业秘密和个人隐私。

（2）理由。判决书应当在查明事实的基础上，阐述判决的理由，为判决结果的确定奠定基础。因此，理由部分要根据查明的事实、法学理论和有关法律、法规，就行政主体所作的行政行为是否合法、原告的诉讼请求是否成立等进行分析论证，阐明判决的理由。理由部分的叙写，需要注意以下几个问题：

第一，理由部分内容的阐述，由"本院认为"引出。这部分内容的阐述应当注意主次分明、重点突出、详略得当。对于争议焦点，应当详细论述；对于无争议的部分，可以简写。

第二，阐述理由时，应当注意加强对法律规定以及相关法理的阐释，除非法律规定十分明确，一般应当避免援引规定后直接给出结论的简单论述方式。

第三，原告请求对行政行为所依据的规范性文件一并进行合法性审查的，在对规范性文件进行审查后，应依照《行政诉讼法》及其司法解释的规定，对规范性文件的合法性以及能否作为认定被诉行政行为合法的依据予以阐明。

（3）裁判依据。根据案件的不同需要，在援引法律依据时，需要注意以下几个问题：

第一，既可以写明整个条文的内容，也可以摘抄与案件相关的内容。

第二，条文内容较多的，也可以只援引法律条款，将其具体内容附在判决书的附录部分，兼顾表述的准确性和文书的可读性。

第三，对于在理由部分已经论述过的实体法律规范，在"判决如下"前可以不再重复援引。

第四，直接作为判决结果依据的法律规范，一般应当按照先《行政诉讼法》后司法解释的次序排列，并写明具体规定的条、款、项。

（4）判决主文。判决主文，亦称判决结果，是指人民法院对当事人之间的行政争议作出的实体处理结论。判决结果部分的叙写，应当明确、具体、完整。根据我国《行政诉讼法》的规定，判决结果的写法主要分以下几种情形：

第一，驳回原告诉讼请求的，写为：

"驳回原告×××的诉讼请求。"

第二，撤销被诉行政行为的，写为：

"一、撤销被告×××（行政主体名称）作出的（××××）……字第×××号……（行政行为名称）；

二、责令被告×××（行政主体名称）在××日内重新作出行政行为（不需要重作的，此项不写；不宜限定期限的，期限不写）。"

第三，部分撤销被诉行政行为的，写为：

"一、撤销被告×××（行政主体名称）作出的（××××）……字第××号……（行政行为名称）的第××项，即……（写明撤销的具体内容）；

二、责令被告×××（行政主体名称）在××日内重新作出行政行为（不需要重作的，此项不写；不宜限定期限的，期限不写）；

三、驳回原告×××的其他诉讼请求。"

第四，根据《行政诉讼法》第77条的规定，判决变更行政行为的，写为：

"变更被告×××（行政主体名称）作出的（××××）……字第××号……（写明行政行为内容或者具体项），改为……（写明变更内容）。"

3. 尾部。尾部应依次写明诉讼费用的负担，上诉的权利、方法、期限和上诉审法院，合议庭成员署名,以及判决日期、书记员署名、附录等内容。

(1)诉讼费用的负担。对于案件受理费,写明"案件受理费……元"。单方负担案件受理费的,写明"由×××负担";分别负担案件受理费的,写明"由×××负担……元,×××负担……元"。

(2)上诉权利。应当写明:"如不服本判决,可以在判决书送达之日起十五日内向本院递交上诉状,并按对方当事人的人数提出副本,上诉于×××人民法院。"

(3)署名和日期。包括合议庭署名、日期、书记员署名、院印。审理行政案件,一律实行合议制,不存在独任审判员署名问题。合议庭的审判长,不论审判职务如何,均署名为"审判长×××";合议庭成员有审判员的,署名为"审判员×××";有助理审判员的,署名为"代理审判员×××";有陪审员的,署名为"人民陪审员×××"。书记员署名为"书记员"。合议庭按照审判长、审判员、代理审判员、人民陪审员的顺序分行署名。日期为作出判决的日期,即判决书的签发日期。

(4)附录。根据案件的不同需要,可将判决书中的有关内容载入附录部分。例如,将判决书中提到的法律规范条文附上,以供当事人全面了解有关法律规定的内容。一般应当按照先实体法律规范后程序法律规范,先上位法律规范后下位法律规范,先法律后司法解释等次序排列,并以"1.""2.""3.""4."等序号列明。另外,群体诉讼案件中原告名单及其身份情况、知识产权案件中的图案等均可以列入此部分。

(三)制作时应注意的问题

制作第一审行政判决书,需要注意以下两个问题:

1. 第一审行政判决书的制作主体是第一审人民法院。根据我国《行政诉讼法》的规定,基层人民法院管辖第一审行政案件。中级人民法院管辖下列第一审行政案件:对国务院部门或者县级以上地方人民政府所作的行政行为提起诉讼的案件;海关处理的案件;本辖区内重大、复杂的案件;其他法律规定由中级人民法院管辖的案件。高级人民法院管辖本辖区内重大、复杂的第一审行政案件。最高人民法院管辖全国范围内重大、复杂的第一审行政案件。各级人民法院适用第一审程序审理行政案件,依法作出裁决,都需要制作第一审行政判决书。

2. 人民法院审理行政案件实行合议制。合议制是合议原则的具体体现,合议原则是人民法院在行政审判工作中实行民主集中制原则的具体体现。由于行政案件案情一般都比较复杂,审理难度大,法律规定行政案件不适用独任制,需要组成合议庭进行审判。采用合议制审判行政案件,可以依靠集体的智慧,集思广益,保证办案质量。因此,人民法院审判行政案件的组织形式只有合议制一种,第一审行政判决书的署名应当是合议庭组成人员。

二、第二审行政判决书

(一)概述

第二审行政判决书,是指第二审人民法院在收到当事人不服一审判决提起上诉的行政案件后,按照第二审程序审理终结,就案件的实体问题依法作出维持原判或者改判的决定时,制作和使用的法律文书。

我国《行政诉讼法》第85条规定,当事人不服人民法院第一审判决的,有权在判决书送达之日起15日内向上一级人民法院提起上诉。当事人不服人民法院第一审裁定的,有权在裁定书送达之日起 10 日内向上一级人民法院提起上诉。逾期不提起上诉的，人民法院的第一审判决或者裁定发生法律效力。第 87 条规定，人民法院审理上诉案件，应当对原审人民法院的判决、裁定和被诉行政行为进行全面审查。

第二审行政判决书的作用主要体现在以下几个方面：（1）有利于纠正第一审行政判决书中的错误；（2）有利于维护当事人的合法权益；（3）有利于上级人民法院对下级人民法院的行政审判工作进行监督。

（二）内容和写法

第二审行政判决书由首部、正文和尾部组成。

1. 首部。首部包括标题、案号、当事人的基本情况、诉讼代理人的身份事项，以及案由、审判组织、审判方式和开庭审理经过。

（1）标题。应当分两行写为"××××人民法院""行政判决书"。

（2）案号。由立案年度、法院简称、案件性质、审判程序和案件顺序号组成，写为"（年度）×行终×号"。

（3）当事人的基本情况。应当写明上诉人、被上诉人的基本情况及原审地位。叙写这部分内容需要注意以下几点：

第一，原告、被告和第三人都提出上诉的，可并列为"上诉人"。

第二，当事人中一人或者部分人提出上诉，上诉后是可分之诉的，未上诉的当事人在法律文书中可以不列；上诉后仍是不可分之诉的，未上诉的当事人可以被列为被上诉人。

第三，上诉案件当事人的代表人、诉讼代理人等，分别在该当事人项下另起一行列项书写。

（4）诉讼代理人的身份事项。具体写作要求与第一审行政判决书相同。

（5）案由、审判组织、审判方式和开庭审理经过。我国《行政诉讼法》第 86 条规定，人民法院对上诉案件，应当组成合议庭，开庭审理。经过阅卷、调查和询问当事人，对没有提出新的事实、证据或者理由，合议庭认为不需要开庭审理的，也可以不开庭审理。根据上述法律规定，第二审法院审理行政案件以开庭审理为原则，以不开庭审理为例外。因此，其案由、审判组织、审判方式和开庭审理经过的叙写与第一审行政判决书存在差异，写为：

"上诉人×××因……（写明案由）一案，不服××××人民法院（××××）×行初××号行政判决，向本院提起上诉。本院依法组成合议庭，公开（或不公开）开庭审理了本案。……（写明到庭的当事人、诉讼代理人等）到庭参加诉讼。本案现已审理终结。"（未开庭的，写"本院依法组成合议庭，对本案进行了审理，现已审理终结。"）

2. 正文。正文部分是文书的核心内容，主要包括事实、理由和判决结果。

（1）事实。第二审行政判决书的事实由两部分内容组成，即双方当事人争议的事实和人民法院经审查认定的事实。

第一，双方当事人争议的事实。应当概括写明原审认定的事实、理由和判决结果，简述上诉人的上诉请求及其主要理由、被上诉人答辩的主要内容以及原审第三人的陈述意见。叙写这部分内容需要注意的是，语言应当概括、简练，抓住争执焦点，防止照抄原判决书、上诉状和答辩状的内容，但又要不失原意。

如果当事人在二审期间又提出新证据，应当写明二审是否采纳以及质证的情况，并说明理由。如果没有提出新证据，则不用叙写。

第二，人民法院经审查认定的事实。这部分内容的叙写，应当由"经审理查明"引出，写明二审认定的事实和证据。一般情况下，如果二审认定事实与一审一致的，可写为"本院经审理查明的事实与一审判决认定的事实一致，本院予以确认"。如果与一审认定的主要事实基本一致，但对个别事实作出新的认定的，可写为"本院经审理查明的事实与一审判决认定的事实基本一致。但一审认定的……事实不当，应认定为……"。如果二审认定的事实是一审未认定的，可写为"本院另查明：……"。叙写这部分内容需要注意以下几点：

一是如果原审判决事实认定清楚，上诉人亦无异议，只需简要地确认原判认定的事实即可。

二是如果原审判决事实认定清楚，但上诉人提出异议的，则应当对有异议的问题进行重点论述，表明是否确认。

三是如果原审判决认定事实不清、证据不足，经二审查明事实后改判的，则应具体叙述查明的事实和有关证据，予以澄清。

（2）理由。理由是判决书的核心内容，这部分内容的叙写，应当由"本院认为"引出，写明法院作出判决的理由和判决依据的法律条款。

第一，法院作出判决的理由。对这部分内容的阐述，要有针对性和说服力，要注重事理分析和法理分析，兼顾全面审查和重点突出。针对上诉请求和理由，应重点围绕争议焦点，就原审判决及被诉行政行为是否合法、上诉理由是否成立、上诉请求是否应予支持等，阐明维持原判或者撤销原判予以改判的理由。

第二，判决依据的法律条款。引用法律条文应当明确、具体，具有针对性。除引用程序法的条款外，还需要引用实体法的条款作为法律依据。

（3）判决结果。我国《行政诉讼法》第89条规定："人民法院审理上诉案件，按照下列情形，分别处理：（一）原判决、裁定认定事实清楚，适用法律、法规正确的，判决或者裁定驳回上诉，维持原判决、裁定；（二）原判决、裁定认定事实错误或者适用法律、法规错误的，依法改判、撤销或者变更；（三）原判决认定基本事实不清、证据不足的，发回原审人民法院重审，或者查清事实后改判；（四）原判决遗漏当事人或者违法缺席判决等严重违反法定程序的，裁定撤销原判决，发回原审人民法院重审。原审人民法院对发回重审的案件作出判决后，当事人提起上诉的，第二审人民法院不得再次发回重审。人民法院审理上诉案件，需要改变原审判决的，应当同时对被诉行政行为作出判决。"

根据上述法律规定，第二审人民法院作出的判决，判决结果主要分为以下几种情形：

第一，维持原审判决的，写为：

"驳回上诉，维持原判。"

第二，对原审判决部分维持、部分撤销的，写为：

"一、维持××××人民法院（××××）×行初××号行政判决第×项，即……（写明维持的具体内容）；

二、撤销××××人民法院（××××）×行初××号行政判决第×项，即……（写明撤销的具体内容）；

三、……（写明对撤销部分作出的改判内容。如无需作出改判的，此项不写）。"

第三，撤销原审判决，驳回原审原告的诉讼请求的，写为：

"一、撤销××××人民法院（××××）×行初××号行政判决；

二、驳回×××（当事人姓名）的诉讼请求。"

第四，撤销原审判决，同时撤销或变更行政机关的行政行为的，写为：

"一、撤销××××人民法院（××××）×行初××号行政判决；

二、撤销（或变更）××××（行政主体名称）××××年××月××日（××××）×××字第××号……（写明具体行政行为或者复议决定名称或其他行政行为）；

三、……（写明二审法院改判结果的内容。如无需作出改判的，此项不写）。"

3. 尾部。尾部应依次写明诉讼费用的负担、判决书的效力、合议庭成员署名、判决日期、书记员署名、附录等内容。

（1）诉讼费用的负担。关于二审诉讼费用的负担，要区别情况作出决定。对驳回上诉、维持原判的案件，二审诉讼费用由上诉人承担；双方当事人都提出上诉的，由双方分担。对撤销原判、依法改判的案件，应同时对一、二审的各项诉讼费用由谁负担，或者共同分担的问题作出决定，相应地变更一审法院对诉讼费用负担的决定。

（2）判决书的效力。应当写明"**本判决为终审判决**"。

（3）署名和日期。包括合议庭署名、判决日期、书记员署名、院印。合议庭的审判长，不论审判职务如何，均署名为"审判长×××"；合议庭成员有审判员的，署名为"审判员×××"。书记员署名为"书记员×××"。合议庭按照审判长、审判员的顺序分行署名。日期为作出判决的日期，即判决书的签发日期。

（4）附录。根据案件的不同需要，可将判决书中的有关内容载入附录部分。

（三）制作时应注意的问题

制作第二审行政判决书，需要注意以下两个问题：

1. 第二审行政判决书与第一审行政判决书的区别主要体现在以下两个方面：一是适用的法律程序不同。第一审行政判决书适用于第一审程序；第二审行政判决书适用于第二审程序。二是针对的对象不同。第一审行政判决书针对被诉具体行政行为是否合法进行审查裁决；第二审行政判决书针对第一审判决的内容是否合法进行全面审查裁决。

2. 根据我国《行政诉讼法》的规定，人民法院审理上诉案件，应当在收到上诉状之日起3个月内作出终审判决。有特殊情况需要延长的，由高级人民法院批准；高级人民法院审理上诉案件需要延长的，由最高人民法院批准。

【思考题】

1. 根据以下材料制作一份第一审民事判决书。

2022年10月8日，××省××县人民法院适用普通程序，公开开庭审理了杨华诉叶信民间借贷纠纷一案，杨华及其委托代理人伊文到庭参加诉讼，叶信经法院依法公告传唤无正当理由拒不到庭参加诉讼。案件由审判员黎明，人民陪审员王亮、张平组成合议庭，黎明担任审判长，张晓田担任书记员，案件现已审理终结。案件的判决结果如下：

一、叶信应于本判决生效后10日内偿还杨华借款4万元及利息（利息按月利率1.5%计算，自2021年5月9日起计至被告实际还款之日止）。

二、如果未按本判决指定的期限履行给付金钱义务，应当依照《中华人民共和国民事诉讼法》第 264 条之规定，加倍支付迟延履行期间的债务利息。

2022 年 10 月 9 日，××县人民法院制作了第一审民事判决书，判决书的案号是：(2022) ×民初 53 号。

经法院审理查明，具体案情如下：2021 年 5 月 9 日，叶信向杨华借款 4 万元，该款项通过银行转账的方式支付。同日，叶信出具了借条，主要内容为：今借杨华人民币 4 万元整，此据，利息每月 600 元整。叶信借款后未支付利息及归还本金。杨华曾多次要求叶信归还借款，但叶信至今仍拒不偿还本息，双方发生纠纷。为此，2022 年 4 月 13 日，杨华向××县人民法院提起诉讼，××县人民法院于当日受理了案件。

杨华诉称，2021 年 5 月 9 日，叶信因个体经营资金无法周转，遂经刘凤介绍联系到杨华，向杨华借款 4 万元。2021 年 5 月 9 日，杨华通过银行转账的方式将出借款 4 万元汇入叶信指定的账户。同日，叶信向杨华出具借条，双方约定利息每月 600 元。此后，叶信未支付利息，亦未偿还借款。杨华多次催讨，但叶信拒绝还款。为了维护自己的合法权益，杨华请求法院判令叶信归还借款 4 万元及利息（利息按月利率 1.5% 计算，自 2021 年 5 月 9 日起计至借款还清之日止）。为证明自己的诉讼主张，杨华向法院提交了证据借条以及汇款收据各 1 份，以证实叶信向自己借款 4 万元的事实。叶信未作答辩。

××县人民法院认为，叶信经依法传唤未到庭，又未书面提出异议并提交证据，视为自愿放弃诉讼权利。杨华提交的证据来源合法、客观真实，本院予以采信。合法的借贷关系受法律保护。叶信向杨华借款 4 万元的事实清楚，证据确实充分，本院予以确认。叶信经依法传唤拒不到庭参加诉讼，视为自愿放弃诉讼权利，应依法偿还借款 4 万元及利息。依据双方的约定，每月利息 600 元折合月利率 1.5%，符合法律规定，本院予以支持。综上，依照《中华人民共和国民法典》第 675 条、第 674 条，《最高人民法院关于审理民间借贷案件适用法律若干问题的规定》第 25 条第 1 款，《中华人民共和国民事诉讼法》第 67 条、第 147 条之规定作出判决。案件受理费 968 元，由叶信负担。

当事人及委托代理人的基本情况：杨华，女，1963 年 12 月 16 日出生，汉族，居民，住××县。委托代理人伊文，××县××律师事务所律师。叶信，女，1966 年 8 月 18 日出生，汉族，农民，住××县。

附：本案所适用的法律条文

(1)《中华人民共和国民法典》第 675 条规定：借款人应当按照约定的期限返还借款。对借款期限没有约定或者约定不明确的，依据本法第 510 条的规定仍不能确定的，借款人可以随时返还；贷款人可以催告借款人在合理期限内返还。

(2)《中华人民共和国民法典》第 674 条规定：借款人应当按照约定的期限支付利息。对支付利息的期限没有约定或者约定不明确，依据本法第 510 条的规定仍不能确定，借款期间不满 1 年的，应当在返还借款时一并支付；借款期间 1 年以上的，应当在每届满 1 年时支付，剩余期间不满 1 年的，应当在返还借款时一并支付。

(3)《最高人民法院关于审理民间借贷案件适用法律若干问题的规定》第 25 条第 1 款规定：出借人请求借款人按照合同约定利率支付利息的，人民法院应予支持，但是双方约定的利率超过合同成立时 1 年期贷款市场报价利率 4 倍的除外。

（4）《中华人民共和国民事诉讼法》第 67 条规定：当事人对自己提出的主张，有责任提供证据。当事人及其诉讼代理人因客观原因不能自行收集的证据，或者人民法院认为审理案件需要的证据，人民法院应当调查收集。人民法院应当按照法定程序，全面地、客观地审查核实证据。

（5）《中华人民共和国民事诉讼法》第 147 条规定：被告经传票传唤，无正当理由拒不到庭的，或者未经法庭许可中途退庭的，可以缺席判决。

2. 指出下面第一审民事裁定书的错误。

××省××市××区人民法院民事裁定书

×民初（2022）163 号

原告胡德华与被告张燕房屋买卖合同纠纷一案，本院于 2022 年 1 月 10 日立案。因原、被告双方已达成和解，被告张燕已经履行完义务，原告胡德华于 2022 年 3 月 6 日向本院提出撤诉申请。

被告：张燕，1970 年 10 月 17 日出生，汉族，女，住××省××市××区。

原告：胡德华，1968 年 8 月 5 日出生，汉族，男，住××省××市××区。

本院认为，原告胡德华的申请是其真实意思表示，内容符合法律规定，依法应予准许。依照《中华人民共和国民事诉讼法》第一百四十八条第一款的规定，裁定如下：准许原告胡德华撤回起诉。案件受理费 700 元，减半收取为 350 元，由原告胡德华负担。

审判长王洪，人民陪审员张亮、吴静，书记员王晓玲，二〇二〇年三月六日。

第五章　人民法院刑事裁判文书

【本章导读】

　　人民法院是国家审判机关，依法独立行使国家审判权。人民法院裁判文书作为行使审判权的最终书面载体，其制作必须严肃规范。其中，刑事裁判文书是人民法院在刑事案件审理过程中，根据案件的事实、证据和我国《刑法》《刑事诉讼法》等相关法律规范的规定，就案件的实体和程序问题制作的具有法律效力的书面处理决定。其对于刑事司法的顺利运行和质量保障，对于当事人和普通大众的法治教育，乃至对于法治的良好实施，都发挥着积极的功能。刑事裁判文书的种类包括刑事判决书、刑事裁定书和刑事调解书，依据其共同的一般功能和各自的具体功能，各类刑事裁判文书在写作格式、内容和方法上有同有异，在写作时应当注意把握和区分。

【本章知识结构图】

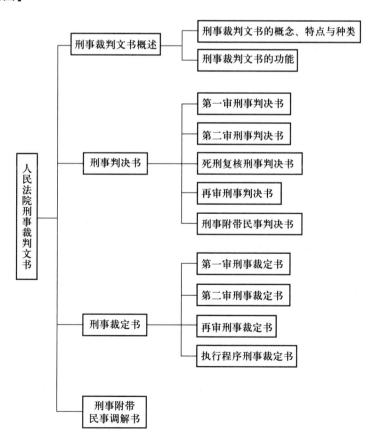

第一节　刑事裁判文书概述

一、刑事裁判文书的概念、特点和种类

（一）刑事裁判文书的概念和特点

刑事裁判文书是人民法院在刑事案件审理过程中，根据案件的事实、证据和我国《刑法》《刑事诉讼法》《最高人民法院关于适用〈中华人民共和国刑事诉讼法〉的解释》（以下简称《刑诉解释》）等相关法律规范的规定，就案件的实体和程序问题制作的具有法律效力的书面处理决定。它是人民法院刑事司法文书①中十分重要的一类。上述定义反映出刑事裁判文书的如下特点：

1. 刑事裁判文书由代表国家依法行使审判权的人民法院制作，其他单位和个人均无权制作刑事裁判文书。除制作机关具有特定性之外，制作主体也具有特定性：刑事裁判文书的作者是人民法院具有审判资格的审判员或助理审判员，其他没有相应资格的人不能制作刑事裁判文书。

2. 刑事裁判文书是在人民法院审理刑事案件的过程中，或者说在刑事诉讼（包括公诉、自诉和刑事附带民事诉讼）阶段或刑事裁判执行程序中制作的。

3. 刑事裁判文书必须依据我国《刑法》《刑事诉讼法》等法律规范（包括全国人大常委会的刑事立法解释和最高人民法院的刑事司法解释等）制作，不得出现于法无据或有悖于法律的刑事裁判文书。

4. 刑事裁判文书包括事实认定、证据采信、释法说理、法律（包括实体法和程序法）适用和裁判结果等方面的内容，是人民法院刑事裁判思路的集中体现。优秀的刑事裁判文书应当做到认定事实清楚、定案证据确实充分、释法说理透彻、法律适用准确、裁判结果公正。此外，还应当做到结构科学、详略得当、语言规范、遣词严谨。

5. 刑事裁判文书在作成后，满足法定条件（如一审结束后在法定上诉期限内不上诉或不抗诉、二审结束等）即发生法律效力，包括控辩双方在内的任何单位和个人都应当认可、执行或予以协助执行，不得随意更改或故意违抗，否则将承担相应法律后果（例如，当事人有能力执行而拒不执行发生法律效力的刑事裁判文书，情节严重的，根据我国《刑法》第313条拒不执行判决、裁定罪的规定，应当承担刑事责任）。

（二）刑事裁判文书的种类

刑事裁判文书包括刑事判决书、刑事裁定书和刑事调解书。其中，刑事判决书是人民法院审理刑事案件或刑事附带民事案件后，依法对案件实体问题作出处理决定的法律文书。根据不同的标准，对刑事判决书可以作出以下不同的分类：（1）按照被告人最终是否被定罪，刑事判决书可分为刑事有罪判决书和刑事无罪判决书。其中，刑事有罪判决书按照对被告人是否科处刑罚又可分为科刑判决书和免刑判决书。（2）按照被告人的性质，刑事判决书可分

---

① 刑事司法文书除刑事裁判文书之外，还包括刑事案件审理报告、人民法院布告等文书形式。本书的讲解重心放在刑事裁判文书上。

为对自然人犯罪作出的刑事判决书与对单位犯罪作出的刑事判决书。（3）按照在刑事审判中是否附带民事审判，刑事判决书可分为一般刑事判决书和刑事附带民事判决书。（4）按照所在的刑事诉讼程序阶段，刑事判决书可分为第一审刑事判决书、第二审刑事判决书、死刑复核刑事判决书、再审刑事判决书。在下一节"刑事判决书"中，本书将主要按照第四种分类方式，同时兼顾其他三种分类方式，介绍刑事判决书的写作方法。

刑事裁定书是人民法院审理刑事案件或刑事附带民事案件时，就相关程序问题和部分实体问题依法作出处理决定的法律文书。① 按照所处的刑事诉讼程序阶段，刑事裁定书可分为第一审刑事裁定书、第二审刑事裁定书、死刑复核刑事裁定书、再审刑事裁定书和执行程序刑事裁定书。

刑事调解书是人民法院审理刑事自诉案件或刑事附带民事案件时，就刑事自诉案件全部实体问题和刑事附带民事案件的民事部分，对各方经自愿协商达成的书面协议依法予以确认的法律文书。按照所处的刑事诉讼程序阶段，可将刑事调解书分为第一审刑事调解书和第二审刑事调解书。本书将有选择性地讲解其中最常见或最具代表性的刑事裁定书和刑事调解书的写作方法。

二、刑事裁判文书的功能

刑事裁判文书通过将动态的刑事司法过程转化为静态的书面文字，对于刑事司法的顺利运行和质量保障、对于当事人和普通大众的法治教育，乃至对于法治的良好实施等都发挥着重要功能。详言之：

（一）保证刑事法律得到具体实施

人民法院通过依法进行刑事审判活动和撰写刑事裁判文书，贯彻实施国家刑事法律（包括实体法与程序法），惩治犯罪，制裁违法，维护国家安全、公共安全、市场经济秩序、公民人身权利和财产权利、社会管理秩序、国防利益等社会主义重要法益，以显示刑事法律的权威性、公正性与严肃性，显示人民法院公正司法、文明司法的精神形象。

（二）保证刑事审判活动顺利进行

人民法院审理刑事诉讼案件，必须依法调整自身内部、自身与其他诉讼参与人之间以及其他诉讼参与人之间的关系，以保证整个刑事诉讼活动有条不紊地开展，最终达到准确打击犯罪、不枉不纵的目的。人民法院的刑事诉讼活动就是通过不同刑事裁判文书对不同诉讼阶段或不同性质/种类问题的判断处理而展开和终结的。

（三）是评估办案质量的重要依据

刑事裁判文书是对刑事案件审理过程和结果的真实记录，也是对刑事案件审理过程和结果质量的呈现。虽然随着时间的推移，形式诉讼活动必然终结，但刑事裁判文书"凝固"了

---

① 刑事裁定书的名目种类繁多，包括驳回自诉、准许撤诉或按撤诉处理、二审维持原判、二审发回重审、二审维持/撤销/变更一审裁定、准许撤回上诉/抗诉、核准或不核准法定刑以下判处刑罚、最高人民法院核准死刑、高级人民法院核准死刑、核准死刑缓期二年执行、死缓期间故意犯罪核准执行死刑、复核死刑发回重审、死刑缓期二年执行减刑、按一审程序再审维持原判、按二审程序再审维持原判、再审后的上诉/抗诉案件二审维持原判、减刑、假释、核准或不予核准有特殊情况的假释、维持或撤销减刑/假释、撤销缓刑、减免罚金、中止审理、终止审理、恢复审理、将冻结的存款/汇款上缴国库或发还被害人、补正裁判文书失误等。

诉讼中的每一个步骤。案件审理程序是否合法、认定事实是否清楚、证据是否确实充分、适用法律是否正确、刑罚裁量与刑罚执行是否适当等，都可通过刑事裁判文书反映出来。这对于总结刑事审判得失、纠正刑事审判差错具有重要意义。刑事裁判文书是衡量刑事案件审判之法律效果、政治效果和社会效果的重要参考。

（四）是衡量法官素养的重要尺度

法官的政治、专业和道德（包括一般道德和职业道德）素养在很大程度上决定着刑事诉讼和刑事裁判文书的质量。法官的政治思想觉悟、法律知识和技能、逻辑推理能力、对社情民意的洞察能力、职业伦理水平、文字表达水准等都能通过刑事裁判文书的合法性、合理性、科学性等方面的指标得以直观评断。一份叙事清晰、证据充分、论证透彻、处理得当的刑事裁判文书，也是公正司法、文明司法的象征。因此，全国法院系统以各种方式推广学习制作高质量刑事裁判文书的经验，并以刑事裁判文书的制作水准作为考核、提拔相关干部的尺度之一。

（五）是建立完备诉讼档案的重要保障

人民法院的所有刑事诉讼活动都必须有完备的文字记载并按规定格式装订卷宗和存档保管。刑事裁判文书作为惩治犯罪、制裁违法之过程和结果的书面反映，是推动审判工作顺利进行、实行审判监督的重要依据和必要条件，对日后的刑事法治建设和发展也具有重要参考价值。

（六）是犯罪预防和法治宣传的重要措施

人民法院审理各类刑事案件都制作刑事裁判文书，除涉及国家秘密、商业秘密和个人隐私的之外，都应当向当事人和全社会公开，这在客观上会产生犯罪预防和法治宣传的效果。对个案当事人而言，其不仅具体问题得以解决，还受到直接生动的法治教育，罪犯也会心悦诚服地接受改造；对社会大众而言，刑事裁判文书是一种良好而切实的普法形式，可让他们知道什么是合法行为、什么是违法乃至犯罪行为、犯罪的法律后果是什么，从而达到震慑危险分子、敦促人民群众遵守法律、鼓励人民群众同犯罪行为作积极斗争的良好效果；对从事法学研究的人而言，刑事裁判文书还是学习法律实务的范本。

第二节 刑事判决书

一、第一审刑事判决书

第一审刑事判决书是人民法院对人民检察院提起公诉或被害人提起自诉的刑事案件，依据我国《刑事诉讼法》规定的第一审程序审理终结后，根据已经查明的事实、证据和相关法律规定，确认被告人有罪或无罪，如果有罪则确定所犯何罪、是否科处刑罚，如果科处刑罚则确定究竟科以什么刑罚，由此作出的书面处理决定。及时、准确、合法地制作第一审刑事判决书，有助于有效打击犯罪，保障无辜者不受刑事追究，保护国家、社会利益与相关当事人合法权益，完成人民法院的刑事审判任务。本部分将围绕第一审刑事有罪判决书与第一审刑事无罪判决书，以自然人犯罪的刑事判决书为主，以单位犯罪的刑事判决书为辅进行写作指导。

（一）第一审刑事有罪判决书

第一审刑事有罪判决书是人民法院依据我国《刑事诉讼法》规定的第一审程序对刑事案件审理终结后，依法认定被告人行为已构成犯罪并科处刑罚或免除刑罚，由此作出的书面处理决定。

依据我国《刑法》第 13 条的规定，一切危害国家主权、领土完整和安全，分裂国家、颠覆人民民主专政的政权和推翻社会主义制度，破坏社会秩序和经济秩序，侵犯国有财产或者劳动群众集体所有的财产，侵犯公民私人所有的财产，侵犯公民的人身权利、民主权利和其他权利，以及其他危害社会的行为，依照法律应当受刑罚处罚的，都是犯罪。依据我国《刑事诉讼法》第 200 条第 1 项的规定，案件事实清楚，证据确实、充分，依据法律认定被告人有罪的，应当作出有罪判决。

第一审刑事有罪判决书由首部、事实—证据、理由、判决结果和尾部五个部分组成，其中，事实—证据、理由和判决结果三部分合称为判决书的正文。

1. 首部。包括法院名称、标题、案号、起诉方、被告人、辩护人、案件由来、审理经过（包括审判组织、审判方式和审判经过）等。其中：

延伸阅读

第一审刑事有罪判决书实例

（1）法院名称。法院名称须写全称，一般应与院印文字一致；基层法院应当冠以省、自治区、直辖市的名称；涉外案件中的法院还必须冠以"中华人民共和国"字样。法院名称须居中。

（2）标题。即"刑事判决书"，在法院名称下另起一行，也应当写在正中。

（3）案号。依据《关于人民法院案件案号的若干规定》及其修改决定，案号的基本要素为收案年度、法院代字、专门审判代字、类型代字、案件编号。收案年度是收案的公历自然年，用阿拉伯数字表示。法院代字是案件承办法院的简化标识，用中文汉字、阿拉伯数字表示。专门审判代字是最高人民法院确定的专门审判类别简称。类型代字是案件类型的简称，用中文汉字表示。案件编号是收案的次序号，用阿拉伯数字表示。法院代字和类型代字皆依据上述规定确定。案号各基本要素的编排规格为："（"+收案年度+"）"+法院代字+类型代字+案件编号+"号"。如，浙江省兰溪市人民法院 2023 年立案的第 416 号第一审刑事案件，写作（2023）浙 0781 刑初 416 号。

（4）起诉方。如果是公诉案件则写明公诉机关名称（即"公诉机关××人民检察院"），如果是自诉案件则写明自诉人的姓名、性别、出生年月日、民族、出生地、文化程度、职业或工作单位和职务、住址。

（5）被告人。写明被告人姓名（如有与案情相关的曾用名、别名、化名等，需在其姓名后加括号注明）、性别、出生年月日（确实查不清出生的月份与日期，也可以写年龄，但对未成年被告人必须写明出生年月日）、民族、出生地、文化程度、职业或工作单位和职务、住址，以及曾受过的刑事处罚、行政处罚等。在限制人身自由期间有法定或酌定从重处罚情节的，应写明事由和时间。此外，还应写明因本案而被采取强制措施的情况、现羁押处。如果是共同犯罪案件，按照被告人主从关系的顺序分项书写。被告人是外国人的，在其中文译名后加括号写明其外文姓名、护照号码、国籍。

（6）辩护人。如果辩护人是律师，则应写明其姓名和执业所在的律师事务所；如果辩护人是人民团体或被告人单位推荐的公民，则写明其姓名与工作单位和职务；如果辩护人是被告人的监护人或亲友，写明其姓名、职务、与被告人的关系；如果其是法院指定的，则写作"指定辩护人"。同案被告人有两个以上且各有辩护人的，应当按照"被告人A、辩护人甲、被告人B、辩护人乙……"的顺序分项列出。

（7）案件由来。写明该案是公诉还是自诉、何时起诉、起诉案由（即以什么罪名起诉）。

（8）审理经过。写明是合议庭审判还是独任审判，是否依法公开审理，公诉案件中检察院是否派员出庭支持公诉（如果派员出庭，应写明所派何人），自诉案件中自诉人及其诉讼代理人是否到庭、被害人及其法定代理人、诉讼代理人是否到庭、被告人及其法定代理人、辩护人是否到庭，证人、鉴定人、翻译人员等是否到庭。

2. 事实—证据。事实—证据是判决的基础，"用事实说话""用证据说话"的重要性不言而喻。这部分的写作包括公诉机关指控被告人的犯罪事实和证据、被告人的供述和辩解、辩护人的辩护意见、庭审查明的犯罪事实和据以定案的证据。

（1）公诉机关指控被告人的犯罪事实和证据。公诉机关指控的犯罪事实，应当按照我国《刑事诉讼法》第186条"有明确的指控犯罪事实"的规定表述；公诉机关提供的相关证据，主要以公诉机关起诉时所附证据目录、证人名单和主要证据复印件或证据照片为限。此外，还应写明公诉机关对案件适用法律的意见，包括对被告人行为的定罪、量刑和具体适用法律条款的意见。

（2）被告人的供述和辩解、辩护人的辩护意见。被告人供述如果与公诉机关的指控一致，可以简略表述为"被告人对公诉机关的指控供认不讳"；如果被告人对公诉机关的指控不予承认甚至全部否认，则应详细写明其供述、辩解内容和提出的相关证据。

对控方提供的事实证据与辩方提供的事实证据应当予以同等关注，分段论述分析，以体现诉讼民主和控辩双方诉讼地位上的对抗性和平等性。

（3）对庭审查明的犯罪事实，应当将案发时间、地点、人物、动机、目的、手段、情节、过程、结果等清晰陈述，做到逻辑通畅、重点突出（即关于构成犯罪、罪行轻重等情节应当尽可能详尽），一般按照时间先后顺序叙述。一人犯数罪的，应当按罪行主次的顺序叙述；共同犯罪的，应当以主犯的罪行为主线进行叙述。

（4）对据以定案的证据，除无需举证的外，必须经法庭公开举证、质证才能最终认定。对于证明被告人行为构成犯罪、罪重或罪轻的证据以及作为控辩双方争议焦点的证据一定要进行具体的分析和论证，达到证据确凿的程度。这也是刑事判决科学性和严肃性的要求。叙述证据时，注意保守国家秘密，保护报案人、控告人、举报人、被害人、证人等人员的安全与名誉。

3. 理由。理由是判决的灵魂，其将犯罪事实与判决结果联系在一起。这部分由"本院认为"起首，围绕案件事实—证据、应当考虑的法律精神、应当适用的法律依据，对被告人行为的法律"定性"和"定量"展开论证，为判决结果定下基调。其包含如下内容：

（1）确定构成什么罪名。针对案件事实—证据，运用犯罪构成理论，依据法律规定，对被告人的行为进行法律上的定性，即确定被告人行为构成何种犯罪。如果是一人犯数罪的，通常先定重罪，后定轻罪；如果是共同犯罪，应当依主犯、从犯的顺序确定罪名、分清罪责，以体现区别对待的政策精神。初审法院认定的罪名与指控罪名不一致的，应当有理有据地作出分析。

（2）确认量刑情节。即结合具体案情阐明犯罪事实是否存在以及从轻、减轻、免除或从重处罚的理由。

对于控辩双方在认定事实和适用法律上所持的主要论点、理由和彼此对抗的意见，尤其是被告人的辩解和辩护人的主要辩护意见，必须加以分析说明。认为真实和正确的，予以采纳；认为虚假和错误的，据理批驳，不予采纳。

（3）写明判决的法律依据。定罪量刑所依据的具体法律条文应当被准确、完整地引用，以贯彻罪刑法定原则和罪刑相适应原则。在引用时，应当先引用定罪量刑的条款，再引用从轻、减轻、免除或从重处罚的条款；如果刑罚既有主刑又有附加刑，则应当先引用主刑条款，再引用附加刑条款；需要援引其他条款的，应当先引用本条款，再引用被援引条款。此外，既引用法律规定又引用法律解释的，应当先引用法律规定再引用法律解释；既引用《刑法》又引用《刑事诉讼法》的，应当先引用《刑法》再引用《刑事诉讼法》。被引用的法律名称一律使用全称，不得简写。

4. 判决结果。包括两方面内容：一是确认被告人所犯罪行的"质"与"量"，即构成什么犯罪及罪行的轻重；二是确认对被告人适用刑罚的"质"与"量"，即刑罚种类和刑期。被告人虽然有罪但依法应当免除刑罚的，也应当写明。对于数罪并罚，按照数罪从重到轻的顺序分别定罪量刑后再确认最终应当执行的刑罚种类和刑期。对于共同犯罪，按照罪责主次、刑罚重轻的顺序逐人分项定罪量刑。此外，应当写明有无附加刑、是否适用缓刑、如何处理赃款赃物、如何解决附带民事诉讼（详见本节"刑事附带民事判决书"）等。

5. 尾部。写明自诉人和被告人的上诉权，包括上诉期限、上诉法院和书面上诉要求。如果是合议庭审判，由审判长、审判员、代理审判员、人民审判员依次署名；如果是独任审判，则由审判员或代理审判员署名。然后写明作成判决的日期（"××××年×月×日"），由书记员署名。最后加盖人民法院印章。此外，判决书副本上还应写明"本件与原本核对无异"。

（二）第一审刑事无罪判决书

第一审刑事无罪判决书是人民法院依据我国《刑事诉讼法》规定的第一审程序对刑事案件审理终结后，依法认定被告人行为不构成犯罪、不应当追究刑事责任，进而作出的书面处理决定。

依据我国《刑事诉讼法》第16条的规定，有下列情形之一的，不追究刑事责任，已经追究的，应当撤销案件，或者不起诉，或者终止审理，或者宣告无罪：（1）情节显著轻微、危害不大，不认为是犯罪的；（2）犯罪已过追诉时效期限的；（3）经特赦令免除刑罚的；（4）依照刑法告诉才处理的犯罪，没有告诉或者撤回告诉的；（5）犯罪嫌疑人、被告人死亡的；（6）其他法律规定免予追究刑事责任的。依据《刑事诉讼法》第200条第2、3项的规定，依据法律认定被告人无罪的，应当作出无罪判决；证据不足、不能认定被告人有罪的，应当作出证据不足、指控的犯罪不能成立的无罪判决。

第一审刑事无罪判决书与有罪判决书的结构一样，都由首部、事实—证据、理由、判决结果和尾部组成。其中，首部与尾部的写作与有罪判决书一样，事实—证据、理由和判决结果的不同之处在于：

事实—证据应当针对不同的情况作出不同的陈述。如果起诉书陈述的事实和证据是错误的，则需要在判决书中列出错误的事实和证据，并将查证后的事实—证据对应列出，以逐个击破。如果起诉书对法律条文和犯罪构成理解错误，即罪与非罪的划界有误，则需要在判决书中对有关罪与非罪的事实和法律解释作出着重说明和论述。如果起诉书所陈述的事实不清、证据不足，则判决书应当从证据的真实性、关联性与合法性三方面重点分析起诉书中何处事实不清、证据不足，进而认定指控的犯罪不能成立。

理由部分应当结合具体案情阐述被告人无罪的理由和法律依据。无罪的理由，一般包括被告人没有实施起诉书指控的犯罪行为，被告人虽然实施了起诉书指控的犯罪行为但该行为不具有非法性或没有触犯刑法，起诉书陈述的事实不清、证据不足，等等。对于我国《刑事诉讼法》第 200 条第 2、3 项的规定，应当根据案情予以引用，作为判决的法律依据。

无罪的判决结果，无论适用我国《刑事诉讼法》第 200 条第 2 项还是第 3 项的规定，均应当表述为"被告人×××无罪"。

（三）其他第一审刑事判决书

其他第一审刑事判决书主要包括第一审单位犯罪刑事判决书和第一审未成年人犯罪刑事判决书，即针对以单位或未成年人为被告人的案件作出的刑事判决书。

1. 第一审单位犯罪刑事判决书。写作第一审单位犯罪刑事判决书的相关法律依据为我国《刑法》第 30、31 条。这两条分别规定了单位负刑事责任的范围和对单位犯罪的处罚原则：公司、企业、事业单位、机关、团体实施了危害社会且被法律规定为单位犯罪的行为，应当负刑事责任。单位犯罪的，对单位判处罚金，并对其直接负责的主管人员和其他直接责任人员判处刑罚。刑法分则和其他法律另有规定的，依照其规定。

第一审单位犯罪刑事判决书同样由首部、事实—证据、理由、判决结果和尾部组成。较之第一审自然人犯罪刑事判决书（见本节前文所述"第一审刑事有罪判决书""第一审刑事无罪判决书"），第一审单位犯罪刑事判决书的写作特点如下：

（1）首部。诉讼参加人按照公诉机关、被告单位、诉讼代表人、被告单位辩护人、被告人（即单位犯罪中直接负责的主管人员和其他直接责任人员）、被告人辩护人的顺序分项列出。其中，被告单位的信息包括单位名称和地址，诉讼代表人的信息包括诉讼代表人的姓名、工作单位和职务。

（2）事实—证据。按照控辩双方各自提出的事实、证据和法律意见的顺序写作，并写明经法庭审理查明的被告单位犯罪事实、被告人犯罪事实（或不构成犯罪的事实）和证据。

（3）理由。依据事实和法律论证被指控的单位犯罪是否成立，被告单位和被告人的行为是否构成犯罪，构成什么犯罪，是否应当实行双罚制，以及是否存在应当从轻、减轻、免除或从重处罚的情形。

（4）判决结果。包括定罪判刑、定罪免刑和宣告无罪三种情况，各自分别按照对被告单位和被告人的处理结果分项列出。

2. 第一审未成年人犯罪刑事判决书。写作第一审未成年人犯罪刑事判决书的相关依据包括《刑法》《刑事诉讼法》《刑诉解释》等。其中，依据《刑诉解释》第 550 条的规定，被告人实施被指控犯罪时不满 18 周岁、人民法院立案时不满 20 周岁的案件，由未成年人案件审判组织审理。人民法院立案时不满 22 周岁的在校学生犯罪案件，强奸、猥亵、虐待、遗弃未成年人等侵害未成年人人身权利的犯罪案件，以及由未成年人案件审判组织审理更为适宜的其他案件，可以由未成年人案件审判组织审理。共同犯罪案件中有未成年被告人的或者其他涉及未成年人的刑事案件，是否由未成年人案件审判组织审理，由院长根据实际情况决定。依据《刑法》第 17 条第 2、3、4 款的规定，已满 14 周岁不满 16 周岁的人，犯故意杀人、故意伤害致人重伤或者死亡、强奸、抢劫、贩卖毒品、放火、爆炸、投毒罪的，应当负刑事责任。已满 12 周岁不满 14 周岁的人，犯故意杀人、故意伤害罪，致人死亡或者以特别残忍手段致人重伤造成严重残疾，情节恶劣，经最高人民检察院核准追诉的，应当负刑事责任。对前述依法追究刑事责任的不满 18 周岁的人，应当从轻或者减轻处罚。依据《刑法》第 49 条的规定，犯罪的时候不满 18 周岁的人，不适用死刑。《刑事诉讼法》第 277 条第 1 款规定，对犯罪的未成年人实行教育、感化、挽救的方针，坚持教育为主、惩罚为辅的原则。第 285 条规定，审判的时候被告人不满 18 周岁的案件，不公开审理。但是，经未成年被告人及其法定代理人同意，未成年被告人所在学校和未成年人保护组织可以派代表到场。

第一审未成年人犯罪刑事判决书同样由首部、事实—证据、理由、判决结果和尾部组成。其写作特点如下（其他结构和内容的安排与写作参见本节前文所述"第一审刑事有罪判决书""第一审刑事无罪判决书"）：

（1）首部。在"被告人信息"一项中，应当准确写明被告人的出生日期，因为这关涉被告人是否应当负刑事责任、是否应当从轻或减轻处罚、是否适用死刑等关键问题。应当列明被告人的法定代理人，以体现对未成年被告人合法权利的保护。在审理经过中应当写明本案依法不公开审理及其理由，以及被告人法定代理人是否到庭参加诉讼。

（2）事实—证据。要求对控辩双方尤其是未成年被告人的法定代理人和辩护人陈述的事实和意见进行全面客观的叙述，注意反映未成年被告人在犯罪手法上与成年人犯罪的差异。在法庭查明事实—证据之后，概述未成年被告人的家庭情况、社会交往、成长经历、性格特征、平时表现等与被指控犯罪密切相关的情况以及实施被指控犯罪行为前后的表现。如果拟判处被告人非监禁刑罚，还应当依据控辩双方提供的证明材料写明监护、帮助条件等情况。

（3）理由。除定罪量刑之外，还应当着重阐明被告人的成长轨迹，并据此分析被告人实施犯罪行为的主客观因素，坚持教育为主、惩罚为辅的原则，充分论证对被告人从轻、减轻刑事处罚的理由。如果判处非监禁刑罚，还应说明判处非监禁刑罚的理由。

二、第二审刑事判决书

第二审刑事判决书是人民法院受理第一审被告人的上诉或公诉机关的抗诉，依据我国《刑事诉讼法》的规定对第二审刑事案件审理终结后，针对没有发生法律效力的第一审刑事判决作出改判的书面处理决定。第二审刑事判决书的制作，能够有效纠正第一审刑事判决书在事实认定和法律适用上的错误，从而准确定罪量刑、不枉不纵，保障国家、社会利益和相关当事人合法权益，保证国家法律的贯彻实施，保证人民法院正确行使审判权，提高刑事审判质量。这也是上级法院监督下级法院刑事审判工作的一种重要方式。

《刑事诉讼法》第 236 条规定："第二审人民法院对不服第一审判决的上诉、抗诉案件，经过审理后，应当按照下列情形分别处理：（一）原判决认定事实和适用法律正确、量刑适当的，应当裁定驳回上诉或者抗诉，维持原判；（二）原判决认定事实没有错误，但适用法律有错误，或者量刑不当的，应当改判；（三）原判决事实不清楚或者证据不足的，可以在查清事实后改判；也可以裁定撤销原判，发回原审人民法院重新审判。原审人民法院对于依照前款第三项规定发回重新审判的案件作出判决后，被告人提出上诉或者人民检察院提出抗诉的，第二审人民法院应当依法作出判决或者裁定，不得再发回原审人民法院重新审判。"

第二审刑事判决书由首部、事实—证据、理由、判决结果和尾部构成，具体写作方法如下：

1. 首部。包括法院名称、标题、案号、抗诉方或上诉方、辩护人、案件由来、审理经过（包括审判组织、审判方式和审判过程）等。除以下和第一审刑事判决书不同外，其他基本一致：

延伸阅读

第二审刑事判决书实例

（1）案号。案号写作"（××××）×刑终×号"。

（2）抗诉机关和上诉人。如果二审是因检察院抗诉而启动的，则第一项写抗诉机关，第二项写原审被告人；如果二审是因公诉案件中的被告人上诉而启动的，则第一项写原公诉机关，第二项写上诉人，并以括号注明是原审被告人；如果二审是同时因检察院抗诉和被告人上诉而启动的，则按照抗诉程序审理，第一项写抗诉机关，第二项写上诉人；如果二审是因自诉案件中的自诉人上诉而启动的，则第一项写上诉人，并以括号注明是原审自诉人，第二项写原审被告人；如果二审是因自诉案件中的被告人上诉而启动的，则第一项写上诉人，并以括号注明是原审被告人，第二项写原审自诉人；如果二审是因自诉案件中的自诉人和被告人同时上诉而启动的，则第一项写上诉人，并以括号注明是原审自诉人，第二项写上诉人，并以括号注明是原审被告人。此外还需注意：如果二审是因共同犯罪公诉案件中部分被告人上诉而启动的，则第一项写原公诉机关，第二项写上诉人并以括号注明其在原审中的诉讼地位，第三项写没有提出上诉的原审被告人。之所以把没有提出上诉的其他原审被告人列出，是为了遵循我国《刑事诉讼法》第233条第2款规定的"共同犯罪的案件只有部分被告人上诉的，应当对全案进行审查，一并处理"。如果二审是因公诉案件中未成年被告人的法定代理人上诉而启动的，则第一项写原公诉机关，第二项写上诉人并在上诉人姓名后以括号注明其与被告人的关系，第三项写原审被告人。如果二审是因自诉案件当事人法定代理人上诉而启动的，则第一项写上诉人并在上诉人姓名后以括号注明其与被代理人的关系，第二项写被代理人，第三项写原审对方当事人。

（3）案件由来和审理经过。以因公诉案件被告人上诉而二审的判决为例，可表述为："××人民法院审理××人民检察院指控原审被告人××犯××罪一案，于××××年×月×日作出（××××）×刑初×号刑事判决。原审被告人××不服，提出上诉。本院依法组成合议庭，公开开庭审理了本案。××人民检察院指派检察员××出庭履行职务。上诉人（原审被告人）××及其辩护人××等到庭参加诉讼。现已审理终结。"如果第二审法院依据我国《刑事诉讼法》第234条第2款之规定未开庭审理的，应将上述相关内容改作："经过阅卷，讯问被告人，听取其他当事人、辩护人、诉讼代理人的意见，认为事实清楚，决定不开庭审理。"

2. 事实—证据。依据我国《刑事诉讼法》第233条第1款的规定，第二审人民法院应当就第一审判决认定的事实和适用法律进行全面审查，不受上诉或者抗诉范围的限制。因此，在第二审刑事判决书的事实—证据部分，应当首先概述第一审判决认定的事实—证据、理由和判决结果，然后写明抗诉或上诉的主要理由和控辩双方的主要意见，最后写明经过二审查明的事实和证据。在这一部分的写作中，尤其应当注意对控辩双方争议焦点的分析和论证，同时不要受到抗诉或上诉范围的限制。如果最终对第一审判决认定的事实—证据没有异议，则可以详述原审判决认定的事实—证据而略写二审认定的事实—证据；如果对第一审判决认定的事实—证据的部分有异议，则可以略写没有异议的事实—证据，详细分析核查有异议的事实—证据；如果对第一审判决认定的事实—证据予以全盘否定，则应当详述第二审查证核实的事实—证据并据以逐一否定原审判决认定的事实—证据。概言之，应当详略得当，繁简适宜。

3. 理由。对于第一审判决对相关行为的定性和定量分析，都应当从事实和法律两方面作出其是否正确的判断，并予以充分论证。其中，对于原判认定事实清楚、适用法律正确的部分，应当予以采纳和支持；对于原判认定事实不清、证据不足的部分，应当阐明原判何处事实不清、证据不足，并写明改判的根据和理由；对于原判认定事实无误但适用法律错误或不当的部分，应当阐明原判适用法律有何错误或不当，并写明改判的根据和理由；原判认定事实和适用法律均有错误的部分，应当阐明原判认定事实和适用法律存在的错误，并写明改判的根据和理由。

4. 判决结果。如果全部改判，则依次写明撤销原审判决、依法改判的内容；如果部分改判，则依次写明维持原审判决的内容、撤销原审判决的内容和改判的内容。

5. 尾部。交代判决的法律效力，格式为"本判决为终审判决。"

三、死刑复核刑事判决书

死刑复核刑事判决书是有权核准死刑的人民法院（即高级人民法院或最高人民法院），依照我国《刑事诉讼法》规定的死刑复核程序，对报请复核的死刑（包括死刑立即执行和死刑缓期二年执行）案件，经复核认为原判认定事实正确或仅有瑕疵，但适用法律错误或量刑不当而改判的书面处理决定。此外，高级人民法院复核死刑缓期执行案件时，对于原判认定事实不清、证据不足的案件，也可以裁定不予核准，依法改判。死刑复核刑事判决书的制作是为了保证正确、慎重地适用死刑，防止错杀和滥杀。

依据我国《刑法》第48条的规定，死刑除依法由最高人民法院判决的以外，都应当报请最高人民法院核准。死刑缓期执行的，可以由高级人民法院判决或者核准。依据我国《刑事诉讼法》第三编（审判）第四章（死刑复核程序）的规定，死刑由最高人民法院核准。中级人民法院判处死刑的第一审案件，被告人不上诉的，应当由高级人民法院复核后，报请最高人民法院核准。高级人民法院不同意判处死刑的，可以提审或者发回重新审判。高级人民法院判处死刑、被告人不上诉的第一审案件和判处死刑的第二审案件，都应当报请最高人民法院核准。中级人民法院判处死刑缓期二年执行的案件，由高级人民法院核准。最高人民法院复核死刑案件，高级人民法院复核死刑缓期执行的案件，应当由审判员3人组成合议庭进行。最高人民法院复核死刑案件，应当作出核准或者不核准死刑的裁定。对于不核准死刑的，最高人民法院可以发回重新审判或者予以改判。此外，依据我国《刑诉解释》第428条的规定，高级人民法院复核死刑缓期执行案件，原判认定的某一具体事实或者引用的法律条款等存在瑕疵，但判处被告人死刑缓期执行并无不当的，可以在纠正后作出核准的判决、裁定；原判认定事实正确，但适用法律有错误，或者量刑过重的，应当改判；原判事实不清、证据不足的，可以裁定不予核准，并撤销原判，发回重新审判，或者依法改判；复核期间出现新的影响定罪量刑的事实、证据的，可以裁定不予核准，并撤销原判，发回重新审判，或者依法改判。高级人民法院复核死刑缓期执行案件，不得加重被告人的刑罚。依据《刑诉解释》第429 条的规定，最高人民法院复核死刑案件，原判认定的某一具体事实或者引用的法律条款等存在瑕疵，但判处被告人死刑并无不当的，可以在纠正后作出核准的判决、裁定。原判认定事实正确、证据充分，但依法不应当判处死刑的，应当裁定不予核准，并撤销原判，发回重新审判；根据案件情况，必要时，也可以依法改判。依据《刑诉解释》第 427 条的规定，复核死刑、死刑缓期执行案件，应当全面审查以下内容：被告人的年龄，被告人有无刑事责任能力、是否系怀孕的妇女；原判认定的事实是否清楚，证据是否确实、充分；犯罪情节、后果及危害程度；原判适用法律是否正确，是否必须判处死刑，是否必须立即执行；有无法定、酌定从重、从轻或者减轻处罚情节；诉讼程序是否合法；应当审查的其他情况。复核死刑、死刑缓期执行案件，应当重视审查被告人及其辩护人的辩解、辩护意见。

死刑复核刑事判决书同样包括首部、事实—证据、理由、判决结果和尾部，大致可参照第一审刑事判决书的写作。需要注意的事项如下：

1. 首部。包括：

（1）法院名称。如果由最高人民法院作出死刑复核刑事判决，则文书名称应在法院之前冠以国名全称。

（2）案号。写作"（××××）×刑核×号"。

（3）被告人。死刑复核案件原则上采用书面审理，因此在诉讼参加人项中只写被告人基本信息，公诉机关和辩护人及其基本信息均不列出。

（4）案件由来。写明死刑判决的结果、被告人是否上诉、公诉机关是否抗诉、报送死刑复核的经过和法院。其中，如果一审宣告死刑判决后无上诉、抗诉情况的，则表述为："××中级（或高级）人民法院审理××人民检察院指控被告人××犯××罪一案，于××××年×月×日以（××××）×刑初××号刑事判决，认定被告人××犯××罪，判处死刑，剥夺政治权利终身。本案在法定期限内没有上诉、抗诉。××中级（或高级）人民法院依法报送本院核准。"如果一审宣告死刑判决后，发生上诉或抗诉，二审维持死刑判决的，则表述为："××中级人民法院审理××人民检察院指控被告人××犯××罪一案，于××××年×月×日以（××××）×刑初××号刑事判决，认定被告人××犯××罪，判处死刑，剥夺政治权利终身。宣判后……（写明上诉或抗诉的情况）。××高级人民法院于××××年×月×日以（××××）×刑终××号刑事裁定，驳回上诉（或抗诉），维持原判，依法报送本院核准。"如果是一审宣告判处死刑缓期二年执行，无上诉、抗诉情况的，则表述为："××中级人民法院审理××人民检察院指控被告人××犯××罪一案，于××××年×月×日以（××××）×刑初××号刑事判决，认定被告人××犯××罪，判处死刑，缓期二年执行，剥夺政治权利终身。本案在法定期限内没有上诉、抗诉。××中级人民法院依法报送本院核准。"

（5）审判组织。由上文相关法律条文可知，死刑复核应当由审判员 3 人组成合议庭进行，因此审判组织一项写明"本院依法组成合议庭，对本案进行了复核"。

2. 事实—证据。首先写明原判的基本内容，然后肯定原判认定的事实没有错误，证据确实充分（如果原判认定的事实—证据有误但不影响定罪，应当写明复核查证的情况）。

3. 理由。根据复核查明的事实—证据和相关法律规定，针对原判在适用法律上的错误或量刑上的失当，参考原审被告人辩解、辩护人辩护意见，依据法律有针对性地重点论证为何不应当判处被告人死刑（包括死刑立即执行和死刑缓期二年执行）。

4. 判决结果。参照第二审刑事判决书，如果全部改判，则依次写明撤销原审判决（或裁定）、依法改判的内容；如果部分改判，则依次写明维持原审判决（或裁定）的内容、撤销原审判决（或裁定）的内容和依法改判的内容。

5. 尾部。写明"本判决送达后即发生法律效力"。

四、再审刑事判决书

再审刑事判决书是人民法院对已经发生法律效力的、确有错误的刑事判决、裁定，依据我国《刑事诉讼法》规定的审判监督程序重新审理后，就案件的实体问题作出的书面处理决定。再审刑事判决书的制作，是贯彻实事求是的司法精神和有错必纠的司法方针、发挥刑事审判监督职能的重要方式，对于保障国家、社会利益和相关当事人的合法权益，保障国家法律的正确实施和审判权正确而有质量的行使都具有重要意义。

我国《刑事诉讼法》第 253 条规定："当事人及其法定代理人、近亲属的申诉符合下列情形之一的，人民法院应当重新审判：（一）有新的证据证明原判决、裁定认定的事实确有错误，可能影响定罪量刑的；（二）据以定罪量刑的证据不确实、不充分、依法应当予以排除，或者证明案件事实的主要证据之间存在矛盾的；（三）原判决、裁定适用法律确有错误的；（四）违反法律规定的诉讼程序，可能影响公正审判的；（五）审判人员在审理该案件的时候，有贪污受贿，徇私舞弊，枉法裁判行为的。"第 254 条规定："各级人民法院院长对本院已经发生法律效力的判决和裁定，如果发现在认定事实上或者在适用法律上确有错误，必须提交审判委员会处理。最高人民法院对各级人民法院已经发生法律效力的判决和裁定，上级人民法院对下级人民法院已经发生法律效力的判决和裁定，如果发现确有错误，有权提审或者指令下级人民法院再审。最高人民检察院对各级人民法院已经发生法律效力的判决和裁定，上级人民检察院对下级人民法院已经发生法律效力的判决和裁定，如果发现确有错误，有权按照审判监督程序向同级人民法院提出抗诉。对于人民检察院抗诉的案件，接受抗诉的人民法院应当组成合议庭重新审理，对于原判决事实不清楚或者证据不足的，可以指令下级人民法院再审。"第 256 条第 1 款规定："人民法院按照审判监督程序重新审判的案件，由原审人民法院审理的，应当另行组成合议庭进行。如果原来是第一审案件，应当依照第一审程序进行审判，所作的判决、裁定，可以上诉、抗诉；如果原来是第二审案件，或者是上级人民法院提审的案件，应当依照第二审程序进行审判，所作的判决、裁定，是终审的判决、裁定。"可见，再审刑事判决书包括适用第一审程序的判决书和适用第二审程序的判决书。

此外，依据《刑诉解释》第 472 条的规定，再审案件经过重新审理后，应当按照下列情形分别处理：（1）原判决、裁定认定事实和适用法律正确、量刑适当的，应当裁定驳回申诉或者抗诉，维持原判决、裁定；（2）原判决、裁定定罪准确、量刑适当，但在认定事实、适用法律等方面有瑕疵的，应当裁定纠正并维持原判决、裁定；（3）原判决、裁定认定事实没有错误，但适用法律错误或者量刑不当的，应当撤销原判决、裁定，依法改判；（4）依照第二审程序审理的案件，原判决、裁定事实不清、证据不足的，可以在查清事实后改判，也可以裁定撤销原判，发回原审人民法院重新审判。原判决、裁定事实不清或者证据不足，经审理事实已经查清的，应当根据查清的事实依法裁判；事实仍无法查清，证据不足，不能认定被告人有罪的，应当撤销原判决、裁定，判决宣告被告人无罪。

再审刑事判决书同样包括首部、事实—证据、理由、判决结果和尾部五个部分，其写作按照再审适用的不同审判程序可分别参照第一审、第二审刑事判决书。其他写作注意事项如下：

延 伸 阅 读

再审刑事判决书
实例

1. 首部。包括：

（1）案号。写作（××××）×刑再×号。

（2）控辩双方信息。按照第一审程序再审的，如果原来是公诉案件的，第一项写"原公诉机关"，第二项写"原审被告人"；若审判监督程序是经检察院抗诉而启动的，则第一项写"抗诉机关"，第二项写"原审被告人"；若原来是自诉案件的，则第一项写"原审自诉人"，第二项写"原审被告人"。按照第二审程序再审的，

除写明原公诉机关或抗诉机关之外，还应当依据不同情况写明当事人称谓：原来是第一审的，写明原一审时的称谓，如"原审被告人"；原来是第二审的，写明原二审时的称谓，如"原审上诉人"；未上诉的，写明"原审被告人"。

（3）案件由来和审理经过。以公诉案件为例，公诉案件应写明第一审、第二审经过，启动再审的过程。其中，对于启动再审的过程，如果是人民检察院按照审判监督程序提起抗诉而启动的，写作："判决发生法律效力后，××××年×月×日××人民检察院作出×检审刑抗〔××××〕×号刑事抗诉书，向本院提出抗诉。本院于××××年×月×作出（××××）×刑抗×号再审决定，由本院提审本案。"如果是原审被告人提起申诉而启动的，写作："判决发生法律效力后，××××年×月×日×××向本院提出申诉。本院经审查后于××××年×月×日作出（××××）×刑申×号再审决定，提审本案。"在启动再审的过程后，写明："本院依法组成合议庭，于××××年×月×日公开开庭审理本案。××人民检察院指派检察员××出庭履行职务，被害人××、原审被告人××及其辩护人××到庭参加诉讼。现已审理终结。"如果未开庭审理，其写法参照相应第二审刑事判决书。

2. 事实—证据。首先概述原审判决认定的事实—证据、论述的理由或作出的判决结果，其次概述再审中控辩双方针对事实认定和法律适用的意见，最后写明经再审查明的事实—证据，并对作为案件焦点或控辩双方有异议的事实认定和法律适用进行分析论证。具体写法可参照第二审刑事判决书的事实—证据部分。

3. 理由。有针对性地写明改判理由和相关法律依据，具体写法可参照第二审刑事判决书的理由部分。

4. 判决结果。如果再审全部改判，则依次写明撤销原审判决（或裁定）与依法改判的内容；如果再审部分改判，则依次写明维持原审判决（或裁定）的内容、撤销原审判决（或裁定）的内容和依法改判的内容。

5. 尾部。根据审判监督程序适用的是第一审程序还是第二审程序，分别参照第一审刑事判决书或第二审刑事判决书尾部的写法。

五、刑事附带民事判决书

刑事附带民事判决书是由于刑事诉讼被告人的行为使国家、集体或个人财产遭受损失，受害单位、个人或人民检察院提起附带民事诉讼，要求追究被告人的民事责任，由人民法院审理该刑事案件的同一审判组织一并审理终结后作出的书面处理决定。刑事附带民事判决书适用于被告人犯罪行为导致被害人遭受经济损失的案件，对于简化诉讼程序、减少诉累、节约审判资源和诉讼成本以及保护国家、集体利益或公民个人合法权益具有重要意义。

依据我国《刑法》第 36 条第 1 款的规定，由于犯罪行为而使被害人遭受经济损失的，对犯罪分子除依法给予刑事处罚外，还应根据情况判处赔偿经济损失。依据我国《刑事诉讼法》第 101 条、第 104 条的规定，被害人由于被告人的犯罪行为而遭受物质损失的，在刑事诉讼过程中，有权提起附带民事诉讼。被害人死亡或者丧失行为能力的，被害人的法定代理人、近亲属有权提起附带民事诉讼。如果是国家财产、集体财产遭受损失的，人民检察院在提起公诉的时候，可以提起附带民事诉讼。附带民事诉讼应当同刑事案件一并审判，只有为了防止刑事案件审判过分迟延，才可以在刑事案件审判后，由同一审判组织继续审理附带民事诉讼。

刑事附带民事判决书的写作与同审级的刑事判决书基本相同，区别在于：

1. 首部。包括：

（1）标题。写作"刑事附带民事判决书"。

（2）诉讼参加人。以第一审程序为例（第二审程序的写法只需将相应称谓进行调整即可），如果是自诉案件附带民事诉讼，则依次分项写出自诉人暨附带民事诉讼原告人、被告人、辩护人等的基本信息；如果是公诉案件中由被害人提起附带民事诉讼，则依次

分项写出公诉机关、附带民事诉讼原告人、被告人、辩护人等的基本信息；如果是公诉案件中由公诉机关提起附带民事诉讼，则依次分项写出公诉机关、被告人、辩护人等的基本信息。此外，依据我国《刑事诉讼法》第 101 条的规定，已死亡被害人近亲属提起附带民事诉讼的，则将该近亲属列为附带民事诉讼原告人；无行为能力或限制行为能力被害人的法定代理人提起附带民事诉讼的，应当在第一项列附带民事诉讼原告人，在第二项列法定代理人，并以括号注明其与被害人的关系。

延伸阅读

刑事附带民事判决书实例

（3）案件由来和审理经过。同样以第一审程序为例，公诉案件写作："人民检察院以×检刑诉［××××］×号起诉书指控被告人××犯××罪，于××××年×月×日向本院提起公诉。在诉讼过程中，附带民事诉讼原告人××向本院提起附带民事诉讼……（审判组织、审判方式、检察员出庭支持公诉，写法与第一审刑事判决书相同）附带民事诉讼原告人××及其法定/诉讼代理人××……（其他到庭参加诉讼人）等到庭参加诉讼。现已审理终结。"自诉案件写作："自诉人××以被告人××犯××罪，并由此造成经济损失为由，向本院提起控诉……（审判组织、审判方式、到庭参加诉讼人，写法与第一审刑事判决书相同）现已审理终结。"

2. 事实—证据。在写明被告人刑事犯罪事实后，还应当写明被告人的犯罪行为使附带民事诉讼原告人遭受了何种及何等物质损失。按照公诉机关指控的犯罪事实—证据和适用法律的意见（如果公诉机关提起附带民事诉讼，则对于有关附带民事诉讼的事实—证据和适用法

律的意见应当一并叙述）、附带民事诉讼原告人诉讼请求和有关证据、被告人辩解和辩护人辩护意见的顺序展开写作，并应当写明庭审查明的事实、据以定案的证据及其来源，对于控辩双方的异议应当进行分析认证并表明采纳与否。

3. 理由。除应当根据法庭查明的事实和证据，依法论证公诉机关或自诉人控告的犯罪是否成立、被告人行为是否构成犯罪、罪名如何、量刑如何以及相关法律依据之外，还应当论证被害人是否因被告人的犯罪行为遭受经济损失、被告人对此是否应当承担民事赔偿责任、如何赔偿以及相关法律依据。

4. 判决结果。按照先刑事判决结果、后附带民事判决结果的顺序写作。

5. 尾部。与同审级刑事判决书尾部写作方法一致。需要注意的是，对第一审附带民事判决不服提起上诉的期限，按照"附从主"的原则，仍适用对刑事判决不服的 10 天上诉期限，而非按照有关民事诉讼的规定单独确定上诉期限。

第三节　其他刑事裁判文书

一、刑事裁定书

（一）第一审刑事裁定书

第一审刑事裁定书包括驳回刑事自诉、准许撤诉或按撤诉处理、终止审理、中止审理等刑事裁定书。

驳回刑事自诉裁定书，适用于自诉人缺乏罪证又提不出补充证据的自诉案件。相关法律依据包括我国《刑事诉讼法》第 211 条第 1 款第 2 项和《刑诉解释》第 321 条等。在正文部分写作中，注意围绕驳回刑事自诉的适用范围，有针对性地讲明道理。例如，因被告人行为不构成犯罪而驳回自诉人自诉时，应从某一犯罪的构成要件方面分析说理。

准许撤诉或按撤诉处理裁定书，适用于：在判决宣告之前，公诉机关要求撤回起诉，经人民法院审查准许撤诉的案件；在自诉案件审理过程中因自诉人缺乏罪证且提不出补充证据，而被人民法院说服撤回自诉的案件；自诉案件法庭审理过程中自诉人经两次依法传唤，无正当理由拒不到庭，或者未经法庭许可中途退庭，因此按撤诉处理的案件；在自诉案件判决宣告前自诉人和被告人自行和解，申请撤诉并经审查裁定准许撤诉的案件。相关法律依据包括我国《刑事诉讼法》第 211 条第 1 款第 2 项和第 2 款、第 212 条第 1 款。

写作终止审理裁定书，相关法律依据包括我国《刑事诉讼法》第 16 条第 5 项和《刑诉解释》第 295 条第 8、9 项。在正文部分写作中，由于终止审理的原因是法律特别规定的，故无需表述控辩主张和庭审查明的具体犯罪事实—证据，但对于"犯罪已过追诉时效"或"经特赦令免除刑罚"的内容，应当写明。

写作中止审理裁定书，相关法律依据包括我国《刑事诉讼法》第 206 条和《刑诉解释》第 314、332 条等。

（二）第二审刑事裁定书

第二审刑事裁定书包括准许撤回上诉/抗诉刑事裁定书、二审维持原判刑事裁定书、二审发回重审刑事裁定书、二审维持/撤销/变更一审裁定刑事裁定书、核准/不核准法定刑以下判处刑罚刑事裁定书、死刑复核刑事裁定书等。此处重点讲解二审维持原判刑事裁定书和死刑复核刑事裁定书。

1. 二审维持原判刑事裁定书。二审维持原判刑事裁定书是二审人民法院在刑事诉讼活动中，对于原判认定事实清楚、适用法律正确、量刑适当的刑事判决，依法作出驳回上诉或抗诉、维持原判的书面处理决定。

依据我国《刑事诉讼法》第 236 条的规定，第二审人民法院对不服第一审判决的上诉、抗诉案件，经过审理后，认为原判决认定事实和适用法律正确、量刑适当的，应当裁定驳回上诉或者抗诉，维持原判。如果是刑事附带民事诉讼案件，对于经审理查明原判决在认定事实和适用法律上没有错误，在量刑和责令赔偿经济损失上均无不当的，也应当裁定驳回上诉或抗诉，维持原判。

二审维持原判刑事裁定书由首部、事实—证据、理由、裁定结果和尾部构成。其中，首部的写作只需将第二审刑事判决书中首部的"刑事判决书"改为"刑事裁定书"（如果是附带民事诉讼，则改作"刑事附带民事裁定书"），其他皆与第二审刑事判决书首部相同。尾部的写作只需将第二审刑事判决书尾部的"本判决为终审判决"改为"本裁定为终审裁定"，其他皆与第二审刑事判决书尾部相同。对于事实—证据、理由、裁定结果的写作，则应当注意：

（1）事实—证据。依次概述原判决认定的事实—证据、理由和判决结果，抗诉或上诉理由、辩护意见，公诉机关在二审中提出的新意见，以及经二审审理查明的事实、据以定案的证据。针对抗诉或上诉理由中对原判认定的事实—证据有异议的问题，应当进行分析论证。二审维持原判，因而在写作上可以采取此繁彼简的方式，重点叙述原判认定的事实—证据，概括叙述二审审理查明的事实—证据。如果部分事实与原审查明的略有出入，则对一致的部分简要概括，对不一致的部分作详细叙述。

（2）理由。针对抗诉或上诉的具体理由进行分析和论证，重点在于阐明原判决在认定事实、适用法律上为什么是正确的，量刑为什么是适当的。对上诉人、辩护人或公诉机关出庭履行职务的检察人员等对案件定性处理和适用法律方面的意见，逐一作出回答，阐明采纳或不予采纳的理由，并写明裁定的法律依据。

（3）裁定结果。写作"驳回上诉，维持原判"。

2. 死刑复核刑事裁定书。死刑复核刑事裁定书是有权核准死刑的人民法院（即高级人民法院或最高人民法院），依照我国《刑事诉讼法》规定的死刑复核程序，对报请复核的死刑（包括死刑立即执行和死刑缓期二年执行）案件，经复核认为原判认定事实和适用法律正确、量刑适当，则作出核准的书面处理决定，经复核认为原判认定事实错误、证据不足或违反法律规定的诉讼程序而可能影响公正判决，则作出撤销原判、发回重新审判的书面处理决定。以下主要讲解核准死刑的刑事裁定书的写作。

作出死刑复核刑事裁定书的法律依据包括我国《刑法》第 48 条和《刑事诉讼法》第三编（审判）第四章（死刑复核程序）（参考本章第二节第三部分即"死刑复核刑事判决书"部分）。此外，依据《刑诉解释》第 428 条的规定，高级人民法院复核死刑缓期执行案件，原判认定事实和适用法律正确、量刑适当、诉讼程序合法的，应当裁定核准；原判认定的某一具体事实或者引用的法律条款等存在瑕疵，但判处被告人死刑缓期执行并无不当的，可以在纠正后作出核准的判决、裁定；原判认定事实正确，但适用法律有错误，或者量刑过重的，应当改判；原判事实不清、证据不足的，可以裁定不予核准，并撤销原判，发回重新审判，或者依法改判；复核期间出现新的影响定罪量刑的事实、证据的，可以裁定不予核准，并撤销原判，发回重新审判，或者依法改判；原审违反法定诉讼程序，可能影响公正审判的，应当裁定不予核准，并撤销原判，发回重新审判。依据该解释第 429 条，最高人民法院复核死刑案件，原判认定事实和适用法律正确、量刑适当、诉讼程序合法的，应当裁定核准；原判认定的某一具体事实或者引用的法律条款等存在瑕疵，但判处被告人死刑并无不当的，可以在纠正后作出核准的判决、裁定；原判事实不清、证据不足的，应当裁定不予核准，并撤销原判，发回重新审判；复核期间出现新的影响定罪量刑的事实、证据的，应当裁定不予核准，并撤销原判，发回重新审判；原判认定事实正确，但依法不应当判处死刑的，应当裁定不予核准，并撤销原判，发回重新审判，根据案件情况，必要时，也可以依法改判；原审违反法定诉讼程序，可能影响公正审判的，应当裁定不予核准，并撤销原判，发回重新审判。

死刑复核刑事裁定书同样包括首部、事实—证据、理由、裁定结果和尾部五个部分。除以下写作注意事项外，其他可参考死刑复核刑事判决书的写作方法：

（1）首部。在案件由来和审理经过中写明死刑判决的结果、被告人上诉和公诉机关抗诉的情况、报送复核的经过和法院。其中，依法由最高人民法院核准死刑的案件，如果是一审终审作出死刑判决的，表述为："××中级人民法院审理××人民检察院指控被告人××犯××罪一案，于××××年×月×日以（××××）×刑初××号刑事判决，认定被告人××犯××罪，判处死刑，剥夺政治权利终身。本案在法定期限内没有上诉、抗诉。××高级人民法院依法报送本院核准。本院依法组成合议庭，对本案进行了复核。现已复核终结。"如果是二审终审维持死刑判决的，则表述为："××中级人民法院审理××人民检察院指控被告人××犯××罪一案，于××××年×月×日作出（××××）×刑初××号刑事判决，认定被告人××犯××罪，判处死刑，剥夺政治权利终身。宣判后，被告人××不服，以……（上诉理由）为理由，提出上诉（或××人民检察院以……为理由，提出抗诉）。××高级人民法院于××××年×月×日以（××××）×刑终××号刑事裁定，驳回上诉（或抗诉），维持原判，依法报送本院核准。本院依法组成合议庭，对本案进行了复核。现已复核终结。"依法由高级人民法院核准的死刑缓期执行的一审终审案件的裁定书，参考依法由最高人民法院核准的死刑案件的刑事裁定书，作出相应文字调整即可。

（2）事实—证据。经复核，认为原判认定的犯罪事实、情节以及相关证据正确的，予以肯定，并作出分析认证。如果复核后在认定事实—证据上发生某些变动，但是不影响定罪量刑的，在叙述犯罪事实—证据时应当作出适当分析认证。

（3）理由。结合案件具体情况，写明原判认定事实和适用法律正确、量刑适当等应予核准死刑的理由。如果复核后在适用法律上发生某些变动，但是不影响定罪量刑的，也应作出适当分析论证。此外，应写明作出死刑核准裁定的法律依据。

（4）裁定结果。对于一审终审、高级人民法院经复核同意核准死刑并报送最高人民法院核准，最高人民法院依法核准死刑的案件，表述为："核准××高级人民法院（××××）×刑核××号同意一审以××罪判处被告人××死刑，剥夺政治权利终身的刑事裁定。"对于依法由最高人民法院核准死刑的二审终审案件，表述为："核准××高级法院（××××）×刑终××号维持一审以××罪判处被告人××死刑，剥夺政治权利终身的刑事裁定。"对于依法由高级人民法院核准的死刑缓期二年执行的案件，表述为："核准××中级人民法院（××××）×刑初××号以××罪判处被告人××死刑，缓期二年执行，剥夺政治权利终身的刑事判决。"

（5）尾部。写明"本裁定送达后即发生法律效力"。

（三）再审刑事裁定书

再审刑事裁定书是人民法院依照我国《刑事诉讼法》规定的审判监督程序，对已经发生法律效力的刑事判决或裁定进行重新审理，就案件的实体问题和程序问题作出的书面处理决定。

作出再审刑事裁定书的法律依据包括我国《刑事诉讼法》第253、256条（参考本章第二节第四部分"再审刑事判决书"）。此外，依据《刑诉解释》第472条的规定，再审案件经过重新审理后，对于原判决、裁定认定事实和适用法律正确、量刑适当的，应当裁定驳回申诉或者抗诉，维持原判决、裁定；原判决、裁定定罪准确、量刑适当，但在认定事实、适用法律等方面有瑕疵的，应当裁定纠正并维持原判决、裁定；原判决、裁定认定事实没有错误，但适用法律错误或者量刑不当的，应当撤销原判决、裁定，依法改判；按照第二审程序审理的案件，原判决、裁定认定事实不清或者证据不足的，可以在查清事实后依法改判，也可以裁定撤销原判，发回原审人民法院重新审判。此处重点讲解维持原判用的再审刑事裁定书，包括按一审程序再审的维持原判裁定书、按二审程序再审的维持原判裁定书和再审后上诉、抗诉案件的二审维持原判裁定书。

再审刑事裁定书同样包括首部、事实—证据、理由、裁定结果和尾部五个部分。其中首部和事实—证据的写作，除了需作某些相应的文字调整（如标题写作"刑事裁定书"等）外，与再审刑事判决书基本相同。需要注意的主要有：

1. 理由。根据再审查明的事实—证据和相关法律规定，论证原判为何认定事实和适用法律正确、量刑适当，应予维持；论证原审被告人的辩解和辩护人的辩护意见、再审抗诉机关的抗诉意见为什么不能成立，应当不予采纳；并写明作出裁定的法律依据。在适用法律时，除援引我国《刑事诉讼法》外，还应援引《刑诉解释》。

2. 裁定结果。如果是按一审程序再审维持原判的再审刑事裁定书，表述为"维持本院（××××）×刑初××号刑事判决"。如果是按二审程序再审维持原判的再审刑事裁定书，原系一审的，表述为"维持××人民法院（××××）×刑初××号刑事判决"。原系二审维持原判的，表述为"维持本院（××××）×刑终××号刑事裁定和××人民法院（××××）×刑初××号刑事判决"。原系二审改判的，表述为"维持本院（××××）×刑终××号刑事判决"。如果是再审后的上诉、抗诉案件二审维持原判的再审刑事裁定书，对于一审法院再审后裁定维持原判的，表述为"驳回上诉，维持××人民法院（××××）×刑再××号刑事裁定和××人民法院（××××）×刑初××号刑事判决"。对于一审法院再审后判决不改变原判的，表述为"驳回上诉，维持××人民法院（××××）×刑再××号刑事判决"。

3. 尾部。对于按一审程序再审维持原判的，写明"如不服本裁定，可在接到裁定书的第二日起五日内，通过本院或者直接向××人民法院提出上诉。书面上诉的，应当提交上诉状正本一份，副本×份"。对于按二审程序再审维持原判和再审后的上诉、抗诉案件二审维持原判的，写明"本裁定为终审裁定"。

（四）执行程序刑事裁定书

执行程序刑事裁定书是人民法院在已发生法律效力的判决的执行程序中，依照我国《刑事诉讼法》的有关规定，对符合减刑、假释、维持或撤销减刑或假释、减免罚金和撤销缓刑条件的罪犯作出的书面处理决定。此处重点讲解减刑刑事裁定书和假释刑事裁定书。

1. 减刑刑事裁定书。减刑刑事裁定书是人民法院在生效刑事判决执行过程中，依照我国《刑事诉讼法》规定的执行程序，对符合法定条件的罪犯予以减刑而作出的书面处理决定。

我国《刑法》第78条规定："被判处管制、拘役、有期徒刑、无期徒刑的犯罪分子，在执行期间，如果认真遵守监规，接受教育改造，确有悔改表现的，或者有立功表现的，可以减刑；有下列重大立功表现之一的，应当减刑：（一）阻止他人重大犯罪活动的；（二）检举监狱内外重大犯罪活动，经查证属实的；（三）有发明创造或者重大技术革新的；（四）在日常生产、生活中舍己救人的；（五）在抗御自然灾害或者排除重大事故中，有突出表现的；（六）对国家和社会有其他重大贡献的。减刑以后实际执行的刑期不能少于下列期限：（一）判处管制、拘役、有期徒刑的，不能少于原判刑期的二分之一；（二）判处无期徒刑的，不能少于十三年；（三）人民法院依照本法第五十条第二款规定限制减刑的死刑缓期执行的犯罪分子，缓期执行期满后依法减为无期徒刑的，不能少于二十五年，缓期执行期满后依法减为二十五年有期徒刑的，不能少于二十年。"依据《刑法》第79条的规定，对于犯罪分子的减刑，由执行机关向中级以上人民法院提出减刑建议书。人民法院应当组成合议庭进行审理，对确有悔改或者立功事实的，裁定予以减刑。非经法定程序不得减刑。

减刑刑事裁定书包括首部、正文和尾部。写作方法如下：

（1）首部。案号写作"（××××）×刑更×号"。由于减刑是针对已发生法律效力的刑事判决，因此被减刑人的称谓不再是被告人，而是罪犯。应写明其基本信息，包括姓名、性别、出生年月日、民族、出生地和现服刑监所。此外，还应当写明刑期和已执行情况，罪犯在服刑期间是否减过刑，以及执行机关提出的减刑理由（即罪犯在服刑期间确有符合我国《刑法》第78条规定的悔改或立功、重大立功表现的具体事实）。

（2）正文。依次写明执行机关所提出的罪犯服刑期间确有悔改或立功、重大立功表现的事实—证据，经合议庭审理查明确认罪犯服刑期间确有悔改或立功、重大立功表现的具体事实，减刑的理由和法律依据，以及裁定结果。对于裁定结果，如果是主刑刑种上的减轻，则表述为"将罪犯××的刑罚，减为……（更改后的刑种和减去的刑期）"；如果是主刑刑期上的减轻，则表述为"对罪犯××减去……（刑种和减去的刑期）"；减轻有期徒刑或拘役并缩短缓刑考验期限的，表述为"将罪犯××的刑罚，减为……（减轻后的刑种、刑期和缩短后的缓刑考验期限）"；如果是减刑又缩短剥夺政治权利期限的，应当在主刑后写明剥夺政治权利的具体期限，对于依法不予缩短剥夺政治权利期限的，则写明"剥夺政治权利×年不变"。

（3）尾部。写明"本裁定送达后即发生法律效力"。

2. 假释刑事裁定书。假释刑事裁定书是人民法院在生效刑事判决执行过程中，依照我国《刑事诉讼法》规定的执行程序，对符合法定条件的罪犯予以假释而作出的书面处理决定。

依据我国《刑法》第81条的规定，被判处有期徒刑的犯罪分子，执行原判刑期1/2以上，被判处无期徒刑的犯罪分子，实际执行13年以上，如果认真遵守监规，接受教育改造，确有悔改表现，没有再犯罪的危险的，可以假释。如果有特殊情况，经最高人民法院核准，可以不受上述执行刑期的限制。对累犯以及因故意杀人、强奸、抢劫、绑架、放火、爆炸、投放危险物质或者有组织的暴力性犯罪被判处10年以上有期徒刑、无期徒刑的犯罪分子，不得假释。对犯罪分子决定假释时，应当考虑其假释后对所居住社区的影响。依据《刑法》第82条的规定，对于犯罪分子的假释，由执行机关向中级以上人民法院提出假释建议书。人民法院应当组成合议庭进行审理，对确实符合假释条件的，裁定予以假释。非经法定程序不得假释。

假释裁定书包括首部、正文和尾部。写作方法如下：

（1）首部。与减刑刑事裁定书基本相同，只是将减刑理由改为假释理由，其余作相应调整即可。

（2）正文。依次写明执行机关所提出的罪犯服刑期间符合我国《刑法》第81条规定的认真遵守监规、接受教育改造、确有悔改表现、没有再犯罪危险的事实—证据或有其他特殊情况的事实—证据，经合议庭审理查明确认的罪犯确有上述具体事实，假释的理由和法律依据，以及裁定结果。

（3）尾部。与减刑裁定书相同。但如果属于基于特殊情况的假释案件，则将"本裁定送达后即发生法律效力"改为"本裁定依法报请最高人民法院核准"。

二、刑事附带民事调解书

刑事附带民事调解书，是指人民法院依据我国《刑事诉讼法》和《民事诉讼法》规定的程序，对审理终结的刑事附带民事诉讼自诉案件主持调解，附带民事诉讼双方当事人自愿达成协议后，就协议制作的书面处理决定。刑事附带民事调解书是有效解决轻微刑事案件并及时化解纠纷的有力武器。

依据我国《刑事诉讼法》第101条第1款的规定，被害人由于被告人的犯罪行为而遭受物质损失的，在刑事诉讼过程中，有权提起附带民事诉讼。被害人死亡或者丧失行为能力的，被害人的法定代理人、近亲属有权提起附带民事诉讼。此外，依据《刑事诉讼法》第210条和第212条的规定，人民法院对自诉案件，可以进行调解，但被害人有证据证明对被告人侵犯自己人身、财产权利的行为应当依法追究刑事责任，而公安机关或者人民检察院不予追究被告人刑事责任，被害人由此提起自诉的案件，不适用调解。《刑诉解释》第197条规定，人民法院准许人民检察院撤回起诉的公诉案件，对已经提起的附带民事诉讼，可以进行调解；不宜调解或者经调解不能达成协议的，应当裁定驳回起诉，并告知附带民事诉讼原告人可以另行提起民事诉讼。依据该解释第198条，第一审期间未提起附带民事诉讼，在第二审期间提起的，第二审人民法院可以依法进行调解；调解不成的，告知当事人可以在刑事判决、裁定生效后另行提起民事诉讼。依据该解释第328条规定，人民法院审理自诉案件，可以在查明事实、分清是非的基础上，根据自愿、合法的原则进行调解。调解达成协议的，应当制作刑事调解书，由审判人员、法官助理、书记员署名，并加盖人民法院印章。调解书经双方当事人签收后，即具有法律效力。调解没有达成协议，或者调解书签收前当事人反悔的，应当及时作出判决。但如上所述，《刑事诉讼法》第210条第3项规定的案件不适用调解。依据该解释第410条，第二审期间，第一审附带民事诉讼原告人增加独立的诉讼请求或者第一审附带民事诉讼被告人提出反诉的，第二审人民法院可以根据自愿、合法的原则进行调解；调解不成的，告知当事人另行起诉。依据该解释第411条，对第二审自诉案件，必要时可以调解，当事人也可以自行和解。调解结案的，应当制作调解书，第一审判决、裁定视为自动撤销；

当事人自行和解，人民法院经审查，认为和解、撤回自诉确属自愿的，应当裁定准许；认为系被强迫、威吓等，并非自愿的，不予准许；裁定准许撤回自诉的，应当撤销第一审判决、裁定。

刑事附带民事调解书的结构包括首部、正文和尾部。其写作与刑事判决书、裁定书的写作相比，有自己的特点，除可参考相应刑事判决书的写作外，还应当注意以下问题：

1. 首部。包括：

（1）标题。写作"刑事附带民事调解书"。

（2）诉讼参加人。如果是第一审刑事附带民事调解书，则分别按照自诉人暨附带民事诉讼原告人、诉讼代理人、被告人、辩护人的顺序罗列基本信息；如果是第二审刑事附带民事调解书，则称谓作相应改动，如上诉人（原审附带民事诉讼被告人）、原审自诉人（附带民事诉讼原告人）等。

（3）案件由来和审理经过。如果是第一审程序，写作"自诉人××以被告人××犯××罪，并造成经济损失为由，于××××年×月×日向本院提起控诉。本院受理后……（审判组织和审判方式同第一审刑事判决书）"，如果是第二审程序，则写作"××人民法院审理自诉人暨附带民事诉讼原告人××诉被告人××犯××罪并赔偿经济损失一案，于××××年×月×日作出（××××）×刑初×号刑事附带民事判决。原审被告人××不服，提起上诉……（审判组织和审判方式同第二审刑事判决书）"。

2. 正文。

（1）经审理查明的事实和调解协议的达成。如果是第一审刑事附带民事调解书，应当写明经法院审理查明的事实以及双方当事人对法院认定的事实没有异议或基本没有意见的情况，以示调解的自愿性。如果是第二审刑事附带民事调解书，应当写明原审判决认定的事实、判决结果和上诉人的上诉理由、对方当事人的辩解，然后说明经二审查明的事实，最后说明双方当事人对此没有异议，在二审法院主持下自愿达成调解协议。这一部分的表述主要突出被告人承认错误、愿意承担民事赔偿责任，以及双方互相谅解、自愿达成调解协议。如果法院认为有必要或者当事人要求在刑事调解书上写明控辩主张及其提出的证据和法院据以定案的证据，可以概括表述。

（2）调解结果。如果是第一审刑事附带民事调解书，双方当事人达成的调解协议内容包括：① 被告人向自诉人赔礼道歉；② 自诉人自愿放弃对被告人的指控；③ 被告人赔偿自诉人经济损失。如果是第二审刑事附带民事调解书，双方当事人达成的调解协议内容包括：① 原审自诉人自愿放弃对被告人刑事部分的指控；② 上诉人（原审被告人）自愿放弃上诉；③ 上诉人（原审被告人）赔偿原审自诉人经济损失。

3. 尾部。如果是第一审刑事附带民事调解书，尾部写作："上述协议不违反有关法律规定，本院予以确认。本调解书经双方当事人签收后即具有法律效力"。如果是第二审刑事附带民事调解书，尾部还应加上"原审（××××）×刑初×号刑事附带民事判决自动撤销"。

最后，需要注意的是，对于没有附带民事诉讼的刑事自诉案件，经调解需要制作调解书的，在写作上应当作如下改动：将标题由"刑事附带民事调解书"改为"刑事调解书"，在案由和协议条款中只写明有关刑事部分的内容。

【思考题】

1. 第一审普通刑事判决书与第二审普通刑事判决书有何不同?
2. 撰写再审刑事判决书的事实—证据和理由部分时,应当注意哪些问题?
3. 试指出下列刑事判决书中的错误并予以纠正。

××省××市中级人民法院
刑事判决书

(2022)×刑终 67 号

原公诉机关××市人民检察院。

上诉人(原审被告)马×,男,30 岁,××省××市人,无业,住××市××区××街×号,2021 年 12 月 8 日因抢夺罪被刑事拘留,2021 年 12 月 12 日被逮捕,现关押于××市公安局看守所。

辩护人谢××,××律师事务所律师。

××市人民法院审理××市人民检察院指控原审被告马×抢夺一案,于 2022 年 1 月 30 日作出(2022)刑初 29 号判决,原审被告马×不服,提出上诉。本院依法组成合议庭,公开开庭审理了本案。××市人民检察院指派检察员李×出庭履行职务。马×及其辩护人谢××等到庭参加诉讼。现已审理终结。

××市人民法院认定,2021 年 12 月 8 日上午 11 时许,马×在××街趁行人王××在路边泊车没有锁好车门(当时王××坐在驾驶座上用一手机打电话),迅速打开车门抢夺王××放在副驾驶座上的钱包和另一手机,包内有现金人民币 1 532 元。原审法院以抢夺罪判处马×有期徒刑五年。

马×在上诉中提出,原审判决量刑偏重,因为他抢夺数额并不巨大,同时赃款赃物已被全部追回,因此要求从轻处罚。辩护人谢××认为马×抢夺数额属于较大,且无其他严重情节,故而应当判处三年以下有期徒刑。

经本院审理查明,2021 年 12 月 8 日上午 11 时许,上诉人马×在××街趁行人王××在路边泊车没有锁好车门(当时王××坐在驾驶座上打电话),迅速打开车门抢夺王××放在副驾驶座上的钱包和另一手机,包内有现金人民币 1 532 元。

上述事实证据确实充分,马×亦供认不讳。

本院认为,上诉人马×抢夺事实清楚,证据确实充分,原审判决定罪并无不当,但量刑过重,故判决如下:

一、撤销××市人民法院(2022)刑初 29 号判决;

二、上诉人(原审被告)马×犯抢夺罪,判处有期徒刑三年。

本判决为终审判决。

审判长　任××

审判员　张　×

审判员　崔　×

二○二二年二月二十八日

(院印)

第六章　律师诉讼文书

【本章导读】

本章从宏观上对律师诉讼文书进行概括，阐释律师诉讼文书的概念、特点和种类以及律师诉讼文书的功能，并对律师诉讼文书制作的基本要求做了论述。对律师诉讼文书即起诉状、答辩状、反诉状、上诉状和申诉状，以及律师的法庭演说词即辩护词和代理词进行了详细介绍，并在此基础上对若干文书案例进行阅析，以期提高读者的实践应用能力。

【本章知识结构图】

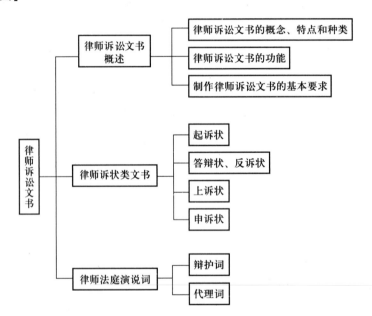

第一节　律师诉讼文书概述

一、律师诉讼文书的概念、特点和种类

（一）律师诉讼文书的概念和特点

律师诉讼文书，是指律师在参与诉讼活动过程中，依据国家有关法律法规的规定以及相关文书格式的具体要求，制作的具有法律意义的文书。

律师诉讼文书具有如下特点：

1. 主体要求。制作主体只能是依法取得法律执业证书的律师。

2. 法律依据。只能依据《律师法》《民事诉讼法》《刑事诉讼法》《行政诉讼法》等相关法律法规。①

　　3. 适用范围。律师诉讼文书只能适用于特定的律师诉讼范围，与律师非诉讼文书相区别。

　　（二）律师诉讼文书的种类

　　律师诉讼文书按照不同的标准，可以进行如下分类：

　　1. 按照制作主体进行分类。

　　（1）律师代写的文书，即律师接受委托人的委托，以委托人的名义制作的相应文书，如起诉状、答辩状、上诉状以及授权委托书等。

　　（2）以律师个人名义书写的文书，即律师在诉讼过程中，以个人名义出具的相应文书，如辩护词、代理词、法律意见书等。

　　2. 按照律师参与诉讼活动的性质进行分类。

　　（1）律师参与民事诉讼活动制作的法律文书，如民事案件代理词、民事反诉状以及撤诉申请书等。

　　（2）律师参与刑事诉讼活动制作的法律文书，如刑事案件代理词、辩护词、刑事诉讼授权委托书、调取证据申请书、取保候审申请书等。

　　（3）律师参与行政诉讼活动制作的法律文书，如行政案件代理词、行政起诉状、行政答辩状、行政上诉状等。

二、律师诉讼文书的功能

　　律师诉讼文书反映了律师参与诉讼活动的全过程，对于维护公民、法人以及其他组织的合法权益，确保国家法律的正确实施等具有重要的功能。主要体现在以下几个方面：

　　1. 律师诉讼文书是律师为当事人提供法律服务的重要途径。律师诉讼文书是律师提供法律服务最直接的表现形式，是律师开展工作的重要载体。

　　2. 律师诉讼文书是进行法治宣传的重要形式。法治宣传不仅要靠法律法规的种种规定，还需要通过司法工作者在各种法律事务中制作的文书来诠释相关的法律规定，律师诉讼文书在法治宣传方面无疑扮演着重要的角色。

　　3. 律师诉讼文书是衡量律师业务素质的重要标尺。律师诉讼文书的制作是律师参与诉讼活动的必然结果，律师业务水平的高低也必然会在其制作的诉讼文书中充分体现出来。

三、制作律师诉讼文书的基本要求

　　1. 结构严谨规范。规范性是律师诉讼文书制作的基本要求之一，文书格式通常是由主管部门制定或者是约定俗成的，比较固定，律师在制作诉讼文书时需要按照相关要求书写，做到内容完整，结构规范。

　　2. 语言准确精练。这是律师诉讼文书写作最基本的要求，律师在诉讼过程中，既要将案件的来龙去脉阐释清楚，又要言简意赅、惜墨如金。此外，语言应该通俗易懂、语义明确，切勿模棱两可，乃至造成弦外之音。

　　3. 说理简练透彻。律师运用论证方法说理，应该区别于学术讨论，要针对案情作深入浅

①　彭丹云主编：《法律文书学》，厦门大学出版社 2007 年版，第 315 页。

出的分析，把道理讲透彻；更要善于把逻辑思维与形象思维紧密结合起来，做到言必及义、论证精要。[1]

第二节　律师诉状类文书

一、起诉状

（一）概念和功能

起诉状是公民、法人或者其他组织为了维护自己的合法权益而向人民法院提起诉讼的法律文书。起诉状分为民事起诉状、行政起诉状、刑事自诉状和刑事附带民事起诉状。起诉状既是公民、法人或者其他组织维护自己合法权益的工具，也是人民法院受理民事、行政、刑事案件的依据。

（二）内容和写法

起诉状由首部、正文、尾部三部分组成。

1. 首部。包括：

（1）标题。应该居中写明"民事起诉状""行政起诉状""刑事自诉状"或"刑事附带民事起诉状"。

延 伸 阅 读

民事起诉状实例及评析

（2）当事人及其诉讼代理人的基本情况。当事人是公民的，应该依次写明姓名、性别、出生年月日、民族、地址、职业、工作单位及其职务；当事人是法人或者其他组织的，应当依次写明其名称、地址以及法定代表人或者主要负责人的姓名、职务、电话。

有诉讼代理人的，如果是法定代理人，应该写明其与当事人之间的关系；如果委托代理人是律师，应该写明其姓名和所在的律师事务所名称；如果委托代理人是近亲属，应该写明其与当事人之间的关系。

（3）案由。案由是起（自）诉人认定的被告人所犯的罪行，一般用两三个字来概括。

（4）诉讼请求。诉讼请求是指向人民法院提出的、要求法院予以判决的请求，即当事人请求人民法院解决什么争议，满足什么具体要求。书写诉讼请求应当明确具体、合法合理，如果诉讼请求有多个的，应该逐一列出。

2. 正文。正文部分主要包括事实、理由、证据。这一部分是诉状的核心部分，是法院能否受理和原告能否胜诉的关键，主要说明提出诉讼请求的事实依据和法律依据。[2]

（1）事实。案件事实应当叙述得清楚明确。事实是提起诉讼、实现诉讼请求的基础和依据，不管是民事诉讼、行政诉讼的原告，还是刑事诉讼的自诉人，都要将其合法权益受到非法侵害或者与他人发生争议的具体情况交代清楚，既不夸大，也不缩小，实事求是；既要全面反映案件情况，又要分清主次，抓主要矛盾。

---

① 冷罗生主编：《最新常用法律文书写作》，北京师范大学出版社 2013 年版，第 27 页。

② 周道鸾主编：《法律文书教程》，法律出版社 2008 年版，第 240 页。

（2）理由。起诉状的理由分为事实理由和法律理由，书写这一部分时应该注意：首先，对被告侵权事实进行概括归纳；然后，依据有关法律、法规、政策等，结合案件事实，指出被告行为的违法性质，说明原告的正当权益应该受到合法保护；最后，依据《刑事诉讼法》《民事诉讼法》或者《行政诉讼法》，指出提起该诉讼的法律依据。

（3）证据。证据是证明案件事实真实、准确、可靠的依据。列举证据时，不仅应该写清楚证据的名称，还应该注明证据的来源。涉及证人证言时，还应该写明证人的姓名和住址，不得伪造、篡改证据内容。

3. 尾部。包括：

（1）致送人民法院的名称。

（2）起诉人的签名或者盖章。

（3）起诉的时间，具体到年月日。

（4）附项。应当写明本诉状副本的份数、证据材料等。

（三）制作时应注意的问题

1. 共同诉讼中有多名当事人的，应该逐一列出；诉讼代理人应当具体写明是法定代理人或者是委托代理人，而不能简单地称为诉讼代理人。

2. 起诉状必须逻辑严密、条理清楚、结构清晰、段落分明。叙述事实要讲究逻辑性，按照事物发展的逻辑顺序展开，特别是对有争论的焦点事实尤其需要把握问题关键，弄清楚事实和理由、请求之间的关系，运用证明与反驳的方式有条不紊地阐述。

3. 起诉状尽量不使用修饰性的句子，避免造成歧义。对于有争议的事实，尽量不在诉状中表达。起诉状也可以说是一份证据，原告在诉状中表达对自己不利的陈述，属于自认。

二、答辩状、反诉状

（一）概念和功能

答辩状是指公民、法人或者其他组织在刑事、民事或者行政诉讼案件中，针对起诉的事实和理由或者上诉的请求和理由进行答复并提出反驳理由的诉讼文书。提出答辩状是法律赋予被告人、被上诉人、被申诉人的一种诉讼权利。通过提出答辩状阐明自己的反驳理由和要求，有利于人民法院了解案件真相、掌握案情，进而作出客观公正的判决。

在刑事和民事诉讼中，被告人需要提起反诉的，可以依法制作反诉状，反诉状的具体写法和注意事项可以参照起诉状。此时应当注意原、被告诉讼地位的互换。

延 伸 阅 读

答辩状实例及评析

（二）内容和写法①

答辩状由首部、正文、尾部三部分组成。

1. 首部。包括：

（1）标题。写明"民事答辩状"或"刑事答辩状"或"行政答辩状"，不能简单地写"答辩状"。

（2）当事人身份情况。应当写明答辩人的姓名、性别、出生年月日、民族、职业、工作

---

① 反诉状的内容和写法可直接参照起诉状，此处仅介绍答辩状的内容和写法。

单位和职务、住址等。答辩人是法人或者其他组织的，应当写明其名称和所在地址，法定代表人（或者主要负责人）的姓名、职务、电话，企业性质，工商登记核准号，以及经营范围和方式、开户银行等内容。

（3）案由。表述为"因×××一案，提出答辩如下："。

2. 正文。正文包括答辩理由和答辩请求，这是答辩状的核心内容，是法官判断答辩人能否胜诉的关键。因此答辩人的答辩状应该具有针对性和反驳性。答辩人有权提出理由和证据，以反驳起诉状中提出的诉讼请求。其既可以从实体上反驳，也可以从程序上反驳；既可以针对事实错误反驳，也可以针对适用法律错误反驳，还可以从要件上反驳。

3. 尾部。包括：

（1）致送人民法院的名称。

（2）答辩人签名或者盖章。

（3）答辩日期，具体到年月日。

（4）附项。应当写明答辩状副本的份数、证据材料等。

（三）制作时应注意的问题

1. 起诉状中的内容存在明显错误的，可以直接指出并予以反驳；没有明显错误的，可以根据被告的观点进行立论。

2. 被告人是企事业单位、机关、团体（法人）的，先列写答辩人及其单位全称，并加盖单位公章。

3. 应提交的答辩状副本的份数，应当按照原告的人数来确定。

三、上诉状

（一）概念和功能

上诉状，是指民事、刑事、行政诉讼案件的当事人不服人民法院作出的第一审判决或者裁定，在法定的上诉期间内，向上一级人民法院提起上诉，请求撤销、变更原审裁判或请求重新审理的诉讼文书。上诉状是当事人行使上诉权以维护自身合法权益的有力武器，也是上一级人民法院依法审理上诉案件的依据。

（二）内容和写法

上诉状由首部、正文、尾部三部分组成。

1. 首部。包括：

延伸阅读

上诉状实例及评析

（1）标题。应写明"民事上诉状"或"刑事上诉状"或"刑事附带民事上诉状"或"行政上诉状"。

（2）当事人及其诉讼代理人基本情况。应当先写上诉人基本情况，包括姓名、性别、出生年月日、民族、籍贯、职业、工作单位和职务、住址等信息。然后写被上诉人基本情况，包括姓名、性别、出生年月日、民族、籍贯、职业、工作单位和职务、住址等信息。如果上诉人或者被上诉人是法人或其他组织（包括行政机关），应当写明名称、地址，法定代表人（或主要负责人）的姓名、职务、电话，企业性质、工商登记核准号，经营范围和方式，以及开户银行、账号等信息。

（3）引起上诉的原因。即"上诉人因×××一案，不服××人民法院于××××年××月××日作出的（××××）××号判决（或裁定），现提出上诉"。

2. 正文。正文包括上诉请求和上诉理由。

（1）上诉请求。上诉请求应该明确、具体、合法。应当说明具体的请求目的，如要求撤销原审裁判或部分变更或重新审理。应针对一审裁判存在的主要问题提出合乎情理的要求。

（2）上诉理由。应当针对一审裁判在认定事实、适用法律、诉讼程序等方面的不当之处，说明不服的理由，如上诉的事实依据和法律依据。

3. 尾部。包括：

（1）"此致"与受诉人民法院的名称。

（2）上诉人签名或盖章。

（3）上诉日期，应具体到年月日。

（三）制作时应注意的问题

1. 在上诉请求中，首先综合叙述案情全貌；接着写明原审裁判结果，指明是对原审裁判全部或部分不服；最后写明具体诉讼请求，即要撤销原判、重新审理抑或部分变更原判。

2. 上诉理由主要是针对原审判决而言的，而不是针对对方当事人。针对原审判决、裁定论证不服的理由，主要从以下几个方面着手：（1）认定事实不清、主要证据不足；（2）原审认定案件性质不当；（3）适用实体法不当；（4）违反法定程序。

四、申诉状

（一）概念和功能

申诉状，是指诉讼当事人及其法定代理人，刑事案件当事人及其法定代理人、近亲属，对已经发生法律效力的判决、裁定不服，向人民法院或者人民检察院提出申诉，请求重新审判的书状。[①] 申诉是要求法院重新审判的特殊程序，在保护申诉人合法权益方面起着重要的作用。

（二）内容和写法

申诉状由首部、正文、尾部三部分组成。

1. 首部。包括：

（1）名称。居中写明"申诉状"三个字。

（2）申诉人基本情况。包括姓名、性别、出生年月日、民族、身份证号、出生地、职业、住址。

（3）案由以及不服原判决或裁定情况。写明"申诉人×××对××人民法院×年×月×日（××××）××号……提出申诉"。

（4）请求事项。请求事项要具体明确，切勿含糊其词。

2. 正文。包括：

（1）请求目的。无论是刑事案件、民事案件还是行政案件，均应明确提出撤销、变更原裁判或请求再审，以纠正原裁判的不当之处。

---

① 彭丹云主编：《法律文书学》，厦门大学出版社 2007 年版，第 351 页。

（2）申诉的事实和理由。事实要做到全面、真实、准确，申诉人应该逐一列出能够证明自己申诉请求的人证、物证或书证，以便于正确地查明案件的真实情况和正确地认定案件性质。此外，如果原裁判所适用的法律不当，申诉人应当阐明应正确适用的相关法律，并具体到条、款、项。如果原裁判严重违反法定程序，申诉人应在申诉状中说明应正确执行的诉讼程序。

3. 尾部。包括：

（1）"此致"和受诉人民法院名称。

（2）申诉人签名或者盖章。

（3）申诉日期。

（三）制作时应注意的问题

1. 申诉状具有针对性和反驳性，应该把原裁判的错误之处概括起来进行驳斥，或者把其错误依次列出，逐一反驳。反驳应该分清主次，抓主要矛盾、主要方面。

2. 任何个人均应当遵守国家法律，不缠讼，一再申诉是不可取的。

第三节　律师法庭演说词

一、辩护词

（一）概念和功能

辩护词是指在刑事诉讼过程中，辩护人为了维护被告人、犯罪嫌疑人的合法权益，依据事实和法律，向法庭发表的证明被告人、犯罪嫌疑人无罪、罪轻或者减轻、免除其刑事责任的演说词。辩护词是辩护人对案件的结论性意见，是辩护人根据事实和法律，在履行辩护责任时提出的案件判断和对被告人、犯罪嫌疑人有利的综合性意见，是实现辩护职能的重要手段。辩护词在维护被告人、犯罪嫌疑人的合法权益，保证刑事案件的审判质量，以及促进我国法治建设等方面都具有重要的作用。[1]

（二）内容和写法

辩护词本身没有固定的格式，但是在数年来的司法实践中，已经形成了一套约定俗成的模式。通常认为辩护词主要由引言、正文、尾部三部分组成。

1. 引言。包括：

（1）标题。居中写"辩护词"或者"关于×××（被告人姓名）××（案由）一案的辩护词"。

（2）对法庭组成人员的称呼，写作"审判长、陪审员（或者人民陪审员）"，以示对审判庭的尊重，具体称呼还需要按照法庭组成人员的具体情况来确定。

（3）开场白。开场白主要交代辩护人的身份、职责，说明出庭前所做的准备工作，即阅卷、会见被告人等，并提出辩护观点。

2. 正文。正文主要写辩护理由。辩护理由是辩护词最重要的部分，是辩护人对案件基本

---

① 杜福磊、赵朝琴主编：《法律文书写作教程（第二版）》，高等教育出版社 2013 年版，第 307 页。

观点的阐述，是对案件全面、系统的论证。一般来讲，辩护理由主要从以下几个角度来写：

（1）无罪辩护。如果所指控的犯罪事实全部不能成立，辩护人应运用事实、法律以及证据，说服审判人员接受被告人无罪的观点。无罪辩护主要适用于被告人并没有参与犯罪，与犯罪没有任何关联，而被误认为是犯罪嫌疑人的案件。对于此类案件，辩护人应该通过调查，以事实为根据、以法律为准绳，运用证据，还原案件事实，充分证明被告人无罪。

（2）从轻、减轻、免除刑事责任的辩护。从轻、减轻、免除刑事责任的辩护是以被告人的行为已经构成犯罪为前提的，辩护人通过调查分析，找出可以从轻、减轻、免除被告人刑事责任的情节。[①] 可以从以下几个方面进行辩护：

第一，从认定事实方面进行辩护。事实是案件的基础，是辩护人应该首先考虑的关键问题，如果辩护人了解到的事实和被告人被指控的事实有诸多出入，就会直接影响到定罪量刑。如起诉书对相关情节进行夸大、缩小甚至为了达到使被告人被追诉的目的而歪曲事实，这就需要辩护人在辩护词中通过摆证据来说明真相，保护被告人的合法权益。

第二，从适用法律方面进行辩护。在适用法律方面，应当从定罪和量刑两个方面来辩护。在定罪方面，辩护人认为被告人被指控的罪名不当，应当适用较轻的罪名。例如，被告人被指控构成抢劫罪，而辩护人认为被告构成抢夺罪。在量刑方面，辩护人应当根据被告人自身存在的从轻情节，提出从轻处罚的意见。例如，被告人未造成严重的后果，且积极悔过、认罪态度较好；共同犯罪中，属于从犯、胁从犯等。

第三，从程序方面提出辩护。人民法院审理案件，不仅需要遵循实体法的规定，也需要遵循程序法的规定。若人民法院违反程序且可能影响案件公正裁决，辩护人应该根据法律规定进行反驳辩护，保证案件得到公正裁决。

第四，从情理方面提出辩护。辩护人不仅应该从法律、事实、程序方面进行辩护，还应当充分考虑人情事理，从人情事理方面进行辩护。例如，被告人本没有作案动机，因受到受害人的凌辱，才不得已地实施了违法行为。

3. 尾部。包括：

（1）对上述辩护理由作出总结，概括辩护要点。

（2）署名、日期。

（三）制作时应注意的问题

1. 抓住案件的关键，找准辩护的突破口。辩护人要全面做好准备工作，多方搜集证据材料，并在此基础上，运用严谨的逻辑思维与法律思维来详细分析案件具体情节，辨别诸多证据的作用和证明力的大小，从而准确地确定辩护要点。

2. 详细阐释理由，坚持以理服人。辩护理由是辩护词的核心内容，辩护人应当运用法理与情理，透彻地分析与论证，直击要害。但不得强词夺理、华而不实，更不能使用不当言词进行人身攻击。

二、代理词

（一）概念和功能

代理词，是指在刑事、民事、行政案件中，律师或其他代理人以被代理人的名义在被代

---

① 杜福磊、赵朝琴主编：《法律文书写作教程（第二版）》，高等教育出版社 2013 年版，第 309 页。

理人授权范围内参加诉讼时，为维护被代理人的合法权益，在法庭辩论阶段所作的综合性发言。代理词不仅有助于维护被代理人的合法权益，还有利于法官全面透彻地了解案件，公正裁决。

（二）内容和写法

代理词一般由首部、正文、尾部三部分组成。

1. 首部。包括：

（1）标题。居中写"代理词"或者"关于××（被告人姓名、案由）案的代理词"。

（2）对审判长、审判员或者人民陪审员的称呼，写作"审判长""陪审员"或者"人民陪审员"，以示对审判庭的尊重，具体情况还需要按照审判庭组成人员来确定。

（3）基本情况介绍。概括说明出庭代理的合法地位和主要任务、出庭前做的准备工作、对案件的整体性看法以及代理观点和意见。

2. 正文。正文写的是代理理由，代理人应当从维护被代理人合法权益的角度，以事实为根据，结合相关的法律、法规等，论证被代理人诉讼请求的正确性和合法性，论证对方当事人行为的违法性及其承担相应的法律责任的合理性。[①] 一般从以下几个方面来写：

（1）从事实方面提出代理意见。如果双方当事人对事实有争执和分歧，代理人应当通过对证据的论证，达到让法官信服其所陈述的事实的目的。一方面，通过足够的证据证明己方主张的正当性和合法性；另一方面，通过论证对方当事人所陈述的事实缺乏证据或者提出的证据存在瑕疵，否定对方当事人的主张。

（2）从法律方面提出代理意见。公正公平地作出最终裁决的关键因素之一是法律条款的准确适用，但由于法律素养的不同，不同代理人对同一案件所适用的法律条款可能会出现差异。除此之外，对同一案件，选择适用不同的法律法规，往往也会得出不同的结论。代理人应当站在被代理人的角度，考虑被代理人的利益，提出最有益于被代理人的代理意见。

（3）从程序方面提出代理意见。人民法院审理案件，应当严格依照法定程序进行，这是维护当事人合法权益最根本的保证。法院如果违反诉讼程序审理案件，有可能会严重侵害其合法权益，如受诉人民法院没有管辖权、违反回避等相关规定。故，代理人可以从程序方面进行论证。

3. 尾部。包括署名和日期。

（三）制作时应注意的问题

1. 根据案件具体情况，抓住争执点，鲜明地提出代理意见，并围绕这一观点多角度、多侧面地展开论证。要从事实、证据、法理、逻辑等多方面进行分析。

2. 代理词的内容应该严格遵守代理人的授权范围，只有经过特别授权，代理人才会有实体处分权。

3. 代理词应当随着诉讼的进行而不断修改、充实和完善，注意及时根据新出现的情况进行调整，弥补代理词中的漏洞。

【思考题】

1. 根据以下材料制作一份起诉状。

---

① 杜福磊、赵朝琴主编：《法律文书学（第二版）》，郑州大学出版社 2010 年版，第 380 页。

李××与方××于1995年登记结婚。1997年，李××被调往外县工作，方××仍留本市。郑××趁李××、方××两地分居，与方××勾搭。为达结婚目的，郑××唆使方××对李××冷淡，借探亲之机打骂李××。2000年秋，方××去李××处提出离婚，李××不同意，方××即借故毒打李××，致李××卧床多日，并曾自杀被救。2001年春节前，方××再次要求离婚，并用木棒将李××打得浑身青肿，后被邻居拉开。2001年6月，方××在休假期间去往外县，每日辱骂、殴打李××，迫其离婚。假期结束，方××回原地后，即与郑××在当地郊区租赁农民房子，公开以夫妻名义同居，并于2002年底生一子。李××决定向人民法院起诉，追究二人刑事责任。

2. 指出下面的辩护词中存在的错误。

辩　护　词①

审判长、审判员：

我是本案被告人张××的辩护人，现发表辩护意见如下：

一、被告人的行为不构成挪用公款罪

1. 张××不符合挪用公款罪的主体要件

挪用公款罪的主体要求是国家机关工作人员或依照法律从事公务的人员，而本案的被告人张××是村委会委员。根据我国《村民委员会组织法》的相关规定，村民委员会仅是基层村民的自治组织。因此，被告人张××不属国家机关工作人员，不应构成挪用公款罪。

2. 被告人张××所挪用的款项部分不属于公款

根据本案现有事实，被告人张××挪用的款项包括土地补偿款和土地附属物款。土地附属物款是由于征地行为给附属物所有人财产造成损害，而弥补其直接损失所支付的费用，支付对象是附属物的所有人。它在性质上与土地补偿款是不同的。土地补偿款支付的对象是村集体；而土地附属物款的对象是不确定的，可能是村集体，也可能是村民个人或其他主体。土地附属物款的支付往往与土地附属物的所有人相关联。检察机关在没有具体查明所有权人的情况下，笼统地直接将土地附属物款认定为公款，属事实不清。对于土地附属物款部分，不应认定为公款。即便有挪用之嫌，也不应该认定为挪用公款罪，而应当认定为挪用资金罪。

二、被告人张××具有从宽的情节

1. 被告人张××系初犯，且悔罪态度好。

2. 所有涉案款项在××年底已经全部归还。

此致

××人民法院

辩护人：×××

××××年××月××日

---

① 引自杜福磊、赵朝琴主编：《法律文书写作教程（第二版）》，高等教育出版社2013年版，第328页。

第七章 律师非诉讼文书

【本章导读】

本章从宏观上对律师非诉讼文书进行梳理，阐释律师非诉讼文书的概念和特征，并将律师非诉讼文书分为婚姻家庭类非诉讼文书、合同类非诉讼文书、资本交易类非诉讼文书和其他律师非诉讼文书四种。本章挑选其中较为常用的文书类型，详细介绍其内容和写法以及制作时应注意的事项等。

【本章知识结构图】

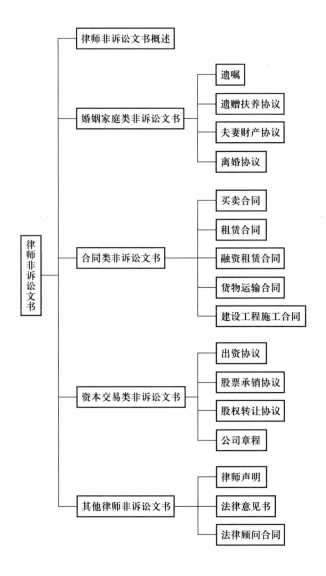

第一节　律师非诉讼文书概述

一、律师非诉讼文书的概念和特点

律师非诉讼文书产生于不具备诉讼要件以及虽具备诉讼要件但不通过诉讼方式处理的法律事务。比较常见的律师非诉讼法律事务包括承接法律咨询、担任法律顾问、律师代书、拟定合同、资本金融类法律事务。

律师非诉讼文书除了具备主旨的鲜明性、材料的客观性、内容的法定性、形式的程序性等法律文书的一般特点[①]外，还具有如下特点：

第一，律师非诉讼文书的制作要求比较灵活。相较而言，诉讼文书在制作时有较多的限制。为规范法院诉讼文书样式，最高人民法院早在 1992 年就发布《最高人民法院关于试行法院诉讼文书样式的通知》，并于 1993 年发布了《最高人民法院关于〈法院诉讼文书样式（试行）〉若干问题的解答》，对如何书写法院诉讼文书的标题、引用法律条文、表述诉讼费的负担情况等都作了相对统一的规定。在制作时间上，诉讼文书也要严格依照相关法律规定，例如，上诉状必须在法律规定的时限内提交，否则不能起到上诉的法律效果。[②] 而国家对非诉领域的法律文书一般没有严格的限制，如北京市工商局在其官网上公布了合同示范文本，但并不强行要求当事人适用，对于签订合同的时间也没有限制。[③]

第二，律师非诉讼文书适用的领域较为广泛。诉讼类的文书仅适用于诉讼案件，而非诉讼文书可以适用于公司上市、股票发行、合同签订、婚姻家庭等，适用的领域较为广泛。在经济较为发达的地区，非诉讼文书适用范围更为广泛。例如，根据香港法律规定，无须通过法院裁判方式解决的各项事件或情事都属于律师非诉业务范围，包括一切买卖、租赁、按揭等事件，非诉业务领域的广泛性自然导致律师非诉讼文书适用领域较为广泛。[④]

第三，形式较为多样。律师在诉讼中常用的法律文书主要是代理词、答辩状、起诉状、上诉状、再审申请书等。但是，在非诉讼领域，律师常用的文书种类较多，既包括遗赠扶养协议、婚前财产协议、离婚协议等婚姻家庭类协议，也包括商品房买卖合同、融资租赁合同、加工承揽合同等合同，还包括公司章程、招股说明书等为资本市场服务的文书，以及诸如律师声明等其他类别的法律文书。相较诉讼文书，律师非诉讼文书存在的领域更广泛，形式也更多样。

第四，非官方性。从制作主体上来看，司法机关和行政执法机关代表国家行使司法权和行政执法权时，都需要制作法律文书，如起诉意见书、民事判决书、行政处罚决定书等，此类法律文书的制作主体是具有国家公权力的机关。而非诉讼文书的制作主体既可以是律师，也可以是公民、法人或其他组织，例如，律师声明的制作主体是律师，买卖合同的双方当事人可以是公民、法人或其他组织，而合同本身的起草主体既可以是合同双方当事人，也可以

---

① 宁致远主编：《法律文书教程》，中央广播电视大学出版社 2001 年版，第 8 页。
② 《民事诉讼法》第 171 条、《刑事诉讼法》第 230 条分别规定了民事和刑事上诉的时间限制。
③ 《北京市合同示范文本》，载北京市人民政府官网。
④ 秦天宝、赵旭东：《香港律师参与非诉事件的工作程序》，《律师世界》1997 年第 7 期，第 43—44 页。

是其聘请的律师。从制作的时间要求来讲，律师非诉讼文书没有明显的时间限制；而对于诉讼文书，法律一般规定有专门的制作时间。依照《民事诉讼法》第 171 条的规定，如不服地方人民法院一审民事判决，必须在判决书送达之日起 15 日内提起上诉；而民事裁判文书、行政处罚决定书等诉讼法律文书的制作都必须要保证合乎时限的法律规定。相较而言，律师非诉讼法律文书的制作时间较为灵活，一般根据当事人的要求或处理法律事务的需要来确定文书制作的时限。从约束力上来看，相较公权力机关制作的法律文书，律师非诉讼文书的约束力较弱。如当事人之间订立买卖合同之后，可以协商变更或者解除，若一方违约，守约方可以选择追究或者放弃追究违约方的责任；而法院的判决书则要求当事人在规定的时限内履行，若当事人不及时履行，法院可强制执行。律师非诉讼文书的非官方性，也使得非诉讼文书在内容上具有更大的灵活性，在一定程度上也更能体现当事人的意思自治。

二、律师非诉讼文书的种类

根据律师从事非诉讼法律事务的范围，非诉讼文书主要可以分为以下几类：

第一，婚姻家庭类非诉讼文书。例如，收养人为收养他人子女可以与送养人订立收养协议；自然人可以遗嘱的方式将其个人财产赠与国家、集体或者法定继承人以外的自然人；夫妻双方自愿离婚，并就财产分割、子女抚养等问题协商一致之后，可以签订离婚协议。婚姻家庭类非诉讼法律文书主要包括遗嘱、遗赠扶养协议、婚前财产协议、离婚协议等。

第二，合同类非诉讼文书。除了我国现行《民法典》规定的买卖、赠与、借款、租赁、承揽合同等有名合同之外，拥有注册商标、企业标志、专利、专有技术等经营资源的企业，可以通过订立特许加盟经营合同，将其拥有的经营资源许可其他经营者使用。

第三，资本交易类非诉讼文书，即为资本市场服务的非诉讼文书。例如，成立公司时约定各出资人权利义务的出资协议；股份有限公司与证券公司之间订立的关于包销或者代销股票的股票承销协议；当事人以转让股权为目的达成的关于股权转让方交付股权并收取价金、受让方支付价金而取得股权的股权转让协议；记载公司组织与行为基本规则的公司章程；等等。

第四，其他律师非诉讼文书。如律师声明、法律意见书、法律顾问合同等。

三、律师非诉讼文书的功能

非诉讼文书具有重要意义，它并不是为了解决一个具体的法律纠纷而制作的法律文书，而是为了完成一定的法律事务，或者为了避免纠纷而采取一定的措施所形成的法律文书。律师非诉讼文书具有如下功能：

第一，为当事人提供行为指导。用非诉讼法律文书将当事人今后某一方面的权利义务书面化，为当事人提供行为指导，能有效避免或减少纠纷的发生。例如，法律服务提供者根据当事人提供的材料出具法律意见书，为当事人提供专业的行为指引；内容详尽的公司章程是公司股东必须遵守的法律文件；当事人应遵照事先签订的合同履行义务；等等。

第二，维护当事人的合法权益。例如，为维护当事人合法权益而发布的律师声明，可能会在一定范围内制止侵权行为，切实维护当事人的合法权益。又如，"老鼠门"事件之后，某餐饮公司通过公司官网发布声明，表示全部接受该市食品药品监督管理局约谈的全部内容，同时虚心接受媒体和社会公众对公司门店提出的问题和建议，并公布相应整改措施，线下严格落实措施。该公司不仅将负面影响降到最低，而且维护和重建了公司品牌形象。

第三，作为实施法律的重要载体和工具，可有效规范市场行为。相比于诉讼过程中形成的法律文书，非诉讼文书具有更广阔的适用领域。无论当事人为实现权利还是履行义务，都可以制作具有法律效力的文书。例如，作为有限责任公司成立必备要件的公司章程，记载着公司的名称和住所，经营范围，注册资本，股东的出资方式、出资额和出资时间，以及公司的机构及其产生办法、职权、议事规则等，[1] 公司股东必须遵守。符合法律规定的公司章程就成为实施《公司法》的重要载体和工具。非诉讼文书将法律规定融入其中，通过当事人对文书的遵守达到实施法律的目的。

第二节　婚姻家庭类非诉讼文书

一、遗嘱

（一）概述

遗嘱，是遗嘱人生前对自己的财产或其他事务作出处理而制作，并于死亡时发生效力的法律文书。

遗嘱具有如下法律特征：

1. 立遗嘱是一种单方法律行为，无需与继承人达成合意，只需遗嘱人单方意思表示即可成立。遗嘱人生前可依照法律规定的程序和方式，以单方意思表示对先前书写的遗嘱内容进行更改或撤销已经书写的遗嘱。

2. 遗嘱在遗嘱人死亡后发生法律效力。正因如此，遗嘱人才可以在生前对遗嘱进行更改或撤销。

3. 符合《民法典》第 1134 条至 1139 条规定的形式要件，是遗嘱生效的前提。

4. 作为法律文书的遗嘱既可以适用于遗嘱继承，也可以适用于遗赠。[2]

（二）内容和写法

1. 首部。包括：

（1）标题。标题可以直接写作"遗嘱"。

（2）立遗嘱人基本情况。尽可能详细写明立遗嘱人的姓名、性别、民族、出生年月日、住址、身份证号等，以避免因重名等导致遗嘱无效。

（3）订立遗嘱的原因和目的。原因和目的不是遗嘱的必备要件。

2. 正文。正文即为遗嘱内容，可以包括：

（1）遗嘱人所有的财产名称、数额、财产保存方式、保管人等。

（2）遗嘱人对财产的处理意见。包括指定遗嘱继承人或者受遗赠人、指明遗产的分配方法和具体数额。

---

① 《公司法》第 46 条。
② 《民法典》第 1133 条。

（3）其他需要补充说明的事项。如确立遗嘱执行人、明确如何执行遗嘱等事项。

3. 尾部。包括：

（1）遗嘱的份数和保管人。如："本遗嘱一式四份，由本人、某甲、某乙、某丙各执一份，具有同等法律效力。"

（2）立遗嘱的时间和地点。

（3）遗嘱人签名，如果所立遗嘱按法律规定应有见证人和代书人，见证人和代书人也必须签名。

（三）制作时应注意的问题

1. 根据《民法典》第 1134 条至 1139 条的规定，遗嘱共有 6 种形式，对每种遗嘱形式，法律都规定了必备要件，符合法律规定的形式是遗嘱生效的前提。

2. 遗嘱的内容需符合法律规定。

3. 公民可以在遗嘱中指定遗嘱执行人。

4. 遗赠也采用立遗嘱的方式实现。遗赠是公民以遗嘱的方式将个人合法财产的一部分或者全部赠送给国家、集体组织或者法定继承人以外的自然人，并于遗嘱人死亡时发生效力的单方法律行为。遗嘱人在遗赠中称为遗赠人，遗嘱中指定接受遗赠财产的人称为受遗赠人，也称为遗赠受领人。遗赠人在书写遗嘱时不必征得遗赠受领人的同意，就可以将自有的一部或全部财产遗赠给受遗赠人。受遗赠人若不接受遗赠，则应当在知道受遗赠后 60 日内采取明示或者默示的方式放弃。①

二、遗赠扶养协议

（一）概述

遗赠扶养协议是由扶养人和遗赠人（又称受扶养人）订立的，扶养人承担遗赠人生养死葬的义务，遗赠人将财产遗赠给扶养人的书面协议。

与遗嘱和遗赠不同，遗赠扶养协议是扶养人和遗赠人双方意思表示一致而签订的协议，是双方法律行为。协议达成后，任何一方非经法定程序不得擅自变更或者解除协议。从遗赠扶养协议发生法律效力之日起，扶养人就应当按照协议约定履行扶养义务，被扶养人不得对自己的财产作出不利于扶养人的处分，遗赠的效力（即扶养人接受遗赠人财产的效力）须于受遗赠人死亡时才能发生。

（二）内容和写法

1. 首部。包括：

（1）标题。标题可直接写为"遗赠扶养协议"。

（2）当事人的基本情况。分别写明受扶养人和扶养人的姓名、性别、民族、出生年月日、籍贯、详细住址等。

2. 正文。包括：

（1）扶养人和受扶养人自愿订立遗赠扶养协议的意思表示，如"受扶养人和扶养人双方在自愿、平等协商的基础上，就遗赠和扶养事宜达成如下协议："。

---

① 《民法典》第 1124 条。

（2）受扶养人将财产遗赠给扶养人。包括遗赠财产的种类、名称、数量和基本情况等。

（3）扶养人承担遗赠人生养死葬的义务。包括扶养包含哪些方面、扶养的具体方式、扶养应达到的标准和要求。

（4）作为完整的遗赠扶养协议，还应当写明双方不履行和拒绝履行遗赠扶养协议约定的义务时应承担的法律责任。

3. 尾部。扶养人和被扶养人双方在协议上签名或盖章，并注明制作日期，如有见证人，见证人也应当签名。

（三）制作时应注意的问题

1. 扶养人应承担的义务内容和遗赠人遗赠的财产应尽量详细记载。如对于房产，不仅要写明房产的准确位置，还应写明房产证号等。

2. 对于双方约定要进行公证的遗赠扶养协议，也可以约定公证后生效。

3. 遗赠扶养协议的效力优先于遗嘱，[①] 在制作遗赠扶养协议时，应提醒被扶养人确认是否订立过遗嘱。

4. 遗赠扶养协议的主体具有特殊性。受扶养人一般是孤寡、没有法定继承人的老人，扶养人是法定继承人以外的自然人或者集体所有制组织。

三、夫妻财产协议

（一）概述

夫妻财产协议一般既允许在婚前订立，又允许在婚后订立或变更。[②] 根据我国《民法典》第 1065 条之规定，夫妻可以就婚前财产或者婚姻关系存续期间所得的财产归属作出约定，也可以对二者均作出约定。对于财产制度的选择，既可以是共同财产制，也可以是分别财产制，还可以是部分共同、部分分别的财产制度。

（二）内容和写法

1. 首部。包括：

（1）标题。即"夫妻财产协议"。

（2）夫妻双方基本情况。包括双方的姓名、出生日期、住址、民族等。

2. 正文。包括：

（1）夫妻双方的财产状况。详细列明现有夫妻财产（包括债务）的名称、数额、价值等。

（2）夫妻财产权利的归属。写明协议中所列财产的归属及今后婚姻关系存续期间财产的使用、维修、处分等事宜。

3. 尾部。夫妻双方签名与日期。

延伸阅读

夫妻财产协议实例及评析

---

① 《民法典》第 1123 条。

② 巫昌祯主编：《婚姻与继承法学》，中国政法大学出版社 2017 年版，第 113 页。

（三）制作时应注意的问题

1. 某一财产被权利人实际占有的时间并不是判断其是否为婚前财产的关键，虽为婚后占有但取得时间在婚前的，仍为婚前财产；虽在婚前占有但取得时间在婚后的，仍为婚后财产。

2. 财产协议应采用书面形式。[①]

3. 协议在婚前或婚姻关系存续期间均可制作，我国法律对制作时间没有强制性规定。

4. 涉及的财产包括婚姻一方或者双方全部或部分婚前、婚后财产。

5. 夫妻对婚前、婚后财产进行约定时，应当符合配偶这一特殊身份关系，同居关系、姘居关系、通奸关系者在关系存续期间对财产的约定，并不是此处所说的夫妻财产协议，不适用法律有关夫妻财产协议的规定。

6. 夫妻财产协议的效力仅及于夫妻双方，不得对抗善意第三人。

四、离婚协议

（一）概述

离婚协议是指夫妻双方自愿离婚，并就财产分割、子女抚养等问题协商一致而签订的法律文书。离婚协议的内容主要包括自愿离婚、子女抚养、财产及债务的处理三个方面。其中，子女抚养涉及由哪一方行使抚养权，抚养子女所花费的医疗、教育等抚养费用由谁支付，以及夫妻一方对子女探视权利的行使及保障等问题。

离婚协议是登记离婚的必备要件，法律对离婚协议的主要内容也作出了重要规定。依照《民法典》第 1078 条，婚姻登记机关查明双方系自愿离婚，且对子女抚养和财产、债务问题已有处置时，方准予登记离婚。根据《婚姻登记工作规范》第 55 条"当事人持有离婚协议书，协议书中载明双方自愿离婚的意思表示以及对子女抚养、财产及债务处理等事项协商一致的意见"的规定，离婚协议是婚姻登记机关受理离婚登记的条件之一。

（二）内容和写法

1. 首部。包括：

（1）标题。即"离婚协议"。

（2）夫妻双方基本情况。包括姓名、性别、年龄、民族、籍贯、职业或者工作单位和职务、住址、联系电话等。

2. 正文。包括：

（1）离婚的原因，可表述为"双方系自愿离婚"。

（2）子女抚养权归属及抚养费负担、非直接抚养子女一方对子女的探视权。抚养费包含生活费、教育费、医疗费等费用，并应注明抚养费负担数额、给付时间和给付方式。对于探视权行使的时间、地点应尽可能地详细约定。

（3）夫妻共同财产的分割。夫妻共同财产包括房产、家具、现金存款、有价证券等。

（4）夫妻关系存续期间债权的享有和债务的承担。

3. 尾部。双方签名并注明日期。

---

① 《民法典》第 1065 条。

（三）制作时应注意的问题

协议仅对双方当事人有效，协议关于财产及债务偿还的约定不能对抗善意第三人。

第三节　合同类非诉讼文书

一、买卖合同

（一）概述

买卖合同是出卖人转移标的物所有权于买受人、买受人支付价款的合同。买卖合同具有如下特征：

1. 买卖合同的标的物应当符合法律的规定。原则上出卖人对出卖的标的物应当享有所有权或者法律规定的处分权，否则就构成无权处分。对于无权处分的买卖合同，买受人有可能依照善意取得制度获得标的物的所有权。买卖合同的标的物应是国家法律、行政法规规定可以转让的物品，若以禁止买卖的物品作为标的物，买卖合同将因为违反法律、行政法规的强制性规定而无效。

2. 买卖合同属于有偿合同，出卖人转移标的物所有权，买受人支付价款。一般而言，如果标的物是动产，标的物的所有权在交付时转移；如果标的物是不动产，标的物的所有权自登记时转移。对于所有权保留的买卖合同，则应按照合同的约定确定标的物所有权转移的时间。

3. 买卖合同属于双务合同，买方有按照合同约定支付价款、接受标的物的义务，卖方有交付标的物并保证标的物符合法律规定和合同约定的标准的义务。

（二）内容和写法

1. 首部。包括：

（1）标题。常见的标题有"买卖合同""汽车买卖合同""商品房买卖合同"等。

（2）合同编号、合同签订地、合同签订日期。合同编号依照本单位的管理规定来书写。

（3）出卖人和买受人双方的基本情况。如是自然人，写明姓名、国籍、地址、联系方式等；如果是法人或非法人组织，则写明该组织的全名，住址，法定代表人或主要负责人的姓名、职务、联系方式。

延伸阅读

买卖合同实例及评析

2. 正文。包括：

（1）标的物的基本情况。包括标的物的名称、数量、质量、单价、总价款等，为了表述清楚，可以用表格方式列出。对于一些特殊的标的物，还应该写明该标的物的特殊情况，如汽车买卖合同中应写明汽车的型号、颜色、牌号等。

（2）交货方式和交付地点。根据具体情况写明是买方自提还是送货上门，是车板交货还是卖方仓库交货，是一次性交货还是分期交货，是约定时间交货还是根据买方通知交货等。

（3）质量标准。可能是国家标准、行业标准或当事人约定的其他标准，如果约定的是国家标准或行业标准，应当写明标准的具体名称。

（4）卖方应提供的证明文件条款。

（5）价格条款。明确货款数额与支付方式。支付方式可以是现金、支票、转账等，约定以转账方式支付的，应在合同中注明双方的账户名称和账号。涉外买卖合同还涉及支付的币种。

（6）验收条款。包括验收方式、验收时间、卖方提供用以验收的必要技术资料或者样品。

（7）合同履行期限条款。如果是分期履行合同，需要写清楚每一个履行期的起止时间。

（8）担保条款。担保方式可以是保证、抵押、质押。担保要符合《民法典》担保物权编的规定，买卖双方均可以要求对方提供担保。

（9）包装条款。包括包装的标准、包装价款的承担、包装物的回收等内容。

（10）合同的变更和解除。写明变更和解除合同的条件、方式、程序等内容。

（11）违约责任。写明在不履行合同义务或者履行合同义务不符合约定的情况下，应承担的法律责任。

（12）争议解决条款。约定争议解决的方式（诉讼或仲裁）及管辖。

3. 尾部。包括：

（1）合同的份数和保管人。如"本合同一式四份，双方各执两份，具有同等法律效力"。

（2）合同的生效时间。合同的生效日期可以是某年某月某日，也可以是双方签字盖章的时间，还可以是当事人约定的其他时间。法律规定应当审批或报批才能生效的合同，应按照法律规定履行相应手续。

（3）出卖人和买受人签名或盖章，并写明签署日期。

（三）制作时应注意的问题

1. 由于单证是关涉物的所有权归属的重要书面文件，如果标的物有单证，出卖人应当向买受人交付标的物的单证或者协助买受人办理有关单证，如房屋买卖合同一般会约定出卖人协助买受人办理房屋产权过户。单证不仅包括产权证、发票，也包括提货单、说明资料等，出卖人应当将与标的物有关的完整资料交付给买受人。

2. 买卖具有知识产权的计算机软件、图纸等标的物的，除法律另有规定或当事人另有约定外，该标的物的知识产权不转移给买受人。[①]

3. 明确标的物所有权转移的时间。标的物所有权转移的时间可以与是否支付价款、何时支付价款联系在一起。例如，为保护出卖人的权利，可以约定买受人未履行支付价款或者其他义务的，标的物的所有权仍属于出卖人。

根据《民法典》第 641 条的规定，当事人可以在买卖合同中约定所有权保留的条款，规定了所有权保留条款的买卖合同，在标的物所有权转移之前，若买受人未按照约定履行支付价款或者其他义务的，标的物的所有权属于出卖人。出卖人对标的物保留的所有权，未经登记，不得对抗善意第三人。所有权保留只适用于买卖标的物是动产的情况，对不动产不适用，[②]且依照《买卖合同司法解释》第 26 条之规定，若买方支付合同价款达到总价款的 75% 以上，出卖人将不再享有取回标的物的权利。

---

① 《民法典》第 600 条。

② 《最高人民法院关于审理买卖合同纠纷案件适用法律问题的解释》（以下简称《买卖合同司法解释》）第 25 条。

《民法典》第 642 条、《买卖合同司法解释》第 26 条等规定得较为笼统，当事人订立合同时还可以进一步约定：因出卖人行使取回权而对买受人迟延履行的期限、迟延履行的数额要求；行使取回权之前是否要对买受人进行催告，采用何种方式进行催告；若买受人的迟延履行构成根本违约，出卖人可否不受合同其他条款限制直接取回标的物。

4. 合同条款约定应尽可能明确细致，尤其是标的物的质量、数量，合同履行期的起止时间，标的物交付的时间和地点，以及风险转移的时间和地点等。

二、租赁合同

（一）概述

租赁合同是出租人将租赁物交付承租人使用、收益，承租人支付租金的合同。租赁合同中，提供物的一方是出租人，使用物的一方是承租人，双方约定交付给承租人使用的物是租赁物。

（二）内容和写法

1. 首部。包括：

（1）标题。如"租赁合同""房屋租赁合同""柜台租赁合同"等。

（2）合同编号及合同签订时间、地点。合同编号依照当事人的合同管理规定书写。

（3）出租方和承租方的基本情况。

2. 正文。包括：

（1）标明双方协商一致，签订本租赁合同的意愿。常见的写法为："根据《中华人民共和国民法典》及有关规定，为明确出租方与承租方的权利义务关系，经双方协商一致，签订本合同。"

  延伸阅读

 租赁合同实例及评析

（2）租赁物及附件的名称、数量、质量和用途。如在房屋租赁合同中，约定房屋坐落、面积、房屋内家具情况、房屋用途、人数限制、使用租赁物的注意事项等。

（3）租赁期限。

（4）租金的数额及缴纳方式。

（5）租赁期间租赁物的维修保养。如租赁物在租赁期间发生损坏，维修责任人是谁，维修费用由谁负担等。

（6）合同的变更和解除，包括合同变更和解除的条件、方式和程序。如房屋租赁合同约定："承租人未经出租人书面同意转租、转借承租房屋的，出租人有权以短信或者书面方式通知承租人解除合同，自通知到达承租人时合同解除。"

（7）违约责任。约定违约责任的大小和违约责任的承担方式。

（8）争议解决条款。约定争议解决方式（诉讼或仲裁）及管辖。

3. 尾部。合同双方当事人签字、盖章，并注明日期。

（三）制作时应注意的问题

1. 租赁期限。当事人可以明确约定租赁期限，也可以不约定租赁期限。对于明确约定期限的租赁合同，合同到期后，租赁合同自然终止，当事人也可以在租赁期限届满后以明示或者默示的方式续约；对于未约定租赁期限的合同，视为不定期租赁，当事人可以在给对方必要准备时间的情况下随时解除合同。

2. 租赁物的转让、转租、转借。合同中应明确约定出租人可否在合同期间转让租赁物，承租人可否在合同期间转租、转借租赁物。

3. 合同中应明确约定租赁期限届满后返还租赁物的方式及期限。

4. 如租赁物在正常使用过程中会产生各种费用，应明确这些费用的承担主体及承担方式，如房屋租赁合同期间水电费、物业费的承担主体及承担方式。

三、融资租赁合同

（一）概述

融资租赁合同是出租人根据承租人对出卖人、租赁物的选择，向出卖人购买租赁物并提供给承租人使用，承租人支付租金的合同。

近年来，我国融资租赁行业呈高速发展态势。融资租赁业务的发展对于解决企业特别是中小企业融资难、融资贵的问题发挥了积极且重要的作用。随着融资租赁业务数量的快速增长，融资租赁纠纷数量也呈高速增长态势，而拟定一份合格的融资租赁合同能够有效减少或者避免纠纷的发生。

（二）内容和写法

1. 首部。包括：

（1）标题。写作"融资租赁合同"。

（2）合同编号。依照当事人保管合同的规定书写。

（3）出租方和承租方的基本信息。包括名称、地址、法定代表人或主要负责人及职务、联系方式等。

（4）合同签订地点、时间。

2. 正文。包括：

（1）表示双方合意自愿订立本合同。如"甲乙双方同意按照下列条款签订本租赁合同，以资共同遵守："。

（2）租赁物的详细情况及租赁期间租赁物的所有权归属。其中，租赁物的详细情况包含货物名称、制造厂商、规格、型号、数量（包括主件和附件的数量）等。

（3）租赁物的交付时间、地点和方式。

（4）租赁物的检验方法和检验期限。

（5）租赁期限。

（6）租金数额及支付方式、支付期限。其中，租金支付方式主要包括租期内租金支付的次数、每次支付的数额、以现金还是以转账方式支付（若以转账方式支付，需要列出出租人的账户信息）、支付的币种等。

（7）质量保证条款。明确约定发生质量争议时负责处理争议的责任方及另外一方的协助义务。如"在质量保证期内发生质量问题，属于卖方责任时，出租方承诺将购货协议约定的索赔权转让给承租人，并协助承租人办理相关事宜"。

（8）租赁物的使用、维修、保养和相关费用负担。写明使用、维修和保养的责任主体及方式。

（9）租赁期限届满租赁物的归属。若承租人支付的租金已经包含了购买租赁物的成本和出租人的合理利润，一般约定租赁期限届满，租赁物归承租人所有。

（10）租赁物损毁、灭失的风险负担。

（11）违约条款。

（12）争议解决条款。

3. 尾部。包括：

（1）合同的份数和保管人。如"本合同一式四份，双方各执两份，具有同等法律效力"。

（2）合同的生效时间。合同的生效时间可以是双方签字盖章时，也可以是当事人约定的其他时间。

（3）承租人和出租人签名或盖章，并写明签署日期。

（三）制作时应注意的问题

1. 法律对融资租赁合同的租赁期限没有限制。因融资租赁合同的标的物是不易损耗物且不适宜多次出租，融资人多希望能够从一次出租中收回成本并获取合理利润，因此融资租赁期限一般较长，不受租赁合同期限不超过 20 年的限制。

2. 由于租赁物是出租人根据承租人的要求购买的，因此，合同对租赁物的描述要尽可能地详细。

3. 租赁物的种类应满足法律的规定。例如，依照《金融租赁公司管理办法》第 4 条的规定，适用于融资租赁交易的租赁物为固定资产；《商务部、国家税务总局关于从事融资租赁业务有关问题的通知》第 3 条对试点企业开展融资租赁业务的标的物进行了限制。

4. 租金总额的计算标准通常是购买租赁物的成本加出租人的资金利润，因为融资租赁实际上是把货款以租金的形式支付给出租人，同时补偿出租人应当得到的资金利润。

5. 在合同存续期间，出租人享有租赁物的所有权。

6. 注重对出租人的物权保护。在融资租赁合同中，承租方合法占有融资租赁标的物。在融资租赁交易中，除了船舶、航空器等需要登记外，其他动产均不需要登记，若承租方将占有的融资租赁标的物处分给善意第三方，第三方依照善意取得制度取得融资租赁标的物所有权的，出租人将可能落得人财两空的下场。由于现行法律对融资租赁没有登记的强制性要求，因此，在合同中约定担保就成为有效避免出租人损失的方法之一。

四、货物运输合同

（一）概述

货物运输合同是指承运人将货物从起运地点运送到约定地点，托运人或者收货人支付运输费用的合同。承运人是取得运输服务资格、提供运输服务的企业或者个人；托运人是提供货物的自然人、法人或者其他组织；收货人是托运人指定的领取货物的自然人、法人或者非法人组织。

（二）内容和写法

1. 首部。包括：

（1）标题。写作"货物运输合同"。

（2）合同编号。依照当事人的合同管理规定书写。

（3）托运人和承运人的基本情况。

（4）合同的签订地点、签订时间。

2. 正文。包括：

（1）双方协商一致订立本合同的意思表示。

（2）货物的名称、规格、数量、价款等。

（3）货物的包装。

（4）货物的起运地点和到达地点。

（5）货物承运日期和到达期限。

（6）货物的装卸责任及方法。

（7）收货人领取货物及验收方法。

（8）运输费用及结算方式。

（9）担保条款。

（10）违约责任。

（11）争议解决条款。

3. 尾部。包括：

（1）合同的份数和保管人。如"本合同一式四份，双方各执两份，具有同等法律效力"。

（2）合同的生效时间。合同的生效时间可以是双方签字盖章时，也可以是当事人约定的其他时间。

（3）托运人和承运人签名或盖章，并写明签署日期。

（三）制作时应注意的问题

1. 合同中应明确是否保价或者办理保险，并明确保险办理的责任主体及费用负担主体。

2. 当事人对运送单据有要求的，应在合同中注明。

五、建设工程施工合同

（一）概述

建设工程施工合同与勘察、设计合同统称为建设工程合同。

建设工程施工合同作为建设工程合同的一种，指发包人（工程建设单位与施工单位）与承包人（即施工承包单位或分包单位）为完成建设工程，明确双方的权利义务关系而签订的协议。按照合同约定，承包人应完成发包人交给的建筑工程施工任务；发包人应按合同约定提供必要的施工条件并支付工程价款。

（二）内容和写法

为指导建设工程施工合同当事人的签约行为，维护当事人合法权益，住房城乡建设部、原国家工商行政管理总局共同制定《建设工程施工合同（示范文本）》（GF—2017—0201，以下简称《示范文本》）。《示范文本》由合同协议书、通用合同条款和专用合同条款三个部分组成。合同协议书部分较为详细，集中约定合同当事人基本的权利义务，主要包括工程概况、合同工期、质量标准、签约合同价和合同价格形式、项目经理、合同文件构成、承诺以及合同生效条件等重要内容。通用合同条款是一般建设工程施工合同都应当遵守的内容。专用合同条款部分，当事人可以根据意思自治对合同条款进行自由补充。鉴于已经有了示范文本，此处就不再详细叙述建设工程施工合同的内容与写法，而重点介绍合同制作时应注意的问题。

（三）制作时应注意的问题

1. 采用书面形式。[①]

2. 工程名称应当以批准的设计文件所称的名称为准，不得擅自更改。建设项目的名称、地点、范围、内容，实质上是对建设工程合同标的的描述，应尽可能清楚、准确，否则易引发争议。

3. 对合同的签订主体是否与招标人、中标人一致进行审查，并对合同签订主体的资质进行审查，包括是否具备建设该工程的资质、在合同约定的工期内资质是否持续有效，最好将合同主体的资质证书作为合同附件进行留存。为尽量避免和减少因承包方资质不符合约定给发包方造成的损失，可约定："承包方承诺在本合同履行期间持有有效的企业资质文件及承接本合同约定的建设工程项目所应具备的建筑企业相应资质，否则发包方有权解除合同，且承包方应赔偿由此给发包方造成的一切损失。"

4. 开工、竣工时间以及中间工程开工、竣工时间是建设工程施工合同中的重要信息。合同应对工期顺延的情形、发包方与承包方对工期顺延的确认程序以及因工期顺延产生的费用、损失的承担方式进行明确约定。工期顺延的情形包括因为发包方没有履行协助义务导致工程不能顺利进行。

工期顺延是否应通知对方、通知的具体程序、顺延的期限以及因工期顺延导致额外增加的工程费用或造成的损失应如何承担，均应在合同中详细约定。

5. 在拟定合同时，对于必须进行招标才能签订的建设工程施工合同，应提醒当事人必须进行招标，否则签订的合同无效，[②] 而且可能受到行政处罚或承担其他法律责任[③]。

6. 建设工程施工合同的内容应与招投标文件一致，若不一致，合同当事人可能会受到行政处罚。[④]

第四节 资本交易类非诉讼文书

一、出资协议

（一）概述

出资协议是公司设立之前，各出资人签订的旨在规范和约束出资人出资义务的合同。出资协议中应明确出资人各自的出资方式和出资数额，对以非货币方式出资的，还需要按照相关法律规定办理手续。

2013 年《公司法》对设立公司不再有最低资本额的要求，股东出资也没有最低 30% 的现金比例限制，2023 年《公司法》延续了这一规定。但是，2023 年《公司法》规定全体

---

① 《民法典》第 789 条。
② 参见《最高人民法院关于审理建设工程施工合同纠纷案件适用法律若干问题的解释（一）》第 1 条。
③ 参见《招标投标法》第 49 条。
④ 参见《招标投标法》第 59 条。

股东认缴的出资额由股东按照公司章程的规定自公司成立之日起 5 年内缴足。在 2023 年《公司法》实施前设立的公司，出资期限超过本法规定的 5 年期限的，应当逐步调整至规定的期限以内。

（二）内容和写法

1. 首部：标题，如"设立××公司的出资协议"。

2. 正文。包括：

（1）各方自愿出资设立公司的意图。如"根据《中华人民共和国公司法》，经过各股东慎重研究，一致同意按照法律规定应具备的条件，自愿出资设立一个有限责任公司，现就具体事项制定如下协议："。

（2）申请设立的公司。包括公司名称、主要经营范围、公司住所拟设立地等。

（3）各出资人基本情况。

（4）公司注册资本、各股东出资数额和出资方式、出资期限。

（5）发起人的权利和义务。

（6）基于各种原因不能按照约定意愿设立公司时费用的负担及违约责任的承担方式。

3. 尾部。包括：

（1）本协议的份数和保管。

（2）各出资人签字或盖章，并注明日期。

（三）制作时应注意的问题

1. 按照我国《公司法》的规定，公司注册资本实行限期认缴制，出资自公司成立之日起 5 年内缴足。股东可在出资协议中约定不按照出资协议认缴出资的出资人，向已经足额缴纳出资的股东承担违约责任。

2. 未履行或者未全面履行出资义务的股东，按照法律规定，除应当向公司足额缴纳外，还应当对给公司造成的损失承担赔偿责任。为保障已经足额出资的股东的利益，可以在出资协议中约定，经一定程序（如通知/诉讼等）仍不履行出资义务的，可取消未履行或者未全面履行出资义务股东资格并由其赔偿由此给公司造成的损失。

3. 某些特殊行业仍然保留了法定最低注册资本制度，出资协议约定的出资总额应满足特殊行业关于法定最低注册资本限额的规定。

4. 可以在协议中约定委托一位代理人代为办理公司设立事宜。

二、股票承销协议

（一）概述

股票承销协议是证券发行人与承销主体即证券公司签订的，由证券公司依照协议约定包销或者代销发行人所发行的股票的协议。

股票承销协议分为股票包销协议和股票代销协议两种。股票包销协议是指证券公司将发行人所发行的全部股票购入，或者在承销协议中约定的承销期届满之后，证券公司将承销的未售出的股票全部自行购入的协议；股票代销协议是指证券公司仅代发行人发售股票，在协议约定的承销期届满之后，将未售出的股票全部退还给发行人的协议。

（二）内容和写法

1. 首部。包括：

（1）标题：写作"股票承销协议"。

（2）当事人的名称、住所及法定代表人姓名。如：

"发行公司（甲方）：

注册地址：

法定代表人：

承销商：

注册地址：

法定代表人："

2. 正文。包括：

（1）承销方式。

（2）承销股票的种类、数量、金额及发行价格。

（3）承销期及起止日期。根据我国《证券法》的规定，股票代销、包销的期限最长不超过90日。

（4）承销付款方式及日期。

（5）承销的费用和结算办法。

（6）双方的权利义务。如：

"① 乙方要积极协助甲方向上级主管部门办理发行股票的申报手续，制定股票发行工作时间表。

② 乙方根据甲方的要求或需要，从有利于发行的角度出发，积极认真地为甲方提供股票发行和上市及与此有关的全套服务工作，包括股权结构的设置，股票发行价格的确定，股票发行方式，上市时机的选择，律师、会计师事务所和资产评估公司的推荐与工作协调等。

③ 乙方负责该期股票的承销业务，包括组建承销团、制定股票发行具体方案、编制招股说明书等报审材料、处理发行工作中出现的有关问题。

④ 乙方负责推荐甲方本期股票上市，包括编制上市公告书、准备上市申请材料、接受有关方面的询问。甲方有责任予以协助。

⑤ 按中国证监会的要求，乙方负责做好甲方的股份制改制和上市辅导工作。辅导期自签署承销协议起至上市后1年，辅导工作不另收取费用。为做好上市之后的继续辅导，甲方股票上市后的第一次配股由乙方承销，有关配股的条款由双方另行商定。辅导期内甲方有责任协助。

⑥ 乙方负责协助甲方聘请发行过程中的其他中介机构，具体费用由甲方与其他中介机构商定。乙方以发行成功、股票上市为目的，协调好各中介机构的关系。

⑦ 甲方有责任及时向乙方提供为编制股票发行、上市、公司改制辅导和上市辅导文件所需的一切资料和数据。甲方对其所提供的所有资料或文件的真实性、准确性、全面性和合法性承担责任。否则，因此而使股票发行受阻或失败的，乙方有权终止协议，并由甲方承担违约责任。乙方对甲方的资料或内部情况承担保密义务。

⑧ 协议双方自本协议签署日起至承销结束日止，在事先未经双方协商并取得对方书面同意的情况下，将不以新闻发布会或散发文件的形式，向公众披露招股说明书之外的可能影响本次股票发行成功的消息，否则，承担违约责任。"

（7）违约责任。

（8）国务院证券监督管理机构规定的其他事项。

3. 尾部。包括：

（1）协议的份数及保管方式。

（2）合同当事人签章，注明签订日期。

（三）制作时应注意的问题

1. 向不特定对象发行证券票面总额超过人民币 5 000 万元的，应当由承销团承销。

2. 协议中还应当列明包销剩余股票的认购方法或者代销剩余股票的退还方法及期限。

三、股权转让协议

（一）概述

股权转让协议是公司股东依法将自己的股份转让给他人并收取转让股份的价金，受让方支付价金并得到股权的协议。股东持有的公司股权可以依法转让，法律对有限责任公司和股份有限公司的股权转让的规定有所不同。有限责任公司的股东可以依照公司章程和法律规定，通过与受让方签订履行股权转让协议进行转让，法律对转让场所和转让方式均无特殊规定。股份有限公司的股票分为记名股票和无记名股票。对于记名股票，股东以背书方式或者法律、行政法规规定的其他方式进行转让；无记名股票的转让则由股东直接将股票交付给受让人即可。有限责任公司和股份有限公司的股权转让方式和应注意事项不同，转让方和受让方都可以通过签订股权转让协议的方式就股权转让事宜进行约定，下面就有限责任公司股权转让协议的内容和写法、制作时应注意的问题进行说明。

（二）内容和写法

1. 首部。包括：

（1）标题：写作"股权转让协议"。

（2）股权出让方和股权受让方的基本情况。包括姓名或名称、住址等详细信息。

2. 正文。包括：

（1）与拟转让股权有关的情况。包括与拟转让股权有关的诉讼、仲裁或者行政程序正在进行、尚未了结等；拟转让股权向任何第三者提供抵押、质押、保证的情况；转让方履行出资义务的情况等。

（2）股权转让价格与付款方式及支付条件。例如，为了保证股权转让的顺利进行及股权受让方的权益，可以对股权转让价款约定如下：

"在本协议约定的股权转让之先决条件全部完成之后，股权受让方才有义务转让合同约定的除首期价款之外的其他应支付款项。"

（3）股权转让之先决条件，即股权转让方保证。股权转让方应保证其转让的股权依照法律和章程规定是适宜转让的，并已经履行了必要的手续。如：

"股权转让之先决条件：本协议生效之日起×个月内，下述先决条件全部完成：

① 股权出让方已提供目标公司董事会（或股东会，视目标公司章程对相应权限的规定确定）同意此项股权转让的决议。

② 目标公司的股东，已经按照目标公司章程规定之程序发出书面声明，对本协议所述之转让股份放弃优先购买权。

③ 股权出让方已经完成了将转让股份出让给受让方的全部法律手续。

④ 股权出让方已经完成国家有关主管部门对股权转让所要求的变更手续和各种登记工作。

倘若上述任何先决条件未于约定的时间内完成，而股权受让方又不愿意放弃先决条件的，本协议即告终止，对各方不再具有约束力。股权出让方最迟应于本协议终止后×个工作日内向股权受让方全额退还已经向其支付的转让价款，并返还该笔款项同期产生的银行利息。

届时各方协助办理相关手续，由此产生的费用由过错方承担。"

（4）股权交割期限。

（5）涉及工商、税务、银行等行政手续的办理主体、期限及费用负担。

（6）保密条款。

（7）解约的条件、方式和程序。明确约定股权出让方和股权受让方可于何种情况下进行解约，以及为完成解约所要履行的各种程序。例如：

"股权出让方所提供的拟转让股权的情况不真实、易产生误导或不正确的，股权受让方可在知道有关事件后10日内采用书面形式通知股权出让方解除本合同，而无须承担任何法律责任。"

（8）违约责任。

（9）保密条款。在股权转让协议履行过程中，合同当事人会知悉对方商业秘密，双方可就应保密的事项、保密的范围及违反保密条款的违约责任承担等进行约定。

（10）免责事由及免责事由发生之后各方应尽的义务。罢工、员工骚乱、爆炸、火灾、洪水、地震、法律发生变化等都可以被约定为免责事由。

3. 尾部。包括：

（1）合同的生效条件。

（2）合同的份数及保管。

（3）股权受让方和股权出让方签章并注明日期。

（三）制作时应注意的问题

1. 合同应明确在股权变动之后，修改公司章程和到市场监督管理部门办理变更登记的责任主体及时间要求。例如：

"本协议签署后7个工作日内，股权出让方应促使目标公司向审批机关提交修改后的目标公司的章程，并向市场监督管理部门提交目标公司股权变更所需要的各项文件，完成股权变更手续，使股权受让方成为目标公司的股东。"

2. 双方应约定公司股权转让完成之前已经存在的债务的承担主体。如：

"股权出让方签署一份免除股权受让方对股权转让完成之前债务责任的免责承诺书，作为本协议的附件，与本协议具有同等效力。"

3. 对于国有股权的转让，还需要在转让之前履行国有股权价值评估手续、向我国财政部或其授权部门（如国有资产管理部门）提出股权转让申请并且取得批准，以及法律规定的其他手续。合同应当约定这些手续完成的义务主体及期限。

4. 若拟转让的股权为外资企业股权，股权转让协议的内容还应符合《中华人民共和国外商投资法》《中华人民共和国外商投资法实施条例》等法律文件中关于股权转让的规定。

5. 为避免公司章程对转让本公司股权有特殊条件限制，导致股权转让协议因不满足该条件而无法履行的情况的出现，股权出让方和股权受让方可将对限制条件协商后的处理意见写入股权转让协议中。

四、公司章程

（一）概述

公司章程是公司设立的必备要件之一，记载了公司组织和行为的基本规则，包括绝对必要记载事项、相对必要记载事项和任意记载事项。根据公司类型的不同，可以将章程分为有限责任公司章程和股份有限公司章程。

（二）内容和写法

1. 有限责任公司章程的内容和写法如下：

（1）首部：标题，如"××有限责任公司章程"。

延伸阅读

有限责任公司章程实例及评析

（2）正文。包括：

① 公司名称和住所。

② 公司经营范围。

③ 公司注册资本。

④ 股东的姓名或者名称。

⑤ 股东的出资方式、出资金额和出资时间。

⑥ 公司的组织机构及其产生办法、职权、议事规则。

⑦ 公司法定代表人。

⑧ 公司的解散和清算。写明公司的解散事由、解散程序、清算组的组成、清算组在清算期间的职权。

（3）附则。包括：

① 公司章程订立及生效的时间。

② 全体股东的签名或盖章。

2. 股份有限公司章程的内容和写法如下：

（1）首部：标题，如"××股份有限公司章程"。

（2）正文。包括：

① 公司名称和住所。

② 公司经营范围。

③ 公司设立方式。

④ 公司股份总数、每股金额和注册资本。

⑤ 发起人的姓名或者名称、认购的股份数、出资方式和出资时间。

⑥ 董事会的组成、职权和议事规则。

⑦ 公司法定代表人。

⑧ 监事会的组成、职权和议事规则。

⑨ 公司利润分配办法。

⑩ 公司的解散事由和清算办法。写明公司的解散事由、解散程序、清算组的组成、清算组在清算期间的职权。

⑪ 公司的通知和公告办法。

⑫ 股东大会会议认为需要规定的其他事项。

（3）附则。包括：

① 公司章程订立及生效的时间。

② 全体股东的签名或盖章。

（三）制作时应注意的问题

1. 章程中可以约定法定代表人因执行职务造成他人损害的，法人承担责任之后，有权向有过错的法定代表人追偿。

2.《公司法》第 46 条和第 95 条规定的事项，是必须记载于章程的事项。

第五节　其他律师非诉讼文书

一、律师声明

（一）概述

律师声明是律师接受委托人的授权，就涉及授权人的某些事实或者权益问题，在报刊、网络媒体上登载的表明立场的文字材料。律师声明主要是用公开声明的方式为委托人澄清事实、说明真相，表明委托人的立场和主张。

律师声明究竟是何种性质的行为在实务界存在一定程度的误解，即认为律师接受当事人的委托发表律师声明属于代理行为。按照这一观点，律师以被代理人名义实施法律行为，若律师声明侵害他人权益，则由被代理人承担相应的民事责任。这种说法显然是站不住脚的，因为代理行为必须是能够设立、变更、终止民事权利义务的民事法律行为，而律师声明是对过去事实的确认和重述，一般不会产生设立、变更、终止民事权利义务关系的法律效果，故发表律师声明是一种事实行为。

（二）内容和写法

1. 首部：标题。标题可直接写为"律师声明"或"授权声明"。

2. 正文。包括：

（1）声明依据。如：

"_____（公民或组织）授权_____律师事务所_____律师声明:"

（2）当事人需要澄清的事实、需要说明的真相或权利受到侵害的情况。

延伸阅读

律师声明实例及评析

（3）当事人的立场和将要采取的措施。用以警告侵权人停止侵权或者告知社会公众谨防上当等。

3. 尾部。包括：

（1）注明文书书写主体。示例如下：

"×××律师事务所

××律师"

（2）注明日期。

（三）制作时应注意的问题

1. 受托律师严格依照委托人的委托事项、授权范围向社会作出公开声明，并在文书中载明是受何人所托发表律师声明。

2. 律师对律师声明的真实性、合法性具有审查义务。由于律师声明是律师以法律专家的身份作出的，相比于律师声明的受众，律师能够直接接触当事人提供的资料，更易察觉资料真实与否、合法与否。因此律师声明不仅受众广泛，且与当事人直接作出的声明相比，具有更高的公众信任度和影响力，故律师在接受当事人的委托发表律师声明时应尽到审慎审查义务。

律师应对委托事项的真实性与合法性进行审查。江苏某律师事务所律师就曾因未尽到对委托事项的真实性进行审查的义务而承担了侵权责任。[①] 合法性审查是指审查委托声明内容是否符合法律、行政法规的强制性规定；真实性审查是指审查委托人提供材料的真实性、材料的完整性及材料反映内容的一致性。对当事人提供材料的真实性或者合法性存疑时，律师可以要求当事人给出合理解释或者补充材料，若当事人拒绝补充或者补充之后仍不符合真实性、合法性要求的，律师可以拒绝出具律师声明。

对于一些律师声明中出现的"委托人对声明材料的真实性负责""本声明鉴定委托人提供的材料是真实的"等企图推卸审查责任的写法，不仅不能够免除法定的律师审查义务，包含此类语言的律师声明在一定程度上也会降低文书本身的影响力和可信度。

二、法律意见书

（一）概述

1. 法律意见书的概念。法律意见书是指法律专业人员应当事人的委托，针对某一法律事务，根据当事人提供的材料和事实根据，正确运用法律进行阐述和分析，解答当事人咨询的建议书。法律意见书仅仅是法律专业人员运用法律知识为当事人提供的参考意见，不具有任何强制性法律效力。

2. 法律意见书的分类。从涉及对象角度可将法律意见书分为：

（1）要件类法律意见书。包括关于股票上市、发行和配股等的法律意见书，是为股票上市而报请批准程序中的必要文件，如若有缺，则股票发行不能获得批准。

（2）审查类法律意见书。这是律师在审查委托人或拟委托人提供的各类法律文书后出具

[①] 《中华人民共和国最高人民法院公报》（2008 年第 11 期）中李忠平诉南京艺术学院、江苏振泽律师事务所名誉权侵权纠纷二审案，详见江苏省南京市中级人民法院（2007）宁民一终字第 118 号民事判决书。

的对所审查的合同草案、方案草案、方案从法律角度作出评价，提出可行与否及修改建议的文书。一般来说，多是发现其中有可能引起不良后果的重大问题、重大失误和遗漏，并及时提醒或发出告诫，指出存在的问题，以引起重视或进行弥补，防止产生不良后果。

（3）解疑性法律意见书。这是依照法律、法规对委托人提出的有关法律行为、法律事实问题解答释疑的文书。该文书要求律师在审查材料并在必要时进行调查之后，从法律的角度作出解答。要求律师不仅要有认真负责的态度，不断地认真学习、研究现行的各项法律政策，还要学习、掌握相关专业知识，具有分析解决具体问题的能力。

（二）内容和写法

1. 首部。包括：

（1）标题。可以直接居中写明"法律意见书"，也可采用"关于+当事人+委托事项+法律意见书"的格式。

（2）编号。一般按照所在的律师事务所的管理方法来编制填写，编号一般包含年度、律师事务所的简称、文书简称、序号。

（3）主送对象。主送对象即委托人，是法律意见书制作完毕之后所出示的唯一对象，可以是公民、法人或者其他组织。

（4）有关事项。即该法律意见书应就委托人委托的何种事项出具法律意见。

（5）审查材料。即委托人提供的与案件有关的材料，是律师事务所出具法律意见书的重要根据。

（6）调查活动。即律师事务所根据需要，征得委托人的同意并就费用负担达成一致意见后，派员前往现场进行调查的活动。调查活动在法律意见书中一般由一段简短文字概括。有调查活动的法律意见书可写为：

"兹受……委托，就……事宜进行调查，并依据调查中相关当事人提供之书面材料进行法律分析，出具如下法律意见……"

无调查活动的法律意见书可写为：

"兹受××委托，就委托人与××之间的股权质押事宜进行法律分析，本法律分析仅限于委托人提供之现有书面材料。"

2. 正文。正文是法律意见书的核心，需要根据法律意见书的不同类型分别确定。一般包括以下五项内容：

（1）与委托事项有关的当事人，即与委托事项有利害关系的公民、法人、其他组织。有关事项虽有涉及但与委托人没有利害关系的，不属于法律意见书应列明的与委托事项有关的当事人。排列顺序如下：首先是委托人在委托事项中的直接对方，然后是其他相关人员。此外，在案件形成发展过程中，与委托事项有关的当事人的名称或其他项目发生变化的，应在其名下标出改变的内容及前后变化关系，必要时标出有关项目发生变化的时间。

（2）基本事实。

（3）法律分析。法律分析以基本事实和与基本事实有关的法律规定为基础。

（4）解决方案。解决方案包括建议、措施、步骤、操作方式与流程等内容，是法律意见书实质性内容的最后一部分。在此部分，律师应得出倾向性的结论，提出处理问题的建议，并告知当事人较为清晰的操作方法及可行性分析。

3. 尾部。尾部应当写明以下内容：

（1）声明。为保障律师合法权益而作出的声明一般具有固定内容，即"不得作为证据使用、未经允许不得出示给第三人"。对于比较复杂的情况，律师可以补充几句以保证声明的严谨、周密。

（2）出具法律意见书的法律专业人员签名。如果出具法律意见书的主体是律师，应有律师的姓名、律师事务所的名称并加盖印章。

（3）出具法律意见书的时间。

（三）制作时应注意的问题

1. 资料是提出法律意见的依据，文书应详细列举当事人提供的和通过调查获取的资料。

2. 律师不对当事人提供材料的真实性负责。

三、法律顾问合同

（一）概述

法律顾问合同是公民、法人或其他组织与具有法律专业知识的法律服务工作者签订的，聘请该法律服务工作者就有关法律问题提供意见，草拟、审查法律文书，代理参加诉讼、调解或者仲裁活动，办理委托的其他法律事务，以维护委托人合法权益的合同。

按照期限的不同，法律顾问合同可以分为常年法律顾问合同和临时法律顾问合同；按照服务项目的不同，法律顾问合同可以分为专项法律顾问合同和综合法律顾问合同。

（二）内容和写法

1. 首部。包括：

（1）标题。注明文书名称"法律顾问合同"。

（2）当事人的基本情况。被聘请方是律师事务所的，应写明律师事务所的名称和被指派作为法律顾问的律师的姓名。

2. 正文。包括：

（1）法律顾问工作范围。工作范围可以逐项列举，例如：协助草拟、修改、审查合同和有关法律意见；参与合同谈判；担任代理人，参加诉讼、非诉讼、调解、仲裁活动。委托人也可以概括委托法律服务工作者处理全部法律事务，即其工作范围也可概括为"全部法律事务"。

（2）法律顾问工作的时间、地点。对于工作时间的约定，应本着有利于及时提供法律服务的原则进行。可以约定每月或者每周的某几天为固定的提供法律服务的时间，也可以约定某项法律问题的处理时间等。

（3）法律顾问费用及支付方式、支付期限。

（4）法律顾问的聘用期限。

（5）违约责任。

3. 尾部。双方当事人签名或盖章，并注明合同签订的日期。

（三）制作时应注意的问题

1. 法律顾问合同中应明确哪些服务的费用是包含在法律顾问费中的，哪些是需要另外收费的。

2. 写明鉴定、翻译、资料打印和复印、交通、通信、差旅等项费用的负担主体。

【思考题】

1. 根据材料制作一份有限责任公司股权转让协议。

张某、邓某、林某共同出资设立 A 有限责任公司设计、生产服装，后张某基于个人发展原因，欲转让持有的 A 有限责任公司 30% 的股权给李某，邓某和林某都同意张某的转让，并承诺放弃优先购买权。

2. 指出下面离婚协议书的错误和不妥之处。

离婚协议书

甲方：王某，男，32 岁，汉族，工作单位：甲市开发区政府，身份证号：××××××，联系电话：××××××××××。

乙方：张某佳，女，31 岁，汉族，工作单位：甲市园林局。

双方经过考虑、协商，现就离婚问题达成协议如下：

一、婚姻关系存续期间，甲、乙育有一女丙，经双方协商，并征得丙的同意，离婚后丙跟随母亲乙共同生活。

二、财产分割

甲、乙共同拥有的位于开发区的一套房产及房屋内的家电、家具归甲所有，共同拥有的汽车归乙所有，购买的 A 公司股票共计 500 股归乙所有，现金存款共计 20 万元归乙所有。

三、债权债务的处理

因购买汽车尚欠乙的哥哥 6 万元，由甲依照借款合同的约定依约偿还。

除此之外，夫妻关系存续期间不存在其他债权债务。

甲方：王　某
乙方：张某佳
××年××月××日

3. 指出下面遗嘱文书的错误和不妥之处。

姚某，男，身份证号：××××××，姚某有一套三室一厅房屋，位于 A 市 B 区 C 路 26 号院 16 号楼 3 单元 302，房屋所有权证号为：××××××，现姚某居住于此。姚某在建设银行有 50 万元的存款，存折号为：××××××。另外，姚某收藏画家丰某的两幅山水画。姚某想立一份遗嘱，特请李某和邓某作为见证人，其中李某代书。姚某将房产留给儿子姚甲继承，将存款留给女儿姚乙继承，将山水画赠与好友曾某。

遗　　嘱

立遗嘱人：姚某，男，住址：A 市 B 区 C 路 26 号院 16 号楼 3 单元 302 房间。

为了证明本人所立遗嘱的真实性，特请李某、邓某作为见证人，并由李某代书遗嘱如下：

一、立遗嘱人现在居住房屋（房屋所有权证号为×××××）归儿子姚甲继承。

二、立遗嘱人在建设银行的存款（存折号为×××××）五十万元归女儿姚乙继承。

三、立遗嘱人收藏的画家丰某的两幅山水画赠与好友曾某所有。

立遗嘱时间为2022年7月2日上午9时。

立遗嘱人：姚某

代书人：李某

2022 年 7 月 2 日

第八章　仲裁法律文书

【本章导读】

　　仲裁①法律文书是仲裁过程中产生的具有法律意义和法律效力的文书，既包括仲裁委员会为处理案件制作的文书，如仲裁裁决书、仲裁调解书等；又包括当事人申请仲裁及参加仲裁时制作的文书，如仲裁申请书、仲裁答辩书等。仲裁文书的写法与诉讼文书有相似之处，但由于仲裁的特殊性，仲裁文书也有自己的特点。制作仲裁文书，一方面要符合法律、法规的规定，我国《仲裁法》以及相关仲裁规则对仲裁文书及仲裁申请书、仲裁裁决书的内容都作了具体规定，制作时要严格遵守；另一方面要符合仲裁文书的格式要求，做到要素齐全、格式规范、层次分明。仲裁文书一般都由首部、正文、尾部三个部分组成，其中正文通常由事实、证据和理由组成。事实即客观事实，证据即认定案件事实的依据，理由一般从法律上予以论证，这三个部分存在内在的逻辑关系。

【本章知识结构图】

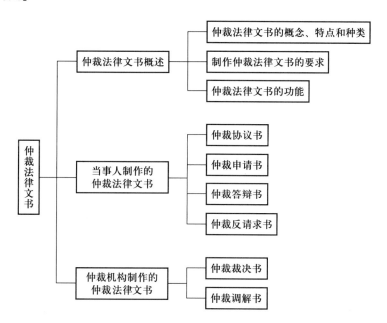

---

　　①　仲裁有民商事仲裁、劳动争议仲裁、人事争议仲裁、农村土地承包纠纷仲裁等，本章仅讲授民商事仲裁。

第一节　仲裁法律文书概述

司法部在 2022 年法治政府建设年度报告中强调，要完善仲裁体制机制以完善公共法律服务体系，努力为人民群众提供更加优质高效的公共法律服务。仲裁文书是仲裁过程中产生的具有法律意义和法律效力的文书，既包括仲裁委员会为处理案件制作的文书，如仲裁裁决书、仲裁调解书等，又包括当事人为申请及参加仲裁制作的文书，如仲裁申请书、仲裁答辩书等。

一、仲裁法律文书的概念、特点和种类

（一）仲裁法律文书的概念

仲裁，在字面上有居中公断之意。仲裁是解决社会矛盾的一种制度，是平等主体之间自愿将争议，包括可能发生的争议、已经发生的争议，提交第三方公平裁断的一种制度。仲裁必须由独立于双方申请人的中立的第三方作出。仲裁法律文书则是仲裁过程中产生的法律文书，是仲裁机构和仲裁申请人依据《仲裁法》和相关仲裁规则制定的具有法律意义和法律效力的法律文书。

（二）仲裁法律文书的特点

1. 仲裁法律文书的制作主体包括仲裁申请人和仲裁机构。仲裁申请人为参加仲裁活动制作仲裁法律文书；仲裁机构为处理争议事实和确定申请人之间的权利义务关系制作仲裁法律文书。在我国，仲裁机构即仲裁委员会，包括中国国际经济贸易仲裁委员会、中国海事仲裁委员会以及依《仲裁法》组建的其他各种仲裁委员会。

2. 仲裁法律文书的制作必须符合《仲裁法》和仲裁规则的规定。仲裁机构和仲裁申请人只能依据《仲裁法》和仲裁规则赋予的职权或者权利制作和使用仲裁法律文书。《仲裁法》或者仲裁规则对仲裁文书的格式、内容有明确要求的，应当按照相应的要求制作仲裁法律文书。

3. 仲裁法律文书具有法律意义或法律效力。仲裁法律文书是在仲裁过程中由仲裁机构和仲裁申请人依法制作和使用的法律文书，是如实反映和记录仲裁活动的专业文书，也是具体适用法律，实现权利义务的结果。因此，无论是仲裁机构制作、使用的仲裁法律文书，还是申请人制作、使用的仲裁法律文书，都是具有一定法律意义或效力的。尤其是仲裁机构制作的仲裁裁决书、仲裁调解书，依法生效后具有强制执行的法律效力，并且未经法定程序，任何人不得随意变更或者撤销。

（三）仲裁法律文书的种类

仲裁法律文书可以根据不同的标准划分为不同的类型。

1. 依据制作主体的不同，分为当事人制作的仲裁法律文书和仲裁机构制作的仲裁法律文书。当事人制作的仲裁法律文书包括仲裁协议书、仲裁申请书、仲裁反请求书、仲裁答辩书、仲裁保全措施申请书等；仲裁机构制作的仲裁法律文书包括仲裁调解书、仲裁裁决书以及受理或不受理仲裁申请通知书等。

2. 根据案件是否具有涉外因素，分为国内仲裁法律文书和涉外仲裁法律文书。国内仲裁法律文书是仲裁机构和申请人在国内纠纷案件的仲裁过程中，按照国内仲裁程序制作的具有法律效力的文书。涉外仲裁法律文书是仲裁机构和申请人在涉外经济贸易、运输和海事纠纷

案件的仲裁过程中，按照涉外仲裁程序制作的具有法律效力的文书。

3. 根据文书的内容，分为：（1）申请类仲裁法律文书，如仲裁申请书、仲裁保全措施申请书等；（2）通知类仲裁法律文书，如受理案件通知书、应裁通知书等；（3）笔录类仲裁法律文书，如调查笔录、仲裁庭开庭笔录等；（4）决定类仲裁法律文书，如仲裁调解书、仲裁裁决书等；（5）其他，如送达回证等。

4. 根据申请或作出的是实体方面的内容还是程序方面的内容，分为仲裁实体文书和仲裁程序文书。前者包括仲裁协议书、仲裁申请书、仲裁调解书、仲裁裁决书等；后者则包括受理或不受理仲裁申请通知书、仲裁应诉通知书、仲裁通知书、指定仲裁员通知书等。

本章主要介绍仲裁协议书、仲裁申请书、仲裁答辩书、仲裁反请求书、仲裁裁决书和仲裁调解书的写作方法和技巧。

二、制作仲裁法律文书的要求

仲裁法律文书的制作应当具有一定的规范性。仲裁法律文书的格式，既要区别于行政文书格式，也不能直接照搬民事诉讼文书格式，而应当根据《仲裁法》的规定和仲裁工作的具体情况，制定出仲裁专用的文种和格式。仲裁法律文书的制作应符合以下要求：

（一）符合法律、法规

制作仲裁法律文书必须符合相关法律、法规的规定。我国《仲裁法》对仲裁申请书、仲裁庭的组成、仲裁裁决书的内容都作了具体的规定，制作时要严格遵守。同时，对于仲裁法律文书的格式，制作时必须符合相关仲裁规则，对于程式化的文字不得随意进行改变，叙写的事项要齐全，结论的作出要有理有据。

（二）客观真实

我国《仲裁法》规定，裁决所根据的证据若是伪造的，则当事人可向人民法院申请撤销裁决。客观真实是仲裁法律文书必须遵循的最基本的要求，是仲裁法律文书的生命力所在。这既是对申请人的要求，也是对仲裁机构的要求。申请人在订立仲裁协议、申请仲裁时，所提供的事实要客观真实，不能捏造虚假的证据；仲裁机构在制作仲裁法律文书时，也要以客观事实为依据。

（三）具体明确

仲裁法律文书应包含法律规定的全部内容，内容应该明确，使申请人及相关机构能够理解或执行。仲裁法律文书的内容不具体明确，就不能实现预期的法律效果。例如，根据《仲裁法》的规定，如果仲裁协议中未确定仲裁委员会，当事人可以补充协议；如果达不成补充协议，该仲裁协议就无效。

三、仲裁法律文书的功能

（一）维护争议双方的合法权益

仲裁的功能是解决当事人之间发生的纠纷，仲裁委员会在查明事实、适用法律的基础上，确定双方的责任，并通过裁决书体现出来，以确认当事人之间的权利义务关系，从而维护当事人的合法权益。

（二）有效地约束争议双方

仲裁裁决书一经作出即发生法律效力，仲裁裁决书的效力与生效的民事判决书相同，由国家强制力保障实施,即如果一方不执行仲裁裁决的内容,另一方有权向人民法院申请强制执行;非经法定程序不得撤销。

(三)是仲裁的客观依据与记录

仲裁裁决的作出要遵循严格的程序,如争议双方只有事先签订仲裁协议书或者合同中有仲裁条款,才能够申请仲裁。仲裁协议书或仲裁条款是他们申请仲裁的依据。其他文书,如当事人制作的仲裁申请书、仲裁答辩书、仲裁保全措施申请书等,以及仲裁机构制作的受理仲裁申请通知书、仲裁裁决书,无论涉及的是程序内容还是实体内容,都是仲裁程序的客观记录。

第二节 当事人制作的仲裁法律文书

当事人制作的仲裁法律文书包括仲裁协议书、仲裁申请书、仲裁答辩书、仲裁反请求书、仲裁保全措施申请书等,这里介绍前四种文书的内容和写法。

一、仲裁协议书

(一)概述

1. 仲裁协议书的概念。仲裁协议书,是申请人将已发生或将来可能发生的争议提交仲裁机构解决,并服从仲裁机构的裁决,以解决纷争为目的的书面协议。仲裁协议在整个仲裁制度中处于至关重要的位置,是仲裁的前提和依据。无论是国际公法上的仲裁,还是国际商事仲裁,抑或是海事仲裁,仲裁协议都是整个仲裁制度的基石。我国《仲裁法》第16条第1款规定:"仲裁协议包括合同中订立的仲裁条款和以其他书面方式在纠纷发生前或者纠纷发生后达成的请求仲裁的协议。"根据该条规定,仲裁协议主要有合同中订立的仲裁条款、仲裁协议书和其他书面形式三种形式。仲裁条款是仲裁协议最常见和最主要的表现形式,是指双方当事人在签订的合同中约定将来将合同履行过程中发生的争议提交仲裁机构解决的条款,它是合同的一项内容。根据《仲裁法》第19条的规定,仲裁协议独立存在,合同的变更、解除、终止或者无效,不影响仲裁协议的效力。仲裁条款的制作比较简单,通常是在合同中插入"凡因执行本合同而产生的或者与本合同有关的一切争议,双方当事人一致同意提请××××仲裁委员会进行仲裁"或其他类似的条款。仲裁协议是专门性的单独订立的协议书,是独立于主合同之外,在没有约定仲裁条款的情况下为解决争议订立的合同。这种形式是本节介绍的内容。其他书面形式主要指双方当事人的来往信函、传真、电报等书面材料。例如,两个公司发生经济纠纷后,其中一个公司发出一份传真告知另一公司,希望将双方的纠纷交由某仲裁机构仲裁,对方回电予以认可。

2. 仲裁协议书的特征。仲裁协议书的特征是:一是双方当事人自愿,对于一方作出的意思表示,他方提出异议的,仲裁协议就不成立;二是双方当事人可以事先约定,也可以事后约定将双方的争议交由仲裁机构裁决;三是仲裁协议书必须是书面的而不是口头的。

3. 仲裁协议书的效力。

(1)订立仲裁协议书的双方均受该协议书的约束。仲裁协议书是申请人选择仲裁方式解决纠纷的依据,一旦发生争议,应通过仲裁解决,不得向法院起诉。任何一方违反协议向法院提起诉讼的，另一方可以根据仲裁协议予以抗辩，要求法院停止诉讼程序、撤销诉讼立案。任何一方提请仲裁的，应向协议中约定的仲裁机构提起申请，不得任意改变仲裁机构或仲裁地点。

（2）仲裁机构或仲裁庭拥有对该纠纷的管辖权。《仲裁法》第 4 条规定："当事人采用仲裁方式解决纠纷，应当双方自愿，达成仲裁协议。没有仲裁协议，一方申请仲裁的，仲裁委员会不予受理。"由此可见，仲裁协议书是仲裁机构受理仲裁申请的依据和前提，申请人申请仲裁，应当向仲裁委员会递交仲裁协议书，如此仲裁庭便有权进行审理并裁决，否则应不予受理。

（3）排除法院的管辖权。《仲裁法》第 5 条规定："当事人达成仲裁协议，一方向人民法院起诉的，人民法院不予受理，但仲裁协议无效的除外。"所以，仲裁协议书还具有排除人民法院对有关案件的管辖权的效力，只要存在有效的仲裁协议书，申请人就无权向法院起诉，只能向选定的仲裁机构申请仲裁，法院不得强制管辖。即使一方违反仲裁协议向法院提起诉讼，法院亦不得立案受理。申请人对仲裁裁决不服，向法院起诉或上诉的，法院不得立案受理。

当事人对仲裁协议书的效力有异议的，可以请求仲裁委员会作出决定或者请求人民法院作出裁定。一方请求仲裁委员会作出决定，另一方请求人民法院作出裁定的，由人民法院裁定。当事人对仲裁协议书的效力有异议的，应当在仲裁庭首次开庭前提出。

（二）内容和写法

仲裁协议书由首部、正文和尾部三部分组成。

1. 首部。包括：

（1）标题。要居中写明文书全称，即"仲裁协议书"，不能简写成"协议书"。

延伸阅读

仲裁协议书实例及评析

（2）当事人的基本情况。一般称双方当事人为甲方与乙方，并写明他们的姓名、住址或名称、地址。

2. 正文。正文部分应写明仲裁协议的具体内容。仲裁协议书的内容直接关系到仲裁协议的效力，也就决定了争议能否通过仲裁方式予以解决，关系到仲裁机构的管辖权。为了保证仲裁协议有效，仲裁协议书的内容必须全面、完整、清楚地表明申请人的仲裁意愿。根据《仲裁法》第 16 条第 2 款的规定，仲裁协议书应具备以下内容：

（1）请求仲裁的意思表示。即争议双方在订立合同或者签订其他形式的仲裁协议书时，一致同意将他们之间已发生或者将来可能发生的争议，采取仲裁方式予以解决。

（2）仲裁事项。仲裁事项决定了申请人提起仲裁的争议以及仲裁委员会受理的争议的范围。仲裁协议书中约定的仲裁事项要广泛、明确。常见的用语有"因本合同引起的争议""与本合同有关的争议""因本合同引起的及与本合同有关的争议"等。

（3）选定的仲裁委员会。仲裁协议书中必须写明申请人约定的有权解决争议的仲裁委员会的名称，该名称必须正确。同时，选定的仲裁委员会必须确定、唯一。

3. 尾部。由申请人或者其委托代理人签字、加盖公章，并写明仲裁协议书签订的日期和地点。

（三）制作时应注意的问题

1. 请求仲裁的意思表示必须明确肯定，不允许含糊；同时，请求仲裁的意思表示必须是单一指向的，不能既指向仲裁又指向诉讼。

2. 仲裁事项必须明确。根据《仲裁法》的规定，如果仲裁协议对仲裁事项没有约定或者约定不明确的，申请人可以补充约定；达不成补充协议的，则仲裁协议无效。

3. 注意争议事项的可仲裁性。《仲裁法》第2条规定："平等主体的公民、法人和其他组织之间发生的合同纠纷和其他财产权益纠纷，可以仲裁。"第3条规定："下列纠纷不能仲裁：（一）婚姻、收养、监护、扶养、继承纠纷；（二）依法应当由行政机关处理的行政争议。"申请人约定的仲裁事项必须符合法定的仲裁范围，否则，将导致仲裁协议无效。

4. 选定的仲裁委员会的名称必须正确。例如，"北京仲裁委员会"常常被错误地表述为"北京市仲裁委员会"。如前所述，选定仲裁委员会不仅要明确，还要单一。《仲裁法》第18条规定，仲裁协议对仲裁委员会没有约定或者约定不明确的，当事人可以补充协议；达不成补充协议的，仲裁协议无效。如某仲裁协议中约定"双方同意向北京仲裁委员会或者中国国际经济贸易仲裁委员会申请仲裁……"即双方约定了两个仲裁机构，属于约定不明确。所以，申请人不能选定两个及两个以上的仲裁委员会。

二、仲裁申请书

（一）概述

仲裁申请书，是指平等主体的公民、法人或者其他组织在发生合同纠纷或者其他财产权益纠纷后，申请人一方或双方根据双方自愿达成的仲裁协议，向其所选定的仲裁委员会提出仲裁申请，要求通过仲裁解决纠纷的书面请求。我国《仲裁法》第22条规定，当事人申请仲裁，应当向仲裁委员会递交仲裁申请书及副本。它是仲裁机构受理仲裁案件的前提和基础。申请人达成仲裁协议，只是表明申请仲裁的可能，仲裁程序还未启动。只有当纠纷发生后，申请人向其选定的仲裁机构递交仲裁申请书及副本，仲裁程序才被启动。一份质量较高的仲裁申请书，不仅有利于申请人完整准确地陈述自己的意见和主张，也有利于案件的顺利受理。

（二）内容和写法

仲裁申请书包括首部、正文、尾部三部分。

1. 首部。包括：

（1）标题。居中写明文书的名称，即"仲裁申请书"，不能简写成"申请书"。

（2）申请人和被申请人的基本情况。争议双方当事人的称谓应为"申请人""被申请人"，实践中有将称谓写为"申诉人""被诉人"和"原告""被告"的，这都是不准确的。基本情况包括申请人的姓名或名称、住所、邮编、电子信箱、电话、传真，申请人如果是法人或者其他组织，还要写明法定代表人或者主要负责人的姓名、职务、电话、传真。如果申请人委托律师或者其他人员作为代理人进行仲裁活动，还应写明委托代理人的姓名、地址、邮编、电话和传真。

延 伸 阅 读

仲裁申请书实例
及评析

2. 正文。包括：

（1）申请仲裁的依据。即申请仲裁所依据的书面仲裁协议或仲裁条款。因为书面仲裁协议是仲裁机构具有解决纠纷的管辖权的依据，所以此处应写明仲裁协议或仲裁条款的内容，同时注明仲裁条款在合同中的具体位置，以及合同的附件序号。

（2）仲裁请求。仲裁请求即申请人要求仲裁机构予以评断、解决的具体事项，包括要求仲裁机构确认某种法律关系是否存在、裁决被申请人履行给付义务、变更某种法律关系等。仲裁请求应当合理合法、具体完整，语言表达力求言简意赅。如果是给付之诉，就要写明给付的标的物、给付的具体数额。如有多项请求，要逐项分行写明。同时注意，仲裁请求只能在仲裁协议约定的范围内，且不能超出仲裁委员会有权裁决的事项范围。

（3）申请仲裁的事实与理由。这是仲裁申请书的核心内容，也是仲裁机构审理的对象和依据。事实与理由主要包括当事人之间产生争议事项的相关事实、双方争执的具体内容和焦点、被申请人应承担的责任及理由以及所适用的法律等。

仲裁申请大多为合同纠纷案，这类案件事实部分要写明订立合同的时间、地点，合同的主要内容，被申请人违反了合同中的哪些义务，给申请人造成了怎样的经济损失，以及被申请人以什么理由拒不履行合同等内容。在写作时还要注意，具体的案情不同，申请书的侧重点也应有所不同：如果对合同本身发生争执，要写明订立合同的经过及合同的内容；如果是在履行合同时产生纠纷，则应着重写明合同的履行情况。

理由部分首先必须写明当事人之间存在何种法律关系及所存在的法律关系是否有效；其次，以合同关系为例对违反合同的事实进行概括、归纳，使案情与分析衔接、呼应；最后依据有关实体法律法规、政策等，联系上述事实，指明被申请人行为违反合同的性质，说明申请人的正当权益应该受到保护。

3. 尾部。包括：

（1）写明致送的仲裁委员会的名称，即仲裁协议选定的仲裁委员会的名称。

（2）右下方写明申请人的姓名或者名称。申请人是法人或者其他组织的，要加盖印章，并写明法定代表人的姓名和职务。另起一行写明制作文书的日期。

（3）附项。注明仲裁申请书副本的份数以及所提交证据的名称、份数，并按编号顺序附于申请书后。

（4）声明。在涉外仲裁申请书的尾部通常都要附加选定仲裁员的声明。《仲裁法》第31条规定："当事人约定由三名仲裁员组成仲裁庭的，应当各自选定或者各自委托仲裁委员会主任指定一名仲裁员，第三名仲裁员由当事人共同选定或者共同委托仲裁委员会主任指定。第三名仲裁员是首席仲裁员。当事人约定由一名仲裁员成立仲裁庭的，应当由当事人共同选定或者共同委托仲裁委员会主任指定仲裁员。"

（三）制作时应注意的问题

熟练掌握仲裁申请能够为胜诉打下良好的基础，但实践中申请人往往不太注重仲裁申请。如果申请不正确或超越了合同的规定，会使本来有希望胜诉的案件败诉，尤其是在比较复杂的案件中，应当对有关事实、证据及相关的合同约定、法律规定进行全面分析判断，经过慎重考虑之后再提出仲裁申请，制作仲裁申请书。制作仲裁申请书应注意以下问题：

1. 仲裁请求。

（1）当事人的名称要与包含仲裁条款的合同或双方达成的仲裁协议中签字盖章的名称一致。如果合同或仲裁协议中的一方或双方使用英文名称，则申请书中当事人的名称也应当用英文。申请书中当事人名称与仲裁协议中名称的一致性，通常是仲裁委员会在决定是否受理案件时审查的一个重要方面。申请人在提起仲裁申请时，总是希望仲裁委员会尽快立案，使该案尽快进入仲裁程序，但如果对方名称不清，反而会延误时间。争议双方的通信地址必须是能有效送达的通信地址。如果主张利息请求，应明确利息计算的起止日期及计算的方法。

（2）依据法律规定及合同约定确定恰当、合理的仲裁请求。提出仲裁请求时一定要紧紧围绕法律及合同进行，所提仲裁请求一定要有相应的法律及合同依据，不能凭主观臆断，更不能感情用事。

（3）仲裁请求的内容不能超越特定的合同规定。申请人申请仲裁时，只能对特定合同中发生的争议事项提请仲裁，超出合同范围的请求，仲裁庭一律不予支持，也无权支持。

（4）仲裁请求赔偿的金额要适当。申请人确定赔偿数额时，不要盲目地夸大请求额，因为对申请人而言，即使多主张赔偿也不会得到支持，反而需要多交仲裁费。确定赔偿的数额要根据法律的规定，同时要举出充足的证据。请求的金额要写明币种。

（5）申请书后最好附一张证据清单，按先后顺序列明证据材料的内容或要证明的事项。

2. 申请仲裁的事实。书写申请仲裁的事实时要注意以下几点：

（1）注意人称的一致性，不要第一人称与第三人称混用。

（2）要围绕纠纷发生的起因、经过和结果叙写事实，并突出双方的争执焦点或主要分歧。

（3）注意叙述的客观性，并运用证据予以支持。

3. 申请仲裁的理由。对申请仲裁的理由的论证要充分、严密。先针对仲裁请求、主张或意见进行分析，有针对性地论证，做到有的放矢，再运用法律论理，不能空发议论。

三、仲裁答辩书

（一）概述

1. 仲裁答辩书的概念。答辩是被申请人所享有的一项重要权利，被申请人提交仲裁答辩书是其行使答辩权的重要体现。仲裁答辩书，是指仲裁案件的被申请人，针对申请人在仲裁申请书中提出的仲裁请求以及所依据的事实和理由，作出辩解和反驳而制作的法律文书。根据《仲裁法》第25条第2款的规定，被申请人收到仲裁申请书副本后，应当在仲裁规则规定的期限内向仲裁委员会提交答辩书。仲裁委员会收到答辩书后，应当在仲裁规则规定的期限内将答辩书副本送达申请人。

2. 仲裁答辩书的作用。

（1）维护被申请人的合法权益。被申请人依法提交答辩书，针对申请人的仲裁请求进行答复和反驳，可以表明自己对申请人的仲裁态度，维护自己的合法权益。

（2）有利于仲裁机构作出公正的裁决。仲裁答辩书可以使仲裁机构在全面了解案情、掌握双方争议焦点、查明案件事实之后作出裁决。因此，仲裁答辩书是一种非常重要的仲裁文书。当然，仲裁答辩书在仲裁程序中并非必不可少，被申请人未提交答辩书，不影响仲裁程序的进行。

（二）内容和写法

仲裁答辩书包括首部、正文和尾部三个部分。

1. 首部。包括：

（1）标题。居中写明文书名称，即"仲裁答辩书"。

（2）被申请人（即答辩人）的基本情况，包括被申请人与申请人的姓名或名称、住所、邮编、电子信箱、电话、传真。被申请人如果是法人或者其他组织，还要写明法定代表人或者主要负责人的姓名、职务。有委托代理人的，还应写明其姓名、地址、邮编、电话和传真。

（3）案由及案件的来源。写明答辩人进行答辩所针对的具体纠纷。一般表述为"答辩人就与＿＿＿＿＿＿之间的争议仲裁案［案件编号：（＿＿＿＿）京仲案字第＿＿号］提出答辩意见如下"。

2. 正文。正文包括答辩理由和答辩意见。这是仲裁答辩书的核心。答辩人既可以从事实、证据和法律方面对申请人的仲裁请求进行答复和反驳，也可以从程序和实体方面进行反驳。答辩人要清楚地表明自己的态度，提出对案件的主张和理由。认为申请人提出的事实有误的，要澄清事实并提供相应的证据；认为申请人适用法律错误的，则援引自己认为正确的法律依据并阐明理由。答辩人还可以从仲裁程序方面进行反驳，如指出仲裁协议无效或者仲裁委员会对该争议无权管辖等。无论从哪个方面进行答辩，都要注意有理有据、合理合法。最后要在充分反驳仲裁申请书的内容之后，提出自己的主张及要求。

3. 尾部。包括：

（1）写明致送的仲裁委员会的名称。

（2）右下方写明答辩人的姓名或者名称。答辩人是法人或者其他组织的，要加盖印章。另起一行写明制作文书的日期。

（3）附项。注明仲裁答辩书副本的份数以及提交证据的名称、份数，并按编号顺序附于答辩书后。

（三）制作时应注意的问题

1. 围绕申请人的仲裁请求及双方签订的合同进行答辩。一方面，答辩书的事实及理由应当紧紧围绕申请人的仲裁请求进行，论证申请人的仲裁请求哪些是不成立的、哪些是没有事实依据的、哪些是缺乏法律依据的。答辩书切忌漫无目的，而应当有针对性地通过事实与法律反驳对方观点并提出自己的主张。另一方面，要针对合同进行答辩。仲裁是对具体合同项下双方当事人因履行合同而产生的争议的审理。因此，只有合同中有明确约定，当事人才能享有相应的权利；同样，只有合同中有明确约定，当事人才应当承担相应的义务。被申请人应对照合同、看对方指责己方如何违反合同、违反的是什么条款，再结合实际作出答辩。

2. 事实和理由要有针对性地展开。答辩人要根据申请人在仲裁申请书中所叙述的事实和理由进行回答和反驳。要紧紧围绕争议的事实是否存在、谁有过错、谁承担责任等问题，结合法律进行反驳，不要脱离仲裁申请书所阐述的内容。反驳要有理有据，不能强词夺理。

3. 答辩书应当尽量全面完整。不能对仲裁申请作简单的反驳，这样会不利于被申请人；反驳对方的事实时要举出过硬的证据。

四、仲裁反请求书

（一）概述

1. 仲裁反请求书的概念。仲裁反请求是在仲裁程序进行过程中，被申请人对申请人提出的独立的反请求。反请求可以单独提出，也可以与答辩一起提出。仲裁反请求不得以口头的方式提出，必须采取书面的形式，即仲裁反请求书。仲裁反请求书，是指仲裁机构在受理了申请人的仲裁申请后，被申请人就同一争议，依据同一仲裁协议，向同一仲裁机构针对申请人的仲裁请求提出要求仲裁机构作出对自己有利的裁决的书面请求。仲裁反请求书不同于仲裁答辩书，它兼具仲裁申请书与仲裁答辩书的特点：仲裁答辩书只是反驳申请人的主张，说明其仲裁请求不能成立，认为仲裁机构应予驳回；而仲裁反请求书不仅要反驳申请人的仲裁请求，更要提出自己的仲裁请求，并要求仲裁机构支持自己的仲裁请求。

2. 仲裁反请求书的作用。

（1）用以抵消或吞并申请人的仲裁请求。仲裁涉及的多是一些比较复杂的案件，双方或多方当事人之间有时往往互有错误。这种情况下，被申请人提出反请求，有利于案件得到全面、公正的解决，使双方的利益都能得到很好的保护。

（2）使双方当事人真正处于平等地位。仲裁庭就申请人提出的请求事项进行审理。如果被申请人提出答辩，则只能就申请人提出的指控作出反驳或解释，这样在整个仲裁审理过程中，被申请人就只能处于被动挨打的地位。而反请求的提出，使被申请人也有权利对申请人的违约行为提出指控，要求其承担相应的违约责任，使被申请人的被动地位得以转变。

（3）增加谈判筹码，促使双方达成和解。实践证明，当双方谈判破裂，一方当事人提出仲裁申请后，被申请人如果再想通过调解解决纠纷，就需要作出更大让步，因为对方既然已经下决心提起仲裁，往往不会轻易撤回申请。但是，如果被申请人能够提出理由充分的反请求，则会增加自己手中的谈判筹码，迫使申请人不得不重新考虑各方在遵守合同方面的优势与劣势，因此有利于争议公正、迅速地得以解决。

（二）内容和写法

1. 首部。包括：

（1）标题。写明文书的名称，即"仲裁反请求书"。

（2）写明被申请人与申请人的基本情况。写法同仲裁申请书。

2. 正文。包括：

（1）反驳对方的仲裁请求和所根据的事实、理由，充分论证对方的仲裁请求不能成立或不能完全成立。具体可参照仲裁答辩书的相关要求。

（2）提出反请求所根据的事实。仲裁反请求书从根本上说就是一个独立的仲裁申请书，所以一定要明确提出自己的仲裁请求，不能只反驳申请人的请求，而不提出自己的请求事项。该部分的具体要求，可参照仲裁申请书的相关内容。

（3）提出反请求的理由。通常需要运用法律论证反请求的合法性，以支持自己的主张。

3. 尾部。包括：

（1）写明致送的仲裁委员会的名称。

（2）右下方写明反请求人的姓名或者名称，反请求人是法人或者其他组织的，要加盖印章。另起一行写明制作文书的日期。

（3）附项。注明仲裁反请求书副本的份数，提交证据的名称，证人的姓名、住所等，并按编号顺序附于反请求书后。

（三）制作时应注意的问题

在叙述有关争议事实与提供有关证据后，在正文的理由部分，除应论证申请人的仲裁请求不能成立或者不能全部成立外，还应重点论证自己所提出的仲裁请求的合理性与合法性，说明自己的仲裁请求成立，请求仲裁机构支持。要立论和反驳并存，一般先证明对方所提事实与证据虚假因而不能成立，或者说明对方的主张没有法律依据或与法律相抵触，再证明自己所提事实的真实性和请求的合法性。

第三节 仲裁机构制作的仲裁法律文书

一、仲裁裁决书

（一）概述

仲裁裁决书，是指仲裁庭根据申请人的申请，依照法定的程序，对申请人与被申请人之间的纠纷进行审理后，根据查明的事实和认定的证据，适用相关的法律，最终在实体上对双方的权利义务争议所作出的具有法律效力的裁判文书。仲裁裁决分为中间裁决、部分裁决和最终裁决，这里主要是指最终裁决。在案件审理结束时所作的裁决是终局的，仲裁裁决书的作出标志着仲裁程序的终结，裁决对争议双方具有约束力和强制执行力。

根据《仲裁法》的规定，仲裁案件在以下三种情况下制作裁决书：第一种情况是当事人达成和解协议。即当事人自行和解，仲裁庭经审查后，可基于当事人的和解协议作出裁决。第二种情况是在仲裁庭主持下当事人达成调解协议，仲裁庭根据协议的结果制作裁决书。第三种情况是当事人没能达成和解，且仲裁庭调解未果的，仲裁庭径行对仲裁请求事项作出裁决。前两种裁决书的制作相对较为简单，因为当事人已对争议事项的解决达成了一致意见，只不过需要仲裁庭以裁决的形式对协议的结果进行确认。第三种裁决书的写作难度最大，要求也最高。

（二）内容和写法

《仲裁法》第 54 条规定："裁决书应当写明仲裁请求、争议事实、裁决理由、裁决结果、仲裁费用的负担和裁决日期。当事人协议不愿写明争议事实和裁决理由的，可以不写。裁决书由仲裁员签名，加盖仲裁委员会印章。对裁决持不同意见的仲裁员，可以签名，也可以不签名。"这是制作仲裁裁决书的法律依据。仲裁裁决书与民事判决书很相似，尤其是正文部分。但是相比之下，仲裁裁决书的制作灵活性较大，对争议事实和裁决理由，申请人协议不愿写明的，可以不写。仲裁裁决书也包括首部、正文、尾部三部分。

1. 首部。包括：

（1）写明文书制作机关、文书名称和文书编号。文书编号包括制作年度、仲裁机构名称、仲裁案件顺序号，在文书的右下方注明，如（2020）京仲裁字第××号。

（2）申请人与被申请人的基本情况。包括申请人与被申请人的姓名或名称、地址和法定代表人的姓名以及双方的法定代理人或委托代理人的姓名等。

（3）仲裁的程序。包括：当事人名称；仲裁委员会受理案件的时间和依据；案件的编号；案件适用的仲裁程序；仲裁庭组成的情

延伸阅读

仲裁裁决书实例及评析

况，包括仲裁员的选定情况、组庭日期、仲裁员姓名，仲裁员有无回避情形；仲裁材料提交、送达的情况；当事人申请财产保全、证据保全及对此申请的处理和保全的结果；当事人提出的反请求或仲裁协议效力及其处理情况；案件书面审理或开庭的情况；仲裁程序中止或中断的情况；缺席裁决、部分先行裁决的情况和延长仲裁时间的情况；等等。

2. 正文。这部分是仲裁裁决书的主体，包括案情、仲裁庭的意见和裁决结果三个部分。

（1）案情。概述案件基本情况，包括双方之间的法律关系、请求、争议点、证据情况等。即对仲裁申请书、仲裁答辩书及仲裁反请求书的主张和意见加以概括，反映争议双方及其代理人的观点和意见。叙写这一部分时，应注意对双方的意见进行客观反映，即不失原意、完整准确地表达出来，既要求准确归纳、概括，又要求简明、扼要。此外，裁决书要反映争议双方举证和质证的情况。当事人为证明案件的真实情况，都要提供相关证据，并进行质疑和说明，仲裁庭围绕证据的真实性、合法性与关联性进行认定。特别是对有争议的证据，裁决书要进行分析，并在此基础上予以采纳或否定。

（2）仲裁庭的意见。先提出双方争议的焦点，然后根据仲裁庭查明的事实和证据，依据有关的法律、法规，说明双方的哪些主张和请求是合法的，应予支持；哪些主张和请求是不合法的，不予支持或驳回。该部分要说理充分、有针对性。针对双方的争议焦点和仲裁请求，根据事实和法律，展开说理和逻辑判断，明确双方的法律责任。对申请人的每个仲裁请求都要明确表明态度。焦点问题通常包括适用的法律、合同的效力、双方的责任等。书写仲裁庭的意见要注意以下几点：

第一，论证清楚申请人与被申请人之间的法律关系或双方行为的法律效力。有时案件很复杂，申请人与被申请人之间存在多重关系，因此要先说明他们之间存在何种法律关系，再说明法律关系是否有效，这是解决纷争的前提。论述时不能含混不清、似是而非，或不论述有效、无效及合法、违法的理由。

第二，运用法律论理。这是目前仲裁裁决书比较缺乏的。特别是在双方对适用法律有争议时，裁决书更要对为什么适用此种法律规定而不适用彼种法律规定加以解释。对于具体的违约事实有哪些，当事人为什么要承担违约责任，也要详细论证。如果判决的结论是一果多因，就要从多个角度充分论证，而不能只选择其中一两项加以说明。

第三，说理要有针对性。仲裁裁决书应当认真地分析当事人的请求、主张或意见是否合理和合法，有针对性地发表支持或否认的评论和理由，做到有的放矢，使论述的理由准确，说服力强。

第四，说理要有逻辑性。仲裁裁决的作出是以事实和法律为基础，以逻辑推理为思维方式进行推演而得出的裁决结果。阐述裁决理由是一个综合、缜密和严格的推理过程，要反映仲裁庭判断是非与责任的法律思维过程，即仲裁员心证的过程。

第五，说理要有合理性。根据我国《仲裁法》第7条规定，仲裁应当根据事实，符合法律规定，公平合理地解决纠纷。成文法不足时，仲裁庭可以遵循商业惯例、行业惯例公平合理地作出裁决。相较于法院判决，仲裁裁决体现了对商业活动客观规律的尊重，更有利于纠纷的解决。裁决书援引商业惯例、行业惯例时要以合理解决纠纷为目的，要依情说理，将情理讲透、说明。

（3）裁决结果。裁决结果是仲裁庭作出的最终裁决。即根据仲裁庭查明的事实、证据和法律依据等，针对申请人的仲裁请求作出的仲裁裁决。裁决结果明确双方的法律关系以及责任的承担，确定双方的权利义务以及履行责任的期限和方式等。这部分的表述要清楚，对所有仲裁请求都要作出决定。同时，应写明仲裁费用的数额及分担方式，确定是一方负担还是双方分担，并说明分担的理由。裁决结果必须具有针对性、确定性、唯一性。

3. 尾部。包括：

（1）仲裁裁决书的生效时间。根据《仲裁法》的规定，一般表述为"本裁决为终局裁决，自作出之日起发生法律效力"。

（2）仲裁庭成员署名并加盖仲裁委员会印章，注明制作裁决书的日期。由 3 名仲裁员组成仲裁庭的，依序写明首席仲裁员及其他两名仲裁员的姓名；由 1 名仲裁员组成仲裁庭的，只写其姓名即可。对仲裁裁决持有不同意见的仲裁员，在仲裁书上可以签名，也可以不签名。

（3）仲裁秘书署名。

（三）制作时应注意的问题

1. 裁决书的文字表达要客观、明确、全面。仲裁裁决书是仲裁庭行使仲裁权的集中体现，也是申请人行使权利、履行义务的依据，所以语言表达要清楚明确。叙述当事人的意见要客观，对双方观点的概括总结要全面，不能有遗漏。

2. 一般情况下应写明争议事实和仲裁理由，但申请人不愿写明争议事实和理由的，可以不写。这是仲裁裁决书与民事判决书的一大不同之处。

3. 仲裁裁决书的引言部分一定要写明受理案件的依据，即当事人（包括申请人和被申请人，后同）之间的仲裁协议和申请人的仲裁申请。因为根据法律规定，如果没有仲裁协议，作出的仲裁裁决可能会因申请人的申请而由人民法院予以撤销。

4. 仲裁裁决书的案情部分，要概括当事人在仲裁申请书、仲裁答辩书以及仲裁过程中提出的事实、理由和仲裁请求。排列顺序是先写申请人的主张和请求，再写被申请人的答辩理由和要求。要注意表达清楚，抓住争执的焦点。此外，全面反映证据材料、当事人的质证意见，阐述采信证据的理由。

5. 对于仲裁结果，既要对双方的请求予以答复，或支持或驳回，分项表述；又不能超出仲裁请求，必须针对双方的请求事项作出。裁决结果必须明确，不能产生歧义。裁决结果应包括可执行的给付主体、给付内容及给付期限，便于申请人与被申请人执行。

二、仲裁调解书

（一）概述

仲裁调解书，是指在仲裁过程中，仲裁庭根据当事人双方自愿就申请仲裁的争议达成的协议制作的具有法律效力的法律文书。调解并不是仲裁的必经程序，仲裁庭应当在查明事实、分清是非的基础上，以自愿、合法为原则，进行调解。我国《仲裁法》第 51 条规定，仲裁庭在作出裁决前，可以先行调解。当事人自愿调解的，仲裁庭应当调解。调解不成的，应当及时作出裁决。调解达成协议的，仲裁庭应当制作调解书或者根据协议的结果制作裁决书。仲裁调解书自双方申请人签收之日起生效，与裁决书具有同等的法律效力，可作为执行的根据。如果一方当事人不履行调解书，另一方当事人可以据此向有关的人民法院申请强制执行。《仲裁法》第 52 条规定:"调解书应当写明仲裁请求和当事人协议的结果。调解书由仲裁员签名,加盖仲裁委员会印章,送达双方当事人。调解书经双方当事人签收后,即发生法律效力。在调解书签收前当事人反悔的,仲裁庭应当及时作出裁决。"这是制作仲裁调解书的法律依据。

仲裁调解书只适用于国内仲裁,在涉外仲裁中,仲裁庭运用调解方式使双方当事人达成和解的,除非当事人另有约定,仲裁庭应根据当事人的书面和解协议的内容制作仲裁裁决书予以结案。

(二)内容和写法

1. 首部。包括:

(1)标题。包括文书名称和文书编号。文书名称包括制作机关名称,如"×××仲裁委员会调解书",文书编号在名称的右下方标明。

(2)双方当事人的基本情况。

(3)引言。包括仲裁委员会受理案件的依据、仲裁庭的产生和组成情况以及仲裁庭对案件的审理情况等程序性事项,以表明仲裁程序的合法性。

2. 正文。包括:

(1)写明双方当事人争议的事实和仲裁请求。双方当事人争议的事实可以简要概括,但是对于仲裁请求则要根据申请人的仲裁申请书以及仲裁反请求书表述得清楚、完整。写明仲裁请求是法律的要求。

(2)写明双方当事人达成的调解协议的具体内容。调解书应当写明双方当事人协议的结果。该部分是仲裁调解书的核心部分,其内容决定了双方的权利义务,既包括针对实体权利义务争议所达成的内容,也包括有关仲裁费用分担的内容。

(3)仲裁庭经过对调解协议的审查,表明对调解协议的态度。仲裁庭应当对双方当事人达成协议的内容进行审查,在确认其与事实相符,不违反法律规定,不损害他人的合法权益后,对其予以确认。

3. 尾部。包括:

(1)仲裁调解书的生效时间。根据《仲裁法》的规定,可表述为:"本调解书与仲裁裁决书具有同等法律效力,自双方当事人签收之日起生效。"

(2)仲裁庭成员的署名并加盖仲裁委员会印章,注明制作调解书的日期。由 3 名仲裁员组成仲裁庭的,依序写明首席仲裁员及其他两名仲裁员的姓名;由 1 名仲裁员组成仲裁庭的,只写其姓名即可。

(3)仲裁秘书署名。

(三)制作时应注意的问题

1. 仲裁调解书的内容,一定是当事人双方达成协议的内容。另外,写入调解书的内容必须符合法律规定。

2. 仲裁调解书对于争议的事实可以简要概括,但对于仲裁请求和协议内容的叙述则一定要具体、明确,放弃仲裁请求的内容也应一并写明。协议的内容不止一项的,应分项列明,并记载履行的期限和方式,使调解书具有可操作性。

3. 调解依据的写作必须实事求是。双方当事人既可以依法达成调解协议,也可以依照一定的社会情理达成,应结合实际情况表明其依据。

【思考题】

1. 仲裁裁决书与法院的一审判决书有何不同？

2. 请指出下面仲裁协议书中的错误。

甲　方：××建筑工程公司

住　所：××省××市××区××路××号

法定代表人：××× 董事长

委托代理人：×××　××市××律师事务所律师

乙　方：××机械总公司

住　所：××市××区××街××号

法定代表人：××× 总经理

委托代理人：××× 该公司总经理办公室主任

上述双方当事人曾于××××年××月××日就综合楼工程签订了《××市建设工程施工合同》（合同编号为：××××）。现双方一致确认凡该施工合同所引起的或与该合同有关的任何争议，通过仲裁解决或者到法院进行诉讼。

上述合同中对争议解决方式的约定如与本协议有不一致之处，以本协议为准。

本协议签订地点为××省×市。

本协议自双方委托代理人签字并加盖公章之日起生效。

甲　方：××建筑工程公司（加盖公章）

委托代理人：×××（签字）

××××年××月××日

乙　方：××机械总公司（加盖公章）

委托代理人：×××（签字）

××××年××月××日

3. 根据下列案情，制作仲裁裁决书。

申请人：××市某某家具有限公司

被申请人：××市某某科技有限公司

2021年3月2日，申请人与被申请人签订《合作协议》，约定被申请人授权申请人作为H品牌家具产品生产供应商，双方合作期限自2021年2月19日至2022年2月18日止。协议第3条约定，申请人生产过程必须符合被申请人的质量控制规范要求，符合被申请人的验收标准。交货时申请人应提供相关材料及产品的检验报告，同时须经被申请人品管检验合格并出具检验报告方可出货。被申请人可以通过其技术代表及品控代表共同参与对H品牌出厂产品的质量控制。第6条约定，所有产品申请人必须在被申请人规定的时间内生产完成并交货，15日后未按时交货须向被申请人支付每日总金额0.03%的违约金；生产完成后被申请人必须在1个月内全部提完，如未能按时提完，申请人可向被申请人按每日总金额0.03%的标准收取仓储费。第7条约定，产品出货前，被申请人质检员在申请人工厂验收并签字后方可以发货，否则被申请人可以拒收。协议附件为《采购单合同》（2021年3月2日），约定申请人向被申请人采购货物，货物总价为4 609 200元。次日，申请人与被申请人签订《补充协议》，就支付货款日期及发货日期进行了约定。

2021年9月9日，申请人与被申请人就H品牌家具类产品签订《采购单合同》，约定货物总价为994 100元，合同第1条约定，申请人应于2021年10月28日交完货物。第4条约定，订单定金为合同总价款的30%，共298 230元。第5条约定，交货时申请人应提供相关材料及产品的检验报告。同时须经被申请人品管检验合格方可出货。

被申请人已向申请人支付定金298 230元。申请人在本案中称其已完成了2021年9月9日《采购单合同》中被申请人定制的货物，但在仲裁过程中一直未能提交相关货物的检验报告。2022年8月2日，申请人委托律师向被申请人发出《律师函》，要求被申请人支付货款926 129.25元并支付仓储费60 000元。

2022年9月13日，被申请人以申请人所生产的H品牌系列产品存在严重质量问题，申请人的行为构成违约为由，向本会提起仲裁。本会于2022年9月24日受理该仲裁申请，案号为（2022）×仲案字第××××号。本会于2023年10月14日就该案作出裁决书。仲裁庭查明事实部分认定：《采购单合同》（2021年9月9日）项下产品尚未交付。同时，该裁决的仲裁庭意见中阐述，《合作协议》与《采购单合同》合法有效并未解除，双方仍应按合同履行各自义务，故仲裁庭对本案被申请人要求其不必接收申请人尚未履行交货义务的家具产品，也不必支付对应货款的请求不予支持。

另查明：被申请人因本案支付律师费45 000元。

争议焦点：申请人与被申请人是否存在买卖合同关系。

第九章　公证法律文书

【本章导读】

公证是公证机构根据自然人、法人或者非法人组织的申请，依照法定程序对民事法律行为、有法律意义的事实和文书的真实性、合法性予以证明的活动。[①] 所以，公证是一项预防性的司法证明制度。公证法律文书是法律文书中的一类，其最终呈现方式是公证书。

公证法律文书分为两大类：定式公证书和要素式公证书。目前，除保全证据类、现场监督类、合同（协议）类、继承类、强制执行类和法律意见书公证适用要素式公证书格式外，其他公证事项均适用定式公证书格式，由此也说明定式公证书事实上成为我国公证法律文书的主流。

【本章知识结构图】

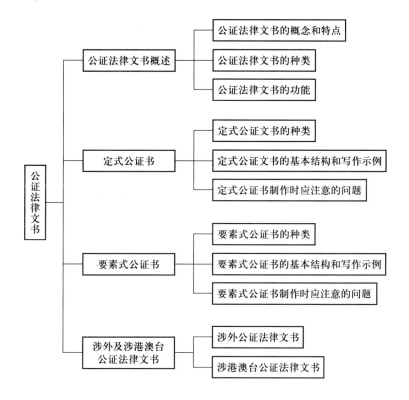

---

① 《公证法》第 2 条。

第一节　公证法律文书概述

一、公证法律文书的概念和特点

公证是公证机构根据自然人、法人或者其他组织的申请，依照法定程序对民事法律行为、有法律意义的事实和文书的真实性、合法性予以证明的活动。[①] 所以，公证是一项预防性的司法证明制度。

公证机构是指依法设立，不以营利为目的，依法独立行使公证职能，独立承担法律责任的证明机构。根据我国司法行政体制改革的总要求和布局，至 2017 年 11 月 14 日，全国行政体制公证机构转为事业体制工作全部完成。[②]

公证法律文书是法律文书之一类，最终呈现为公证书。公证书是公证机构按照法定程序和格式制作的具有特殊法律效力的法律证明文书。公证书的种类、事项乃至格式由其主管部门即司法行政机关（在我国是司法部）协同公证事项涉及的部门、公证机构等依照《民法典》《公证法》和《公证程序规则》[③] 制定。同时，具体的格式和要素会根据相关法律的修改不断完善。

延伸阅读

司法部办公厅公证执业指导案例（节选）

公证法律文书的制作不只是对公证法律行为的反映和固定，也是对公证机构和公证员职业品格、职业素养、职业水平的透视，关系公民生活的方方面面，必须给予高度重视。鉴于公证的法律效力，有些当事人希望通过这一途径达成自己的目的，而这种目的不一定合法，可能会引发纠纷或诉讼；有些心怀不轨之人欺骗当事人，通过委托公证获得当事人的财产尤其是不动产；甚至有个别公证机构、公证员没有忠实履行法律责任，钻了法律的空子。为了治理公证行业乱象，司法部于 2017 年下发《司法部关于公证执业"五不准"的通知》（以下简称"五不准通知"），明确：不准为未经查核真实身份的公证申请人办理公证；不准办理非金融机构融资合同公证；不准办理涉及不动产处分的全项委托公证；不准办理具有担保性质的委托公证；不准未经实质审查出具公证书。2017 年 9 月司法部办公厅先行发布 10 个公证执业指导案例，不但涉及公证行为过程，还与公证文书联系，指导意义明确而显著。继而，2017 年 12 月，司法部首次正式发布了三个被明确为"指导性案例"的公证范例[④]，收录的是老年人意定监护协议公证、一次性支付未成年子女抚养费协议公证和提存公证、房屋租赁合同公证及单方收回出租房屋的保全证据公证。案例中明确的有关公证的办理方法，不仅对公证机构、公证员办理类似公证业务有指导作用，有助于规范公证办理流程，保证公证质量，还向公众展现了可以办理公证的事项和公证的效果。"五不准通知"下发以后，实施效果明显，但也存在一些理解和执行上的偏差。有的公证机构随意扩大禁办范围，对应当办理的公证事项

---

① 《公证法》第 2 条。

② 《全国行政体制公证机构转为事业体制工作提前全部完成》，载中国政府网。

③ 《公证程序规则》（由 2006 年 5 月 18 日司法部令第 103 号发布，由 2020 年 10 月 20 日司法部令第 145 号修正）。

④ 《司法部办公厅关于发布第 1 批公证指导性案例（1-3 号）的通知》。

不予办理，对把握不准的公证事项简单地拒绝办理；有的滥用公证书格式，以其他形式的公证替代被禁办公证事项，规避"五不准通知"的规定。为此，认真研读指导案例[①]，及时总结实践中的新情况、新问题，应对好新挑战，十分必要。

认识公证法律文书，应先了解其分类。根据不同的划分标准可对公证法律文书进行不同分类。根据适用地域的不同，可分为在中国使用的公证法律文书和在国外使用的公证法律文书。其中，在中国使用的公证法律文书可再根据需要分为在内地（大陆）使用的公证法律文书和在香港特别行政区、澳门特别行政区以及台湾地区使用的公证法律文书。根据文书的内容和格式不同，公证法律文书可分为定式公证法律文书和要素式公证法律文书。随着我国经济和社会发展的提速，公证制度的改革不断迎来新的机遇和挑战，司法部对既有的《公证书格式（试行）》进行了修改，并于 2000 年印发了《司法部关于保全证据等三类公证书试行要素式格式的通知》。2004 年，开展了继承类、强制执行类要素式公证书和法律意见书格式的试点。2008 年，印发了《关于推行继承类强制执行类要素式公证书和法律意见书格式的通知》。终于，在 2011 年司法部印发《关于推行新的定式公证书格式的通知》之后，定式公证书格式达 35 式 49 种，加上要素式公证书的 6 类，实现了公证书格式对公证业务的全覆盖。需要说明的是，无论是定式公证书分类、要素式公证书分类还是定式公证书的具体格式，都会根据实践的需求而由司法部再行调整、规范，公证机构和公证员不能任意行事。此外还可以有若干其他分类方法，本章主要对文书的使用地域和格式给予必要关注。

在我国，公证法律文书的内容和格式直接决定了公证法律文书的证明事项和继而产生的法律认可和执行效力，它具有以下要求：

1. 只有严格依据《公证法》《公证程序规则》和司法部印发的有关公证法律文书的格式、要求制作，才具有法律效力。

2. 公证机构、公证员对公证书的制作应当严肃、认真、审慎，措辞严谨，语言通俗易懂。不得为没有经过严格公证程序的事实、行为、人员出具公证书；不得故意混淆文书种类界限和格式。有意为之或出现重大失误的，应当承担法律责任。

3. 制作涉香港特别行政区、澳门特别行政区以及台湾地区和涉外公证法律文书，除遵守我国规范外，还应当注意公证法律文书使用地的有关特殊规定，注意了解和掌握公证事项涉及的国际法以及可能同时涉及的其他国家、我国其他地区的法律规范、协议等。

二、公证法律文书的种类

（一）定式公证书

定式公证书，是指按照固定的格式语言，填充其中的变量而撰写的公证书，主要有以下三类：民事法律行为类、有法律意义的事实类、有法律意义的文书类。

定式公证书的主要特点是：

1. 依据《公证法》《公证程序规则》《关于推行新的定式公证书格式的通知》确定种类。以"式"的形式呈现，有的"式"对应一种文书，有的"式"包含若干种具体文书。例如，身份公证书格式又分为国籍公证书格式、监护公证书格式、户籍注销公证书格式三种。

[①]　参见司法行政（法律服务）案例库，载中国法律服务网。

2. 公证书结构明确、具体、完整。如此，有利于强化公证机构对公证当事人资格和身份的审查，并体现出这种审查的合法性、严肃性；同时，确定公证书的使用范围，方便用证单位的使用。

3. 公证证词要求准确、贴切。定式公证书的公证证词是确定的，公证员基本不具有自由裁量的空间。

4. 每一类公证事项规定专门的对应格式，并通过"注"的形式增强公证文书格式的适用性和包容性。"注"，是对每一种文书对应的重点事项的说明，如本文书的适用对象，适用的法律、法规、规范性文件，有关项目的填写要素或规范，以及可以参照的其他"式"格式等。

（二）要素式公证书

要素式公证书，是指内容由规定的要素构成，文字表述等则由公证员酌情填写的公证书，主要有保全证据类、现场监督类、合同（协议）类、继承类、强制执行类和法律意见书公证六类。

相对于定式公证书，要素式公证书的特点是：

1. 要素式公证书能够更好地满足社会多层次、多方面的公证法律服务要求。要素式公证书的内容分为必备要素和选择要素，有特殊需要的公证书可以将选择因素作为必备要素。

2. 要素式公证书更加符合法律规定的公证书作为"认定事实的根据"和"强制执行的根据"的标准和要求，有助于进一步强化公证文书的法律效力，也更加透明，有助于提升公证的公信力。

3. 要素式公证书往往对公证员的职业素养和水平提出较大考验，在遵守既定的必备要素的基础上，突出和强化选择要素的功能，要求公证员立足于事实，着眼于法律，注重说理和分析，针对性更强。

三、公证法律文书的功能

第一，公证法律文书作为公证活动的证明和载体，必须依照法律、法规和规章制作，记载内容应满足真实性、合法性的要求，要有利于预防纠纷、维护当事人的合法权益、实现公证制度的设立目标。

第二，公证法律文书作为"认定事实的根据"和"强制执行的根据"，注重审查核实证据，依照法律法规进行实质性审查，确认公证事项和当事人意思表示的真实性。公证员作为法律职业共同体的组成部分，应依据承担的客观义务出具公证法律文书。

第三，公证法律文书具有免证事实的证据效力。《民事诉讼法》第72条规定："经过法定程序公证证明的法律事实和文书，人民法院应当作为认定事实的根据，但有相反证据足以推翻公证证明的除外。"

第四，公证法律文书通过文书证词解释、说明、论证事实与法律、法理，落实和体现"谁执法谁普法""谁服务谁普法"的普法责任制要求。尤其是要素式公证书，是不断推行改革的重点领域。

第五，公证法律文书本身具有证据作用，在发生纠纷时有利于界定公证员责任。在出现故意违法违规或者重大失误时，公证员应承担法律责任。

第二节　定式公证书

办理公证的事项范围依据的是《公证法》第 11 条第 1 款。其中，公证的结果较多地以定式公证书形式呈现。定式公证书可分为三大类，总计 35 式 49 种，就其名目和包含的内容而言，占全部公证书的绝大多数。定式公证书有利于适用的统一和提高效率，避免出现歧义，在适用时需要注意区分各自的功用，不可混淆。极个别的定式公证书会与要素式公证书出现部分重叠，如公司章程公证书与现场监督类公证书。

一、定式公证书的种类

（一）民事法律行为类公证书

民事法律行为，是指民事主体通过意思表示设立、变更、终止民事法律关系的行为。[①]

民事法律行为类公证书，是指公证机构根据民事主体的申请，对其民事法律行为进行见证后所出具的具有法律效力的文书。

这类公证书的功能在于：对提出申请的民事主体的民事法律行为进行实体性审查，对其真实性、合法性予以证明。

民事法律行为类公证书主要包括委托类、声明类、赠与类、受赠类、遗嘱类、保证类、公司章程类和认领亲子类八式。其中，委托类具有代表意义。例如，对不动产的处分在实践中十分常见，通过办理公证，可以实现不动产物权的取得、转移。

各式公证书对应的公证行为分别为：[②]

1. 委托公证。委托公证是指基于《公证法》第 11 条第 1 款第 3 项的规定，公证机构根据当事人即委托人的申请，依法证明委托人的委托授权行为真实、合法的活动。应当注意的是，对委托合同的公证属于《公证法》第 11 条第 1 款第 1 项中的合同公证，属于"对有法律意义的文书"的公证，应适用要素式公证，与委托公证不同。

2. 声明公证。声明公证是指公证机构根据声明人的申请，依法证明声明人声明行为真实、合法的活动。《公证法》第 11 条第 1 款第 3 项规定的声明，是自然人或者组织所作出的有法律意义的声明。常见的有法律意义的声明主要包括三类：一是接受、放弃法律权利的声明，如放弃继承权的声明；二是承担法律义务、责任的声明，如愿意承担监护责任的声明（承诺）；三是就亲历、亲为、亲见的有法律意义的事实所作的声明（陈述）。

3. 赠与公证。赠与公证是指公证机构根据赠与人的单方申请，依法证明其将本人的财产无偿赠与他人的行为真实、合法的活动。赠与公证与相应的受赠公证可以在时间和空间不一致的情况下实现赠与的目的，具有独到意义。需要注意，赠与公证与《公证法》第 11 条第 1 款第 1 项中的赠与合同公证不同，由于《民法典》对公证的赠与合同规定了特殊的效力，必要时应当提示当事人选用赠与合同公证方式。

4. 受赠公证。受赠公证是指公证机构根据自然人、法人或者其他组织的申请，依照法定

[①]　《民法典》第 133 条。

[②]　参见司法部律师公证工作指导司编：《定式公证书格式使用指南》，法律出版社 2011 年版，第 13—62 页。

程序证明其接受赠与的行为真实、合法的活动。

5. 遗嘱公证。遗嘱公证是指公证机构根据当事人即遗嘱人的单方申请，按照法定程序证明遗嘱人设立遗嘱的行为真实、合法的活动。

6. 保证公证。保证公证是指公证机构依法证明保证人以保证书、保函等形式单方作出的保证行为真实、合法的活动。应当注意，对保证合同的公证属于《公证法》第 11 条第 1 款第 1 项规定的范畴，而对保证文书上的签名（印鉴）的公证实属《公证法》第 11 条第 1 款第 10 项规定的范畴，二者均不在本式公证之列。

7. 公司章程公证。公司章程公证是指公证机构对制定或者修改公司章程的行为所进行的证明。应当注意，广义的公司章程公证是指以公司章程为证明对象的公证，包括证明公司章程文本有效的公证和证明制定或修改公司章程行为合法有效的公证两类。前者属于证明有法律意义的文书公证。

8. 认领亲子公证。认领亲子公证是指公证机构根据当事人的申请，依照法定的程序对当事人自愿认领非婚生子女或者失散子女行为的真实性、合法性予以证明的活动。

（二）有法律意义的事实类公证书

有法律意义的事实，是指法律行为以外的，对权利义务关系的设立、变更、终止有一定法律影响的一切客观事实。

有法律意义的事实类公证书是指公证机构根据当事人的申请，依照法律和程序规范对其提供的文件进行审查，对有关证据进行核实，确认申请人申请涉及的有法律意义的事实合法、真实，继而出具的公证书。

有法律意义的事实类公证书主要有以下 24 式 38 种：出生、生存、死亡、身份（含国籍、监护、户籍注销）、曾用名、住所地（居住地）、学历、学位、经历（含自然人经历、法人经历）、职务（职称）、资格（含法人资格、非法人组织资格、职业资格）、无（有）犯罪记录、婚姻状况［含未婚、离婚或者丧偶（未再婚）、已婚（初婚）、已婚（再婚）］、亲属关系（含亲属关系、用于继承的亲属关系）、收养关系（含收养关系、事实收养）、抚养事实、财产权（含股权、知识产权、存款、不动产物权）、收入状况、纳税状况、票据拒绝、选票、指纹、不可抗力（意外事件）、查无档案记载。

各式公证书对应的公证行为分别为①：

1. 出生公证。出生公证是指公证机构根据当事人（监护人）的申请，证明自然人在我国境内出生这一法律事实的真实性的活动。该类公证依据《公证法》第 11 条第 1 款第 7 项办理。

2. 生存公证。生存公证是指公证机构根据自然人的申请，依法证明申请人在我国境内存活这一有法律意义的事实的活动。

3. 死亡公证。死亡公证是指公证机构根据当事人的申请，对发生在我国境内的自然人死亡这一法律事实的真实性予以证明的活动。其依据是《公证法》第 11 条第 1 款第 7 项。

4. 身份公证。此公证涉及三种不同具体情形：

（1）国籍公证。国籍公证是指公证机构根据当事人的申请，对其具有或者不具有中国国

---

① 参见司法部律师公证工作指导司编：《定式公证书格式使用指南》，法律出版社 2011 年版，第 65—219 页。

籍的真实性、合法性予以证明的活动。

（2）监护公证。监护公证是指公证机构根据当事人的申请，证明申请人对相关的无民事行为能力人或限制民事行为能力人具有监护人身份这一有法律意义事实的活动。

（3）户籍注销公证。户籍注销公证是指公证机构根据当事人的申请，依法证明当事人因定居国外或我国港澳台地区而注销户籍事实的真实性、合法性的活动。此类公证多用于前往我国台湾地区定居。

5. 曾用名公证。曾用名公证是指公证机构根据当事人的申请，对其在现登记姓名之前，曾经使用过的经法定程序登记或者有公共记录的姓名予以证明的活动。当事人申请公证机构证明其译名、又名、别名等其他名字的，参照曾用名公证书格式办理。

6. 住所地（居住地）公证。住所地（居住地）公证是指公证机构根据当事人的申请，证明自然人或者法人的住所地（居住地）具体地址真实、合法的活动。

7. 学历公证。学历公证是指公证机构根据当事人的申请，依照法定程序对当事人从入学至毕业（结业或肄业）的学习经历的真实性、合法性予以证明的活动。

8. 学位公证。学位公证是指公证机构根据当事人的申请，依法证明当事人所获学位真实、合法的活动。

9. 经历公证。此公证涉及两种情形：

（1）自然人经历公证。自然人经历公证是指公证机构根据自然人的申请，对其在我国境内某段时期的活动事实的真实性、合法性予以证明的活动。

（2）法人经历公证。法人经历公证是指公证机构根据法人的申请，对其在我国境内某段时期的活动事实的真实性、合法性予以证明的活动。

10. 职务（职称）公证。职务（职称）公证是指公证机构根据当事人的申请，对居住在我国境内的自然人某段时期在某处担任某一职务（职称）的真实性、合法性予以证明的活动。

11. 资格公证。资格公证是指公证机构根据当事人的申请，依法证明其具有某种法律意义上的资格的活动，是对当事人已取得某种资格的存续事实的证明。此类公证包括以下三种，皆属于实体性公证：

（1）法人资格公证。法人资格公证是指公证机构依法证明政府机关、企业、事业单位和社会团体具有法人资格的活动。

（2）非法人组织资格公证。非法人组织资格公证是指公证机构依法为不具有法人资格的组织体证明其在法律规定的范围内，具有以自己的名义从事民事活动，享有权利和承担义务的资格的活动。

（3）职业资格公证。职业资格公证是指公证机构根据自然人的申请，依法证明其具有从事某项职业的资格的活动。此类公证多用于申请人出国留学、谋职等。

12. 无（有）犯罪记录公证。此公证涉及两种类型：

（1）无犯罪记录公证。无犯罪记录公证是指公证机构根据自然人的申请，依照法定程序对其在中国境内居住期间无犯罪记录的真实性、合法性予以证明的活动。本类公证多在境外使用。

（2）有犯罪记录公证。有犯罪记录公证是指公证机构根据自然人的申请，依照法定程序对其在中国境内居住期间有犯罪记录的真实性、合法性予以证明的活动。本类公证多在境外使用。

13. 婚姻状况公证。婚姻状况公证是指公证机构根据当事人的申请，依照法定程序对当事人婚姻状况这一有法律意义的事实的真实性、合法性予以证明的活动。具体分为四种：

（1）未婚公证。未婚公证是指公证机构根据当事人的申请，按照法定程序对申请人从未结过婚的事实予以证明的活动。

（2）未再婚（离婚或者丧偶）公证。未再婚（离婚或者丧偶）公证是指公证机构根据当事人的申请，依照法定程序对申请人曾经结过婚，但因离婚或者丧偶目前处于未再婚状态的事实予以证明的活动。包括离婚未再婚和丧偶未再婚两种情况。

（3）已婚（初婚）公证。已婚（初婚）公证是指公证机构根据当事人的申请，依照法定程序对申请人已经结婚且为第一次结婚的事实予以证明的活动。

（4）已婚（再婚）公证。已婚（再婚）公证是指公证机构根据当事人的申请，依照法定程序对申请人因再次结婚而处于已婚状况的事实予以证明的活动。

14. 亲属关系公证。此公证涉及两种情形：

（1）亲属关系公证。亲属关系公证是指公证机构根据当事人的申请，依照法定程序证明当事人之间因血缘、婚姻或者收养而产生的亲属关系事实真实、合法的活动。这是办理亲属关系的一般格式，通常适用于因出国留学、旅游、探亲、工作、定居等而确认亲属关系事实，以及应国内相关机构、部门的要求认定申请人的亲属关系事实。

（2）用于继承的亲属关系公证。用于继承的亲属关系公证是指公证机构根据当事人的申请，为其涉外、涉港澳台继承事务而办理的有特殊要求和内容的亲属关系公证。

15. 收养关系公证。此公证涉及两种情形：

（1）收养关系公证。收养关系公证是指公证机构根据当事人的申请，依照法定程序证明当事人之间收养关系真实、合法的活动。

（2）事实收养公证。事实收养公证是指公证机构根据当事人的申请，依照法定程序对当事人之间形成的事实上的收养关系予以证明的活动。

16. 抚养事实公证。抚养事实公证是指公证机构依据抚养人的陈述和捡拾人或者捡拾知情人的证言以及其他有关证明材料，依照法定程序证明抚养人抚养被抚养人事实的活动。

17. 财产权公证。此公证涉及四种情形：

（1）股权公证。股权公证是指公证机构根据自然人、法人或者其他组织的申请，对其所持有的股权的真实性、合法性予以证明的活动。

（2）知识产权公证。知识产权公证是指公证机构根据自然人、法人或者其他组织的申请，对其享有的知识产权的真实性、合法性予以证明的活动。

（3）存款公证。存款公证是指公证机构根据自然人的申请，对申请人名下存款的真实性、合法性予以证明的活动。

（4）不动产物权公证。不动产物权公证是指公证机构根据自然人、法人或者其他组织的申请，对其所享有的不动产物权的真实性、合法性予以证明的活动。

18. 收入状况公证。收入状况公证是指公证机构根据自然人的申请，对其收入状况的真实性、合法性予以证明的活动。

19. 纳税状况公证。纳税状况公证是指公证机构根据自然人的申请，对其纳税状况的真实性、合法性予以证明的活动。

20. 票据拒绝公证。票据拒绝公证是指公证机构根据票据持有人的申请，依法证明票据持有人在约定或者法定期限内行使或者保全票据权利，而被票据承兑人或者票据付款人拒绝的事实的真实性的活动。此类公证书是持票人行使追索权的有效证明文件之一。

21. 选票公证。选票公证是指公证机构根据当事人的申请，依照法定程序对当事人投票行为的真实性予以证明的活动。

22. 指纹公证。指纹公证是指公证机构根据当事人的申请，依照法定程序对当事人在指纹卡以及其他文件上所按指纹的真实性予以证明的活动。[①]

23. 不可抗力（意外事件）公证。不可抗力（意外事件）公证是指公证机构根据当事人的申请，依照法定程序证明发生了不可抗力（意外事件），以及由于不可抗力（意外事件）而造成当事人或相关人员人身或财产损失的真实性的活动。

24. 查无档案记载公证。查无档案记载公证是指公证机构根据当事人的申请，依照法定程序对在档案中无法查清某一事项的真实性予以证明的活动。

（三）有法律意义的文书类公证书[②]

有法律意义的文书，是指在法律上具有特定意义或作用的各种文书、证件、文字材料的总称。有法律意义的文书类公证书是其中一个分支，包括记录和见证有关的文书、文书上的签名（印鉴）是否真实、合法，以及文书的不同文本与原本是否相符。

有法律意义的文书类公证书主要包括证书（执照）公证书、文书上的签名（印鉴）公证书、文本相符公证书三种，即司法部律师公证工作指导司根据 2011 年 3 月司法部印发的《关于推行新的定式公证书格式的通知》编印的《定式公证书格式使用指南》中的第 33 式至第35 式。各类文书对应的公证行为如下：

1. 证书（执照）公证。证书（执照）公证是指公证机构根据当事人的申请，对其持有的由法定机构或者职权机构依法颁发的证书、执照等制式文书的真实性、合法性予以证明的活动。

2. 文书上的签名（印鉴）公证。文书上的签名（印鉴）公证是指公证机构根据当事人的申请，依照法定程序对有法律意义的文书上的签名（印鉴）的真实性予以证明的活动。办理本类公证的依据是《公证法》第 11 条第 1 款第 10 项。

3. 文本相符公证。文本相符公证是指公证机构根据当事人的申请，依照法定程序证明有法律意义的文书的其他文本与原本或者其他文本相互间的内容相一致的活动。

二、定式公证书的基本结构和写作示例

有关定式公证书的出证，对于民事法律行为，适用《公证程序规则》第 36 条的规定；对于有法律意义的事实或者文书，适用《公证程序规则》第 37 条的规定。定式公证书的基本结构相对固定，皆根据 2011 年司法部印发的《关于推行新的定式公证书格式的通知》和司法部律师公证工作指导司编印的《定式公证书格式指南》出具，各类文书基本都分为三个主要部

---

① 关于指纹公证，应注意根据公证书使用国家或地区的不同要求确认具体留存哪些或哪个指纹。如果使用格式指纹卡，须不留空白；基于个体特殊原因无法留存指纹的，可以通过脚纹、掌纹制作公证，证词中应当明确表示清楚。参见司法部律师公证工作指导司编：《定式公证书格式使用指南》，法律出版社 2011 年版，第 209—213 页。

② 参见司法部律师公证工作指导司编：《定式公证书格式使用指南》，法律出版社 2011 年版，第 223—235 页。

分。一是首部。包括公证书标题、公证书编号、申请人（关系人）基本情况、公证事项（即本公证的证明对象）。二是正文。即公证证词，这是公证书的核心内容，不同种类公证书的证词会有所区别。其主要内容包括：公证证明的事项、范围和内容，适用的法律、法规等。可以在法律允许的范围内增加适当"变量"，如增加注明公证书用途、公证书附件，如此可以增强格式的适用性、包容性，有利于实现公证书的证明目标，提升格式的执行力。三是尾部。包括承办公证机构的名称、承办公证员的签名或者签名章、公证书出具的日期和公证处印章等内容。有些类别的公证书需要加贴申请人的照片等。

（一）民事法律行为类公证书写作示例

委托公证书格式① ［注1］：

公　证　书

（20××）×字第××号

申请人：×××（基本情况 ［注2］ ）

公证事项：委托

兹证明×××（申请人）于××××年×月×日来到我处 ［注3］，在本公证员面前，在前面的委托书 ［注4］ 上签名 ［注5］，并表示知悉委托的法律意义和法律后果。

×××（申请人）的委托行为符合《中华人民共和国民法通则》第55条 ［注6］② 的规定。［注7］

中华人民共和国××省××市（县）××公证处

公证员（签名或者签名章）

××××年×月×日

［注］

1. 本格式适用于单方委托行为。证明委托合同适用合同类要素式公证书格式；证明委托书上的签名（印鉴）属实，适用证明文书中的签名（印鉴）公证书格式。

2. 自然人的基本情况包括姓名、性别、居民身份证号码，可以根据公证的内容增加出生日期、住址、联系方式等情况。发往域外使用的公证书应当注明出生日期；申请人为外国人的，还应当写明国籍和护照号码。法人或者非法人组织的基本情况包括组织名称、登记注册地址，并另起一行注明法定代表人或者主要负责人的姓名、性别、居民身份证号码。由代理人代办的公证事项，应当在申请人基本情况后另起一行注明代理人的姓名、性别、居民身份证号码。以下各格式相同，不再另行加注。

3. 在本公证机构以外的地点办证的，办证地点据实表述。以下各格式相同，不再另行加注。

4. 引用文书的全称。

5. 签署的形式应当据实表述：仅有签名的，表述为"签名"；签名、印鉴、指纹等几种

---

① 本示例为定式公证书中的常用格式，具有一定的代表性。参见司法部律师公证工作指导司编：《公证书格式（2011年版）》，法律出版社2011年版，第3—4页。

② 此处在《中华人民共和国民法典》2021年1月1日实施后应当引用其第143条："具备下列条件的民事法律行为有效：（一）行为人具有相应的民事行为能力；（二）意思表示真实；（三）不违反法律、行政法规的强制性规定，不违背公序良俗。"

形式同时存在的，一并予以表述；申办公证时提交了已签署的委托书且未作修改的，表述为"×××（申请人）在本公证员的面前确认前面的委托书是其真实的意思表示，委托书上的签名（印鉴）是×××（申请人）本人所为"。

6. 有新法或者专门规定的，表述作相应调整。

7. 根据需要，可以另起一行注明公证书用途，如"本公证书用于办理继承×××在我国台湾地区的遗产手续"。以下格式相同，不再另行加注。

（二）有法律意义的事实类公证书写作示例

出生公证书格式①［注1］：

公 证 书

（20××）× 字第 ××号

申请人：×××（基本情况）

公证事项：出生

兹证明×××（申请人）于××××年×月×日在××省××市（县）［注2］出生。×××（申请人）的父亲是×××（居民身份证号码×××），×××（申请人）的母亲是×××（居民身份证号码×××）［注3］。

中华人民共和国××省××市（县）××公证处
公证员（签名或者签名章）
××××年×月×日

［注］

1. 本格式适用于证明自然人出生于我国境内的法律事实。

2. 出生地应为我国行政区内的省（自治区、直辖市）、市、县（区）的现名称，现名称与出生时的名称不一致的，可以用括号加以注明。

3. 申请人的父母一般应为生父、生母，生父、生母不详的可予以注明。申请人要求注明其父母死亡情况，且能够提供相关证明的，可以在姓名后加括号注明"已故"。

（三）有法律意义的文书类公证书写作示例

证书（执照）公证书格式②［注1］：

公 证 书

（20××）× 字第 ××号

申请人：×××（基本情况）

公证事项：证书（执照）

兹证明××××（单位全称）于××××年×月×日颁发（或者发给×××的）《××××》（证照名称）的原件与前面的复印件相符，原件属实。［注2］［注3］

中华人民共和国××省××市（县）××公证处
公证员（签名或者签名章）
××××年×月×日

① 参见司法部律师公证工作指导司编：《公证书格式（2011年版）》，法律出版社2011年版，第19—20页。
② 参见司法部律师公证工作指导司编：《公证书格式（2011年版）》，法律出版社2011年版，第77—78页。

［注］

1. 本格式适用于证明法定机构或者职权机构依法颁发的证书（执照）原件属实、复印件与原件相符。出证条件适用《公证程序规则》第 37 条的规定。

2. 证明驾驶执照，应当加注准驾车型，证词表述为"根据上述驾驶证，×××（申请人）从××××年×月×日（颁证日）至 ××××年×月×日（年检截止日）可以驾驶××车和××车"。

3. 同时需要证明复印件所附的××文译文内容与××文原本相符的，可以在证词中增加"前面的复印件所附的××文译文内容与××文原本相符"的表述。

三、制作时应注意的问题

1. 应当严格依照《公证法》《公证程序规则》，2011 年司法部印发的《关于推行新的定式公证书格式的通知》和司法部律师公证工作指导司编印的《定式公证书格式使用指南》有关定式公证书格式的规定办理公证和出具公证书。

2. 应当正确理解和执行司法部"五不准通知"，区分应当依法办理的公证与不得办理的公证。例如，应将"不应拒绝办理异地房产的售房委托公证"与"五不准通知"中的"不准办理涉及不动产处分的全项委托公证"区别开。

3. 定式公证书的格式以证明对象为区分标准，证明对象不同，适用的格式亦不同。实践中，一个事项可以有多种表现形式，证明方式也会有所不同，公证员必须准确把握，正确选择。

4. 定式公证书应当严格按照格式规定的语言书写。定式公证书不允许随意修改格式语言，也不得随意增加证词内容，更不能通过加注的方式规避公证机构应当履行的法律义务。例如，不得擅自在公证书中增加"因未对有关信息进行审查，不承担相应责任"等表述。要正确适用格式变量，注意格式语言间的语法衔接，做到逻辑清晰、语言规范、表达顺畅。

5. 定式公证书包括的项目，如处分不动产的委托书、解押出售、抵押等，都属于重大事项（利益），应当依据所涉及的主要民事法律关系认定和判断，有些应当据实委托办理，"一次一委托"；事务性、手续性的事项可以围绕重大事项一并委托。

6. 出具定式公证书应当认真审查申请人的身份、意思表示的自愿性、关系人之间关系的真实性、相关当事人对公证事项的理解程度等，可以通过多种途径和方法审查核实，对于需要进行的实质性审查必须落实。

7. 出具定式公证书时，应当注意不与要素式公证书混淆。例如，民事法律行为类公证书往往针对单方法律行为，适用定式公证书格式。要注意委托公证与合同（协议）公证、赠与公证与赠与合同公证、受赠公证与接受遗赠公证、遗嘱公证与遗赠扶养协议公证、保证公证与保证合同的公证、公司章程公证与现场监督公证之间的区分，后者均属于要素式公证书。既不可以混淆，也不允许为规避某类文书的要求而"绕行"。

第三节　要素式公证书

一、要素式公证书①的种类

第一，证据保全类公证书。此类公证书主要适用于以下情形：（1）保全证人证言或当事人陈述；（2）保全物证、书证；（3）保全视听资料、软件；（4）保全行为。

第二，现场监督类公证书。此类公证书主要适用于以下情形：（1）拍卖；（2）招标；（3）开奖；（4）股份公司创立大会；（5）股票认购证抽签。

第三，合同（协议）类公证书。此类公证书主要适用于以下情形：（1）合同（协议）；（2）土地使用权出让（转让）合同；（3）商品房买卖合同。

第四，继承类公证书。此类公证书主要适用于以下情形：（1）法定继承；（2）代位继承；（3）法定继承（转继承）；（4）法定继承（有限责任公司股东资格继承）；（5）遗嘱继承；（6）遗赠。

第五，强制执行类公证书。此类公证书主要适用于以下情形：（1）具有强制执行效力的债权文书；（2）执行证书。

第六，法律意见书。法律意见书是指律师、公证员为履行职责而向当事人等提出相关法律意见的综合性文书，包括书面解答法律咨询、提供法律依据、提出法律建议以及依法解决问题的具体方案。

公证员出具的法律意见书一般分为两种类型：一种是公证员在办理公证过程中发现相关法律问题时，主动向当事人提出法律建议；另一种是公证员接受当事人的委托，就某一法律问题提供咨询性意见。

公证员出具法律意见书，应当以事实为根据，逐一审查有关证据材料，对需要解答或涉及的问题进行充分了解、评估、论证，并且就论证过程和结论进行充分说明，遵循既定的格式，满足全部的要素。

根据司法部有关法律意见书的通用格式，法律意见书由首部、正文、尾部三部分构成。其中，首部包括标题和编号等；正文由委托人和受托人的基本情况、委托事项、法律法理分析、结论等部分构成；尾部包括出具人署名盖章、签发日期、附件。

二、要素式公证书的基本结构和写作示例

（一）要素式公证书的基本结构

要素式公证书相较定式公证书更灵活，针对性更强。"一事一议"更能适应公证申请人差异化的个体需求，是公证改革未来着力推进的方式。要素式公证书仍然有必要的格式要求，只是它可以有必备要素和选择要素，其中，选择要素在必要时可能成为必备要素。法律意见书则是要素

---

① 鉴于本类文书存在选择性要素的特点及篇幅所限，本节除法律意见书类以外，仅列出种类，不作具体阐述，有关规范参见《关于推行继承类强制执行类要素式公证书和法律意见书格式的通知》《司法部关于保全证据等三类公证书试行要素式格式的通知》以及司法部律师公证工作指导司编的《要素式公证书试行格式辅导材料》（中国民主法制出版社 2000 年版）等文献及本章所列参考资料。

式公证书中独具特色的一类。总体而言，要素式公证书的基本结构仍然包括以下三部分：

1. 首部。包括公证书标题、公证书编号、申请人（关系人）基本情况、公证事项（即本公证的证明对象）。

2. 正文。即公证证词，这是公证书的核心内容，不同种类公证书的证词会有区别，要素式公证书证词在这一部分更应当突出其特色，体现应对纷繁的证明对象进行公证的灵活性，能更有针对性地满足当事人的需要，提升公证法律服务的整体水平。

3. 尾部。包括承办公证机构的名称、承办公证员的签名或者签名章、公证书出具的日期和公证处印章等内容。有些类别的公证书需要加贴申请人的照片等。

在要素式公证书中，法律意见书的基本结构具有其独特性，应着重关注：

1. 首部：标题。通常有两种写法：一是直接写"法律意见书"；二是具体写明法律意见书的性质，如"关于药品经销合同合法性的法律意见书"。此外，还可以注明法律意见书的编号。

2. 正文。包括如下内容：委托人基本情况、受托人（即法律意见书出具人）基本情况、委托事项、受托人提供的相关资料、受托人独立调查获得的资料、出具法律意见书所依据的现行有效的法律规定、法律法理分析、结论、声明和提示条款。

3. 尾部。包括出具人署名盖章及签发日期、附件。

（二）要素式公证书写作示例

以下选取一种具有一定代表性的常用要素式公证书作为示例。其中，在具体运用文书的必备要素与选择要素时，不仅要注意准确理解和把握该类文书的要求，还要关注法律法规的变化，并及时完善。此外，有个别选择要素可能在某种公证书中为必备要素，如下例中［注15］表明的那样。

继承类要素公证书通用格式范例①：

公 证 书

（ ）×× 字第 ×× 号

申请人：基本情况［注1］

委托/法定代理人：基本情况［注2］

被继承人：基本情况［注3］

公证事项：继承权

证词内容：

一、必备要素

（一）继承人姓名、申请日期、申请事项。

（二）当事人提供的证明材料［注4］。

（三）公证机构向当事人告知继承权公证的法律意义和可能产生的法律后果。

（四）公证机构查明（审查核实）的事实，包括：

1. 被继承人死亡的时间、地点。

2. 继承人申请继承被继承人的遗产的情况［注5］。

3. 向所有继承人核实被继承人生前是否立有遗嘱和遗赠扶养协议［注6］。

---

① 参见司法部律师公证工作指导司编：《公证书格式（2011年版）》，法律出版社2011年版，第123—126页。

4. 被继承人的全体继承人中有无死亡的继承人；继承人与被继承人的亲属关系［注7］；代位继承人情况及其他继承人［注8］。

5. 继承人中有无丧失继承权的情况［注9］。

6. 有无放弃继承权的情况［注10］。

（五）公证结论

1. 法律事实、理由［注11］。

2. 被继承人遗留的个人财产为合法财产。

3. 被继承人的合法继承人［注12］。

4. 被继承人的遗产应由何人继承，应如何继承［注13］。

二、选择要素

1. 被继承人的死亡原因［注14］。

2. 继承人提供的主要证据材料的真实性、合法性。

3. 适用遗嘱继承的，当事人是否了解遗嘱的内容。公证机构经向所有继承人核实，用于遗嘱继承的遗嘱为被继承人所立的最后一份有效遗嘱［注15］。

4. 对遗嘱见证人、执行人、遗产的使用人、保管人等事项的说明。

5. 根据遗嘱信托办理继承权公证的，应当根据遗嘱的内容列明受托人应当承担的义务。

6. 根据《公司法》《保险法》《合伙企业法》《个人独资企业法》等有关继承的特别法的规定办理继承权公证的，写明特别法的具体适用。①

7. 被继承人生前未缴纳的税款和债务情况，继承人对此所作的意思表示。

8. 公证员认为需要告知的有关继承的其他法律规定。

9. 公证员认为需要说明的其他事实或情节。

中华人民共和国×××省××市（县）××公证处

公证员（签名或签名章）

××××年×月×日

［注］

1. 申请人，是指向公证机构提出继承权公证申请的人，包括继承人和继承人的委托代理人、法定代理人。没有向公证机构提出申请的继承人，不列为申请人。基本情况包括姓名、性别、出生日期、身份证件名称和号码、住址，外国人应当写明国籍。

2. 委托/法定代理人，是指根据授权委托书或法律规定，代理继承人申请办理公证的人。委托代理人需提交经公证的授权委托书；法定代理人需提交有代理权资格的证明。

3. 被继承人基本情况，包括姓名、性别、出生日期、生前住址。

4. 当事人提供的证明材料应详细列明。

5. 公证机构只对继承人申请继承的被继承人的遗产情况进行核实。核实的内容包括：个人合法财产及财产权利的种类、数量，是否与他人共有或者是否为夫妻共同财产，是否有典当、抵押、出质或其他权利受限制情况，现存放何处，由何人保管。被继承人的遗产应详细列明财产种类，数量较多的可制作财产清单作为公证书附件。

---

① 落实、执行这一项时应当注意相关法律法规的变化、调整。

6. 公证机构必须向所有法定继承人进行核实，确认被继承人生前是否立有遗嘱或是否与他人订立遗赠扶养协议。有遗嘱的，按照遗嘱继承或者遗赠办理；有遗赠扶养协议的，按照协议办理。有遗嘱、遗赠扶养协议的，必须审查其真实性、合法性，并应注意遗嘱、遗赠扶养协议是否包括被继承人的全部遗产。

7. 先核实被继承人第一顺序继承人并注明其身份。没有第一顺序继承人的，应予以说明。再核实第二顺序继承人的身份。应特别注意《民法典》第 1127 条、第 1129 条有关子女、父母、兄弟姐妹、丧偶儿媳、女婿的规定。符合《民法典》规定条件的继承人均应列入。

8. 主要查明继承人与被继承人死亡的先后时间，核实代位继承的代位继承人、其他继承人是否符合条件。

9. 继承人丧失继承权的情况为《民法典》第 1154 条规定的行为，未发生第 1154 条规定情况的，不写。

10. 继承人放弃继承权的，公证员应进行询问，询问过程应写入询问笔录，或者提交经公证的放弃继承权声明书，但应注意继承人放弃继承权的行为是否会致其不履行法定义务。继承人放弃继承权的，证词中应具体写明继承人放弃继承的遗产的范围。

11. 注意正确引用《民法典》《最高人民法院关于适用〈民法典〉继承编的解释（一）》的具体条款。

12. 所有合法继承人应全部列上。

13. 情况复杂的，可以表述具体继承份额、有无代为保管遗产的人等。继承人之间就遗产分割达成协议的，如协议内容合法，可以作为分割遗产的依据。

14. 申请人提供的证据材料能够说明被继承人死亡原因的，可以在证词中写明。死亡原因包括疾病、意外事件、被害、自杀、被法院宣告死亡等。如被继承人系被害死亡，尤应审查是否被继承人所为，是否会导致继承人丧失继承权。

15. 适用遗嘱继承的，公证机构必须向所有继承人核实用于办理继承权公证的遗嘱是否为被继承人生前所立的最后一份有效遗嘱，遗嘱是否已为缺乏劳动能力又没有生活来源的继承人保留必要的遗产份额等。

三、制作时应注意的问题

1. 目前，要素式公证书的规范性种类不多，但它有着广阔的前景，完善要素式公证书是公证法律文书改革的方向之一。

2. 要素式公证书的写作对公证员的各方面素养有着更高的要求，公证机构应当在实践中努力进行新的探索，尤其着力总结必备要素与选择要素的关系，突破文书适用的瓶颈，为社会提供更高质量的法律服务。

3. 要素式公证书的撰写要伴随着法律法规的完善而不断演进。

第四节　涉外及涉港澳台公证法律文书

一、涉外公证法律文书

（一）涉外公证法律文书的概念和作用

涉外公证是指公证当事人、证明对象或公证书使用地诸多因素中至少有一个涉外的公证证明活动。①

《公证程序规则》第 12 条第 1 款规定："居住在香港、澳门、台湾地区的当事人，委托他人代理申办涉及继承、财产权益处分、人身关系变更等重要公证事项的，其授权委托书应当经其居住地的公证人（机构）公证，或者经司法部指定的机构、人员证明。"第 2 款规定："居住在国外的当事人，委托他人代理申办前款规定的重要公证事项的，其授权委托书应当经其居住地的公证人（机构）、我驻外使（领）馆公证。"

广义而言，涉外公证法律文书应当包含《公证程序规则》第 12 条第 2 款所提及的文书。本节所涉及的涉外公证法律文书，是指我国的公证机构进行涉外公证证明活动后依法出具的公证文书。它是公证机构为满足公证当事人在国外的需要，针对其发生在国内的法律行为和具有法律意义的文书或事实，向国外出具的文书。②

涉外公证法律文书的作用有：维护我国国家主权；证明我国当事人的有关情况，依法保护其在国外的合法权益；尊重其他国家法律法规，有利于彼此的友好交往、相互协助；为外国当事人在我国的行为和需求进行证明，为其提供必要的法律帮助；预防各类纠纷产生，便于矛盾的解决。

（二）涉外公证法律文书的种类

涉外公证法律文书的种类很多，用途广泛，一般会基于公证当事人目的地国对他国人员在本国生活、居住、工作的要求等因素而定，有时还与当事人在该国停留的时间长短有关。此外，对外国人在我国境内发生的法律行为等进行公证后，该外国人可以将公证书用于本国，如选票公证。

涉外公证法律文书的种类总体上与国内公证法律文书的种类差别不大，归纳起来，大致有以下几类：

1. 具有法律意义的事实类涉外公证法律文书，多用于证明与当事人个人情况有关的事实，如有关出生、死亡、健康、学历、学位、成绩单、经历、职称、资格证书、婚姻、驾驶证（照）、存款、未受刑事处分、意外事件等。

2. 法律行为类涉外公证法律文书，如有关收养、继承、遗嘱、委托、赠与、财产分割、财产转让等的涉外公证法律文书。

3. 经济文书类涉外公证法律文书，如有关经济合同、协议、注册商标证书、营业执照、公司章程、董事会决议、资信证明、股权证书、授权证书等的涉外公证法律文书。

4. 诉讼、索赔和法律保护需要的证明文件类涉外公证法律文书，如有关证据保全、遗产清点、提存等的涉外公证法律文书。

5. 有法律意义的文书类涉外公证法律文书，如有关文书的签名、印章属实，不同文本的内容相符，以及确定文件的签署地点和日期等的涉外公证法律文书。

6. 其他涉外公证法律文书，指根据国际惯例和当事人申请而出具的其他涉外公证法律文书。

---

① 张凤魁：《涉外公证文书英译大全》，人民教育出版社 2010 年版，第 2 页。
② 张凤魁：《涉外公证文书英译大全》，人民教育出版社 2010 年版，第 2 页。

（三）涉外公证法律文书的特点

1. 根据公证当事人申请和公证文书使用国家的要求，由我国公证机构依照我国法律法规出具。

2. 一般具有固定的格式和术语，公证证词规范，译本也由公证机构出具，在域外具有法律效力。

（四）涉外公证法律文书示例

示例一：亲属关系公证书格式①［注 1］：

公　证　书

（　　）×× 字第 ×× 号

申请人：基本情况

关系人：基本情况 ［注 2］

公证事项：亲属关系

兹证明×××（申请人）是×××（关系人）的××（关系称谓）［注 3］；×××（关系人）是×××（申请人）的××（关系称谓）［注 4］。［注 5］

中华人民共和国×××省××市（县）××公证处

公证员（签名或签名章）

××××年×月×日

［注］

1. 此格式适用于办理涉外继承的亲属关系以外的亲属关系的证明。

2. 申请人要求证明的亲属有两个以上的，应当逐一在关系人中列明，并在证词中表述清楚其与申请人的关系。

3. 亲属关系称谓应使用我国法律统一规定的称谓，习惯称谓可以用括号注明。

4. 此处表述由公证员根据具体情况确定，如果关系人系申请人父母双方的，此处一般应表述为"×××（关系人）是×××（申请人）的父亲；×××（关系人）是×××（申请人）的母亲"。如非上述情况，此处可不再重复表述。

5. 考虑使用国/地区（单位）的特殊规定和要求，可以根据需要增加适当的限定词。例如，用于旅居加拿大华侨唯一留在国内的超过 21 周岁的未婚子女赴加拿大定居的亲属关系公证书，其证词可以表述为"兹证明×××（申请人）是×××、×××（关系人）夫妇在中华人民共和国国内的唯一超过 21 周岁的未婚儿子（女儿），×××（关系人）是×××（申请人）的父亲，×××（关系人）是××（申请人）的母亲"。又如，用于向荷兰申领子女助学金的亲属关系公证书，其证词可以表述为"兹证明×××（申请人）在中华人民共和国×省×县××中学（或小学）×年级学习，是居住在荷兰的×××（关系人）的儿子（女儿），×××（关系人）是×××（申请人）的父亲（母亲）"。

---

① 运用此格式的重点：一是它的适用对象；二是对注 5 的理解。

示例二：选票公证书格式①：

公　证　书

（　　）××字第××号

申请人：×××，男，××××年×月×日出生，国籍：××国，护照号码：××××，现住中国××省××市××区××街××号。

公证事项：选票

兹证明×××（申请人）于××××年×月×日来到我处，于××时在本公证员的面前，将选票装入信封，并将该装有选票的信封装入另一信封，封签完整。

中华人民共和国×××省××市（县）××公证处

公证员（签名或签名章）

××××年×月×日

（五）制作时应注意的问题

涉外公证法律文书是公证法律文书的一部分。整体而言，其与国内适用的公证法律文书并无根本区别，本章之前谈及的内容同样适用于此处。同时，鉴于涉外公证法律文书由我国公证机构出具，但它的使用、效力则发生在国外，因而，了解和尊重国外的有关规定并依据我国法律法规出具，是必须遵守的原则。在文书的写作中，除遵守前述的各项要点外，还应当注意以下问题：

1. 以事实为根据，以我国法律法规为准绳。注意学习司法部、外交部的规范性文件，根据公证当事人的申请和需要出具公证法律文书。

2. 注意了解、尊重公证法律文书使用地国家对文书的相关规范和要求，最大限度地避免出现公证书使用障碍。允许根据国家规定增加适当的限定词，例如，在泰国使用的未婚（未再婚）公证书，需要在证词中注明申请人父母的姓名；发往法国使用的收养关系公证书，必须增加"收养人、送养人已自愿放弃《中华人民共和国民法典》规定的请求解除收养关系的权利，保证不解除该收养关系"的表述，在证词"经本公证处公证后成立"的"成立"二字后增加"并不可撤销"的标注；用于在加拿大定居的亲属关系公证书，可以写作"×××（申请人）系×××、×××（关系人）夫妇在中华人民共和国国内的唯一超过21周岁的未婚儿子（女儿）"的表述；等等。

3. 注意了解和掌握公证事项涉及的国际法以及可能同时涉及的我国与他国的法律。例如，我国已经与若干国家建立了跨国收养合作关系，此类公证已成为常见项目，而不同国家在提供文件和公证书方面的要求可能有所不同。

4. 译本应严谨、规范，用语应准确，避免产生歧义。

二、涉港澳台公证法律文书

（一）涉港澳台公证法律文书的概念和特点

涉港澳台公证是指当事人、所证明对象或公证书使用地诸多公证因素中至少有一个包含

---

① 本格式为定式公证书格式之第29式，用于对在中国境内的外国人参加本国大选进行投票的行为的公证。参见司法部律师公证工作指导司编：《定式公证书格式使用指南》，法律出版社2011年版，第208页。

港澳台地区因素的公证活动。

本章所涉及的涉港澳台公证法律文书主要是指我国的公证机构进行上述公证证明活动后依法出具的公证文书。这些在香港特别行政区、澳门特别行政区和我国台湾地区使用的公证法律文书，是为满足公证当事人的需求，针对其发生在内地（大陆）的法律行为和具有法律意义的文书或事实向港澳台地区有关机构或部门出具的公证证明文书。

需要特别说明的是，基于内地与香港特别行政区经济往来和居民生活的需要，20世纪80年代开始，司法部根据先后发布的《司法部关于委托香港八位律师办理公证的若干问题的通知》等文件，通过当时的中国政府代表机构——新华社香港分社（现称中央人民政府驻香港特别行政区联络办公室）委托部分香港律师为香港同胞出具回内地处理民事法律事务有法律效力的公证文书。其后，1996年《最高人民法院、司法部关于涉港公证文书效力问题的通知》及2002年《中国委托公证人（香港）管理办法》再次确认了公证办理相关事务的办法和程序，有关公证书经由香港的公证律师（即"中国委托公证人"）签字盖章，并经"中国法律服务（香港）有限公司"审核，认为符合出证程序以及文书格式要求后加章转递，才能在内地使用，[①] 也才符合《最高人民法院关于民事诉讼证据的若干规定》第16条第3款对于证据效力的相关要求。中国委托公证人的业务范围是证明发生在香港特别行政区的法律行为、有法律意义的事实和文书，证明的使用范围限于内地。[②]

在澳门特别行政区，由于司法部没有在澳门特别行政区建立委托公证人制度，只要是经过中国法律服务（澳门）有限公司或者澳门司法事务室下属的民事登记局出具的公证证明，都可以直接在内地使用。

根据海峡两岸关系协会、中国公证员协会与财团法人海峡交流基金会（以下简称"海基会"）签署的《两岸公证书使用查证协议》的规定，关于寄送公证书副本及查证事宜，双方分别通过中国公证员协会或有关省、自治区、直辖市公证员协会与"海基会"相互联系。寄送公证书副本及查证事宜的范围包括涉及继承、收养、婚姻、出生、死亡、委托、学历、定居、抚养亲属及财产权利的证明。我国台湾地区出具的公证文书（包括证据等），应先经过我国台湾地区的公证机关予以公证，并由我国台湾地区"海基会"根据《两岸公证书使用查证协议》提供相应证明材料，再由中国公证员协会或相应的省、自治区、直辖市的公证员协会办理。任何个人、公证处或省以下公证员协会不得向"海基会"寄送公证书副本或答复查证事项。

谈及涉港澳台公证法律文书时，还应当从广义的视角理解和认识，需要考虑港澳台地区出具的公证类文书在内地（大陆）使用的情形。

涉港澳台公证法律文书具有以下特点：

1. 依据公证当事人公证法律文书使用地区的具体需求出具相应种类的公证法律文书。

2. 一般具有固定的格式和术语，必要时可根据需要出具译本，如英文译本、葡文译本等，译本在境外具有法律效力。

3. 与在内地（大陆）公证处出具并在本地使用的公证法律文书不同，公证处在依照法律

---

① 《中国委托公证人（香港）管理办法》第5条。
② 《中国委托公证人（香港）管理办法》第3条。

法规出具公证法律文书之后，或者针对港澳台地区出具的公证法律文书，必要时在办理流程方面还要经过专门的"认证程序"或"相互查证"。①

（二）涉港澳台公证法律文书示例

示例一：用于继承的亲属关系公证书格式②：

公　证　书

（20××）× 字第 ××号

申请人：李甲，女，1941 年 10 月 10 日出生，居民身份证号码：××××，现住××××。

关系人：李乙，男，××年×月×日出生，2008 年去世，生前住台湾。

公证事项：亲属关系（继承）

兹证明李乙的配偶、直系亲属及旁系血亲共有以下 7 人：

配偶：罗××，女，1930 年出生，2002 年死亡；

父亲：李丁，男，1889 年出生，1966 年死亡；

母亲：李戊，女，1895 年出生，1982 年死亡；

祖父：查无档案记载（或不详）；

祖母：查无档案记载（或不详）；

弟弟：李丙，男，1930 年 8 月 11 日出生，住址：××××；

妹妹：李甲，女，1941 年 10 月 10 日出生，住址：××××。

中华人民共和国××省××市区（县）××公证处

公证员（签名或签名章）

××××年×月×日

示例二：证明书（中国委托公证人及香港律师出具）格式：

档案编号×××××

证　明　书③

兹证明：

香港生死登记处于××××年××月××日（登记日期）发出登记编号第×××××号出生登记记录证明，×××，于××××年××月××日在香港出生，性别为男/女，父亲姓名为×××，母亲姓名为×××。

附件：

1. 当事人的香港出生登记证明复印本；

2. 当事人的回港证复印本/香港永久性居民身份证复印本；

3. 当事人的港澳居民来往内地通行证复印本；

4. 当事人父亲/母亲的往来港澳通行证复印本及由香港入境事务处出具的入境日期印章或

---

① 涉及香港特别行政区的，根据《最高人民法院、司法部关于涉港公证文书效力问题的通知》及《中国委托公证人（香港）管理办法》等规定办理；涉及澳门特别行政区的，根据相关规定办理；涉及我国台湾地区的，根据《两岸公证书使用查证协议》《司法部关于印发〈海峡两岸公证书使用查证协议实施办法〉的通知》（含附件一：《两岸公证书使用查证协议》；附件二：《海峡两岸公证书使用查证协议实施办法》；附件三：海基会使用的文书格式）等办理。

② 参见司法部律师公证工作指导司编：《定式公证书格式使用指南》，法律出版社 2011 年版，第 167—169 页。

③ 此格式适用于香港出生证明。

标签涉外复印本；

    5. 当事人父亲的中华人民共和国居民身份证复印本；

    6. 当事人母亲的中华人民共和国居民身份证复印本。

证明人：   （签署及印章）

证明人姓名：   （印刷体）

证明人身份：中国委托公证人及香港律师

日   期：××××年××月××日

    附注：此文件仅限于在广东省深圳市办理有关入学事宜之用。在上列证明人签署、身份标注的左侧加盖中华人民共和国司法部委托香港律师办理内地使用的公证文书"转递专用章"（紫色）。

    （三）制作时应注意的问题

    涉港澳台公证法律文书是公证法律文书的一个部分，整体而言，其与境内适用的文书并无根本区别，本章之前谈及的内容同样适用于此处。同时，鉴于涉港澳台公证法律文书的使用发生在内地（大陆）以外的其他地区，或者由港澳台地区出具后在内地（大陆）使用，了解和尊重这些地区的有关规定并依据内地（大陆）法律法规出具是必须遵循的原则。鉴于此，写作中还应当注意以下问题：

    1. 以事实为根据，以我国法律法规为准绳，根据公证当事人的申请和需要出具。

    2. 公证书使用地为香港特别行政区、澳门特别行政区的，证词中的地点应当表述为"中国内地"；公证书使用地为我国台湾地区的，证词中的地点应当表述为"中国大陆"。

    3. 充分注意不同地区的用语习惯，尊重文书使用地区对文书的相关规范。例如，对于在我国台湾地区使用的结婚公证书，须载明男女双方户籍地址、身份证件号码等信息。根据台湾"海基会"的有关规定，大陆居民前往台湾地区继承遗产的，需要由大陆公证机构出具亲属关系公证书，且亲属关系必须包括所有法定继承人。

    4. 如果需要译本，应当严谨、规范，避免产生歧义。

【思考题】

    1. 根据所提供的材料制作一份《继承公证书》①。

    申请人：彭甲，女；

    代理人：彭乙，男；

    被继承人：彭丙，男。

    基本情况：彭丙生前与其兄彭乙在××市投资设立××实业公司。2020年，该公司因未按时年检被××市市场监管局吊销营业执照，但一直未进行公司清算。2021年彭丙去世。2024年，彭乙想对公司进行清算并注销，但因为彭丙去世，无法按照规定组成清算组，遂前往公证处咨询股权继承事宜。对于被吊销营业执照的公司的股权能否作为遗产被继承的问题，公证处认为公司股权仍然存在，可以继承股东资格。

    彭丙母亲彭甲申请继承；彭丙儿子彭丁、女儿彭戊、父亲彭己表示放弃继承。彭丙注册

---

① 本案例根据薛凡主编的《公证文书改革参考》（厦门大学出版社2012年版）第129—133页改编，致谢。

公司后离异，前妻谢某表示，彭丙名下的上述股权属于彭丙生前个人所有。

公司另一股东彭乙称，其对彭甲要求继承彭丙公司股权，成为公司股东没有异议。

2. 指出下面《出生公证书》的错误和不妥之处。

出生公证书

（20××）证字第×号

申请人：李××，女，196×年×月×日出生，身份证号码：××××××

兹证明李××于196×年×月×日在内蒙古自治区出生，李××的生父是李×，继母是高××。

××公证处

公证员：×××

二〇××年×月×日

第十章　行政法律文书

【本章导读】

　　依法行政，建设法治政府是全面依法治国基本方略的重要组成部分。但是依法行政并不仅仅是口号，法治政府要依靠行动才能建立起来。党的二十大报告强调要"扎实推进依法行政"。为了发挥法治对转变政府职能的引导和规范作用，政府职能要与法治建设协同转变。建设法治政府，要使政府职权法定、依法履职，各项行政行为于法有据。依法行政最主要体现在哪里？法治政府的形象如何树立起来？在本书看来，行政法律文书最能体现一个行政机关的法治能力和法治水平。行政法律文书的形式是否符合法律的规定、叙述事实是否简洁明了、适用法律是否正确、阐述理由是否逻辑严谨，这几个方面都是检验一个行政机关法治程度的标准。在法治国家，大部分具体行政行为都属于司法机关审查的对象。在实践中，有的行政机关在执行法律的活动中严格遵循法律，却因行政法律文书中的瑕疵而被人民法院判决败诉。因此，制作一份合格的行政法律文书也是依法行政的组成部分。可以说，法治政府就建立在一份份合乎法律要求的行政法律文书上。

【本章知识结构图】

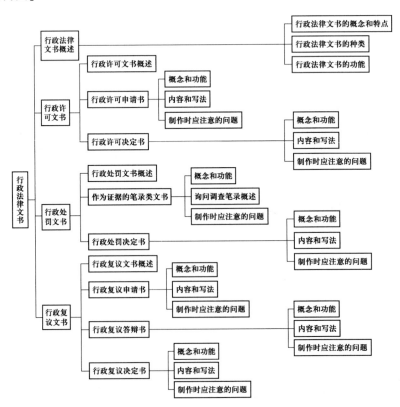

第一节　行政法律文书概述

一、行政法律文书的概念和特点

（一）行政法律文书的概念

行政法律文书，是在行政管理过程中，行政法律关系主体根据法律法规和行政规章等制作并表达主体意志的文书的总称。"行政法律文书"这一概念有广义和狭义之分。广义的行政法律文书，包括规范性行政法律文书和非规范性行政法律文书两大类。规范性行政法律文书仅指用条文表述的行政法律、行政法规、政府规章、部门规章，以及其他行政规范性文件，具有普遍约束力。非规范性行政法律文书是指行政法律关系主体在公共行政管理活动中制作的、只对特定对象表达意思的文件，如行政处罚决定书、行政许可申请书、行政复议决定书等。狭义的行政法律文书，仅指非规范性行政法律文书。本章阐述的行政法律文书即指狭义上的行政法律文书。

（二）行政法律文书的特点

1. 行政法律文书是公共行政管理的具体载体。公共行政可以分为国家行政和社会行政两个领域。国家行政指行政机关对社会生活的管理；社会行政指社会组织对社会某一自治领域的管理。国家行政的主要依据是法律法规和规章；社会行政的主要依据是自治规则。法律、法规、规章以及自治规则是面向不特定主体的具有普遍适用效力的规范。这些规范要产生具体的法律效果，便需要一个载体将规范规定与特定的行政法律关系主体连接起来，这个载体就是行政法律文书。

行政法理论一般将实施公共行政管理的行政机关和社会组织界定为"行政主体"，将接受管理的组织与个人界定为"行政相对人"。行政法律文书是行政主体在实施公共行政管理过程中作出的，其目的是调整其与行政相对人之间的权利义务关系，即功能指向具有"外部性"。行政主体作出的关于其内部的人事安排、财务管理等的内部文件不属于行政法律文书。但是，行政主体之间为了明确某一案件的管辖而作出的移转函，虽属行政主体内部的文件，但其目的仍然是解决行政管理过程中与行政相对人的权利义务关系，所以此类文书仍属于行政法律文书。

综上，行政主体之间的内部文书与行政法律文书之间是交叉关系，判断是否是行政法律文书的重要标准是其功能指向的法律关系是否具有外部性。

行政相对人也可以制作行政法律文书，一般是根据法律法规和行政规章等的规定向行政机关和社会组织提出某种申请或要求。当然这种申请或要求排除了民事法律关系中的意思自治，系相对人根据规定提请行政主体作出某种行为，如登记、备案、许可等。需要指出的是，行政法律关系主体作出的行政法律文书，指向的是行政主体和行政相对人在公共行政管理过程中的法律关系。行政诉讼不在此列。

2. 行政法律文书的制作具有法定性。行政法律文书的法定性主要体现在：

（1）制作主体法定。行政法律文书由行政法律关系主体制作。一方面，行政主体的职责是由法律、法规、部门规章规定的；另一方面，行政相对人与行政行为的利害关系也是由法律界定的。因此，行政法律文书的制作主体法定。

（2）制作程序法定。行政法律文书反映特定的行政行为的流程。不同的具体行政行为对应不同的行政法律文书。同是听证告知书，行政处罚听证告知书适用于行政处罚，行政复议听证告知书则适用于行政复议。同一行政行为在不同处理阶段也有不同的行政法律文书。在行政主体制作某一行政法律文书的过程中，拟稿、审核、签发、公开、送达要符合法定程序，非经法定程序制作的行政法律文书无效。

（3）文书内容应当符合法律规定。行政法律文书大多是为了解决行政管理过程中出现的问题而制作的，因此，行政法律文书必须清晰明确地阐述事实，规范准确地适用法律规定。行政相对人向行政主体提交的行政法律文书，如果不符合法律规定的要求，行政主体应当告知相对人更改或补充。例如，《政府信息公开条例》规定"政府信息公开申请内容不明确的，行政机关应当给予指导和释明，并自收到申请之日起 7 个工作日内一次性告知申请人作出补正，说明需要补正的事项和合理的补正期限"，申请人无正当理由逾期不补正的，视为放弃申请。

（4）行政法律文书非经法定程序不得改变。如果行政主体的行政法律文书在认定事实、适用法律上存在错误，必须严格依据法定程序进行纠正。例如，行政相对人认为行政复议决定书认定事实不清、证据不足的，可以在 15 日内向有管辖权的人民法院提起行政诉讼，由人民法院对行政复议决定书进行审查。行政主体也可以依内部程序自我纠正存在错误的行政法律文书。

3. 行政法律文书具有形式上的严谨性。行政主体制作的行政法律文书作为国家机关制作的文书，具有形式上的规范性。并且，由于行政法律文书使用频率高，长期的行政管理实践使之具备了稳定的格式。行政法律文书的严谨性主要有以下表现：

（1）样式格式化。简便、实用、易行是制作法律文书的一项重要原则，[①] 行政法律文书也不例外。很多行政法律文书采用表单的形式，如立案审批表、送达回证等。样式格式化的行政法律文书，内容简洁明了，层次清晰明确，制作简单便利，有利于行政主体提高行政效率，节约行政资源。

（2）结构程式化。结构程式化首先表现在行政法律文书的组成部分上。行政法律文书一般由首部、正文、尾部三部分构成，正文往往由事实查明、法律适用、结论三部分构成。

结构程式化还表现在写作要素上。以行政复议决定书为例，申请人信息通常包括申请人姓名、性别、出生年月、身份证号码、住所、联系地址、邮编等信息。正文第一段包括案由和复议机关对案件的受理情况。这些要素在相应的行政法律文书中不可或缺，位置也相对固定。

（3）用语规范化。行政法律文书除法律术语要符合法律规定外，结构要素用语也要规范化。句式主要采用陈述句或判断句。文书对某些名词使用简称时应当注明；对当事人的称谓因文书而异；语言应严肃客观，避免情绪化表达或文学手法的修饰。如举报案件中的举报人因不服行政机关的行政行为而提出行政复议的，在行政复议的文书中被称为申请人。

行政相对人制作的行政法律文书，不可避免地会包含其个人的情感，从有利于己方的角

---

① 周道鸾主编：《法律文书教程》，法律出版社 2007 年版，第 7 页。

度阐述事实，寻找法律依据。对此，行政主体必须加以甄别，不能偏听偏信。

4. 行政法律文书的制作具有时效性。行政法律文书的制作，必须严格遵守法律、行政法规、部门规章等有关制作时限的规定。行政主体逾期未作出相应的法律文书的，将承担相应的法律后果。例如，《行政复议法》第62条第1款规定："适用普通程序审理的行政复议案件，行政复议机关应当自受理申请之日起六十日内作出行政复议决定；但是法律规定的行政复议期限少于六十日的除外。情况复杂，不能在规定期限内作出行政复议决定的，经行政复议机构的负责人批准，可以适当延长，并书面告知当事人；但是延长期限最多不得超过三十日。"有些法律文书未规定制作期限，应在合理期限内作出，否则将耽误案件的办理。

总之，行政法律文书的时效性有利于行政机关在行政管理过程中及时阻止违法行为，提高行政效率，也有利于更好地维护公民的合法权益和社会公共利益。

二、行政法律文书的种类

行政法律文书的分类对于正确制作、使用和研究行政法律文书具有重要意义。行政法律文书，依据不同的标准，有以下六种分类，其中，最后两种仅限于对行政主体制作的文书进行分类。

（一）按照制作主体分类

按照制作主体，行政法律文书可以分为行政相对人制作的行政法律文书和行政主体制作的行政法律文书。其中，行政主体制作的行政法律文书又可细分为公安行政法律文书、市场监督管理行政法律文书、税务行政法律文书、海关行政法律文书等。这种分类方式体现的是不同行政主体的职权特点和工作内容。

（二）按照行政主体的职能分类

按照行政主体的职能，行政法律文书可以分为行政许可文书、行政处罚文书、行政强制文书、行政复议文书。这种分类方式体现出行政行为的程序以及所保护法益的不同。以行政复议文书为例，这类文书主要包括补正行政复议申请通知书、不予受理决定书、答复通知书、行政复议第三人告知书、行政复议决定书等。这些文书的内容充分体现了行政复议的司法性特征，即行政复议机关借鉴法院审理案件的某些方式审查行政复议申请人和被申请人之间的行政争议并作出裁决。

（三）按照表现形式分类

按照表现形式，行政法律文书可分为书函类行政法律文书、记录类行政法律文书、通知类行政法律文书、审批类行政法律文书、证据类行政法律文书、报告类行政法律文书、决定类行政法律文书、申请类行政法律文书。其中每一大类又包含若干种文书。以书函类行政法律文书为例，其包括案件移送函、涉嫌犯罪案件移送书、行政建议书、协助调查函、委托鉴定书、实施行政强制措施委托保管书、行政处罚告知书、行政处罚听证告知书等。另外，申请类行政法律文书大多是由行政相对人作出的。这种分类方式体现了行政法律关系主体在某一行政行为的不同阶段历经的不同程序和内容。

（四）按照体例分类

按照体例，行政法律文书可分为拟制类行政法律文书（或称制作类行政法律文书，即以文字直接叙述）、表格类行政法律文书、填空类行政法律文书、笔录类行政法律文书。其中，使用最为普遍的是拟制类行政法律文书，它不仅便于清晰明确地叙述，而且具有较高的灵活性，适应行政管理实践，同时相比其他类别的文书，更具严谨性。表格类行政法律文书、填空类行政法律文书的制作要求较低，更有利于提高行政效率，也方便行政相对人主张权利，它们一般用于现场检查等情况。笔录类行政法律文书最大的特点是客观性，这类文书对证据进行最低程度的加工，还原案件事实。

（五）按照文书来源分类

按照文书来源，行政法律文书可以分为收文和发文。

收文是外机关送至本机关的行政法律文书。通常是由外机关发送到本机关联系、指导工作，传达制作机关的意图的行政法律文书，如协助调查函。

发文是本机关制发的行政法律文书。又可细分为两种：一种是为传达本机关的意图，发送给需要联系的其他机关的行政法律文书，如案件线索移转函；另一种是在本机关内部使用的行政法律文书，一般用于安排和管理本机关的工作，称为对内文书或内部文书，如不予立案审批表。

（六）按照行文关系分类

按照行文关系分类，行政法律文书可以分为上行文、平行文、下行文三类。上行文是下级机关向上级机关呈报的公文，如请示、报告等。平行文是同级机关或无行政隶属关系的机关之间的相互行文，如移转函等。下行文是上级机关向下属单位发出的公文，如决定、批复等。

三、行政法律文书的功能

行政法律文书对于正确实施法律、法规、规章等，维护社会秩序，规范行政权力的运行，保证公民、法人和其他组织的合法权益具有积极意义。

（一）保证行政法律的正确实施

法律文书负担着记载和体现法律实施的任务。行政法律文书是行政法律传播的重要媒介。行政主体在制作行政法律文书时必须清楚地认定事实，正确地适用法律，并保证行政法律文书的制作符合法律法规的相关规定。保证行政法律的正确实施是制作行政法律文书的要求，也是依法行政、建设法治政府的要求。

（二）保证公共行政管理活动依法进行

行政主体依照法定程序实施公共行政管理，是依法行政的前提。行政管理活动的每个阶段、每个环节都必须严格按照法律的规定进行。例如，对于听证程序而言，根据《行政处罚法》第63条，行政机关作出责令停产停业、责令关闭、限制从业、降低资质等级、吊销许可证件、较大数额罚款、没收较大数额违法所得、没收较大价值非法财物等其他较重行政处罚决定之前，应当告知当事人有要求听证的权利，当事人要求听证的，行政机关应当组织听证。也就是说，行政机关在作出责令停产停业、吊销许可证件、较大数额罚款等行政处罚决定之前，必须制作《听证权利告知书》，告知行政相对人有申请听证的权利，否则，就会对行政相对人的权利造成损害，行政行为也有违法的风险。可见，行政法律文书是依法行政的重要保障。

（三）促进法治意识的传播

行政法律文书是公共行政管理过程中处理个案的真实记录。行政法律文书揭示了行政管理中各种法律关系产生、变更、消亡的过程，是行政主体适用行政法律、法规、部门规章的真实写照。

法律具有抽象性，而行政法律文书则是在具体案件中对相关法律进行的阐释。行政法律文书以文字的形式释法说理，有利于增强人们的法治观念，促进全民守法。同时，这也可以促进公民权利意识的觉醒，促使其使用理性、合法的手段维护自身的合法权益，加强对行政主体的监督。

（四）客观记录公共行政管理活动的过程

公共行政管理活动的每个程序和环节，一般都要求制作和使用相应的行政法律文书，并最终形成完整的档案（案卷）。这些档案客观地记录行政行为的全过程。通过这些档案，不仅可以清楚地了解行政行为的事实、证据、法律适用等情况，还可以检验行政行为是否符合法定程序。同时，这些档案（案卷）也是行政复议乃至行政诉讼中行政主体提交的重要证据。此外，随着历史的推移，这些文书档案将是研究依法行政的重要资料，具有重要的历史意义。

（五）评估行政法律工作者的法律素养

完成一份行政法律文书，不仅要有较高的行政法律素养和较强的写作基础，还要有一定的政治理论水平和必要的工作经验。行政法律文书有其独特的思维方式和表达习惯，仅有一般的写作知识和写作能力，不经过系统的法律写作训练，难以写出优秀的行政法律文书。

此外，行政法律文书的写作还需要法律工作者对待工作有认真的态度，对当事人负责，对法治工作负责，在工作中秉持以事实为根据、以法律为准绳的原则，体现出法律工作者应有的素质。

第二节　行政许可文书

一、行政许可文书概述

行政许可文书，是指行政机关或行政许可申请人在行政许可的处理过程中使用的具有特定效力和规范体式的文书。根据《行政许可法》的规定，一般行政许可处理过程可以分为申请、受理、审查、决定、送达、变更与延续等几个阶段。在特殊情况下，行政许可处理过程也包括听证、撤销、注销等阶段。行政许可文书是在行政许可领域贯彻落实全面依法治国基本方略的重要体现，其存在于行政许可处理的各个阶段，行政许可程序是否合法、规范，可以通过文书予以体现。在行政复议或行政诉讼中，有的行政许可文书是被审查的行政行为，有的许可文书是复议机关和人民法院定案的重要证据。行政许可文书具有极高的重要性，是在行政许可过程中贯彻落实依法行政要求的具体表现，行政机关及其工作人员对行政文书应给予高度重视，从形式和内容等各个方面加强规范。

行政许可文书包括以下几种：（1）行政许可申请书；（2）行政许可申请材料补正告知书；（3）行政许可准予（不予）受理审批表；（4）行政许可申请受理通知书；（5）行政许可申请不予受理决定书；（6）行政许可利害关系人告知书；（7）行政许可听证告知书；（8）行政许可听证申请书；（9）行政许可听证通知书；（10）行政许可听证公告；（11）行政许可听证笔录；（12）行政许可听证报告；（13）行政许可延期决定审批表；（14）行政许可延期决定通知书；（15）准予（不予）行政许可决定审批表；（16）行政许可决定书（不予行政许可

决定书）；（17）行政许可准予（不予）延续审批表；（18）行政许可延续决定书（不予延续决定书）；（19）行政许可准予（不予）变更审批表；（20）行政许可变更决定书（不予变更决定书）；（21）行政许可撤回审批表；（22）行政许可撤回决定书；（23）行政许可撤销审批表；（24）行政许可撤销决定书；（25）行政许可注销审批表；（26）行政许可注销决定书；（27）（听证、招标、检验、检测、检疫、鉴定、专家评审）所需时间告知书等。下面主要介绍行政许可申请书及行政许可决定书的制作。

二、行政许可申请书

（一）概念和功能

行政许可申请书，是指行政许可申请人或者委托代理人向有行政许可决定权的行政机关提出取得某项行政许可的申请时所递交的文书。根据《行政许可法》第 29 条第 2 款的规定，行政许可申请人可以委托代理人向行政机关提出行政许可的申请，但是，依法应当由申请人到行政机关办公场所提出行政许可申请的除外。

通常情况下，申请的形式包括口头申请与书面申请两种。口头申请，是指行政许可申请人通过语言直接向行政主体提出其拟从事某种需要取得行政许可的事项的活动。这种方式简单易行，可以不受申请人知识水平等的限制，却缺乏足够的证据支持，不利于行政机关日后对行政许可的审查，所以，《行政许可法》没有直接规定相对人可以这种方式提出申请。书面申请是在行政许可申请中的一种常见方式。它比较规范，确定性强，行政许可申请多采用这种方式。《行政许可法》第 29 条第 1 款规定，申请书需要采用格式文本时，行政机关有向申请人提供申请书格式文本的义务。

行政许可申请书由申请人制作并向行政机关提交。行政许可申请书载明了申请人的意思表示，即要求行政机关就申请事项作出行政许可决定。申请人送交行政许可申请书，就启动了行政许可程序。行政机关收到申请书后，应当首先决定是否受理。对受理的申请，行政机关应当依法在法定期限内作出准予行政许可或者不予行政许可的书面决定。在行政许可程序中，行政许可申请书是行政机关作出决定的重要证据。如果申请人对行政机关不予受理行政许可申请或者对行政许可决定不服，可以申请行政复议或者提起行政诉讼。在行政复议和行政诉讼程序中，行政许可申请书是证明行政机关的行政行为是否合法的重要证据。

（二）内容和写法

在很多情况下，行政许可申请人需要按照有行政许可审批权的行政机关的要求填写格式化的行政许可申请书，例如，想要设立分公司的有限责任公司向市场监督管理部门提出设立分公司的行政许可申请的，需要填写市场监督管理部门制作的格式化的《分公司设立申请书》。同时，根据《行政许可法》第 29 条第 1 款的规定，申请书需要采用格式文本的，行政机关应当向申请人提供行政许可申请书格式文本。

延伸阅读

行政许可申请书实例及评析

在无须填写行政许可申请书的情况下，行政许可申请人或其授权委托人应与行政机关工作人员进行沟通，明确行政许可申请书的内容。在此种情况下，行政许可申请书一般包括申请人信息、申请事项、申请事实和理由，申请人提交材料的目录既可以直接写到行政许可申请书中，也可以附在行政许可申请书之后。

（三）制作时应注意的问题

在不适用格式化的行政许可申请书的时候，写作行政许可申请书时需要注意两点：一是申请事项要写清楚、准确；二是申请事实与理由部分要写全面、清晰，把申请的事实与理由写清楚，但不能拖沓和重复论述。

三、行政许可决定书

（一）概念和功能

根据《行政许可法》第38条的规定，行政机关经依法审查认为申请人的申请符合该项行政许可的法定条件、标准的，应当依法作出准予行政许可的书面决定。行政机关依法作出不予行政许可的书面决定的，应当说明理由，并告知申请人享有依法申请行政复议或者提起行政诉讼的权利。

行政许可决定书是行政机关行政行为的载体。无论准予许可还是不予许可，行政许可决定书都与行政许可申请人以及相应的第三人具有利害关系。因此行政许可决定是可以被复议和被诉的行为。同时，在一些行政程序或者诉讼程序中，行政许可决定书经常是证明某些事实的证据。因此，行政许可决定书在公共行政管理和法律程序中承担了重要的功能。

（二）内容和写法

与行政许可申请书不同，行政许可决定书在写作方面要求较为严格。而种类不同的行政许可决定书，结构也不一样，行政许可决定书一般由首部、正文、尾部构成。

1. 首部。行政许可决定书的首部包括标题、文书编号。文书编号应写在标题的右下方。

2. 正文。由于行政许可事项不同，不同行政许可决定书的正文内容差异很大。行政许可决定书的正文一般有被许可人名称或者姓名、地址、行政许可事项名称、行政许可事项内容、准予行政许可的理由及法律依据、行政许可期限或者证件的有效期限等。

延伸阅读

行政许可决定书实例及评析

3. 尾部。尾部要注明文书签发时间，并加盖发文机关公章。

（三）制作时应注意的问题

1. 行政许可决定书的文书编号应当符合《党政机关公文处理工作条例》的要求，格式要规范。

2. 行政许可事项名称、行政许可事项内容、行政许可期限或者证件的有效期限要写准确，准予行政许可的理由要写全面，引用法律依据要准确。

3. 行政许可决定书尾部署名（包括加盖公章）应当是具有行政许可权的行政机关，而不是行政机关的内设机构或者受委托组织。

第三节 行政处罚文书

一、行政处罚文书概述

行政处罚文书是行政主体在实施行政处罚的过程中，依据有关法律法规和规章制作的系列文书的总称。

行政处罚文书不仅指行政处罚决定书,还包括调查类和程序类的文书。其中,调查类的文书一般作为行政机关作出行政处罚决定的证据,程序类的文书是行政机关为了保障行政相对人的权利以及推动行政处罚程序而制作的文书。

由于行政处罚是行政机关对行政相对人作出的不利行为,因此制作行政处罚文书应当严格遵循相关法律、法规和规章。在行政复议和行政诉讼中,行政处罚决定书往往是提请审查的对象,而行政处罚过程中制作的调查类和程序类文书,是行政机关为证明行政处罚决定的合法性而向复议机关或人民法院提交的证据材料。因此,行政处罚文书不仅实质上要合法,形式上也要符合法律、法规和规章的规定。

二、作为证据的笔录类文书

(一)概念和功能

笔录类文书是行政机关用于记录当事人、案情等信息,或者对案件处理过程进行详细记录的文书。笔录类文书主要包括询问调查笔录、现场检查笔录、听证笔录等。笔录类文书的内容主要包括两个方面:一是反映行政机关执法程序方面的活动;二是固化、留存与违法事实相关的证据。这两个方面都属于行政机关实施行政处罚的活动,也是证明行政处罚合法性的证据。

笔录类文书一般由行政机关工作人员现场制作,并由相关当事人或者见证人、证人一并签名。因此,笔录类文书能够真实地反映实施行政处罚活动现场的情况,是当事人、行政复议机关、人民法院都比较认可的证据。随着科技的发展,行政机关在实施行政处罚活动中已经较多地采用拍照、录音、录像等方式来记录现场情况,但笔录类文书仍然是基本的证据形式。下面就询问调查笔录的写法作简要的介绍。

(二)询问调查笔录概述

1. 概念和功能。询问调查笔录是在调查案件时依法向案件当事人、直接责任人或者其他被询问人询问的记录文书。

询问调查笔录既可以在行政执法人员为查清案件事实而向当事人、受害人、见证人、知情人或其他有关人员调查时使用,也可在日常检查时使用,一般采用一问一答的方式进行。询问调查笔录如实记载了当事人、证人或其他有关人员的陈述,为查明案件事实的真实情况提供了重要证据,在行政复议或行政诉讼中可作为证据使用,但一般不能单独作为行政复议或行政诉讼的标的。

在案件调查过程中,制作询问调查笔录对查清案件事实具有以下作用:一是可以收集所需要的证据;二是可以核实已取得的证据材料是否真实;三是可以在案件调查中扩大或者发现新的调查线索。

2. 内容和写法。询问调查笔录包括首部、笔录特定事项、调查记录和尾部四个部分。

(1)首部:文书名称。即“询问调查笔录”。

(2)笔录特定事项。包括案由、调查地点、被调查人情况、调查人情况、调查时间等。

第一,案由。即案件名称,具体表述为“单位(人)+涉嫌+具体违法行为+案”。

第二,调查地点。写明调查时的具体地点,如“××市×路×号×公司×楼会议室”。

第三，被调查人情况。写明被调查人姓名、职务、民族、身份证号、工作单位、联系方式（电话或其他）以及地址等内容。

第四，调查人情况。写明调查人姓名（2人以上）和记录人姓名，记录人可以是调查人中的一员，也可以是另一人员，但调查人必须是行政机关执法人员。

第五，调查时间。指单个调查活动的时间过程，应写明调查时的起止时间，即×年×月×日×时×分至×时×分。

（3）调查记录。内容客观、真实、全面与否，对作为证据使用的调查记录至关重要。调查记录是笔录的主要内容，包括调查人向被调查人员表明身份、告知有关法定义务和应负的法律责任、调查人员的提问内容和被调查人的陈述。

调查记录应当记录与案件有关的全部情况，包括时间、地点、主体、事件、过程、情节等。在调查记录中，被调查人的陈述内容是记录的重点。记录采用对话的形式，调查人提出问题后，应当有被调查人的回答。调查人员的提问和被调查人员的回答应分别列段，并在段首标明"问"和"答"。

被调查人不回答或者拒绝回答的，应当写明被调查人的态度，如"不回答"或者"沉默"等字样。

（4）尾部。其主要内容是履行签署手续。

第一，被调查人签署。记录完毕，首先编写页码，然后交被调查人核对。经核对无误后，由被调查人在笔录终了处顶格写明"以上情况属实"或"以上笔录经我看过，记录属实（或与我说的一样）"，并签字。如果笔录为多页，每页笔录终了处均应由被调查人签字或盖章。被调查人拒绝签字的，记录人应在笔录上注明。

第二，调查人、记录人签署。调查人、记录人分别在每页笔录终了处签名。

（三）制作时应注意的问题

1. 必须当场制作，调查人询问被调查人时必须有2名以上行政执法人员同时在场并出示证件。

2. 调查人询问被调查人应当个别进行，笔录应当场分别制作。笔录应为原始记录，须一次完成，不允许事后补记或事后誊写。

3. 记录询问情况时，被调查人当场提供了书证、物证等的，应具体、详细地记录清楚；被调查人提供其他知情人的，应对其姓名、性别、工作单位和住址详加记录。

4. 首页不够记录的，用副页续记，不可用其他稿纸替代。笔录制作完毕后，用"第×页，共×页"的方式编写页码。被调查人

延伸阅读

浅谈制作询问笔录要注意的问题

在核对笔录时，要求修改或补充原陈述内容的，应在每页修改或补充处签字或者按指纹。

5. 笔录应对被调查人的陈述内容的原意作忠实记录，准确反映被调查人的个性和语言特点，而不能表现出记录人的主观印记。

三、行政处罚决定书

（一）概念和功能

行政处罚决定书是行政机关决定给予行政违法当事人行政处罚后制作的，对外陈述实施

行政处罚的事由和法律后果等事项的文书。根据《行政处罚法》的规定，行政机关作出行政处罚决定，应当制作行政处罚决定书并交付或送达当事人。

行政处罚决定书向违法的行政相对人乃至社会公众传达了行政机关对行政违法行为的评价，表明了行政机关代表国家向行政违法行为人追究法律责任的意志，是国家管理社会公共事务、维护公共秩序的重要载体。

延伸阅读

如何规范制作公安行政处罚决定书

行政处罚决定书是当事人承担法律后果的依据。如果当事人不按照文书的要求履行其义务，行政机关可以依照行政强制法的相关规定强制当事人履行。当然，为保障当事人的合法权益，行政处罚决定书也是当事人提请行政复议机关和人民法院审查的对象，即行政处罚决定书是被申请行政复议或被诉的行政行为的载体。对行政处罚决定书给当事人带来的不利后果，当事人有申请救济的权利。

（二）内容和写法

1. 首部。

（1）标题。即"行政处罚决定书"。

（2）编号。文书编号形式为"地区简称+行政机关简称+（执法类别）+执法性质+［年份］+顺序号"。如"京东市监处罚［2024］4号"中，"京东"代表北京市东城区，"市监"代表市场监督管理局，"处罚"代表行政处罚决定书，"2024"代表年份，"4号"代表行政处罚决定书排序第4号。

（3）当事人信息。一般包括当事人的姓名、住址、联系方式等基本信息。当事人为公民的，一般以居民身份证所载信息为准；当事人为法人或依法设立的非法人组织的，以营业执照或者登记文件、组织机构代码所载信息为准。当事人为法人或非法人组织的，还要注明法定代表人（或负责人）的姓名、性别、职务等内容。

2. 正文。正文是行政处罚决定书的主体部分，通常包括以下几个方面①：

（1）违法事实。违法事实存在是作出行政处罚决定的基础，行政处罚决定书中的违法事实主要包括违法时间、违法地点、违法情节、违法物品数量、货值金额及剩余物品数量和价值等。

（2）相关证据。用于定案的证据，应具有合法性、客观性、关联性，单一证据不能作为定案的依据。行政处罚决定书应将调查取证过程中收集的经查证属实的案件证据列举出来。

（3）行政处罚的依据。这里包括定性的法律依据和量罚的法律依据。应根据对案件性质的分析引用有关法律、法规的具体条款。当事人具有法定从重或者从轻、减轻处罚情节的，必须引用相应的法律、法规。在引用法律法规时，必须写全称，不能用简称，同时应避免张冠李戴。

（4）处罚决定。对行政处罚的种类要表述得具体、明确、完整，并载明行政处罚的履行方式、期限以及逾期不履行时应承担的法律责任。

（5）告知救济权利和途径。主要包括告知当事人寻求救济的途径和期限，即行政复议和

---

① 参见《行政处罚法》第59条第1款第2—5项。

行政诉讼的途径和期限。

3. 尾部。尾部是行政处罚决定书的结尾部分，主要起着附注、说明和签署的作用，通常包括签署盖章和注明日期两项内容。

（三）制作时应注意的问题

1. 正文陈述案件事实的方法。

（1）记叙方法。记叙方法是处罚文书中最基本、最常用的方法，其目的在于通过文字表述真实、客观地还原案件事实的真实状态和发展变化。时间、地点、人物、事件、原因、结果这六大要素必不可少，更重要的是把握好记叙的主要线索。既可以以时间为主要线索按时间发展顺序依次记叙，也可以以地点为主要线索按空间转换顺序依次记叙，还可以以人或物为主要线索按推动法律事件发展的关键人或物依次记叙。无论采用何种线索，均应围绕中心，清楚地叙述法律事实脉络，人物称谓要正确、统一，结构要严谨，逻辑要严密。

（2）说明方法。说明方法应用比较广泛，其目的在于对事物状态、性质、特征、功用等加以解释和介绍。运用说明方法时，语言应平铺直叙，力求简洁明了，做到实事求是，客观公正。

2. 论证方法。制作行政处罚决定书时一般而言必须采用论证方法，以论证行政处罚的合法性为中心。一般包括用证据来认定案件事实的真实性与可靠性，以及论证适用的法律和案件事实之间的关联性，最终的目标是论证行政处罚决定的合法性。违法事实、证据、处罚理由和依据与行政处罚决定之间要相互印证，合乎逻辑，结构严密。违法事实的叙述应有相应的证据佐证，处罚决定也必须与违法事实、法律依据相吻合。只有以事实和法律为基础且符合逻辑的论证，才能保证行政处罚的合法性。

另外，为适应司法审查的需要，在制作行政处罚决定书时应增加采纳当事人陈述、申辩的情况及处罚理由等内容，以体现依法、说理的精神和原则。

第四节　行政复议文书

一、行政复议文书概述

《行政复议法》第2条第1款规定："公民、法人或者其他组织认为行政机关的行政行为侵犯其合法权益，向行政复议机关提出行政复议申请，行政复议机关办理行政复议案件，适用本法。"据此，行政复议文书是指在行政复议过程中，由复议机关或者行政复议参与人制作的文书。行政复议文书主要包括行政复议申请书、行政复议答辩书、行政复议机关制作的文书以及相关的告知文书。其中，行政复议机关制作的文书一般分为决定书类、通知书类、函件类三大类。决定书类包括不予受理决定书、停止执行行政行为决定书、行政复议决定书；通知书类包括行政复议答复通知书、补充复议申请材料通知书、第三人参加行政复议通知书、行政复议案件调查通知书、行政复议受理机关告知书、责令受理行政复议申请通知书、责令履行行政复议决定通知书、行政复议中止通知书、行政复议延期通知书、行政复议终止通知书；函件类包括转送处理规范性文件函等。

行政复议与行政诉讼都是解决行政争议的一种方式。但是从解决争议的主体上看，行政复议并非司法行为，而是行政行为，可以称之为行政司法行为。

行政复议程序与司法程序相近，但是较司法程序简便。相应地，行政复议文书也与司法文书类似。例如，行政复议申请书类似于行政诉讼起诉书，行政复议答辩书类似于行政诉讼中被告的答辩状，行政复议决定书类似于行政诉讼判决书或者裁定书。这三种文书都强调文书的说理性。行政复议中的其他文书主要承担推进行政复议程序的功能，需要注意其制作的规范性以及送达的时效性。

二、行政复议申请书

（一）概念和功能

行政复议申请书是行政复议申请人制作并向复议机关提交的，要求复议机关审查与申请人有利害关系的行政行为的文书。

根据《行政复议法》第 22 条的规定，申请人申请行政复议，可以书面申请，也可以口头申请。口头申请的，行政复议机关应当当场记录申请人的基本情况、行政复议请求以及申请行政复议的主要事实、理由和时间。《行政复议法实施条例》第 18 条规定，有条件的行政复议机构可以接受以电子邮件形式提出的行政复议申请。

行政复议申请书是启动行政复议程序的工具。我国行政复议制度实行"不告不理"的原则，即唯经公民、法人以及其他组织的申请，方能启动行政复议程序。如果没有申请人向复议机关提出申请，行政复议机关就不能主动开启一个行政复议程序。但并不是所有的行政复议申请都能启动行政复议程序，行政复议申请人在提起行政复议申请之前，为确保其合法权利能够得到及时的救济，应当注意其申请是否针对某一具体行政行为、申请行政复议的期限是否符合规定、申请人主体是否合适、行政复议机关是否合适等问题。对于不符合受理条件的行政复议申请，行政复议机关可以决定不予受理。

（二）内容和写法

行政复议申请书主要由首部、正文与尾部三部分构成。

1. 首部。一般认为应包括标题和申请人与被申请人信息。

（1）标题。行政复议申请书的标题分为两种：一种直接以"行政复议申请书"为标题，这是较为普遍的形式，但应注意不可简化为"申请书"，"行政复议"四字表明了申请书的性质。另一种为公文式标题，如"关于×××的行政复议申请书"，此种标题的优点是突出了行政复议的内容，但往往容易导致标题过长，实践中较少使用。

（2）申请人与被申请人信息。申请人的信息因申请主体不同而有所区别。公民申请行政复议的，应写明申请人的姓名、性别、年龄、身份证号码、联系方式、住址、联系地址、邮编等基本情况。法人或其他组织申请行政复议的，应写明该法人或其他组织的名称、住所、联系方式以及法定代表人的姓名、性别、职务等基本情况。

存在法定代理人或委托代理人的，应在申请人之后列明其姓名、性别、年龄、联系方式和住址等基本情况。

被申请人的信息应写明被申请人的名称、地址以及法定代表人的姓名、职务等情况。

2. 正文。正文部分主要包括行政复议请求以及事实与理由。

（1）行政复议请求。行政复议请求指向被申请人的某一行政行为，是申请人希望通过行政复议程序达到的目的，亦是行政复议机关审理的对象。行政复议请求主要包括撤销、变更被申请人的行政行为，确认行政行为违法，以及要求责令被申请人作出何种行政行为等。

（2）事实与理由。事实与理由即支持申请人提出行政复议申请的事实和法律依据。对于事实部分，一方面其具备一定的主观性与片面性，因为是申请人主张的法律事实；另一方面也应当尊重客观事实，写明被申请人行政行为发生的时间、地点以及过程，或交代清楚被申请人应当作出而未作出行政行为的事实经过。这里应注意阐明申请人所主张的法律事实与行政复议请求之间的逻辑关系。理由部分应当有针对性，引用有关法律法规并结合事实进行说理，对申请人行政复议请求的合理性进行充分论证。这部分应当采用书面语言，尽可能做到事实清楚明确、法律适用准确。

3. 尾部。尾部一般包括三项内容：（1）致送的行政复议机关，分两行写；（2）复议申请人签名或盖章，并注明日期；（3）如有附件，应在正文后列明。

（三）制作时应注意的问题

1. 行文措辞不要情绪化，清楚叙述，表明意思即可。

2. 复议请求应当明确，将要求行政复议机关作出什么行为，如撤销行政处罚决定书、确认行为违法、责令被申请人履行职责等具体的请求明确表达出来。

三、行政复议答辩书

（一）概念和功能

行政复议答辩书是在行政复议过程中，被申请人针对申请人所提出的行政复议请求，在法定期限内进行答复和辩解所使用的文书。《行政复议法》第48条规定："行政复议机构应当自行政复议申请受理之日起七日内，将行政复议申请书副本或者行政复议申请笔录复印件发送被申请人。被申请人应当自收到行政复议申请书副本或者行政复议申请笔录复印件之日起十日内，提出书面答复，并提交作出行政行为的证据、依据和其他有关材料。"这里的"书面答复"即指行政复议答辩书。

行政复议答辩书是被申请人在行政复议中的权利与义务的集中体现，是被申请人阐明自身主张和请求的重要形式。行政复议答辩书的提交，既有利于被申请人维护自身行为的正当性，也有利于行政复议机关兼听行政复议案件涉案双方的意见，依据"全面审查"的原则对行政复议案件进行审理，查清案件事实，作出正确的行政复议决定。

（二）内容和写法

1. 首部。首部一般包括两部分：一是标题，二是被申请人信息。其中，被申请人信息应当写明被申请人的全称、法定代表人及其职务与住所。

2. 正文。正文一般分为三部分：

第一部分是过渡性段落，有固定结构，主要形式为"我局于×年×月×日接到行政复议答辩通知书，现对×××（复议申请人）的×××××行政复议请求，提出事实与理由答辩如下："。

第二部分则进入答辩正文。该部分应当围绕申请人提出的行政复议请求，全面准确地还原被申请人依法履行职责的过程。被申请人不一定要反驳申请人主张的全部事实和法律依据，只需针对申请人提出的行政复议请求，证明自身行为的合法性与适当性即可。在答辩的过程中要注意事实阐述与客观证据的结合。依据"合法行政"和"卷宗主义"的原则，行政机关行政行为的每一个环节都应当有法律、法规与规章的授权，并进行相应的记载或有书面记录留存，最终归档备查。依照《行政复议法》第70条规定，被申请人未提出书面答复、提交作出行政行为的证据、依据和其他有关材料的，视为该行政行为没有证据、依据，行政复议机关决定撤销、部分撤销该行政行为，确认该行政行为违法、无效或者决定被申请人在一定期限内履行。若申请人的行政复议申请存在违法之处，如提起行政复议申请的日期超出法定期限，被申请人也可以在答辩中一并加以陈述。

第三部分则是被申请人的答辩请求。在事实阐述与法律适用的基础之上，被申请人提出答辩请求。答辩请求一般采取以下格式："综上所述，我局×××××（行政行为），认定事实清楚，适用法律正确，全面履行了法定职责，程序合法，恳请复议机关维持×××××（行政行为）或驳回申请人的行政复议申请。"

3. 尾部。尾部应写明"此致×××（复议机关）"，同时注明答辩人与答辩书的制作时间并加盖印章。

（三）制作时应注意的问题

1. 答辩应当重点突出，主要针对行政复议申请书提出的争议焦点进行阐述和论证，叙述其他内容应简洁明了。

2. 应当将事实、理由和适用的依据分开阐述，注意逻辑上的严谨。

四、行政复议决定书

（一）概念和功能

行政复议决定书是行政复议机关在受理申请人提出的行政复议申请后，经过复议机构审查并提出对被申请的行政行为的意见，经复议机关负责人同意或者集体讨论通过后，针对行政复议请求作出决定的文书。

由于我国的行政复议采取一级行政复议制，因此，行政复议决定是行政复议机关行使行政复议权的最终结果，是行政复议程序终结的体现。一方面，行政复议决定本质上是一种体现了行政系统内的层级监督关系的行政决定——补救性行政决定；另一方面，行政复议决定是行政复议机关为解决申请人与被申请人之间的行政争议而作出的一种行政裁判，对行政复议决定不服的，申请人一般可以向人民法院提起行政诉讼。

（二）内容和写法

1. 首部。首部包括文书标题、文书字号和申请人与被申请人的基本信息。其中文书标题分两行排列：第一行为行政复议机关全称，第二行为文书名称即"行政复议决定书"。文书字号一般格式为"×××复〔20××〕×号"。申请人与被申请人信息应当写明相关情况，避免遗漏与错误。

2. 正文。正文应当包括下列六项内容：

（1）申请人相关情况。分为三部分：

第一部分为申请人提起行政复议的案由，如申请人不服被申请人某一行政行为或申请人认为被申请人行政不作为等。接下来写明申请人提起行政复议的日期，是否存在补正及延期等情形，最后写明"现已审理终结"。

第二部分为申请人的行政复议请求，应当如实写清申请人提出了哪些行政复议请求，在不存在语病及错别字的情况下尽量还原申请人的表述。一般格式为"申请人请求：×××××"。

第三部分为申请人主张的事实与理由部分。如申请人申请复议的内容简短明确，可以原文引用；如申请人申请复议的内容冗长繁琐，应全面、准确地归纳概括申请人申请复议的事实与理由。实践中为减少重复叙述，使整个行政复议决定书简洁明了，一般仅对申请人与被申请人的争议焦点进行归纳概括，写明申请人认为被申请人存在的问题。一般格式为"申请人称：×××"或"申请人认为被申请人×××"。

（2）被申请人答辩。该部分主要引述被申请人答辩的主要事实、理由和答辩请求。因被申请人主张的事实应当有相应证据支持，而该部分事实也是行政复议机关需要查明的事实，故在实践中，对于双方争议不大、案情简单明确的复议案件，被申请人主张的事实与理由部分可以省略，在该部分仅写明被申请人的答辩请求即可。

（3）行政复议机关查明的事实。行政复议机关最终的决定应当以其查明的事实为依据，因此该部分要求行政复议机关认定的事实必须清楚和明确，时间、地点、人物、事件、原因和结果等要素均须表述清楚。一般而言，复议查明以时间顺序为准，围绕申请人的行政复议请求，力求全面、真实地还原与之相关的全部过程。对于与争议焦点关系密切的事实，要准确、清楚地描述出来，既不能有事实上的偏差，也不能将细节描述得含混不清，引人误解。而对于与申请人的行政复议请求或争议焦点无关的案件事实，则无需赘述。

（4）行政复议机关的观点。该部分一般根据行政复议机关查明的事实，依据有关法律、法规和规章以及法律原理阐明行政复议机关的观点，即申请人的行政复议申请是否合理，以及被申请人作出的行政行为是否适当、合法。

（5）行政复议的决定。行政复议决定书正文的最后部分是"决定"的内容，是对申请人的行政复议申请的最终结论，也是对被申请人的行政行为的适当性、合法性作出的最终结论。该部分应当针对申请人的行政复议申请，结合复议机关查明的事实，依据相关法律法规，作出最终的行政复议决定。依据《行政复议法》和《行政复议法实施条例》的相关规定，最终的复议决定有维持、撤销、变更或限期履行行政行为以及驳回申请人的行政复议申请等。行政复议决定应当明确、具体，具有可执行性。

（6）告知诉讼权利或者履行最终裁决的期限。该部分应具体写明如不服行政复议决定，可以向人民法院起诉，并告知起诉期限等内容。如果是终局行政复议决定，应写明当事人履行最终裁决的期限。具体写法为"如不服本决定，可以在接到行政复议决定书之日起×日内向人民法院提起行政诉讼"或"依照×××的规定，本决定为终局裁决，应于××××年×月×日前履行。逾期不履行的，依法强制执行"。

3. 尾部。该部分应写明行政复议机关全称及行政复议决定的最终签发日期，并加盖行政复议机关公章。

（三）制作时应注意的问题

1. 由于行政复议实行全面审查原则，对于申请人未提出的争议焦点，行政复议决定书也应当简明地对之进行认定，如行政行为的程序是否合法。复议机关对行政行为合法性的审查应当全面，不能遗漏。

2. 如果行政复议申请人依据《行政复议法》第13条的规定提出了对相关规范性文件进行审查的请求，行政复议机关应当一并在行政复议决定书中阐明审查意见，即明确作出被提请审查的规定是否合法的意思表示。

【思考题】

1. 根据材料制作一份行政复议申请书。

某人于 2024 年 3 月 18 日在某网站上购买手链一串。该手链宣传"顶级纯天然石榴石手链",该人以该宣传语涉嫌绝对化用语向某区市场监督管理局举报。该市场监督管理局一直未将案件处理结果回复举报人,举报人欲以该市场监督管理局行政不作为为由向其上级机关提起行政复议申请。

2. 指出下面行政处罚决定书中的不妥之处。

××市市场监督管理局××分局

行政处罚决定书

当事人:A 公司

住所:××××

法定代表人:葛某

经查,当事人于 2022 年 10 月 9 日在其公司自设性网站（网址:×××××××）对外宣传中涉及国家医保定点单位、中央机关老干部定点医疗机构等内容。当事人又于 2023 年 2 月 25 日,在其公司上述网站对外宣传中涉及中央机关老干部定点医疗单位,A 公司独创中药戒毒法戒毒成功率98%,采用纯中药戒毒,具有抗焦虑、断瘾快、抗复吸等特点,独特中药科学配方,打通人体脉络等内容。但事实是当事人只取得了北京市基本医疗保险定点医疗机构资格证书,并且当事人承认只是与中央机关老干部个别人达成共识,并没有与所谓的中央机关老干部部门或国家主管中央机关老干部定点医疗机构的任何部门达成书面协议。另查,当事人于 2022 年 10 月 9 日,在未经过广告审查机关审查的情况下,在其经营场所中摆放的对外宣传彩页中涉及中央机关老干部医疗定点单位、国家医保定点单位等内容。经核实,上述宣传彩页印刷费共计 6 800 元整。以上事实有当事人营业执照复印件及相关资质复印件、网页打印件、对外宣传彩页、电信与信息服务业务经营许可证、授权委托书、情况说明、印刷品费用复印件、现场检查笔录、询问（调查）笔录及情况说明等在案佐证。

我局于 2023 年 6 月 17 日向当事人送达了《行政处罚听证告知书》,告知当事人我局拟作出行政处罚决定的事实、理由、依据、内容以及当事人依法享有的申辩权、陈述权和要求举行听证的权利。当事人在法定期限内未提出陈述、申辩意见,也未申请听证。

当事人的上述行为,违反了《中华人民共和国广告法》第二十八条第二款第（一）项的规定,已构成发布商品或者服务不存在的虚假广告行为;构成了第十五条第一款规定的发布戒毒治疗方法作广告的违法行为;构成了第十六条第一款第（二）项规定的使用含有说明治愈率或者有效率的医疗广告内容;违反第四十六条,构成了未经审查发布医疗广告的违法行为。依据《中华人民共和国广告法》第五十五条第一款,第五十七条第（二）项,第五十八条第一款第（一）项、第（十四）项的规定,责令当事人停止发布违法广告,在相应的范围内消除影响,并决定处罚如下:

罚款 827 200 元。

当事人应当自收到本处罚决定书之日起 15 日内到就近银行（非税收入代理收缴银行：北京银行、建设银行、交通银行、光大银行、中信银行）缴纳罚款。逾期不缴纳，每日按罚款数额的 3% 加处罚款。

如不服本处罚决定，可于收到本处罚决定书之日起 60 日内向××市市场监督管理局或××区人民政府申请复议，也可于 6 个月内直接向××区人民法院起诉。

××市市场监督管理局××分局
二○二三年八月一日

3. 指出下面行政复议决定书中的不妥之处。

B 市市场监督管理局
行政复议决定书

B 市监复〔2023〕168 号

申请人：李某，女，××××年×月×日出生

身份证号码：××××

住址：A 省 B 市 C 区解放南路 6 号 9 幢 501 室

联系地址：A 省 D 区远大路流星花园

邮政编码：××××

被申请人：B 市市场监督管理局 C 分局

法定代表人：薛某　　职务：局长

地址：B 市 D 区娘娘庙九号

申请人不服被申请人于 2023 年 6 月 14 日在全国 12315 互联网平台上的答复（以下简称答复），于 2023 年 6 月 16 日向本局申请行政复议。经补正，本局于 2023 年 6 月 30 日依法受理，现已审理终结。

申请人请求：1. 撤销被申请人对投诉举报的处理结果；2. 责令被申请人对投诉举报重新处理。

申请人称：2023 年 6 月 1 日，申请人向被申请人投诉举报 A 映象出版社（以下简称被举报人）使用未经核准企业名称（伪造厂名）。6 月 7 日，被申请人将立案情况告知申请人，告知内容为"正在调查核实中"。6 月 14 日，被申请人作出结案反馈，申请人不服，特提出复议请求。被申请人的处理存在以下问题：一、未对申请人提出的调解要求作出处理。二、表述不清。被申请人告知的内容，未说清楚对该投诉举报是不予立案，还是立案后未发现违法事实，不予处罚。申请人关于立案情况告知的"正在调查核实中"，明显不合理、不合法，申请人应当告知立案或者不立案。三、认定事实错误。经查询企业信用公示系统，被举报人登记的名称为"A 映象出版社"而不是"映象出版社"，根据《企业名称登记管理规定》第六条的规定，只有跨省、自治区、直辖市经营的企业，其名称可以不含行政区划名称。被举报

人未经批准且不符合上述要求，根据《企业名称登记管理规定》第二十四条的规定，应当被依法处罚。被举报人的上述行为还涉嫌违反《中华人民共和国产品质量法》（以下简称《产品质量法》）第五条、《中华人民共和国消费者权益保护法》（以下简称《消费者权益保护法》）第二十一条的规定。

被申请人答复称：被申请人对申请人的举报作出的答复，事实清楚，定性准确，已经履行了法定职责。申请人在复议申请书里提到未对调解要求作出处理。由于申请人没有提供购货凭证或单号，无法证明其与 A 映象出版社存在消费纠纷，自然无法调解。综上所述，被申请人已经履行了法定职责，事实清楚，适用法律正确，程序合法。申请人的复议理由不成立，被申请人请求驳回申请人的复议申请。

复议查明：被申请人于 2023 年 6 月 1 日在全国 12315 互联网平台上收到申请人的消费举报单。其主要内容为被举报人生产的《猴子上树》等系列图书，使用未经核准的企业名称"映象出版社"，违反了《消费者权益保护法》《产品质量法》以及《企业名称登记管理规定》第六条的规定，申请人要求依法查处，依法调解。

针对申请人的举报，被申请人进行了核查。经被申请人调查，被投诉举报人的营业执照和国家企业信用信息公示系统上的名称为"A 映象出版社"，商标注册证上的名称以及众多新闻报道中名称为"映象出版社"。

2023 年 7 月 13 日，被申请人以现有证据不足以证明被举报人的行为涉嫌违反《企业名称管理规定》第七条和《中华人民共和国消费者权益保护法》《中华人民共和国产品质量法》的相关规定为由作出不予立案的决定。

复议另查明，被申请人于 2023 年 6 月 7 日通过全国 12315 平台告知申请人"已对其举报进行立案调查，该案正在调查核实中"，于 2023 年 7 月 14 日告知申请人"举报不属实，被投诉举报人有合法营业执照，名称经过核准。登记注册程序合法，不存在欺诈消费者的行为"。

复议又查明，被申请人未对申请人提起的消费者投诉进行回复。

上述事实有全国 12315 互联网平台消费举报单、不予立案审批表及系统回复、现场笔录、被举报人资质证明等证据证明。

复议认为：针对申请人的举报，被申请人进行了调查，根据现有证据，无法认定被投诉举报人存在相关违法行为。因此被申请人作出的不予立案决定认定事实清楚、证据确凿。但是被申请人未向申请人正确告知其举报受理情况，违反了《市场监督管理行政处罚程序规定》第十八条，属于违反法定程序。

另外，根据《消费者权益保障法》第四十六条的规定，消费者向有关行政部门投诉的，该部门应当自收到消费者投诉之日起七个工作日内，予以处理并告知投诉人。被申请人未在法定期限内告知申请人其提起的消费者投诉的处理情况的，属于未履行法定职责。

综上，根据《中华人民共和国行政复议法》第二十八条第一款第（二）项以及第（三）项第三目的规定，决定如下：责令被申请人于法定期限内对申请人重新作出答复。

如不服本行政复议决定，可以在收到行政复议决定书之日起 15 日内向 B 市 H 区人民法院提起行政诉讼。

B 市 D 区市场监督管理局

2023 年 8 月 5 日

第十一章　监察法律文书

【本章导读】

　　纪律检查委员会是专司监督检查党的机构和党员贯彻执行党的路线、方针、政策的情况，查处违纪党组织和党员的机关。党的各级纪律检查委员会按照《中国共产党章程》（以下简称《党章》）规定履行职责。监察委员会是行使国家监察职能的专责机关，依法对所有行使公权力的公职人员进行监察，调查职务违法和职务犯罪，开展廉政建设和反腐败工作，维护宪法和法律的尊严。纪检监察法律文书（以下统称"监察法律文书"）是各级纪律检查委员会和监察委员会在履行职能过程中，依法依规制作的具有法律效力的法律文书。监察法律文书是监察法律业务各项工作最终的文字反映，是纪检监察工作制度化、规范化和法律化的重要保障。监察法律文书相对于其他法律文书更具规范性和政策性。

【本章知识结构图】

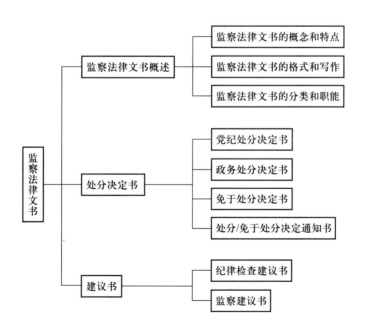

第一节　监察法律文书概述

　　党的十八大以来，习近平总书记站在统筹国内国际两个大局的战略高度，就新的历史条件下"为什么要全面从严治党、怎样全面从严治党""为什么要反腐败、怎样反腐败"等重大理论和实践问题，提出一系列创造性的新理念、新论断、新要求，这是习近平新时代中国特色社会主义思想的重要组成部分，为纪检监察工作提供了强大的思想武器和行动指南。纪检监察是《党章》和《中华人民共和国监察法》（以下简称《监察法》）赋予纪检监察机关的一项基本职责。为深入推进党风廉政建设，要求纪检监察机关在全面从严治党中找准职责定位，依纪审查案件，依纪监督执纪，坚持纪严于法、纪在法前，实现纪法分开，真正把纪律立起来、严起来，执行到位。监察法律文书是纪检监察机关在履行本机关法定职责过程中形成的具有法定效力和规范体式的文书，是纪检监察机关依法行政和进行公务活动的重要文字工具。监察法律文书的制作是纪检监察工作的重要环节，其制作水平是考察纪检监察工作的重要标准，是纪检监察机关贯彻全面从严治党、依法行政方针，坚持实事求是原则，依法办好案件的重要保障。本节主要介绍监察法律文书的概念、特点、格式、制作要求等，以提高监察法律文书的制作水平。

一、监察法律文书的概念和特点

监察法律文书是纪检监察机关在对纪检监察对象进行纪检监察过程中依法制作的文书。监察法律文书不同于纪检监察机关的一般文书，如住房分配方案、差旅补助办法等，二者适用对象不同。监察法律文书也不同于一般党政机关文书。正是基于纪检监察工作的特殊性，监察法律文书具有其自身的特点。

第一，特定强制性。特定强制性是监察法律文书的一个重要特点。这一特点是由纪检监察工作的性质及纪检监察机关在党和国家工作中所处的地位决定的。

延伸阅读

纠正"四风"不能止步 作风建设永远在路上

根据《党章》的规定，中央纪律检查委员会由中国共产党全国代表大会选举产生，党的地方各级纪律检查委员会由各地方党的代表大会选举产生。党的各级纪律检查委员会的主要任务是：维护党的章程和其他党内法规，检查党的路线、方针、政策和决议的执行情况，协助党的委员会推进全面从严治党、加强党风建设和组织协调反腐败工作，推动完善党和国家的监督体系。党的各级纪律检查委员会的职责是监督、执纪、问责，要经常对党员进行遵守纪律的教育，作出关于维护党纪的决定；对党的组织和党员领导干部履行职责、行使权力进行监督，受理处置党员群众检举举报，开展谈话提醒、约谈函询；检查和处理党的组织和党员违反党的章程和其他党内法规的比较重要或复杂的案件，决定或取消对这些案件中的党员的处分；进行问责或提出责任追究的建议；受理党员的控告和申诉；保障党员的权利。

《监察法》对监察机关的职责、监察范围与管辖、权限、监察程序作了明确规定。监察委员会是行使国家监察职能的专责机关，依照《监察法》对公职人员进行监察，调查职务违法和职务犯罪，开展廉政建设和反腐败工作，维护宪法和法律的尊严。监察委员会依照法律规定独立行使检察权，不受行政部门、社会团体和个人的干涉。监察委员会依照《监察法》和其他有关法律规定履行监督、调查、处置职责；对公职人员开展廉政教育，对其依法履职、秉公用权、廉洁从政从业以及道德操守情况进行监督检查；对涉嫌贪污贿赂、滥用职权、玩忽职守、权力寻租、利益输送、徇私舞弊以及浪费国家资财等职务违法和职务犯罪行为进行调查；对违法的公职人员依法作出政务处分决定；对履行职责不力、失职失责的领导人员进行问责；对涉嫌职务犯罪的，将调查结果移送人民检察院依法审查、提起公诉；向监察对象所在单位提出监察建议。各级监察委员会可以向本级中国共产党机关、国家机关、法律法规授权或者委托管理公共事务的组织和单位以及所管辖的行政区域、国有企业等派驻或者派出监察机构、监察专员。监察机构、监察专员对派驻或者派出它的监察委员会负责。派驻或者派出的监察机构、监察专员根据授权，依法对公职人员进行监督，提出监察建议，依法对公职人员进行调查、处置。

上述规定决定了监察法律文书具有强制性。纪检机关代表党的代表大会，监察机关代表一级政府，依据党章、法律等对纪检对象或者监察对象进行纪律检查或者监察。监察法律文书是纪检机关和监察机关在履行上述职责过程中形成的，一旦生效，任何个人、任何组织都不能以任何借口加以违反，否则就要受到党纪和政纪更为严厉的约束。

监察法律文书具有特定强制性，即监察法律文书在特定范围内针对特定对象具有强制性：纪检文书只对违反党纪的党的组织、党员具有特定强制力；监察文书只对监察对象具有特定强制力。

延伸阅读

国家监察委员会成立五周年

第二，规范性。监察法律文书属于公文语体，是公文应用文的一种。为保证文书的完善性、统一性、严肃性和科学性，便于文书的制作，提高工作效率和质量，监察法律文书应当具有规范性。

（1）结构的规范性。纪检监察工作的特点决定了监察法律文书具有实用性，因而结构上的要求比一般法律文书更严格：一是监察法律文书由首部、正文、尾部三部分组成，缺一不可。二是主要的监察法律文书的结构、格式必须由中央纪律检查委员会和国家监察委员会统一制定、统一制作，文书的规格、标定的尺寸、文字大小、使用字体、文书具有的事项内容等都必须严格按照统一格式，不允许制作机关或者个人随意变更。

（2）内容的规范性。监察法律文书不仅在结构上具有规范性，在内容上也具有规范性，二者相辅相成。内容的规范性是指监察法律文书必须写清每项内容必备的要素。例如，处分决定必须有被处分人基本情况、主要错误事实、本人态度、处分意见这几部分内容。而每一部分又必须按照一定的写作要求叙述，例如，被处分人的基本情况包括姓名、性别、年龄、民族、籍贯、学历、政治面貌、工作单位等。

（3）用语的规范性。在填空式的监察法律文书中，有些项目、内容是提前印刷好的，只需在空白处填写固定用语即可。在一般监察法律文书中，无论是开头，还是承上启下的连接，或是收尾部分，都有一些相对固定的规范化用语。

第三，政策性。监察法律文书的政策性很强，不同于一般的党政文书。纪检机关按照《党章》《中国共产党纪律处分条例》《中国共产党巡视工作条例》《中国共产党党员权利保障条例》《中国共产党组织处理规定（试行）》等对违反党的纪律的党的组织、党员进行处理，监察机关按照《监察法》《中华人民共和国监察法实施条例》《中华人民共和国监察官法》《中华人民共和国公职人员政务处分法》处理监察对象的违纪问题。监察法律文书的制作主要依据的是党的方针、政策、法规，以及有关监察法律、法规、规章，因此，监察法律文书具有政策性。

二、监察法律文书的格式和写作

（一）监察法律文书的格式

监察法律文书的格式遵循一般党政文书格式的要求，根据《党政机关公文处理工作条例》的规定，党政机关公文由份号、密级、紧急程度、发文字号、签发人、标题、主送机关、正文、附件说明、发文机关署名、成文日期、印章、附注、附件、抄送机关、印发机关、印发日期、页码等组成。监察法律文书必须具备如下要素：

1. 秘密等级。绝大多数监察法律文书都有密级限制，因此必须在监察法律文书首页的左上角标出"秘密""机密"或"绝密"。其中，绝密、机密级文书还应当标明份数序号。

2. 版头。版头即发文机关标识，应当使用发文机关的全称或者规范化简称；联合行文的主办机关排列在前。

3. 发文字号。监察法律文书按其反映的内容和公文种类，按年度、类型分别列出公文字号，并按照一定的顺序号进行排列，如"（2024）汉监建字第9号"。两个以上机关联合发文的，只标明主办机关的发文字号。

4. 标题。监察法律文书的标题一般由内容和文种两部分组成，如"关于给予王××处分的建议"。

5. 主送机关或者领导。即受理监察法律文书的机关或者领导。主送机关名称应当用全称或者规范化简称或者同类型机关的统称，位于正文上方，顶格排印。

6. 正文。正文是监察法律文书的主体，用来表述文书的内容，位于标题或者主送机关的下方。

7. 附件。附件是指与监察法律文书的主件有直接关系，对正文起补充、解释、说明作用的文件材料。附件位于正文之后、发送机关名称之前，与主件装订在一起。监察法律文书中的通报、调查报告、处分决定、审理报告等文种使用附件的情况比较多。

8. 发文机关。发文机关署名应当用全称或者规范化简称，位于正文的右下方。如系多个机关、个人联合行文的，都必须署名。

9. 成文日期。正式文件的成文日期应以文件签发或者会议通过的日期为准，其他形式的文书应以最后领导审批或者部门报出的日期为准。成文日期应当写明年月日，位于发文机关署名右下方。

部分监察法律文书必须标注主题词、抄送机关、印制版记。主题词按上级机关的要求和《国务院公文主题词表》标注，位于抄送机关上方。抄送机关是指主送机关以外的其他需要告知文书内容的上级、下级或不相隶属的机关。抄送机关名称应当使用全称或者规范化简称，位于印制版记上方。印制版记由文书印发机关名称、印发日期和份数组成，位于文书末页下端。

监察法律文书的文字从左至右横写。在民族自治地方，可以并用汉字和通用的少数民族文字（按其习惯书写、排版）。监察法律文书一般采用A4型纸。填写监察法律文书时，应使用黑色或者蓝色墨水，不得使用其他颜色墨水，也不得使用圆珠笔或者铅笔填写。

（二）监察法律文书的写作

监察法律文书的写作是一门技能性很强的学问，是纪检监察专业知识与写作学、语言学、逻辑学等学科的基本原理和技巧的具体、综合运用。纪检监察工作的特殊性质决定了监察法律文书的写作要求是：情况属实、观点明确、语言规范、用词准确、文风朴实、结构规范、逻辑清晰、篇幅简洁。

1. 情况确实。监察法律文书所叙述情况是否确实，直接影响到纪检监察机关所作出的决定是否正确，也直接关系到纪检监察对象的政治前途，关系到纪检监察机关能否正确履行纪检监察职责。因此，监察法律文书所反映的问题必须客观真实、准确无误。

2. 观点明确。监察法律文书以党和国家的方针、政策、法律法规及具有约束力的决定为依据，观点必须十分明确，应旗帜鲜明地表明主题思想，明确要说明什么、支持什么、反对什么，要有理有据地论述问题，不回避、不遮掩，切忌模棱两可。

3. 语言规范。监察法律文书属于公文，要使用标准的现代汉语，具体包括：

（1）要使用现代汉语、普通话、书面语，而不能是口头语、方言、俚语等，像"害病在家""知不道""怎办""打群架""遛弯"等都不符合规范要求。

（2）要使用现代汉语语法规范，掌握句子的基本成分，即主语、谓语和宾语，熟练使用句子附加成分，即定语、状语、补语，不能省略的主语、宾语及必要的名词必须保留。要正确使用包括陈述句、判断句、疑问句，以及单句、复句在内的句子的基本类型。

4. 用词准确。这是由纪检监察工作的性质和监察法律文书的特点决定的。监察法律文书除了在使用人名、地名、时间、数字、引文时要准确之外，更要准确使用监察法律文书的专业用词。这种专业用词有以下三类：

（1）监察法律文书的专业词汇。这属于纪检监察工作的基本业务术语，如立案、审理、违纪、揭发、检举、打击报复、以权谋私、党纪处分、政务处分、留党察看、开除党籍等。

（2）监察法律文书的法律词汇和其他专业词汇，如证据、受害人、辩护、伪造证据、索贿受贿、敲诈勒索、挪用公款、徇私枉法、从轻处理等。

（3）普通词汇。主要和上述基本词汇配合使用，如保护伞、拉关系、走后门、一言堂、特殊化、家长制、执迷不悟、铤而走险、欺行霸市、哄抬物价等。

在监察法律文书的写作中，常容易混淆的是意义相似或者相近的词，如"违反"和"违犯"、"权利"和"权力"、"后果"和"结果"、"隔离审查"和"离职审查"，或者感情色彩不同的词语，如"公开"与"公然"、"鼓动"和"煽动"、"同"和"伙同"等。这需要监察法律文书的制作者在准确区分、掌握各种词汇的基础上，针对案情特点和打击力度，有针对性地使用。

5. 文风朴实。监察法律文书用来阐述党和国家的路线、方针、政策，传达党和政府的有关决定、决议和法规，具有文件性质。因此，不需要华丽辞藻和精美句式，力求文风的通俗、朴实。例如，描述受害人为利器所伤，就应当具体叙述受伤部位、伤口长度、缝合针数，而不能用"血流如注""血流满面"来形容。监察法律文书文风朴实并不意味着语言僵硬、套话连篇、千篇一律，而是要根据具体案情和理由进行准确表达。

6. 结构规范。监察法律文书必须按照既定的结构来制作，不能任意发挥。例如，监察决定书必须先写受处分人的基本情况，再写处分依据、理由、证据，最后写处分决定。

7. 逻辑清晰。监察法律文书不同于文学创作，必须符合逻辑的要求，符合事物发展规律和人的思维规律，要把观点、论据、事实和证据、法律法规依据等合乎逻辑地联系起来，做到有理有据，有步骤有层次。

8. 篇幅简洁。监察法律文书要求篇幅简洁，言简意赅，用最少的文字把意思表达清楚，不拖泥带水，不说空话、套话。当然，这也不是一味求"简"，而是当详则详、当略则略。篇幅简洁便于突出文书的主要问题、主要观点，也便于广泛的阅读对象阅读和理解，同时避免文字上过多的疏漏。

三、监察法律文书的分类和职能

掌握监察法律文书的分类，有助于了解监察法律文书的覆盖范围和纪检监察工作的特殊性。

（一）依据制作机关不同进行的分类

依据制作机关的不同，监察法律文书可以分为纪律检查机关依据党的方针、政策、法规制作的纪检文书和监察机关依据法律、法规、规章制作的监察文书。

常用的纪检案件审理文书包括案件审理报告、请示、批复、党纪处分决定书、免予处分决定书、处分决定通知书和免予处分决定通知书、纪律检查建议书、备案报告和备案案件审查表、案件审理意见书、函。

常用的监察文书包括立案报告，案件调查报告，案件审理报告，重要检查事项立项备案表，重要复杂案件立案备案表，重要复杂案件撤销备案表，（不）回避决定书，（不）回避复议决定书，监察通知书，责令作出解释和说明通知书，查询存款通知书，提请保全书，提请解除保全书，提请协助书，延长办案期限备案表，监察建议书，监察决定书，没收、追缴财物清单，责令退赔财物清单，复查决定书，复审决定书，复核决定书，监察裁决书，送达回证，以及案件移送书。

（二）依据适用范围不同进行的分类

依据案件适用范围的不同，监察法律文书可以分为监督检查文书、审查调查文书、案件审理文书、内部决策文书四类。

监督检查文书是指纪检监察机关依规依纪依法对纪检监察对象遵守党章党规党纪、宪法法律法规，履行责任和义务情况进行监督检查所制作的法律文书。监督检查文书包括函询通知书（关于请作出书面说明的函）、委托谈话函、采信了结函、澄清正名函、党风廉政意见回复函、廉政提醒函、纪律检查建议书、监察建议书、诫勉处理决定书、诫勉处理通知书、不予政务处分决定书、问责决定书、问责通知书、问责申诉处理决定书等14种。[①]

审查调查文书是纪检监察机关依据党章、宪法和有关纪律、法律规定，对纪检监察对象涉嫌违纪或者职务违法、职务犯罪，需要追究纪律或者法律责任的行为予以立案，进行纪律审查和监督调查所制作的法律文书。审查调查文书包括委托初步核实通知书、立案通知书（政务）、谈话笔录、留置决定书、协助冻结财产通知书、调查证据通知书、调取干部人事材料公函、查封/扣押通知书、委托鉴定书、商请协助采取措施函、调查介绍信等120种。[②]

案件审理文书是指纪检监察机关依据党章党规党纪和宪法法律法规，对涉嫌违纪或者职

---

① 参见本书编写组：《纪检监察文书格式》，中国方正出版社2021版，第1—56页。

② 参见本书编写组：《纪检监察文书格式》，中国方正出版社2021版，第57—538页。

务违法、职务犯罪案件，在作出正式处理决定之前，按照规定的程序，对审查调查认定的事实，取得的证据，定性、处理建议，办案程序、手续，以及涉案财物等方面进行审核处理所制作的法律文书。案件审理文书包括报送上级纪委/监委的请示、党纪处分决定书、退休公职人员待遇调整决定书、起诉意见书、涉案财物清单、没收违法所得意见书、从宽处罚建议书、党纪复查决定书等40种。[①]

内部决策文书是指纪检监察机关在开展监督检查、审查调查、案件审理工作过程中制作的对内文书。监督检查内部决策文书包括谈话函询报批请示、谈话函询情况报告暨处置意见、问责调查报告3种；审查调查内部决策文书包括初步核实情况报告、立案审查调查呈批报告、审查调查报告、涉案财物报告、补正情况报告、起诉建议书、没收违法所得建议书等20种；案件审理内部决策文书包括提前介入审理意见、审理报告、检察机关提前介入反馈意见的审核意见3种。[②]

（三）依据适用案件不同进行的分类

依据适用案件的不同，监察法律文书可以分为给予违纪的党的各级委员会委员、候补委员纪律处分的文书，纪律检查机关建议罢免或者撤销违纪党员所任人大职务的文书，监察机关给予违纪公职人员处分的文书，纪律检查机关建议撤销违纪党员所任政协职务、政协委员、常务委员资格的文书，纪律检查机关建议给予人民法院的违纪党员撤职以上纪律处分并依法罢免、撤换、撤销、免除其所任法官职务的文书，纪律检查机关建议给予人民检察院的违纪党员撤职以上检察纪律处分并依法罢免、撤换、撤销、免除其所任检察官职务的文书，以及纪律检查机关给予违纪的党的机关工作者降级、开除公职的文书。2005年《纪检监察机关查处的"七类案件"办理程序及其文书式样（试行）》规定了上述"七类案件"的办理程序及其文书式样。

延伸阅读

开除公职和行政开除有什么区别？

通过以上分类可以看出监察法律文书的种类多样，涉及领域广，阶段多，多数文书属于纪检监察机关的内部文书，为不公开的文件，如案件的初步核实、立案、调查、结案、备案等多种文书。考虑到各类监察法律文书规范化的程度，特别是纪检监察机关合署办公的实际，以及监察法律文书对内和对外不同的使用用途，我们将着重介绍监察法律文书中对外产生约束力的处分决定书（包括通知书）以及建议书两类主要文书。

在重点介绍决定书和建议书之前，有必要简单介绍监察法律文书中其他几类常用的文书，具体如下所述。

1. 审理报告。审理报告是纪检监察机关案件审理部门就移送审理或者呈报审批案件的事实、证据、定性、处理及办案程序等提出审理意见时制作并使用的文书。它是案件审核处理阶段的重要审理文书，是提请本级纪委常委会会议审议案件的主要依据，是案件审理部门审理意见的综合反映，也是制作请示、批复、处分决定等相关文书的基础。

审理报告的制作依据包括《中国共产党纪律检查机关监督执纪工作规则》第55条第1款

---

① 参见本书编写组：《纪检监察文书格式》，中国方正出版社2021版，第539—720页。

② 参见本书编写组：《纪检监察文书格式》，中国方正出版社2021版，第721—845页。

第6项、《中华人民共和国监察法实施条例》第197条等。

审理报告适用于以下案件：本级纪检监察机关案件检查部门调查终结，按规定移送审理的案件；本监察委员会的派出机构根据有关规定呈报本监察委员会审查批准的案件；下级纪检监察机关呈报审批的案件；上级纪检监察机关调查后提出处理意见，根据处分权限，交由本级纪检监察机关作出处分决定的案件；司法机关移送纪检监察机关处理的案件。

2. 请示。请示是下级机关向上级机关请求指示、批准时所使用的文书。通常针对特定事项呈请有审批权的上级机关批准，所请示的事项须由被请示机关批复后方可办理。

制作请示的主要依据是《党章》、《中国共产党纪律处分条例》、《监察法》第42条第2款以及《党政机关公文处理工作条例》的有关规定。

请示适用于以下案件：呈报审批的案件；呈报比照处理的案件；监察机关作出的重要监察决定和提出的重要监察建议，应当报本级人民政府和上一级监察机关同意的案件；本级纪检监察机关就案件的事实、定性、处理以及适用法规等问题征求上级纪检监察机关意见的案件；需报同级党委同意或批准的作出组织处理的案件。

3. 批复。批复是上级机关用于答复下级机关请示时所使用的文书。它通常是针对请示作出的，一经作出，对呈报请示的机关或者部门就具有约束力。

4. 函。函是不相隶属的机关或部门之间洽谈工作、询问或答复问题等时使用的文书。上下级机关之间询问、答复有关问题时也可使用函。函在纪检监察机关工作中使用得较为普遍。函的格式简单，写作简便、灵活，使用广泛，易于掌握。

根据函的特点和审理工作的需要，可将函分为征询类函和答复类函两种。

（1）征询类函。征询类函是指案件审理部门在办理案件过程中就案件的事实认定、定性、处理等问题，征询有关机关及其工作部门意见并请求答复时使用的文书。有些征询类函是案件审理部门代本纪检监察机关制作的。

征询类函适用于以下情形：就有关案件的定性、处理等问题向上级纪检监察机关的案件审理部门征求意见的；纪检监察机关就对被调查人的处理意见等问题征求有关组织或单位意见的；纪检监察机关就有关案件事项征询党委和政府的其他工作部门以及人大、政协机关、司法机关意见的；案件审理部门就对某类违纪行为的定性、处理以及有关政策问题等咨询上级纪检监察机关有关部门意见的；案件审理中其他需要使用征询函的情况。

（2）答复类函。答复类函是指上级纪检监察机关及其案件审理部门对下级机关或部门在征询类函或请示中所提出的问题作出答复的文书。

答复类函的适用情形包括：需对下级纪检监察机关征求案件意见的请示作出答复的；案件审理部门对下级机关及其案件审理部门就有关案件事项征询意见作出答复的；其他需要使用答复类函的情形。

第二节　处分决定书

处分决定书是指纪检监察机关依据有关法律法规，对违犯纪律的对象作出处分决定（包括党纪处分决定和政务处分决定）、免予处分决定，并依据程序向对象宣布执行处分、处理决定事项时使用的通知书。

一、党纪处分决定书

（一）概念和功能

1. 概念。党纪处分决定书是指党的纪律检查机关对违犯党的纪律的党组织或党员作出党纪处分决定时所使用的文书。[①]

2. 功能。党纪处分决定书是按照特定的程序制作的，具有党纪的约束力。党纪处分决定书一经批准即发生效力，有关党组织和党员必须无条件地执行，其效力不受被处分的党组织或党员申诉的影响。

（二）内容和写法

1. 首部。党纪处分决定书的首部由版头、发文字号、标题三部分组成。

（1）版头。党纪处分决定书的版头，由发文机关全称或规范化简称加括号标明文种（即"决定"）组成，用套红大字居中印在决定书首页上部，如"中共××省纪律检查委员会（决定）"。

（2）发文字号。党纪处分决定书发文字号由发文机关代字、发文年度和发文顺序号组成，标注于版头下方居中位置。如"晋纪（2024）23 号"。

延伸阅读

党纪处分决定书实例及评析

（3）标题。党纪处分决定书的标题，一般由受处分人的姓名、处分种类及文种组成。如"关于给予王××开除党籍处分的决定"。

2. 正文。党纪处分决定书的正文主要由以下几部分内容组成：

（1）被处分人的基本情况。主要包括被处分人的姓名、性别、出生年月、民族、籍贯、文化程度、参加工作时间、入党时间、主要任职情况。如需要，还应写明职称、职级。被处分人所任职务一项，主要写明被处分人的现任职务；若被处分人的违纪行为不是在任现职期间发生的，应写明违纪行为发生时所担任的职务及担任上述职务的时间；已经离退休的，应写明离退休的时间及当时所任的职务；被处分人是现任人民代表大会代表、政治协商会议委员的，也应写明。

被处分人曾经受过处分或刑罚处罚的，应写明被处分人何时因何事受到何种处分或刑罚处罚。

（2）违纪事实。党纪处分决定书中的违纪事实，是指经过纪律检查机关审定的、作为处分依据的违纪事实。叙述违纪事实时，应根据违纪构成要件完整表述违纪行为发生的时间、地点、情节、后果等内容。被处分人具有从轻、减轻或从重、加重处分的情节的，也应当写明。

违纪事实中如果有涉及党和国家秘密或其他不宜公开的内容的，不要详加描述，应主要围绕被处分人的违纪行为概述事实经过。在叙述中应尽量避免涉及他人，必须出现相关人员的姓名时，可保留其姓氏隐去人名，如用"张××"。

违纪事实作为处分决定的依据，是党纪处分决定书的重要组成部分，表述要求用词准确、

[①] 关于党纪处分决定书的写作可参见本书编写组：《纪检监察常用文书制作与运用》，中国方正出版社 2022 版，第268—272 页。

逻辑严谨、详略得当、符合法规要求，切忌渲染夸张。

（3）处理决定及法律法规依据。应写明处理决定的具体内容及法律法规依据。应用概括、规范的用语写明违纪行为的性质、决定给予的处分种类及定性量纪的法规依据，引用法律法规时要完整引用法律法规名称。给予撤销党内职务处分的，要写明是撤销党内一切职务还是某个职务。给予留党察看处分的，要写明留党察看的期限（1年或2年）。对经过上级机关批准后生效的处分决定，应写明批准的机关及批准时间。有责令退赔或收缴等处理事项的，应一并写明。

（4）结束语。由于处分决定的生效时间涉及党纪处分的影响期限问题，因此，党纪处分决定书的结束语应写明处分决定生效的时间（一般是有最终决定权或批准权的机关决定或批准的时间），如"本决定自2024年3月15日起生效"。

3. 尾部。党纪处分决定书尾部由署名，成文日期，印章，主题词，主、抄送机关及人员，以及印制版记组成。

（1）署名。党纪处分决定书应署发文的纪律检查机关的全称或规范化简称，标注于正文的右下方。

（2）成文日期。党纪处分决定书的成文日期应署纪律检查机关领导签批的日期，应写明年月日，标注于发文机关署名的下方。

（3）印章。应在署名和成文日期位置上加盖发文机关的印章。

（4）主题词。党纪处分决定书的主题词由"党纪处分"、具体的处分种类、被处分人的姓名、文种即"决定"四个部分组成。如"党纪处分 开除党籍 李× 决定"。

（5）主、抄送机关及人员。纪律检查机关的党纪处分决定书应主送被处分人及其所在单位或主管单位，同时抄送对被处分对象有管理权的党组织、人事部门。应使用主送、抄送机关的全称或规范化简称，标注于主题词下方。

（6）印制版记。一般由党纪处分决定书印制机关及部门名称、印制日期、印制份数组成，标注于抄送机关的下方。党纪处分决定书的印制份数根据实际需要确定。

（三）制作时应注意的问题

1. 制作依据。

（1）《党章》第40条规定，党组织对违犯党的纪律的党员，应当本着惩前毖后、治病救人，执纪必严、违纪必究，抓早抓小、防微杜渐的精神，按照错误性质和情节轻重，给以批评教育、责令检查、诫勉直至开除党籍。

（2）《中国共产党纪律处分条例》第44条规定，党纪处分决定作出后，应当在1个月内向受处分党员所在党的基层组织中的全体党员及其本人宣布，是领导班子成员的还应当向所在党组织领导班子宣布，并按照干部管理权限和组织关系将处分决定材料归入受处分者档案；对于受到撤销党内职务以上处分的，还应当在1个月内办理职务、工资、工作及其他有关待遇等相应变更手续；涉及撤销或者调整其党外职务的，应当建议党外组织及时撤销或者调整其党外职务。特殊情况下，经作出或者批准作出处分决定的组织批准，可以适当延长办理期限。办理期限最长不得超过6个月。

（3）《中国共产党纪律处分条例》第45条规定，执行党纪处分决定的机关或者受处分党员所在单位，应当在6个月内将处分决定的执行情况向作出或者批准处分决定的机关报告。

党员对所受党纪处分不服的，可以依照党章及有关规定提出申诉。

（4）《中国共产党党员权利保障条例》第 18 条第 1 款规定，党员有党内申诉权，对于党组织给予本人的处理、处分或者作出的鉴定、审查结论不服的，有权按照规定程序逐级向本人所在党组织、上级党组织直至中央提出申诉。

（5）《中国共产党党员权利保障条例》第 35 条第 2 款规定，处理、处分所依据的事实材料应当同本人见面。处理、处分的决定应当向本人宣布，并写明党员的申诉权以及受理申诉的组织等内容。事实材料和决定应当由本人签署意见，对签署不同意见或者拒不签署意见的，应当作出说明或者注明情况。

（6）《中国共产党纪律检查机关监督执纪工作规则》第 56 条第 2 款规定，处分决定作出后，纪检监察机关应当通知受处分党员所在党委（党组），抄送同级党委组织部门，并依照规定在 1 个月内向其所在党的基层组织中的全体党员以及本人宣布。处分决定执行情况应当及时报告。

（7）《中国共产党纪律检查机关监督执纪工作规则》第 59 条规定，对不服处分决定的申诉，由批准或者决定处分的党委（党组）或者纪检监察机关受理；需要复议复查的，由纪检监察机关相关负责人批准后受理。申诉办理部门成立复查组，调阅原案案卷，必要时可以进行取证，经集体研究后，提出办理意见，报纪检监察机关相关负责人批准或者纪委常委会会议研究决定，作出复议复查决定。决定应当告知申诉人，抄送相关单位，并在一定范围内宣布。坚持复议复查与审查审理分离，原案审查、审理人员不得参与复议复查。复议复查工作应当在 3 个月内办结。

2. 适用范围。凡经有决定或批准权限的纪律检查委员会决定给予党员警告、严重警告、撤销党内职务、留党察看、开除党籍，给予党组织改组、解散处分的，均需制作党纪处分决定书。

对于需要呈报上级机关审批的案件，应根据上级机关批复的内容制作或修改党纪处分决定书，不能用批复代替党纪处分决定书。对同一违纪人员既要给予党纪处分又要给予政务处分的，要分别制作党纪处分决定书和政务处分决定书。对共同违纪案件，应对每一个违纪人员分别制作党纪处分决定书。委托有关单位代为宣布执行党纪处分决定及办理其他有关事项的，还应同时制作处分决定通知书。此外，党纪处分决定书制作中经常出现格式、处分依据和作出日期不规范、内容列举不当、违纪事实过于简略或者过于详细等问题。①

3. 注意事项。

（1）给予被处分人开除党籍处分的，文书标题中被处分人姓名后不加"同志"二字；给予留党察看及以下处分的，文书标题中被处分人姓名后需加"同志"二字。

（2）对被处分人按照监督执纪第二种、第三种形态处理的，文书中"经审查，×××存在以下违纪违法和涉嫌犯罪的问题"调整为"经审查，×××存在以下违纪违法问题"；若仅构成违纪但不涉及违法的，可相应调整为"经审查，×××存在以下违纪问题"。

（3）具体违纪违法事实部分，可对敏感内容及人员等信息做技术性处理。比如，违反生活纪律问题可仅保留标题，不表述具体内容；涉及在职领导干部且拟不就其所涉问题给予党

---

① 详见董芳：《党纪政纪处分决定书常见问题分析》，《中国纪检监察报》2014 年 7 月 18 日。

纪政务处分的，一般可隐去其姓名，用"有关领导同志""主要负责同志"等表述代替。

（4）处分依据部分仅引用与作出党纪处分有关的条款，终止党代会代表资格、移送检察机关审查起诉、中止党员权利等所涉及的《中国共产党纪律处分条例》第14、31、32条等不得引用。

（5）"对其违纪违法行为的本质和特点进行概括描述和评价"部分，应当基于该处分决定认定的违纪违法事实分析归纳得出，不宜依据处分决定认定的违纪违法事实之外的"活情况"推测得来。

（6）被处分人系已经退休的公职人员，依照《中华人民共和国公职人员政务处分法》（以下简称《公职人员政务处分法》）第27条第1款规定调整其享受的待遇的，"调整其享受的待遇"不属于党纪处分决定的内容，不宜写入。

（7）处分决定生效日期和落款日期均为有权批准党纪处分的党委或者纪委常委会会议审议的时间。

二、政务处分决定书

（一）概念和功能

1. 概念。政务处分决定书是指各级监察机关对监察对象作出政务处分决定时使用的文书。

2. 功能。政务处分决定书是按照特定的程序制作的，具有法律约束力。政务处分决定书一经批准送达即发生效力，处分对象及所在的单位必须执行，其效力不受处分对象申诉的影响。

（二）内容和写法

1. 首部。政务处分决定书是监察决定书的一种，其首部由版头、发文文号、标题组成，格式和要求与党纪处分决定书的首部基本相同。例如，版头为"××省监察委员会监察决定书"，发文字号为"（2024）×监决字第×号"，标题为"关于给予王××撤职处分的决定"。略有不同的是，政务处分决定书的版头由发文的监察委员会全称或规范化简称+"监察决定书"字样组成，分两行居中印在政务处分决定书首页上部。

2. 正文。政务处分决定书的正文主要由被处分人的基本情况、违纪事实、结束语三部分组成，与党纪处分决定书要求基本相同。不同之处在于：（1）违纪事实是经过监察委员会审定的；（2）法律依据主要是行政法律法规；（3）结束语应根据《监察法》第60条第2款的规定写明"若对本监察决定不服，可以自收到本监察决定之日起一个月内向上一级监察机关申请复查"。

3. 尾部。政务处分决定书的尾部由署名，成文日期，印章，主题词，主、抄送机关及人员，以及印制版记六部分组成。其中主题词一般由"监察"、处分种类、被处分人的姓名和文种（即"决定"）组成。其余部分与党纪处分决定书尾部基本相同。

此外，制作处分决定书还要注意以下几点：

第一，对共同违纪案件，应对每一违纪人员分别制作处分决定书。

第二，委托有关单位代为宣布执行处分决定及办理其他有关事项的，还应同时制作处分决定通知书。

（三）制作时应注意的问题

1. 制作依据。

（1）《监察法》第 45 条第 1 款第 2 项规定，监察机关根据监督、调查结果，依法对违法的公职人员依照法定程序作出警告、记过、记大过、降级、撤职、开除等政务处分决定。

（2）《公职人员政务处分法》第 45 条规定，决定给予政务处分的，应当制作政务处分决定书。政务处分决定书应当载明下列事项：被处分人的姓名、工作单位和职务；违法事实和证据；政务处分的种类和依据；不服政务处分决定，申请复审、复核的途径和期限；作出政务处分决定的机关名称和日期。政务处分决定书应当盖有作出决定的监察机关的印章。

2. 适用范围。凡经有决定或批准权限的监察机关决定给予监察对象警告、记过、记大过、降级、撤职、开除处分的，均需制作处分决定书。

3. 注意事项。

（1）无论是给予被调查人开除处分，抑或给予被调查人警告、记过、记大过、降级或者撤职处分，标题中被处分人姓名后均不加"同志"二字。

（2）"处分期至××××年××月××日止"适用于给予开除处分以外的政务处分决定，这样写明处分期有利于处分决定执行，特别是在处分期内又受到政务处分的，更加必要。

（3）关于处分种类适用上的限制。除基层群众性自治组织中从事管理的人员有违法行为的只适用警告、记过或者记大过处分之外，《监察法》第 15 条第 2 项规定的人员中未担任公务员但参照《公务员法》管理的人员、事业单位工作人员或者国有企业人员职务的人员，以及《监察法》第 15 条第 6 项规定的人员有违法行为的也仅适用警告、记过或者记大过处分，情节严重应当给予其降级以上处分的，依照《公职人员政务处分法》第 23 条规定即不再给予其政务处分，而应建议有关机关单位相应给予其降低薪酬待遇、调离岗位、解除人事关系或者劳动关系等。

（4）依照《中国共产党纪律处分条例》第 63 条和《公职人员政务处分法》第 13 条规定，对抗组织审查在党纪上属于违反政治纪律的违纪行为，在政务上则属于应当从重给予政务处分的法定情形，故对抗组织审查行为不能写入"违反政治要求"部分，但可以写入"……（如提出可以从轻、减轻或者从重处分的意见，对其本人认错悔过表现、主动投案、立功表现等理由进行概括）"部分。

（5）已被依法判处刑罚或者免予刑事处罚后给予政务处分的，"九、涉嫌犯罪"部分，可以相应调整为"犯××罪"；触犯多个罪名的，表述为"犯××罪、××罪、××罪"，相应事实部分可以写明司法机关生效裁判文书生效时间及认定的事实，内容可简略表述。

（6）国家监察委员会制作政务处分决定的，鉴于国家监察委员会系最高监察机关，申诉部分应当相应调整为"如不服本处分决定，可自收到本处分决定之日起一个月内向本委申请复审"。

（7）监察机关派驻机构制作本文书的，申诉部分应当相应调整为"如不服本处分决定，可自收到本处分决定之日起一个月内向本组（该派驻机构）申请复审；对复审决定仍不服的，可自收到复审决定之日起一个月内向×××（派出该派驻机构的监察机关）申请复核"。

三、免予处分决定书

（一）概念和功能

1. 概念。免予处分决定书包括免予党纪处分决定书和免予政务处分决定书，是指具有一定纪律处分权限的党组织、纪检监察机关，依据法律、法规，对违犯纪律同时又具备免予处分条件的对象，作出免予处分决定时使用的文书。

2. 功能。免予处分虽然不属于党的纪律或政务处分种类，但它是党组织、纪检监察机关依据法律法规，对违纪对象作出的正式处理结论。所以，免予处分决定书同样具有党的纪律或法律的约束力。

（二）内容和写法

免予处分决定书由首部、正文和尾部三部分组成。

1. 首部。免予处分决定书的首部由版头、发文字号和标题组成，具体写法与对应决定书的首部相同。其中，标题一般由被免予处分人员的姓名（免予党纪处分决定书在姓名后应加"同志"）、决定事项和公文种类（即"决定"）组成，如"关于免予周××同志党纪处分的决定""关于免予孟××同志政务处分的决定"。

2. 正文。免予处分决定书的正文，主要由被免予处分人的基本情况、违纪事实、处理决定及法律法规依据三部分组成，具体写法与党纪处分决定书、政务处分决定书基本相同。不同的是，在处理决定及法律法规依据部分，须写明减轻处分情节或其他免予处分的条件、违纪行为的性质及定性、适用的法律法规。

3. 尾部。免予处分决定书尾部由署名，成文日期，印章，主题词，主、抄送机关及人员，以及印制版记六部分组成。其中，署名、成文日期、印章、印制版记与党纪处分决定书和政务处分决定书基本相同。

免予党纪处分决定书的主题词，由纪律检查、免予处分、被免予处分人员的姓名和文种（即"决定"）四部分组成，标注于抄送机关上方。如"纪律检查 免予处分 李× 决定"。免予政务处分决定书的主题词，由监察、免予政务处分、被免予处分人员的姓名和文种（即"决定"）组成，标注于主、抄送机关上方。如"监察 免予处分 王×× 决定"。

免予党纪处分决定书的主、抄送机关及人员部分，应主送被免予处分人所在单位或主管单位及被免予处分人，同时抄送对被免予处分人有管理权的组织人事部门及其他有关单位，应用主、抄送机关的全称或规范化简称，标注于印制版记的上方。

此外，写作免予处分决定书还要注意以下几点：

1. 免予处分虽然不属于党的纪律或政务处分种类，但它是纪检监察机关的正式处理结论。所以，免予处分决定书同样具有党的纪律或法律约束力。免予处分决定书的制发，应与制作处分决定书一样，履行有关审批程序。

2. 免予处分决定应在一定范围内宣布；免予处分决定书应装入本人档案。

3. 委托有关单位代为宣布执行免予处分决定或办理其他事项的，应同时制作免予处分决定通知书。

（三）制作时应注意的问题

1. 制作依据。

（1）《中国共产党纪律处分条例》第 19 条第 1 款规定，对于党员违犯党纪应当给予警告或者严重警告处分，但是具有《中国共产党纪律处分条例》第 17 条规定的情形之一或者《中国共产党纪律处分条例》分则中另有规定的，可以给予批评教育、责令检查、诫勉或者组织处理，免予党纪处分。对违纪党员免予处分，应当作出书面结论。

（2）《公职人员政务处分法》第12条规定，公职人员违法行为情节轻微，且具有《公职人员政务处分法》第11条规定的情形之一的，可以对其进行谈话提醒、批评教育、责令检查或者予以诫勉，免予或者不予政务处分。公职人员因不明真相被裹挟或者被胁迫参与违法活动，经批评教育后确有悔改表现的，可以减轻、免予或者不予政务处分。

2. 适用范围。具有下列情形之一，纪检监察机关决定免予处分的，应制作免予处分决定书：

（1）依照《中国共产党纪律处分条例》规定具有免予处分条件的正式党员。

（2）依照《公职人员政务处分法》规定具有免予处分条件的公务员。

（3）具有免予处分条件的其他监察对象。

四、处分/免予处分决定通知书

（一）概念和功能

1. 概念。处分/免予处分决定通知书，是指纪检监察机关需要委托处分或免予处分对象所在组织或单位宣布执行处分、处理决定事项时使用的文书。它包括党纪处分、政务处分决定通知书和免予党纪处分、政务处分决定通知书。

2. 特点。处分/免予处分决定通知书，是与处分决定书或免予处分决定书相配套的文件，一般不单独使用。

（二）内容和写法

1. 首部。处分/免予处分决定通知书的首部，由版头、发文字号、标题、主送机关组成，其格式与对应决定书的首部基本相同。其中，处分/免予处分决定通知书的标题一般由被处分人或被免予处分人姓名、处分种类或免予处分的类别、公文种类（即"通知"）组成。如"关于给予李××开除党籍处分的通知""关于给予王×记过处分的通知""关于免予罗××同志党纪处分的通知""关于免予张××处分的通知"等。

2. 正文。处分/免予处分决定通知书的正文一般比较简短，主要应写明所决定的事项及要求受文单位办理的事项。一般由以下几部分组成：

（1）决定事项。决定事项中应完整表述所决定的各项内容。在写决定事项的具体内容之前，应简要交代该决定的审议或批准情况，如"经省纪委常委会讨论，并经省委批准，决定给予省民政厅副厅长张×同志留党察看二年处分"。

（2）委托受文单位办理的具体事项。需要受文单位办理的事项应在通知书中写明，如"现将《关于给予××同志留党察看二年的处分决定》发给你们，请宣布执行""建议市人大罢免××人民代表大会代表职务""建议移送司法机关依法处理"等。这部分还应写明要求受委托机关将处分执行情况或建议办理情况及时回告发文的纪检监察机关，如"请将执行情况及时回告本监察委员会""请将处分执行情况及建议办理情况及时回告市纪委"。

这里需要说明的是，通知书中表述的决定事项，有的不能在处分决定书中表述，如决定移送司法机关或提出组织处理建议等情况；有的与处分决定书的表述角度不一样，如对违法违纪所得的处理，处分决定书针对的是被处分人本人，可能表述为"责令退赔"或"予以收缴"，而通知书则可能表述为"由你们负责追缴李××的违纪所得××元，上交国库"或"由你们负责将胡××退回的人民币××元上交国库"。

（3）结束语。通知的结束语一般写"特此通知"。

3. 尾部。通知书的尾部与处分决定书的尾部基本相同，均由署名、成文日期、主题词、抄送机关、印制版记组成。主要不同之处在于主题词。

（1）党纪处分决定通知书的主题词，由党纪处分、处分种类、被处分人姓名、通知四部分组成。如"党纪处分 开除党籍 胡×× 通知"。免予党纪处分通知书的主题词，由纪律检查、免予处分、被免予处分人姓名、通知四部分组成。如"纪律检查 免予处分 张×× 通知"。

（2）政务处分决定通知书的主题词，由监察、处分种类、被处分人姓名、通知四部分组成。如"监察 行政撤职 马× 通知"。免予处分决定通知书的主题词由监察、免予处分、被免予处分人姓名、通知四部分组成。如"监察 免予处分 刘× 通知"。

（三）制作时应注意的问题

1. 适用范围。凡纪检监察机关委托下级党组织或单位，代为宣布执行处分决定事项或免予处分决定事项的，均需制作处分/免予处分决定通知书。

2. 处分/免予处分决定书是独立的文件，不能作为处分/免予处分决定通知书的附件。

3. 处分/免予处分决定通知书是发给委托宣布执行的党组织或有关单位的，处分/免予处分决定书也应同时发送上述单位。而对被处分人或被免予处分人，则只发处分决定书或免予处分决定书。

4. 违纪人员同时受到党纪、政纪处分的，一般要分别制发相应的通知书。同一案件涉及同一单位两个以上人员的，可以使用同一通知书委托宣布执行。

5. 处分/免予处分决定通知书与批复是两个不同的文种。批复是针对下级纪检监察机关的请示所作的答复；处分/免予处分决定通知书则是委托有关党组织或单位办理与处分或免予处分相关的事项，二者不能混用。

第三节　建　议　书

根据制作机关和制作依据的不同，建议书可以分为纪律检查建议书和监察建议书两种。[①]

一、纪律检查建议书

（一）概念和功能

1. 概念。纪律检查建议是纪律检查机关根据检查结果，就检查涉及的人员或组织，向有关单位提出处理建议的活动。纪律检查建议书是纪律检查建议的书面表现形式。

2. 功能。建议权是纪律检查机关的重要职权。纪律检查机关根据检查结果，就检查涉及的人员或组织的处理，向有关单位提出建议，这是纪律检查机关行使建议权的形式之一。纪律检查建议书对接受建议的党组织具有较强的约束力。纪律检查建议所针对的事项无正当理由的，接受建议的党组织对纪律检查建议应予采纳，并将对建议的办理情况和处理结果及时报告或告知提出建议的纪律检查机关。

（二）内容和写法

1. 首部。纪律检查建议书首部由版头、份号、密级、发文字号、标题、主送机关组成。

---

① 关于建议书的写作可参见本书编写组：《纪检监察文书格式》，中国方正出版社 2021 年版，第 26—33 页。

版头、发文字号、主送机关与党纪处分决定书基本相同。

　　份号是指纪律检查建议书印制份数的顺序号，标注于纪律检查建议书首页的左上角。标注密级的文书应当标注份号。

　　密级是指纪律检查建议书的秘密等级，纪律检查建议书应根据建议的内容按照有关规定确定相应的密级，标注于份号的下方。

　　纪律检查建议书的标题一般由建议相对人（被检查人员或被检查部门）的姓名或名称、建议内容和文种（即"建议"）组成。如"关于给予刘××同志撤销行政职务处分的建议""关于改组市中心医院党总支的建议"。

　　2. 正文。按内容的繁简程度，纪律检查建议书的正文通常可分为详写和简写两种。简写适用于给予党纪处分并提出纪律检查建议的情形，在这种情形下，处分决定书可以作为纪律检查建议书的附件，因此案件事实部分可以省略。详写通常适用于不给党纪处分而仅提出纪律检查建议的情形。

　　详写的纪律检查建议书的正文包括以下内容：

　　（1）导语。导语包括提起建议的起因、建议涉及案件及人员或党组织的调查简况等。

　　（2）建议相对人的基本情况。建议相对人是党员的，建议相对人的基本情况主要包括姓名、性别、出生年月、民族、籍贯、文化程度、入党时间、参加工作时间、主要任职情况等。其中，主要任职情况应写明建议相对人行为发生时所任和现任的职务。如果建议相对人还担任其他职务，如人民代表大会代表、政治协商会议委员等，也应写明。

　　建议相对人是党组织的，建议相对人的基本情况主要包括该党组织的名称、组成人员及其基本情况等。

　　（3）纪律检查机关检查后所认定的事实。案件事实是纪律检查机关提出纪律检查建议的基础。纪律检查建议书陈述的事实，是指经过审核认定的确有把握的事实。应写清案件事实发生的时间、地点、情节、后果以及有关人员应负的责任等内容。

　　（4）提出的建议及法律法规、党纪条规依据。纪律检查机关提出的纪律检查建议，一般经过纪律检查机关常委会议讨论决定，代表着纪律检查机关的正式意见，因此一定要写得明确具体，切忌抽象模糊，使接受建议单位难以采纳办理。建议内容涉及对人员的处分、职务调整（如免职、调离、降职安排、责令辞职、辞退等）、对违纪款项物品的处理等的，应一并写明。同时还应写明提出建议的法律法规、党纪条规依据，使接受建议单位了解纪律检查机关提出的建议是有法律依据的，如建议针对的事项无正当理由的，应当采纳。

　　（5）结束语。这部分应告知接受建议单位将对建议的办理情况和处理结果及时报告或告知纪律检查机关。

　　简写的纪律检查建议书正文部分的建议相对人基本情况、案件事实及定性均可以省略，着重写明提出的建议及法律法规、党纪条规依据。具体可按详写方式的这部分内容要求来写。

　　3. 尾部。纪律检查建议书的尾部由附件、署名、成文日期、印章、主题词、抄送机关、印制版记组成，其基本格式与党纪处分决定书尾部相同。其中，附件应标注于正文之后、发文的纪律检查机关署名之前，按顺序列出其名称；纪律检查建议书的主题词一般由纪律检查、建议内容、建议相对人姓名或名称、建议四部分组成，标注于抄送机关的上方。如"纪律检

查 责令辞职调离 张×× 建议""纪律检查 改组市中心医院党总支 建议"。

（三）制作时应注意的问题

1. 制作依据。《中国共产党纪律处分条例》规定，纪律检查机关根据检查结果区别不同情况，向有关单位提出纪律检查建议。《中国共产党纪律检查机关监督执纪工作规则》第 19 条等就纪律检查建议书作了相应规定。

2. 适用范围。纪律检查建议书的适用范围比较广泛，按照规定，有下列情形之一，纪律检查机关决定提出纪律检查建议的，应当制作纪律检查建议书：

（1）违犯纪律需要给予党政纪处分，拟建议由有关单位作出处理的。

（2）对受到撤销党内职务以上处分的党员，在党外组织担任领导职务，拟建议党外组织撤销其党外职务的。

（3）对虽有错误行为，但情节轻微，不需追究党纪责任的，或需追究党纪责任的同时有必要作组织处理，拟建议有关党组织作出处理的。

（4）其他需要提出建议的情况。

纪律检查建议书的接受单位，应是中国共产党的党组织、党组织的工作部门或派出机构。

此外，纪律检查建议书的制作还应注意：纪律检查建议的内容，应当是接受该建议的单位职责范围内的事项；应当在检查之后，根据检查的结果，提出纪律检查建议，制作纪律检查建议书；纪律检查建议应当以书面形式送达有关单位；纪律检查机关制作的纪律检查建议书，须经纪律检查机关主要负责人审核批准后，才能正式发出。

二、监察建议书

（一）概念和功能

1. 概念。监察建议是监察机关根据调查结果，就法定范围内的部门、人员及事项，依照法定程序向有关部门提出处理建议的行为。监察建议书是具体体现监察建议内容的法定书面形式。

2. 功能。

（1）具有强制执行力。监察建议书一经送达，即具有强制执行力。监察建议书的建议相对人应是作出该监察建议的监察机关有权管辖的单位或人员；提出的监察建议内容，应是接受监察建议的单位或部门职责范围内的事项。

监察建议书由法律的强制力保证实施。对于监察机关依法提出的监察建议，无正当理由的，有关部门应当采纳。否则，可以责令改正、通报批评或给予有关责任人员政务处分。但监察建议书的强制力又与监察决定有一定区别。对监察建议有异议的，可以在法定期限内提出。

监察机关依法制作的监察建议书，须经监察机关主要负责人审核批准后，才能正式发出。监察机关提出的重要监察建议，应当报经本级人民政府和上一级监察机关同意。国务院监察机关作出的重要监察建议，应当报经国务院同意。

（2）建议事项超过监察权限。监察建议书所建议的事项，是监察机关按照其权限不能直接决定，或者虽然有权直接决定，但采取提出监察建议的方式更为适宜的事项。因此，监察建议书的内容应主题明确、逻辑严密、措辞准确、理由充分、符合法律规定。

（二）内容和写法

1. 首部。监察建议书的首部由版头、发文字号、标题、主送机关组成，其格式、要求与处分决定书首部基本相同。其中，监察建议书的标题，一般由建议相对人姓名或名称、建议内容和公文种类（即"建议"）组成。如"关于给予王××记大过处分的建议""关于给予××市卫生局行政处罚的建议"。

2. 正文。监察建议书的正文包括以下内容：

（1）导语。包括问题来源或者提起建议的起因。

（2）提出的建议。监察机关提出的监察建议，经过监察机关领导班子办公会议讨论决定，代表着监察机关的正式意见，因此一定要写得明确具体，切忌抽象模糊。

（3）结束语。这部分要求告知接受建议单位应将对建议的办理情况和处理结果及时报告或告知监察机关。

延伸阅读

监察建议书实例及评析

3. 尾部。监察建议书的尾部较为简单，一般由附件、署名、成文日期、印章等构成。其中，附件应标注于正文之后、发文的监察机关署名之前，按顺序列出附件名称。

（三）制作时应注意的问题

1. 制作依据。

（1）根据《监察法》第 11 条第 3 项，监察委员会有权向监察对象所在单位提出监察建议。

（2）根据《监察法》第 45 条第 1 款第 5 项，监察机关根据监督、调查结果，对监察对象所在单位廉政建设和履行职责存在的问题等提出监察建议。

（3）根据《监察法》第 62 条，有关单位无正当理由拒不采纳监察建议的，由其主管部门、上级机关责令改正，对单位给予通报批评；对负有责任的领导人员和直接责任人员依法给予处理。

（4）根据《公职人员政务处分法》第 3 条第 3 款，监察机关发现公职人员任免机关、单位应当给予处分而未给予，或者给予的处分违法、不当的，应当及时提出监察建议。

2. 适用范围。监察建议书适用于监察机关在依法履行监察职能过程中，根据监督、调查结果，针对监察对象所在单位在廉政建设和履行职责过程中存在的如下问题提出纠正措施或强化监管、健全制度的建议：不依法履行职责，或作出的决定、命令、指示等违反党和国家方针政策、法律法规的；因不当行为给国家利益、集体利益和公民合法权益造成损害的；经过谈话函询、初步核实等，公职人员有违法事实，但情节轻微，不需要给予政务处分，应当建议有关单位作出处理的；需要完善廉政制度的；等等。

【思考题】

1. 根据材料，以集团党委会的名义制作一份党纪处分决定书。

郭某明，男，汉族，1972 年 6 月出生，××省人，本科文化程度，1989 年 12 月参加工作，2011 年 6 月入党，历任某集团（国有独资企业）劳资科科长、劳务站副站长、劳务管理公司经理，现任企业策划与管理部部长。

董某锋劳务队 2020 年 10 月 5 日被集团禁入，按照规定自禁入之日起，三年内不得进入集团市场。郭某明时任劳务管理公司经理，继续让董某锋的劳务队在集团从事劳务作业，并于2022年4月、6月先后中标太阳城和月亮城项目劳务施工，在集团没有按制度规定与其签订劳务合同的情况下，就允许其进入现场施工，致使董某锋在施工过程中一再提出涨价要求，而集团又无合同制约。经测算，按以上两个项目迟延签订的劳务合同确定的劳务价格结算，截至2023年12月31日，月亮城项目工程成本增加452.64万元，太阳城项目工程成本增加27.33万元。以上两项工程的劳务结算，企业成本共计增加479.97万元。

2. 指出下面免予政务处分决定书中的错误。

市交通运输局关于免予张某福政纪处分的决定

张某福，男，汉族，1988年4月出生，××市人，大学文化，2010年4月到市文化局文宣中心工作，2011年9月入党，2016年3月被借调到交通局地方铁路管理处任办公室科员至今。

经查，张某福主要违纪问题如下：

2024年3月29日上午9时45分，市纪委工作人员暗访交通运输局时发现，张某福正在办公电脑上看电视剧，违反了工作纪律，影响了机关工作效能，造成了不良影响。

鉴于张某福违纪情节轻微，认错态度较好，依据《事业单位工作人员处分规定》第十八条、第十二条等规定，经交通运输局局党委2024年4月11日研究，决定免予张某福政纪处分。

本处分决定自2024年4月11日起生效。如不服本决定，可自收到本决定之日起三十日内向本机关申请复审。

××市交通运输局

2024年4月11日

参 考 文 献

1. 周萍主编：《法律文书学》，法律出版社 2012 年版。
2. 周萍主编：《法律文书实务教程》，中国人民大学出版社 2013 年版。
3. 彭丹云主编：《法律文书学》，厦门大学出版社 2007 年版。
4. 周道鸾主编：《法律文书教程》，法律出版社 2008 年版。
5. 卓朝君、邓晓静编著：《法律文书学》，北京大学出版社 2007 年版。
6. 邹爱华、彭彦主编：《法律文书写作》，武汉大学出版社 2012 年版。
7. 冷罗生主编：《最新常用法律文书写作》，北京师范大学出版社 2013 年版。
8. 杜福磊、赵朝琴主编：《法律文书写作教程》，高等教育出版社 2013 年版。
9. 孙青平：《法律文书基本问题研究》，中国法制出版社 2012 年版。
10. 薛凡主编：《公证文书改革参考》，厦门大学出版社 2012 年版。
11. 蔡世军主编：《企业合同审查法律实务》，中国法制出版社 2014 年版。
12. 法律出版社法规中心编：《中华人民共和国公司法文书范本（注解版）》，法律出版社 2011 年版。
13. 法律出版社法规中心编：《常用文书范本（应用版）》，法律出版社 2015 年版。
14. 李宗胜主编：《最新律师文书范本·实例·精解（非诉卷）》，中国法制出版社 2012 年版。
15. 李宗胜主编：《最新律师文书范本·实例·精解（商务合同卷）》，中国法制出版社 2012 年版。
16. 李雨龙、乔路编著：《公司章程制定指南》，法律出版社 2006 年版。

郑重声明

高等教育出版社依法对本书享有专有出版权。任何未经许可的复制、销售行为均违反《中华人民共和国著作权法》，其行为人将承担相应的民事责任和行政责任；构成犯罪的，将被依法追究刑事责任。为了维护市场秩序，保护读者的合法权益，避免读者误用盗版书造成不良后果，我社将配合行政执法部门和司法机关对违法犯罪的单位和个人进行严厉打击。社会各界人士如发现上述侵权行为，希望及时举报，我社将奖励举报有功人员。

反盗版举报电话　（010）58581999　58582371

反盗版举报邮箱　dd@ hep. com. cn

通信地址　北京市西城区德外大街 4 号
　　　　　　高等教育出版社知识产权与法律事务部

邮政编码　100120

读者意见反馈

为收集对教材的意见建议，进一步完善教材编写并做好服务工作，读者可将对本教材的意见建议通过如下渠道反馈至我社。

咨询电话　400-810-0598

反馈邮箱　gjdzfwb@ pub. hep. cn

通信地址　北京市朝阳区惠新东街 4 号富盛大厦 1 座
　　　　　　高等教育出版社总编辑办公室

邮政编码　100029